པ་སྣམ་གྱི་ལོ་རིམ་མེ་ལོང་།

白朗年鉴

2018

（总第2卷）

中共白朗县委员会
白朗县人民政府 主办

中共白朗县委办公室 编

方志出版社

Publishing House of Local Records

图书在版编目（CIP）数据

白朗年鉴. 2018 / 中共白朗县委办公室编. -- 北京：方志出版社，2018.7

ISBN 978-7-5144-3145-2

Ⅰ. ①白… Ⅱ. ①中… Ⅲ. ①白朗县 - 2018 - 年鉴 Ⅳ. ①Z527.54

中国版本图书馆CIP数据核字(2018)第173153号

白朗年鉴（2018）

编　　者：中共白朗县委办公室
责任编辑：刘方圆

出 版 人：冀祥德
出 版 者：方志出版社
地址　北京市朝阳区潘家园东里9号（国家方志馆 4 层）
邮编　100021
网址　http://www.fzph.org
发　　行：方志出版社图书经销中心
电话（010）67110500
经　　销：各地新华书店
印　　刷：河南金雅昌文化传媒有限公司

开　　本：889×1194　　1/16
印　　张：23
字　　数：627千字
版　　次：2018年7月第1版　　2018年7月第1次印刷
印　　数：001～500册

ISBN 978-7-5144-3145-2　　定价：350.00元

白朗县行政区划图

西藏自治区测绘局绘制　藏S（2015）005号

2017年8月10日，西藏自治区党委副书记、人大常委会主任洛桑江村（右一）在白朗县万亩有机枸杞基地调研

2017年7月12日，民政部副部长宫蒲光（左二）一行在白朗县旺达食品有限公司调研

2017年10月12日，西藏自治区人大常委会副主任维色（左三）在白朗县检查指导人大工作

2017年3月15日，西藏自治区副主席坚参（前排右一）在白朗县调研农村改革工作

2017年5月17日，西藏自治区副主席汪海洲（前排右三）一行在白朗县督查“河长制”工作开展情况

2017年7月7日，西藏自治区副主席、日喀则市委书记张延清率市委督导组在白朗县检查指导工作并听取汇报

2017年9月13日，西藏自治区副主席其美仁增（右二）在白朗县万亩有机蔬菜基地考察

2017年6月2日，西藏自治区林业厅厅长云丹（前排左三）在白朗县万亩有机枸杞基地调研

2017年8月2日，西藏自治区民政厅党组书记李震（左一）在白朗县检查2016年因灾倒损房屋恢复重建工作

2017年8月19日，西藏自治区科技厅厅长赤列旺杰（右一）在白朗县万亩枸杞基地检查指导工作

2017年9月2日，西藏自治区农牧厅厅长杜杰（右二）在白朗县调研蔬菜产业工作

2017年4月1日，在白朗县巴扎乡举行万亩珠峰有机蔬菜白朗生产基地暨日喀则市“菜篮子”基地开工仪式，日喀则市委书记张延清（左七），市委副书记、市长刘虎山（左八）出席

2017年4月19日，在白朗县嘎东镇举行西藏珠峰华绿生态农业科技有限公司20万吨有机肥、测土配方肥生产基地建设项目奠基仪式，日喀则市委副书记、市长刘虎山（中），市委副书记、常务副市长冯继康（右四）出席

2017年7月10日，日喀则市委副书记、市长刘虎山（前排右一），市委副书记、常务副市长冯继康（前排右二）一行在白朗县调研特色产业发展情况

2017年10月20日，日喀则市委副书记、市长刘虎山（前排右二）在白朗县万亩有机枸杞基地调研

2017年8月28日，济南市副市长周云平（右二）在白朗县援藏公寓看望慰问援藏干部

2017年10月22日，日喀则市委副书记、常务副市长冯继康（左三）一行在白朗县哈达宾馆施工场地督导检查安全生产工作

2017年9月17日，日喀则市委副书记、常务副市长冯继康（左二）在白朗县卫生服务中心远程医疗会诊会议中心考察

2017年9月14日，日喀则市委常委、统战部部长巴桑（右一）在白朗县色热珠德寺看望慰问寺庙僧人

2017年12月24日，白朗县监察委员会挂牌成立，县委书记陈昊出席挂牌仪式并揭牌

2017年11月29日，县委书记陈昊在东喜乡检查指导精准扶贫和危房改造工作

2017年6月26日，县委副书记、县长赤列朗杰出席白朗县人民政府与山东寿光蔬菜产业集团有限公司白朗蔬菜基地签约仪式

2017年3月21日，西藏颇罗郎建筑工程有限公司董事长巴桑旺堆（左二）在白朗县五保集中供养服务中心举行向五保老人和贫困户捐赠物资仪式

2017年3月25日，西藏自治区农牧科学院蔬菜研究所与白朗县蔬菜产业发展合作签约仪式在白朗县举行

2017年3月26日，白朗县开展“五下乡”文艺演出活动

2017年5月4日，白朗县万亩有机青稞暨青稞增产行动全程机械化作业开播仪式在嘎东镇举行

2017年6月27日，济南市中心医院对口帮扶援藏医疗队在白朗县开展为期三个月的对口帮扶工作

2017年7月21日，国家湿地公园专家评估验收组在白朗县年楚河国家湿地公园进行实地考察验收

2017年8月3日，白朗县强堆乡扎西普村村民欢度“望果节”

2017年8月9日，国家枸杞工程技术研究中心与白朗县人民政府签约仪式在白朗县举行

2017年9月5日，白朗县者下乡第十二届“斗牛文化节”开幕

2017年9月15日，白朗县召开慈善协会成立大会

2017年10月8日，山东省济南市第八批援藏干部管理组为白朗县建档立卡贫困大学生发放助学金

2017年5月28日，白朗县第七届蔬菜采摘节在县现代农业科技示范园开园

白朗县种植的西瓜

白朗县种植的蔬菜

白朗县嘎东镇种植的枸杞

白朗县生产的奶制品

《白朗年鉴》编纂委员会

《白朗年鉴》编辑部

编辑说明

一、《白朗年鉴》2017年开始编纂，每年出版1卷，2018年卷为第2卷。

二、《白朗年鉴》以马克思列宁主义、毛泽东思想、邓小平理论、“三个代表”重要思想、科学发展观、习近平新时代中国特色社会主义思想为指导，坚持辩证唯物主义和历史唯物主义的立场、观点、方法，始终坚持“实事求是、质量第一、存史资政、服务大众”的办鉴宗旨，全面、系统、翔实地记述白朗县上一年度政治、经济、文化、社会等各项事业的基本情况，为社会各界与国内外人士了解和研究当今白朗县提供翔实资料。

三、《白朗年鉴》分为正文与彩页两部分。正文采取分类编辑法，以类目、分目、条目为主要框架结构，全书共15个篇目、63个分目、872个条目，个别包含多方面资料的条目，则在段落间加插楷体标题提示，方便读者查阅全书。

四、《白朗年鉴（2018）》载录白朗县2017年经济社会发展的基本资料，设有特载、概览、大事记、政治、军事、法治、经济管理·金融、农业·水利、社会事业、教科文卫、城市建设·环保、交通·通信、乡镇概况、人物、附录等内容。

五、《白朗年鉴》的编辑宗旨，在于求真务实，力求真实生动地反映白朗县在改革开放和现代化建设中取得的崭新成就。

六、《白朗年鉴》所提供的内容和数据，分别来自于白朗县各有关部门和乡（镇）人民政府，经各级领导审核，但由于口径与统计方法不同，恐有不一致之处，使用时应以县统计局提供的数据为准。本书中农田土地面积的计量单位使用“亩”。

《白朗年鉴》编辑部

2018年4月1日

目 录

特 载

概 览

大事记

政 治

中共白朗县委员会

中共白朗县委办公室

白朗县人民代表大会常务委员会

白朗县人民代表大会常务委员会办公室

白朗县人民政府

白朗县人民政府办公室

援藏工作

中国人民政治协商会议白朗县委员会

中国人民政治协商会议白朗县委员会办公室

纪律检查(监察)

组织工作

宣传工作

统一战线

白朗县总工会

共青团白朗县委员会

白朗县妇女联合会

党校工作

军　事

人民武装

公安消防

武警白朗中队

法　治

政法委与综治工作

公安

检察

法院

司法行政

经济管理·金融

发展与改革

财政

国土资源管理

商务

安全生产监督管理

食品药品监督管理

税务

工商行政管理

旅游

重点产业发展

白朗县年雄实业开发有限责任公司

白朗县年雄扶贫开发有限责任公司

白朗绿色蔬菜发展有限公司

金融

农业·水利

农牧业

林业

水利

社会事业

民政

人力资源与社会保障

民族宗教

城市建设·环保

住房和城乡建设局

环境保护

交通·通信

交通运输

邮政

电信

移动

乡镇概况

洛江镇

嘎东镇

巴扎乡

杜琼乡

强堆乡

嘎普乡

特载

担当新使命 开启新征程 奋力谱写好中华民族伟大复兴的白朗篇章

——在中共白朗县第九届委员会第三次全体会议上的报告

县委书记 陈 昊

（2017 年 11 月 17 日）

（节选）

这次全会的主题是，深入学习宣传贯彻中共十九大精神，贯彻落实自治区党委九届三次全会精神、市委一届八次全会精神，动员全县各级党组织、全体党员和广大干部群众，以习近平新时代中国特色社会主义思想为指导，凝聚力量，抢抓机遇，开拓创新，苦干实干，全面开启白朗社会主义现代化新征程，奋力谱写好中华民族伟大复兴的白朗篇章。

10 月 18 日至 24 日，中国共产党第十九次全国代表大会在北京胜利召开。习近平同志代表十八届中央委员会所作报告，描绘了决胜全面建成小康社会、夺取新时代中国特色社会主义伟大胜利的宏伟蓝图，进一步指明了党和国家事业的前进方向，是我们党团结带领全国各族人民在新时代坚持和发展中国特色社会主义的政治宣言和行动纲领。大会最重要的政治成果是选举产生了以习近平同志为核心的新一届中央领导集体，再次明确了习近平总书记在党中央、在全党的核心地位；最重要的理论成果是确立了习近平新时代中国特色社会主义思想是我们党必须长期坚持的指导思想，开辟了当代中国马克思主义发展新境界；最重要的实践成果是全面规划部署了到 21 世纪中叶建设富强民主文明和谐美丽的社会主义现代化强国的路线图和时间表，为实现中华民族伟大复兴提供了行动指南。

11 月 6 日、10 日，中共西藏自治区第九届委员会第三次全体会议和中共日喀则市第一届委员会第八次全体会议先后召开。吴英杰同志在自治区九届三次全会上重点总结了习近平总书记治边稳藏重要战略思想在西藏的成功实践，就深入学习领会十九大精神、深入贯彻落实习近平总书记在十九届一中全会上的重要讲话精神、深入贯彻落实习近平总书记在十九届中央政治局会议和政治局第一次集体学习时的重要讲话精神从十个方面做了全面部署、提出了明确要求，为我们推进当前和今后一个时期各项事业指明了方向、提供了遵循。张延清同志在市委一届八次全会中强调要紧紧抓住发展、稳定、生态三件大事，大力弘扬“珠峰精神”，深入实施“6677”总体工作思路，并从坚持全面从严治党，大力实施党建珠峰战略，营造良好政治生态；坚持人与自然和谐共生，大力实施美丽珠峰战略，建设美丽日喀则；坚持正确文化发展道路，大力实施文化珠峰战略，推动文化繁荣兴盛；坚持新发展理念，大力实施产业珠峰战略，提高经济发展质量；坚持以人民为中心，大力实施幸福珠峰战略，增进各族群众福祉；坚持总体国家安全观，大力实施法治珠峰战略，巩固和谐稳定局势六个方面对 2018 年全市工作进行了安排部署，为全市坚持“6677”总体工作思路，决战决胜全面建成小康社会、奋力建设和谐文明幸福美丽日喀则注入了强大动力。

全县各级党组织和各族干部群众，要把学懂弄通做实中共十九大精神、自治区党委九届三次全会精神、日喀则市委一届八次全会精神，作为当前和今后一个时期的首要任务，切实把思想统一到中共十九大精神和区党委、市委的具体部署要求上来，把智慧和力量凝聚到党中央、区党委和市委确定的各项目标任务上来，努力在新时代开启新征程，谱写白朗新篇章。

一、着力五个聚焦，在准确领会把握中共十九大精神实质上下功夫

——准确领会把握中共十九大精神实质，必须把着力点聚焦到习近平新时代中国特色社会主义思想是党必须长期坚持的指导思想上。一个时代的开启，总是以伟大思想为引领。在毛泽东思想指引下，中华民族实现了站起来；在邓小平理论指引下，中华民族实现了富起来。中共十八大以来，以习近平同志为主要代表的中国共产党人，顺应时代发展，围绕回答新时代坚持和发展什么样的中国特色社会主义、怎样坚持和发展中国特色社会主义这一重大时代课题，以全新的视野深化对共产党执政规律、社会主义建设规律、人类社会发展规律的认识，创立了习近平新时代中国特色社会主义思想。习近平新时代中国特色社会主义思想，是对马克思主义、毛泽东思想、邓小平理论、“三个代表”重要思想、科学发展观的继承和发展，是马克思主义中国化最新成果，是中国特色社会主义理论体系的重要组成部分，是全党全国人民为实现中华民族伟大复兴而奋斗的行动指南。把习近平新时代中国特色社会主义思想确立为党必须长期坚持的指导思想，是党的指导思想又一次与时俱进。我们要全面深刻领会习近平新时代中国特色社会主义思想的时代背景、历史地位、实践要求，切实把习近平新时代中国特色社会主义思想作为做好新时代白朗工作的最高遵循，切实在学习中牢固树立“四个意识”，站稳政治立场、把牢政治方向、坚持政治原则、坚守政治道路，用党的创新理论武装头脑、指导实践、推动工作，努力在决胜全面建成小康社会、加快建设社会主义现代化强国新征程中走在前列。

——准确领会把握中共十九大精神实质，必须把着力点聚焦到5年来党和国家事业取得的历史性成就和发生历史性变革上。五年来，以习近平同志为核心的党中央戮力同心、开拓进取，统筹推进“五位一体”总体布局、协调推进“四个全面”战略布局，推动党和国家事业发生了改天换地的历史性变革，国家经济实力、科技实力、国防实力、综合国力、国际影响力显著提升。五年来，以习近平总书记为核心的党中央高度重视西藏工作，总书记亲自主持召开中央第六次西藏工作座谈会，制定了惠及全区各族干部群众的一系列特殊优惠政策，把西藏工作在党和国家工作全局中的重要战略地位提升到了前所未有的高度。五年来，在以习近平总书记为核心的党中央对全区各族人民的特殊关怀厚爱下，在区党委、市委的坚强领导下，在山东省济南市的无私援助下，在广大党员干部群众的共同努力下，白朗县发生了翻天覆地的变化，经济建设取得了新成效、惠民富民展现出新成果、生态建设得到了新加强、社会和谐稳定呈现出新气象、党的建设实现了新提升，全县各族干部群众的获得感、幸福感不断攀升，白朗县发展稳定进入了历史上最好的时期之一。这些成绩的取得，印证了党和国家事业的历史性变革，也从另一个角度证明了中共十八大以来党中央确定的大政方针和工作部署是完全正确的。我们要紧密联系党和人民过去五年砥砺奋进的伟大实践，紧密结合西藏的新发展新变化新生活，进一步增强在新时代坚持和发展中国特色社会主义的自信心和自豪感，不断开创白朗各项工作新局面、创造各项工作新辉煌。

——准确领会把握中共十九大精神实质，必须把着力点聚焦到做出中国特色社会主义进入了新时代、我国社会主要矛盾已经转化为人民日益增长的美好生活需要和不平衡不充分的发展之间的矛盾等重大论断的深远影响上。中国特色社会主义进入了新时代，是我们党对我国发展新的历史方位的科学判断，习近平总书记用“三个意味着”，从中华民族、科学社会主义、人类社会三个维度，深刻阐明了中国特色社会主义进入新时代的标志性意义；用“五个时代”，从伟大事业、发展目标、人民幸福、民族复兴、人类贡献

五个层次，深刻阐明了中国特色社会主义进入新时代的历史性贡献；用“一个变化”和“两个没有变”，从社会主要矛盾、基本国情、国际地位三个方面，深刻阐明了中国特色社会主义进入新时代的主要特征。迈进新时代，我们要深刻认识我国社会主要矛盾已经转化为人民日益增长的美好生活需要和不平衡不充分的发展之间的矛盾变化；深刻认识人民美好生活的需要，不只是物质文化方面的需要，而是包括政治、经济、文化、社会、生态等各方面的需要；深刻认识我们面临着与全国一样的主要矛盾，既有城乡发展不平衡的问题、南部乡镇与北部乡镇发展不协调的问题，又有生产力发展滞后、发展质量和发展效益不高的问题。面对当前一系列困难矛盾，我们要坚持全心全意为人民服务的根本宗旨，坚持以人民为中心的发展思想，着眼于人民群众对美好生活的向往，着眼于大力发展各项社会事业，着眼于不断提高保障和改善民生水平，下大力气解决制约全县跨越发展的深层次问题，努力缩小城乡、区域以及群众收入之间的差距，使广大人民群众共享经济社会发展成果。

——准确领会把握中共十九大精神实质，必须把着力点聚焦到贯彻落实中共十九大的重大决策部署上。从中共十九大到党的二十大，是“两个一百年”奋斗目标的历史交汇期。在这一关键时期，党中央对新时代中国特色社会主义发展作出了新的战略安排。第一阶段，从2020年到2035年，在全面建成小康社会的基础上，基本实现社会主义现代化；第二阶段，从2035年到21世纪中叶，把我国建成富强民主文明和谐美丽的社会主义现代化强国。“两个阶段”的战略安排，体现了以习近平同志为核心的党中央的高超智慧和卓越能力，彰显了中国共产党的战略谋划和使命担当，为我们描绘了党和国家事业蓬勃发展的光明前景。从现在到2020年，是全面建成小康社会的决胜期，我们要按照决胜全面建成小康社会的决策部署要求，统筹推进全县经济建设、政治建设、文化建设、社会建设、生态文明建设，坚定实施创新驱动战略、乡村振兴战略、区域协调发展战略，做好产业融合、产城融合、城乡融合三篇文章，突出抓重点、补短板、强弱项，坚决完成脱贫攻坚任务，继续落实好“十三五”规划各项任务，以奋力实现第一个百年奋斗目标，为第二个百年奋斗目标打下坚实的基础。

——准确领会把握中共十九大精神实质，必须把着力点聚焦到习近平总书记是全党拥护、人民爱戴、当之无愧的党的领袖上。习近平总书记是扎根人民群众中成长起来的领袖，具有高瞻远瞩、运筹帷幄的领袖风范，具有心系国家、情系人民的人格魅力，具有马克思主义政治家的政治智慧和雄才大略，是全国各族人民衷心爱戴的核心。习近平总书记励精图治、力挽狂澜，统筹内政外交国防，统领治党治国治军，为党和国家长治久安，不畏艰险、殚精竭虑，赢得了党心军心，是新时代我们党当之无愧的坚强核心。习近平总书记成为全党的核心、党的领袖，是在伟大斗争中形成的，是在艰苦奋斗中磨砺出来的，是伟大事业发展所需要的，其核心地位是历史的选择、实践的选择、人民的选择，体现了全党的意志，反映了党心民心所向，是全党全国各族人民的共同心愿，是中国特色社会主义事业从胜利走向胜利的根本保证，也是推进西藏长足发展和长治久安、全面建成小康社会的根本保证。我们要不断强化政治意识、核心意识、大局意识、看齐意识，坚决在思想上政治上行动上同以习近平同志为核心的党中央保持高度一致，始终做到在思想上高度信赖核心、感情上衷心爱戴核心、政治上坚决维护核心、组织上坚决服从核心、行动上始终紧跟核心，不断推动白朗改革发展稳定各项事业取得新跨越。

二、坚持联系实际，在落实中共十九大提出的各项目标任务上使真劲

一是要锐意夺取决战脱贫攻坚新胜利。让贫困人口和贫困地区同全国一道进入全面小康社会是我们党的庄严承诺。当前，全县脱贫攻坚进入迎国检验收的关键阶段，完成今年脱贫摘帽任务，是县委、县政府向市委、市政府立下的军令状，时间紧迫、任务艰巨、责任重大。各级各部门要坚持全县一盘棋、上下一条心、各方一股劲，不断凝聚起打赢脱贫攻坚战的强大合力，排除万难、锐意攻坚，以“不破楼兰终不还”的决心和勇气，主动担当、真抓实干，确保脱贫摘帽决战决胜，顺利通过国家验收。要坚持围绕巩固扩大脱贫成效，继续落实好脱贫攻坚“3579”

工作思路，加快构建脱贫致富的长效机制，确保贫困群众脱真贫、真脱贫；要坚持围绕“三区一廊十园”产业发展格局，大力推广股份合作、经营权流转、保底分红等模式，将贫困群众与新型经营主体形成利益联结共同体，让贫困群众在全产业链条中增收致富；要坚持实施长远重大项目和推动“短、平、快”项目相结合，把生产、加工、销售有机统一起来，鼓励引导贫困群众将耕地、草场、牲畜向新型经营主体流转，不断激发“造血式”扶贫内生动力；要坚持扶志、扶智相结合，落实好15年免费教育政策，让贫困群众子女都能享受满意的教育，阻断贫困代际传递；要深化贫困群众因病致贫医疗救助政策措施，加大在提标扩面上的力度，防止贫困群众因病致贫、因病返贫；要大力推进“十项提升”工程，加快贫困群众危旧房改造，着力提升人居环境，确保贫困群众住有所居、住得安全；要探索建立贫困群众奖励约束机制，着力变伸手要脱贫为开动脑筋、依靠双手脱贫，变祈求宗教迷信护佑为淡化宗教消极影响、崇尚科学文明、掌握技能脱贫，确保贫困群众“一户不落、一个不少”共同迈入全面小康。

*二是要锐意开启农牧产业现代化发展新征程。*建设现代化经济体系，必须把发展经济的着力点放在实体经济上。要坚持社会主义市场经济改革方向，坚持“政府引导、企业主体、科技支撑、金融撬动、群众参与”的产业发展思路，以建设高原特色现代农牧产业强县为目标，以夯实现代农牧业发展基础为支撑，以促进农牧民增收为主线，以全力推动“四个万亩”主导产业为依托，围绕建链、延链、补链、强链，大力推广不同类型的生态、循环农业以及设施、观光农业建设模式和技术，加快万亩有机蔬菜巴扎核心区、曲奴核心区、县城核心示范区以及万亩有机青稞、万亩有机枸杞等产业标准化、品牌化建设，将其建成示范型、龙头型、链条型、集群型产业项目，不断推动以农产品生产为主，向生产、生活、生态多功能并重提速跨越；要坚持典型引导、规模推进、科技配套，重点发展以标准化养殖小区为主的南部山区万亩饲草和规模养殖业，全力拓展畜牧业增效空间，培植农牧民增收新的增长点；要鼓励和支持公有和非公有经济发展，坚持以项目扶持、嫁接改造、外引内联、兼并重组、股份合作等方式，重点培育市场前景好、自我发展能力强、与农户利益联结紧密、促进农民增收作用明显的农产品深加工、特色民族工艺品、物流服务等本地企业，努力形成产业多元、形式多样、活力充沛的经济发展生动局面；要围绕塑造“五彩天域、有机白朗”地域公共品牌，加快无公害、绿色、有机农产品认证和地理标志申报认定，切实把地域性、民族化品牌推向市场，打响白朗品牌，提升现代农牧产业发展层次。

*三是要锐意打造区域协调发展新格局。*坚持新发展理念，以更宽广的视野推动我县区域发展向更加均衡、更高层次迈进。要坚持规划在先、产业引领、市场主导、以人为本的原则，走精品化、时代化、特色化建设路径，大力实施区域发展总体战略，着力解决与内地之间、与区内先进县区之间以及县内各乡镇之间发展不平衡不充分问题；要抬升发展标杆，全力推动“桑白一体化”对接联动，加快与日喀则城区全方位高层次对接，积极融入城市中心；要加强县域规划联动，高起点、高标准、高品质规划城乡空间发展布局，强化城镇、乡村规划协同，以科学的规划引领带动城乡区域协调发展；要深化县域北部、中部、南部板块联动，统筹推进“一城、一区、三轴、三板块”建设，推动桑珠孜区与白朗县联动发展、乡镇与中心城区联动发展、各乡镇之间联动发展，不断提升区域整体竞争力；要重点突破能源、水利、交通等瓶颈制约，加快新一轮电网改造、天曲灌区、旺东公路、东喜水库等重大项目建设，以优势互补和协调发展不断激活后发优势，在县域范围内形成良性互动、产业发展、基本公共服务和农牧民生活水平日益缩小的发展格局，为全面建成小康社会提供不竭动力，为实现共同富裕奠定坚实基础。

*四是要锐意开创乡村振兴发展新局面。*农业农村农民问题是关系国计民生的根本性问题，必须始终把解决好“三农”问题作为全县工作的重中之重。要按照产业兴旺、生态宜居、乡风文明、治理有效、生活富裕的总要求，加快构建现代农业产业体系，抓住全县产业大发展的有利契机，通过产业联动、产业集聚、技术推广、体制创新等方式，将资本、技术以及资源要素进行集约化配置，推动农业产业

组团式发展，延伸产业链、打造供应链，形成全产业链条，努力实现农业增效、农牧民增收和农村繁荣；要大力培育种植大户、农牧民专业合作社、村集体经济、农牧业产业化龙头企业等新型经营主体，加快土地流转型、服务带动型等多种形式规模经营，优化各类资源要素的配置效率，加快构建以农户家庭经营为基础、合作与联合为纽带、社会服务为支撑的立体式、复合型现代农业经营体系，不断推动小农户和现代农业发展有机衔接；要全面深化农业农村改革，坚持以“确权、赋能、搞活”为导向，落实集体所有权、稳定农户承包权、放活土地经营权，努力实现“三权”分置，保障农牧民财产权益、壮大集体经济；要完善乡村治理体系，加强农村基层服务型党组织建设，培养造就一支懂农业、爱农村、爱农民的“三农”工作队伍，探索建立一套自治、法治、德治相结合的乡村治理体系，全面提高农村基层治理水平；要加快推动城乡融合发展，坚持突出“人的城镇化”这个核心，大力实施城镇化与村镇化双轮驱动发展战略，大力提升社会基本服务水平，积极构建政府主导、多方参与、协调推进的农业转移人口市民化机制，解决好农牧业转移人口子女教育、就业、医疗、社保、住房等实际问题，补齐乡村在全面建设社会主义现代化强国进程中的短板。

五是要锐意发扬社会主义民主政治新优势。社会主义民主政治是体现人民意志、保障人民权益、激发人民创造活力的重要制度保障，必须长期坚持、不断发展。党政军民学，东西南北中，党是领导一切的。要坚持党的领导、人民当家做主、依法治国有机统一，进一步加强党的集中统一领导。要充分发挥县委总揽全局的核心作用，大力支持人大、政府、政协和法院、检察院依法依章程履行职能、开展工作、发挥作用，保证人民依法享有广泛权利和自由。要提高人大和政协工作水平，大力支持和保证人大依法行使监督权、决定权、任免权，更好地发挥人大代表作用，提升人大监督实效，促进决策科学化民主化法治化；坚持“有事好商量，众人的事情由众人商量”，支持政协履行政治协商、民主监督、参政议政职能，加强协商民主制度建设，发挥好协商民主在推动全县经济发展、环境保护、民生改善等方面的重要作用。要创新做好群众工作的体制机制，增强群众工作本领，不断推动工会、共青团、妇联等群团组织增强政治性、先进性、群众性，发挥联系群众的桥梁纽带作用，组织动员各族群众坚定不移跟党走。要深入推进法治建设，加快法治政府建设，严格依法治县、文明执法，努力在彰显法律权威、提升法治素养、提高治理水平上取得更大实效，不断推动治理体系和治理能力再上新台阶。

六是要锐意绘就文化发展新坐标。满足人民过上美好生活的新期待，必须提供丰富的精神食粮。要坚持高度的文化自信，激发文化创新创造活力，不断推动全县文化大发展大繁荣；要牢牢掌握意识形态工作领导权，加强理想信念教育和政治理论武装，推动习近平新时代中国特色社会主义思想深入人心、入脑入心，促使广大党员干部改造主观世界、紧跟时代步伐、顺应历史潮流；要坚持社会主义方向，加快完善网络综合治理体系，营造清朗干净的网络空间，不断推进传播手段创新，提高新闻舆论传播力、引导力、影响力、公信力；要着力培育和践行社会主义核心价值观，以培养担当民族复兴大任的时代新人为着眼点，继续推进“两学一做”学习教育常态化制度化，深入开展“不忘初心、牢记使命”主题教育，广泛开展“四讲四爱”主题教育实践活动，不断凝聚全县上下推动新时代发展的强大力量；要围绕“文化珠峰”战略，大力实施文化惠民工程，加强文艺队伍建设，引导鼓励文艺工作者推出一批反映新时代特点、富有白朗特色的文艺作品，激励广大农牧民群众不断向上向善；要深入挖掘藏王颇罗鼐、者下斗牛节及古镇古村等文化资源，保护好旺丹卡垫、嘎东藏靴、唐卡等非物质文化遗产，积极推进文化品牌建设，不断提高对外知名度，提升文化“软实力”。

七是要锐意促进民生事业新提高。增进民生福祉是发展的根本目的。要统筹兼顾办好民生实事，持续加大民生投入，深入实施重大民生工程，不断提升公共服务质量和水平；要坚持教育优先发展，推动各类教育均衡、优质、公平、健康发展，办好人民满意教育；要大力推动基层科技服务体系建设，加大科技普及力度，不断强化新时代经济社会发展的科技支撑；要加快发展卫生事业，不断完善疾病预防控制、医疗救助、卫生执法监督体系，加强乡村卫生基础设施和卫生专业技术人员队伍建设，不断提高公共卫生服务能力；要建立健全以社会保险、社会救助、社会福利为基础，以基本养老、基本医疗、最低生活保障制度为重点，覆盖城乡居民的社会保障体系，确保城镇基本养老保险、农牧区养老保险、城镇基本医疗保险和农牧区医疗保险参保率达到100%；要大力发展慈善公益事业，不断完善社会救助体系，织密民生“保障网”；要围绕更高质量和更充分就业，全面整合农村劳务技能培训资源，搭建劳务科学管理体系和服务保障平台，大力开展企业代训、就业奖补、“菜单式”培训，加强劳务输出与有效对接，不断拓宽农牧民群众劳动收入和财产性收入渠道。

八是要锐意塑造美丽白朗新面貌。建设生态文明是中华民族永续发展的千年大计。要认真贯彻落实总书记关于第二次青藏高原综合科考的重要指示精神，牢固树立绿水青山就是金山银山、冰天雪地也是金山银山的理念，尊重自然、顺应自然、保护自然；要转变发展方式，坚定走生产发展、生活富裕、生态良好的文明发展道路，做好生态资源合理开发利用，积极推动生态项目与产业的融合，大力发展既有助于环境改善又能增加群众收入、繁荣县域经济的产业，使生态、发展、民生实现有机统一；要大力实施生态项目建设，抓好年楚河国家湿地公园和年楚河流域重要生态功能保护区等重点项目，统筹做好县城及周边山体山坡、道路、河道、园区、村庄的绿化美化，不断改善优化县域生态环境，打牢持续发展基础；要加强环境整治，坚持全域治理、科学治理、常态治理、联动治理相结合，全面落实河长制，持续深入开展城乡环境集中治理行动，大力实施绿化美化净化亮化工程，全力改善城乡环境面貌，把白朗建设成为一座闻者向往、来者依恋、居者自豪的美丽之城、幸福之城。

九是要锐意担当党的建设新使命。党要团结带领人民进行伟大斗争、推进伟大事业、实现伟大梦想，必须毫不动摇坚持和完善党的领导，毫不动摇把党建设得更加坚强有力。要严格按照坚持全面从严治党和以党的政治建设为统领的新时代党的建设总体要求，以党的旗帜为旗帜，以党的方向为方向，以党的意志为意志，在政治立场、政治方向、政治原则、政治道路上同以习近平同志为核心的党中央保持高度一致；要加强思想政治建设，教育引导全党牢记党的宗旨，把对党忠诚、为党分忧、为党尽责、为民造福作为根本政治担当，永葆共产党人政治本色；要坚持党管干部原则，严格落实“二十字”的好干部标准和民族地区干部“三个特别”要求，实行更加积极、更加开放、更加有效的人才政策，以识才的慧眼、爱才的诚意、用才的胆识、容才的雅量、聚才的良方，真正把人才留在白朗、用在白朗，扎根白朗、奉献白朗，努力建设一支与实现“两个一百年”奋斗目标相适应的忠诚、干净、担当的高素质干部队伍；要加强基层组织建设，大力实施“党建珠峰”战略，结合“六化”任务，深化基层党组织规范化建设，着力解决一些基层党组织弱化、虚化、边缘化问题，夯实党在基层的执政基础；要加强党风廉政建设，层层落实管党治党主体责任和监督责任，强化监督执纪问责，深入开展县委巡察，持之以恒正风肃纪，切实巩固风清气正的良好政治生态；要加强县委班子建设，坚决执行党的政治路线，坚持民主集中制，深化提高县委班子把方向、谋大局、定政策、促改革的能力和定力，使县委班子真正成为党的理论和路线方针政策的具体实践者和推动者，真正成为全县改革发展稳定各项事业坚强领导核心。

三、学懂弄通做实，在迅速掀起学习宣传贯彻中共十九大精神热潮上出实招

各级党组织要把学习宣传贯彻十九大精神作为当前和今后一个时期的首要政治任务，精心组织、有序推进，在学懂上下功夫、在弄通上下功夫、在做实上下功夫，深刻领会、准确理解、坚决落实，不断凝聚起白朗各族群众同心共筑中国梦的磅礴力量。

一要精心组织，全员学习。各级党组织要把学习宣传贯彻中共十九大精神作为理论学习中心组、“三会一课”重点学习内容，认真组织学习交流，采取集中学与自学相结合、专题辅导与深入研讨相结合等方式，原原本本学习中共十九大报告和新修订的党章，学习习近平总书记在党的十九届一中全会上的重要讲话精神，准确把握丰富内涵，深刻领会思想精髓、吃透精神实质，学思践悟，知行合一。县级领导干部要带头学、带头讲、带头干，各乡镇、各部门主要负责人要把自己摆进去，先学一步、深学一层，切实做到学深悟透、学通弄懂，为广大党员作好示范、当好表率。各级部门要结合实际，根据党员干部群众的不同特点，

创新方式方法，广泛开展贴近实际、贴近群众的学习活动，切实增强学习的针对性和实效性。

二要强化宣传，浓厚氛围。宣传部门要认真牵头组织好集中宣讲活动，抽调精干力量组成宣讲团，创新宣传方式，丰富宣传载体，多用群众易于接受、便于接受、乐于接受的方式方法，切实增强学习宣传的吸引力、感染力和实效性，迅速形成规模、形成声势，做到家喻户晓、人人皆知，推动中共十九大精神进企业、进农村、进机关、进校园、进社区、进军营、进网站，把中共十九大精神讲清楚，把习近平新时代中国特色社会主义思想讲生动，把县委贯彻落实区党委、市委各项决策部署讲透彻，让干部群众听得懂、能领会、可落实。新闻媒体要精心策划、集中报道，深入解读中共十九大提出的重大理论观点、重大方针政策、重大工作部署，弘扬主旋律、传播正能量；要组织新闻记者深入基层宣传各级各部门学习贯彻的实际行动，大力宣传广大党员干部群众在学习贯彻中共十九大精神过程中解决实际问题的新成效、新进展，大力营造宣传中共十九大精神的良好氛围；要充分发挥“两微一端”网络舆论平台作用，注重运用社交网络和移动多媒体等新技术手段，不断增强网络宣传的实效性和影响力。

三要全面贯彻，抓好落实。各级各部门要大力弘扬理论联系实际的优良作风，坚持学以致用，切实把学习宣传贯彻中共十九大精神与区党委九届三次全会、市委一届八次全会精神结合起来，与推动本职工作相结合，把焕发出的政治热情，转化为谋实事、出实招、求实效的思想自觉和行动自觉，转化为做实做细做好各项工作的具体举措，以实实在在的工作成效体现贯彻落实中共十九大精神的成果；要坚持以中共十九大精神为指导，按照决胜全面建成小康社会、开启全面建设社会主义现代化国家新征程的目标要求，进一步研究谋划符合实际的发展目标任务、思路举措，更好推动全县改革发展稳定各项工作；要以学习贯彻中共十九大精神为动力，扎实做好当前工作，认真对照年初确定的各项目标，全面梳理查找工作中的问题和薄弱环节，找准症结、拿出措施，加大力度、加快推进，确保圆满完成全年各项目标任务。

同志们，新时代要有新气象、新担当、新作为。全县上下要更加紧密地团结在以习近平总书记为核心的党中央周围，在习近平新时代中国特色社会主义思想指导下，实干苦干科学干，撸起袖子加油干，不断开创白朗改革发展稳定各项事业新局面，谱写好建设和谐文明幸福美丽白朗的新篇章。

政府工作报告

——白朗县第十三届人民代表大会第三次会议

白朗县人民政府县长　赤列朗杰

（2017 年 12 月 20 日）

2017 年工作回顾

刚刚过去的一年，是我县发展进程中极不平凡的一年。一年来，在市委、市政府和县委的坚强领导下，在济南市的大力援助下，在县人大、县政协的监督支持下，县政府坚决贯彻中央、自治区、市各项决策部署，坚持稳中求进、进中求好、补齐短板工作总基调，积极适应经济发展新常态，认真落实市委“6677”总体工作思路，按照县委“1234”发展思路，主动作为，攻坚克难，统筹做好稳增长、促改革、调结构、惠民生、防风险各项工作，全县经济社会发展取得新进展、新成效。

我们始终坚持以发展为第一要务，坚决转变发展观念、转变发展方式，不断提升发展质量和发展效益，迎难而上，开拓进取，圆满完成了十三届县人大二次会议确定的各项任务。全县生产总值达 96357 万元，增长 12%；公共财政预算收入达 2910 万元，增长 45%；全社会固定资产投资达 130800 万元，增长 29.25%；社会消费品零售总额达 17848 万元，增长 127.14%；农牧民人均可支配收入达 12420.31 元，增长 17.44%；城镇登记失业率控制在 2.5% 以内。

（一）坚持抓牢项目建设“牛鼻子”，发展后劲显著增强。坚持把项目建设作为“打基础、管长远、促跨越”的重要抓手，抢抓“一带一路”“十项提升工程”“七大产业发展”等重大政策机遇，狠抓项目谋划争引和服务管理，开工建设各类项目 146 个，完成总投资 130200 万元。实施了珠峰（白朗）有机产业园、16 个灾后重建项目、79 个村点农村饮水安全巩固提升工程、25 个行政村农村电网改造提升工程、白者白东公路、者下斗牛场、高标准农田、防洪排涝工程建设等一批重点项目；珠峰现代农业创新科技博览园、万亩有机蔬菜巴扎曲奴核心区、万亩有机枸杞一期工程等 7 个招商引资项目顺利实施，完成投资 47000 万元；衔接援藏项目 14 个，完成投资 2650 万元；积极推行政府和社会资本合作模式，完成投资 16600 万元。

（二）坚持转变农牧业发展方式，高原特色现代农牧业提质增效。坚持调整农牧业结构、发展现代农业两大主攻方向，助推现代农业快速发展。按照“3410”产业发展思路，编制了《白朗县产业发展总体规划》《珠峰有机蔬菜白朗生产基地规划（2017—2020 年）》，形成了“三区一廊十园”产业格局，培育了“五彩天域、有机白朗”地域公共品牌，确定了“四个万亩”发展重点，全县农牧产业总产值达 38684.63 万元。青稞增产行动成果丰硕，青稞、小麦播种 9.3 万亩，平均亩产提高 50 斤，全县粮油产量达 12000 万斤，粮食保供能力不断提高。持续推进万亩有机果蔬示范基地建设，万亩有机蔬菜基地县城核心区 205 亩已投产，巴扎核心区 1087 亩和曲奴核心区 1500 亩主体已建成，部分已完成种植；2017 年，全县蔬菜种植达 1.17 万亩，蔬菜产量达 8283.76 万斤，销售收入达 16432.9 万元，帮助群众户均增收达 3545 元，占农牧民收入的 18.8%；同时，举办了“白朗县第七届蔬菜采摘节”，实现采摘收入 115 万元。畜牧业链条初显成效，完成人工种草 7700 亩，建成者下岗巴羊规模化养殖基地，重点扶持标准化养殖小区（合作社）3 家，接羔育幼 8.6 万头（只），短期育肥 4.5 万头（只），肉、奶产量分别达 279.9 万斤和 2020.2 万斤，牲畜年末存栏 27.2 万头（只）。抓实农村土地确权，完成全县 10 个乡镇 98 个行政村 18.17 万亩的土地确权工作，划定永久基本农田 17 万亩；探索土地规模化经营，流转土地达 1.5 万亩（习惯亩），占总耕地面积 11.8%，登记注册家庭农场 6 家、发展合作社 128 家（规范 3 家），登记种养殖大户 945 户，农业机械化水平达 92% 以上。农村电子商务服务平台建设全面启动，县乡村三级农村电子商务服务中心及配套相关硬件设施平台全面建成，“互联网 + 现代农牧业”开启融合发展新模式。

（三）坚持以抓脱贫保民生为根本，人民获得感显著增强。按照“3579”扶贫工作思路，脱贫攻坚取得决定性进展，全县 6775 名贫困群众人均收入超过 3840 元，实现稳定脱贫，我县如期摘帽，贫困发生率降到 0.66%。狠抓产业脱贫，实施扶贫产业项目 13 个，总投资 92000 万元，与贫困群众积极建立扶贫产业项目利益联结机制，有效带动 4071 名贫困群众人均增收 4500 元以上，为 2765 名贫困群众兑现分红资金 276.5 万元；狠抓易地搬迁，2016 年 244 户搬迁群众喜迁新居，2017 年 233 户搬迁群众入住率达 65%；及时启动危房改造工程，惠及全县 1152 户；兑现 6437 名生态岗位指标补贴资金 1931.1 万元；狠抓结对帮扶，落实帮扶资金 202 万元；狠抓金融帮扶，发放扶贫小额到户贷款 1423 万元。坚持以创业带动就业，积极开展大学生（中职生）就业培训，有序转移就业 2.53 万人次，实现劳务收入 7378 万元。教育事业协调发展，狠抓 12 个乡镇小学、幼儿园建设，建立完善 2349 名在校学生资助体系，资助 102 名在校大学生助学金 52.6 万元；扎实推进“五个 100%”，全面实施中小学教学质量提升工程，小升初内地西藏班上线 10 人，中考平均成绩提高 50 分；公共卫生服务全面覆盖，健康体检、大病统筹、基本药物、医疗救助等措施全面推行，发放兑现各类社会救助资金 251.98 万元；5 岁以下儿童死亡率有效控制在 13‰以内，孕产妇住院分娩率达 99.3%，各类疫苗接种率达 97.95%。社会保障网扩展筑牢，全民参保登记计划有力推进，养老保险和基金征缴任务全面完成，城乡居民医保参保率达 99.21%，农村五保、城乡低保实现应保尽保。文化惠民成效显著，111 个行政村文化室宽带建设全面覆盖，通讯、网络、广播电视覆盖率达 100%。科技对农牧业增收和国民经济增长的贡献率分别达 47% 和 42%、科学技术普及率达 90% 以上。

（四）坚决致力城乡统筹发展，加快建设高原生态文明县。高站位做好中央环保督察迎检工作，高标准办结中央环保督察组转办案件 4 件，追责问责 8 人。河长制全面落实，大力开展河道清淤，水环境保护不断加强。全面贯彻绿色发展理念，环保体制机制逐步完善，科学精准划定生态保护红线，集体林权制度改革试行开展，年楚河国家湿地公园顺利通过国家评估验收。坚持生态、宜居功能定位，城乡总体规划全面启动，大力开展城乡环境综合整治，加快实施洛江、嘎东棚户区改造工程，全面推行“厕所革命”，完成 G349 县城段拓宽改造，建成入县景观大门；坚持以人为本、生态人文理念，大力推进国土绿化，消除“无树村、无树户”，植树造林 473.1 亩，封山育林 1.47 万亩。全力推进美丽乡村建设，依托产业优势、传统特色文化等，大力发展休闲采摘、乡村旅游，全年接待游客 18.53 万人次，收入达 220 万元；建成通乡镇、通村公路油路 127 公里，通畅率分别达 90.9%、67.57%，实现城乡互融共同繁荣。

（五）坚持不懈推动政府职能转变，服务效能显著提升。认真办理人大代表意见建议和政协委员提案，全年共办结人大、政协提案 60 件，为民所办实事全面落实。坚持依法行政，规范行政行为，制定了政府重大行政决策程序，全面推行政府法律顾问、“三重一大”集体决策等制度，清理 2015 年以来规范性文件 9 条，政府科学决策和民主决策机制不断完善。“放管服”改革持续深化，承接好市政府下放的 3000 万元以下政府投资项目审批权限，政府服务中心投入运行，行政效能不断提高。深化商事制度和税制改革，稳步推进“多证合一”“一照一码”“营改增”工作。清理腾退办公用房和保障性住房 27 间（套），清理归还个人财政欠款 10.7 万元，规范“三公”经费管理，全县“三公”经费支出实现零增长。

人民武装、民族宗教、妇女儿童、双拥共建、县志档案等工作都取得新的进展。

回顾过去一年，我们团结拼搏，锐意进取，推动白朗发展向前迈出了坚实一步。这一年，我们全面落实从严治党责任，持续开展“两学一做”学习教育常态化制度化，严格执行“八项规定”“约法十章”“九项要求”，坚持用“老西藏精神”推动白朗跨越发展，全力以赴抓脱贫奔小康，坚定不移抓改革促创新，集中精力抓产业上项目，持之以恒调结构转方式，积蓄了科学发展新动能。

这一年，我们坚持把工作思路转化为具体任务，坚持以求真务实的作风抓落实，把区党委政府、市委市政府和县委的决策部署、十三届县人大二次会议确定的目标任务，细化分解为150余项具体任务，团结带领全县干部职工五加二、白加黑地奋力推进，闯过了一个又一个难关，造就了一支想干事、能干事、干成事的干部队伍。事实证明，任何困难也挡不住白朗前进的步伐！

过去一年，我们始终保持时不我待的紧迫感和奋发有为的工作劲头，过去一年的成绩来之不易。这是市委市政府和县委坚强领导的结果，是济南市倾情援助的结果，是县人大及其常委会、县政协监督支持的结果，是全县人民团结奋斗的结果。在此，我代表县人民政府，向全县各族人民，向对口支援的济南市，向给予政府工作大力支持的人大代表、政协委员和社会各界人士，向驻白朗军警官兵、政法干警，表示衷心的感谢，并致以崇高的敬意！

各位代表！面对发展成绩，我们必须清醒看到，我县发展道路上还面临一些困难和挑战。经济总量小，内生动力不足，调结构、稳增长、促转型的任务还很艰巨；主导产业培育壮大缓慢，骨干财源培植不足；农村组织化程度偏低，农牧产业化经营水平不高，支持农牧民持续增收的潜力没有充分挖掘；城乡基础设施还不完善，综合服务功能还需提升；自治区边境县乡建设和深度贫困县区等一系列政策无法享受，我县脱贫巩固难度相对增加；政府行政效能和服务水平有待进一步提高，个别干部不愿担当、不敢作为、慢作为的问题还未根除，法治建设、发展环境仍需不断加强和优化。对此，我们将采取强有力措施，切实加以解决。

2018年工作安排

政府工作总体要求是：以习近平新时代中国特色社会主义思想为指导，在市委市政府和县委的坚强领导下，全面贯彻落实中共十九大、中央第六次西藏工作座谈会、自治区第九次党代会及九届三次全会、市委一届八次全会和县委九届三次全委会精神，坚持“五位一体”总体布局和“四个全面”战略布局，贯彻党的治藏方略和新发展理念，正确处理自治区“十三对关系”，按照市委“6677”总体工作思路和县委“1234”发展思路，坚持稳中求进、进中求好、补齐短板的工作总基调，主动适应和把握经济发展新常态，紧扣全县发展新形势和人民群众新期待，坚持“强基础、兴产业、惠民生、抓脱贫、奔小康”的工作主线，更加注重产业壮大，更加注重质量效益，更加注重基础完善，更加注重改革创新，更加注重民生改善，更加注重廉洁从政，瞄准脱贫攻坚和全面建成小康社会宏伟目标，不忘初心，牢记使命，抢抓发展机遇，务实开拓创新，为建设和谐文明幸福美丽白朗而努力奋斗。

经济社会发展主要目标是：地区生产总值增长15%以上；地方一般公共预算收入增长25%以上；全社会固定资产投资增长30%以上；社会消费品零售总额增长16%以上；农牧民人均可支配收入增长15%以上；城镇登记失业率控制在2.5%以内。

实现上述目标，要做好以下七个方面的工作：

（一）狠抓绿色有机农业发展，全力打造珠峰种养加业集聚区。始终坚持质量第一、效益优先，以农业供给侧结构性改革为引领，紧紧围绕“3410”产业发展思路，全力打造万亩有机果蔬、万亩有机青稞、万亩有机枸杞、万亩人工饲草和规模化养殖基地建设，全面推行种植业、养殖业、加工业为主链条的发展模式，构建粮经饲统筹、种养加一体、农牧林结合、一二三产融合发展的现代农牧业新格局，实现产业发展“两年有看头”的目标，努力将我县建设成为自治区有机果蔬、有机青稞、有机枸杞、草畜生产加工大县。

全力打造"四个万亩"基地。加快推进万亩有机蔬菜巴扎核心区、曲奴核心区、杜琼片区以及日喀则珠峰现代农业科技创新博览园项目建设，努力把我县建设成为全区最大的蔬菜生产基地和集散基地。大力巩固青稞增产行动成果，积极推进粮食高产创建，实施青稞良种繁育基地建设，加强耕地保护，落实"藏粮于地、藏粮于技"战略，不断提高粮食综合生产能力，确保粮食自给自足、绝对安全。加快实施万亩有机枸杞二期工程，早日建成枸杞加工厂区，逐步延伸产业链，发挥辐射带动作用，增加当地群众收入。大力实施人工种草，加快建设者下万亩人工饲草基地；依托岗巴羊养殖基地，大力争取万头奶牛养殖基地建设，培育扶持养殖企业、养殖小区、养殖大户，推广岗巴羊、萨福克羊繁育项目，充分挖掘畜牧养殖产业潜力，努力拓展群众增收新空间。

全力推进一二三产融合发展。加快推进珠峰有机产业园建设及新入园项目落地建设，积极申报国家现代农业产业园项目，着力打造果蔬、青稞、枸杞等特色农产品加工链，促进农产品初加工、精深加工及综合利用加工协调发展。大力发展休闲农业和乡村旅游，加快推进集农牧业生产、农耕体验、休闲采摘、娱乐观光、产品加工销售于一体的休闲观光农业，促进农业与旅游、文化、美食等产业深度融合。

全力完善现代农牧业服务体系。不断创新经营管理模式，强化"五彩天域、有机白朗"品牌塑造，提升产业效益。支持农牧业产业化龙头企业发展，大力培育家庭农场、专业大户、农牧民专业合作社等新型经营主体，着力完善"龙头企业＋合作社＋基地＋农户"的产业化经营体系。推行农村土地承包经营权、宅基地使用权抵押贷款业务。加强农畜产品质量安全，从源头把好农牧业投入品过量、过滥使用关口。深入推进电子商务进农村，重点实施农产品上行销售，打通网络增收新渠道。

（二）狠抓项目带动战略，增强县域经济社会发展动力。准确把握项目建设拉动经济增长的关键作用，坚持把抓项目摆在突出位置，在项目谋划、招商引资、财源建设上下功夫、求实效，不断增强经济社会发展后劲。

狠抓重点项目建设。突出项目带动作用，健全"争取一批、引进一批、开工一批、竣工一批、储备一批"的项目滚动机制，着力扩大有效投资，确保完成全社会固定资产投资169300万元。加强沟通衔接，争取一批县域发展急需、支撑能力强的重大项目调整进区、市"十三五"规划，努力把我县项目盘子做大。紧盯自治区、市产业政策和投资导向，围绕城乡基础设施、产业发展、脱贫攻坚、能源交通、生态建设等领域，积极争取一批补短板、强弱项、促发展的重大项目。实施巴扎乡高海拔生态搬迁项目、嘎东沟水土保持工程、全县危房改造工程、农村废物综合利用整县推进等重点项目，持续扩大投资总量，拉动经济快速增长。巩固建设领域突出问题专项整治行动成果，着力破解瓶颈制约，依法打击行业乱象，强化项目质量监管，持续提升项目建设管理水平。

加大招商引资力度。立足资源禀赋和产业优势，积极承接产业转移，着力引进一批技术实力强、产业链条长、经济效益好的特色项目落地实施。创新招商方式，突出精准招商、产业链招商、以商招商和以企引企，切实提高项目履约率、开工率和资金到位率，努力完成年度招商引资任务。

全面加强财源建设。坚持政资分开、政企分开、资产所有权与经营权分开的原则，做大做实做强县级投融资平台，办好县属实体企业，促进县财政开源增收。坚持把政府和社会资本合作作为扩大投资、增强经济内生动力的重要举措，积极引导金融机构加大对项目建设、产业发展的信贷力度，充分激发社会资本投资热情，不断拓宽投融资渠道。加强政府风险补偿资金运行管理，努力扶持骨干企业和纳税大户，拓宽政府财源；持续推进"多证合一""一照一码"商事制度改革和"营改增"税制改革，提高税收征管效能，力争实现公共财政预算收入达3636万元，为全县经济社会发展提供强有力的财力保障。

（三）狠抓生态文明建设，打造人与自然生命共同体。深入学习贯彻习近平总书记关于生态保护的一系列重要论述和自治区党委政府、市委市政府的决策部署，切实增强“绿水青山就是金山银山”“冰天雪地也是金山银山”的发展观念，全力以赴巩固好、保护好、建设好白朗的山山水水。加强年楚河湿地公园的保护管理，推进年楚河重要生态功能区保护工程，严厉打击各类违法开采和不履行环保责任、破坏生态的行为。着力推进铁路公路沿线、城乡村庄环境综合整治，加快城乡绿化，大力实施沙化治理、退牧还草、植树造林工程，消除“无树村、无树户”。持续推进河长制工作，规范采砂采石，严格实行水资源管理。强化环境审批监管，严格执行项目建设节能环保准入标准，建成县城污水处理厂，坚决制止和惩处破坏生态环境行为，促进人与自然和谐发展。

（四）狠抓脱贫巩固，向全面小康迈出坚定步伐。始终把脱贫成果巩固作为最大的政治任务和第一民生工程，围绕全县“3579”扶贫工作思路，深入推进“九个一批”，确保贫困群众“一户不落、一个不少”共同迈入全面小康。坚持“政府引导、企业主体、科技支撑、金融撬动、群众参与”的产业发展思路，发挥政府扶贫基金的引导作用和政府风险补偿基金的撬动作用，大力实施产业促脱贫巩固战略，力争实现扶贫产业项目投资 50000 万元以上；充分发挥龙头企业带动作用，培育壮大一批带动力强、辐射面广的新型农牧业组织，提高农牧产业发展组织化程度，将建档立卡贫困户有效纳入农牧民专业合作组织。加快高海拔村生态搬迁规划建设，实施 7 个集中安置点附属设施建设，不断完善安置点产业配套，确保群众搬得出、稳得住、能致富。夯实啃硬骨头和最后攻坚的工作基础，坚持扶贫同扶志、扶智相结合，加大宣传教育力度，引导群众勤劳致富，变“要我脱贫”为“我要脱贫”。加强贫困群众发展生产、务工经商技能培训，使有劳动能力的贫困家庭掌握一项实用技能，防止贫困人口新增和脱贫户返贫。

（五）狠抓民生改善，努力让群众共享改革发展成果。深入贯彻以人民为中心的发展思想，坚守底线、突出重点、完善制度、引导预期，完善公共服务体系，保障群众基本生活，不断满足人民日益增长的美好生活需要，努力实现高质量、有效率、可持续的发展，保障农牧民群众在共建共享发展中拥有更多的获得感、幸福感。

巩固教育教学成果，加强师资队伍建设，优化教育资源配置，推动高海拔学校整合搬迁，实施 8 个村级幼儿园建设项目，办好学前教育，强化控辍保学，力争两年学前教育入园率达 85% 以上，小升初整体移交率达 100%，高中（高职）阶段入学率达 65% 以上，输送内地西藏初中班 15 人以上；发展素质教育，培养德智体美全面发展的社会主义建设者和接班人；完善扶贫帮困体系，不让一名学生因贫失学；积极开展全民健身活动，增强群众体质。

积极推进大众创业、万众创新，深入实施大学生（中职生）就业动态清零行动，千方百计创造就业岗位、扩大就业，城镇登记失业率控制在 2.5% 以内；强化劳务保证金监管，构建和谐劳动关系，支持引导各乡镇、村居积极成立劳务输出组织，提高农牧民务工的组织化程度，进一步建立健全劳务人员服务机制。

完善公共文化服务体系，深入实施文化惠民工程，改造升级农家书屋、寺庙书屋，丰富群众性文化活动，着力做好非物质文化遗产申报和保护工作；加强科技创新和推广，力争科技进步对农牧业发展贡献率提高到 50%，对经济增长的贡献率提高到 45%。

深化医药卫生体制改革，全面推行全民健康体检，全方位全周期保障群众健康；加大贫困群众医疗救助力度，降低因病致贫、返贫率。执行好“两降一升”，孕产妇住院分娩率稳定在 99% 以上、死亡率控制在 70/10 万以内，5 岁儿童以下死亡率控制在 15‰以内；加大包虫病、结核病综合防治力度，扎实做好流浪犬收容工作；加强食品药品监管，营造安全放心的消费环境。

完善社会救助、社会福利、慈善事业、优抚安置等制度，努力建设覆盖全民、城乡统筹、权责清晰、保障适度、可持续的多层次社会保障体系；深入实施全民参保计划，加强城乡低保对象动态管理，构建养老服务体系，提高“五保”供养水平。全面筑牢自然灾害防御体系，积极推进 3 个乡镇防抗灾物资储备库建设，完善防抗灾预防体系、应急体系和指挥体系，提升综合防灾减灾能力。

（六）狠抓基础完善，全力打造城乡统筹发展新格局。扎实抓好新型城镇建设，加快推进城乡一体化发展，不断推动“桑 -- 白一体化”进程，促使白朗早日撤县设区。

补齐基础设施短板。坚持合理布局、适度超前，加快实施一批重大交通、能源、水利等项目。配合做好日喀则至江孜高等级公路前期工作，加快建设白东公路、珠峰白朗有机产业园区公路。实施 G349 改造升级和农村公路建设养护工程。完成新一轮农村电网改造、嘎玛琼孜干渠工程等项目建设。积极争取天曲灌区、全县 110KV 变电站和嘎东 35KV 变电站等项目开工建设。

加快新型城镇化进程。高起点、高标准做好城乡“多规合一”总体规划修编工作，优化城乡空间布局；完善县城基础设施，加快县城综合治理、年楚河湿地保护、县城停车场、公厕建设等项目建设。加强城市管理，着力打造美丽宜居环境。抓好特色乡村建设，彰显传统文化魅力，留住最美乡愁。

大力实施乡村振兴战略。按照产业兴旺、生态宜居、乡风文明、治理有效、生活富裕的要求，加大力度支持东喜、者下、嘎普偏远乡镇加快发展；强化举措推进旺丹、玛、杜琼、曲奴中部乡镇开创发展新格局；创新引领率先实现巴扎、嘎东、洛江、强堆年河乡镇优化发展，形成更加有效的区域协调发展新机制。加强农牧区环境综合整治和美丽庭院建设，推进洛江镇雪布村、巴扎乡巴扎村等美丽乡村建设。

（七）狠抓和谐共建，增强社会治理能力。牢固树立稳定压倒一切的思想，坚决维护祖国统一和民族团结，严密防范和坚决打击各种分裂破坏活动，确保“三无”“三不出”。持续抓好驻村驻寺、城镇网格化管理、先进双联户创评等工作。全面贯彻党的宗教工作基本方针，坚决贯彻落实《宗教事务条例》，严格落实宗教“十导”工作法，积极引导宗教与社会主义社会相适应。牢牢把握大团结大联合的主题，坚持一致性和多样性统一，巩固发展最广泛的爱国统一战线。全面贯彻党的民族政策，大力开展民族团结进步创建活动，筑牢民族共同体意识。不断深化信访“八化”机制，坚持领导干部接访下访、“三调联动”大调解等社会矛盾多元调节机制，切实维护群众合法权益。深入开展“七五”普法宣传教育，加强重点人员管教。深入开展道路运输、危化物品、项目建设、火灾隐患等领域安全隐患排查整治，强化安全生产管理。

政府自身建设

我们要始终坚持党的领导，进一步加强法治政府、廉洁政府和效能政府建设，不断提高政府治理现代化水平，努力建设人民满意政府。

（一）坚持党的领导。把深入学习贯彻中共十九大精神作为当前和今后一个时期政府工作的首要政治任务，用习近平新时代中国特色社会主义思想统领政府各项工作，牢固树立“四个意识”，高度自觉地在思想上政治上行动上同以习近平同志为核心的党中央保持一致，坚决维护党中央权威。认真开展“不忘初心、牢记使命”主题教育，扎实推进“两学一做”学习教育常态化制度化，不断增强政府系统党员干部干事创业的使命担当。坚决用强烈的政治责任感，严肃认真地抓好区党委巡视一组专项巡视我县扶贫领域反馈意见的整改落实，切实做到问题不解决不松手、整改不到位不罢休。严格执行重大事项请示报告制度，紧紧围绕县委确定的思路、目标和任务，凝心聚力、狠抓落实，确保县委重大决策部署落实到位。

（二）建设法治政府。切实将政府活动全面纳入法治轨道做到法无授权不可为，法定职责必须为。依法接受县人大及其常委会的工作监督和法律监督，自觉接受县政协的民主监督，认真办理人大代表议案建议和政协提案，进一步提高办理质量。自觉接受监察监督，主动接受社会和舆论监督。继续推进政府法律顾问制度建设，加强政府决策合法性审查，依法清理规范性文件，提高决策科学化、民主化、法治化水平。落实重大行政决策程序，严格执行行政执法责任制，规范行政执法行为，让权力公开透明、阳光运行。

（三）建设廉洁政府。认真落实党风廉政建设主体责任和“一岗双责”，严格贯彻落实中央八项规定精神，区党委“约法十章”和“九项要求”，对变相隐形“四风”问题做到警觉警醒，杜绝问题反弹回潮。强化督查问责，严厉整肃庸政懒政怠政行为。坚持政府过紧日子，集中财力办大事，完善财政预算管理，加强政府债务管理。深入推进审计监督，加大脱贫攻坚、项目建设、国有资产等重点领域的监管力度。强化对重点领域和关键岗位的监督，坚决查处不正之风和腐败行为，切实做到政治清明、政府清廉、干部清正。

（四）建设效能政府。建立完善政府决策限时办结制度，坚持实干至上、行动至上，说了就要干、定了就要干，做到重大决策和重点工作立说立行、一抓到底；全面推行政府工作项目化，对企业和群众承诺的事，要马上就办、说到做到，确保事事有着落、件件有回音。加强绩效争先进位考核，完善常态化督促检查工作机制和年终考评机制，实现鼓励先进、鞭策后进的目的，树立正确的工作导向。

各位代表，新时代开启新希望，新目标肩负新使命，新征程承载新梦想。让我们更加紧密地团结在以习近平同志为核心的党中央周围，在市委市政府和县委的坚强领导下，以更加广阔的视野、更加饱满的热情、更加务实的态度、更加昂扬的斗志，不忘初心、牢记使命，忠诚担当、真抓实干，奋力谱写建设和谐文明幸福美丽白朗的新篇章。

名词解释

1.“十三对”关系：2016年全区经济工作会议提出，做好当前经济社会发展工作应把握好、处理好以下“十三对”关系：国家投资和社会投资的关系；重大项目和民生项目的关系；发挥优势和补齐短板的关系；城镇就业和就近就便、不离乡不离土、能干会干的关系；扶贫搬迁向城镇聚集和向生产资料富裕、基础设施相对完善地区聚集的关系；央企在藏资源开发和解决当地农牧民增加收入的关系；保护生态和富民利民的关系；城市发展和提高农牧民基本公共服务能力的关系；高校毕业生政府就业和市场就业的关系；简政放权和地方承接的关系；企业增产提效和改善企业职工福利待遇、促进农牧民群众增收的关系；中央关心、全国支援和自力更生、艰苦奋斗的关系；鼓励干部担当干事和容错纠错的关系。

2.市委“6677”总体工作思路：“六大战略”：党建珠峰、生态珠峰、文化珠峰、产业珠峰、幸福珠峰、法治珠峰战略。“六城共建”：全国文明城市、国家卫生城市、国家园林城市、国家环保模范城市、全国双拥模范城市、全国民族团结示范城市。“七区建设”：旅游文化腹心区、文化传承保护区、南亚开放前沿区、生态屏障保护区、安全屏障建设区、民族团结示范区、社会稳定典范区。“七大产业”：珠峰有机种养加业、珠峰特色旅游业、珠峰天然饮用水业、珠峰绿色生态业、珠峰特色手工业、珠峰清洁能源业、珠峰南亚物流业。

3.县委“1234”发展思路：“瞄准一个目标”，就是以建设高原特色现代农牧产业强县为目标，使白朗成为日喀则市的“粮袋子”“菜篮子”“后花园”；“突出两大任务”，就是全面脱贫，全面建成小康社会；做好“三篇文章”，就是做好产业融合文章，产城融合文章，城乡融合文章；实施“四大工程”，就是大力实施产业强县工程，扶贫攻坚工程，美丽家园工程，强基固本工程。

4.“3410”产业体系：即三年行动计划、四大发展战略、十项重点工作。三年行动计划，“一年有势头、两年有看头、三年大突破”的发展计划；四大发展战略，“聚焦战略、融合战略、创新战略、开放战略”；十项重点工作，“基础建设、规划完善、项目整合、招商引资、要素供给、深化改革、品牌建设、宣传推介、人才培养、营商环境”。

5.“3579”脱贫工作思路：“三级联动”，构建县、乡、村互为支撑的扶贫攻坚格局；“五项制度”，建立健全县级以上领导乡镇脱贫攻坚包干制、乡镇干部村（居）脱贫攻坚包干制、村（居）“两委”成员脱贫攻坚包户服务指导制、扶贫资金项目信息公开制、脱贫攻坚公告公示制；“七个责任”，压实县级脱贫攻坚主体责任、乡镇脱贫攻坚具体责任、村党组织各项政策措施落实责任、村党支部书记指导帮带责任、村务监督委员会监督责任、党员干部帮扶责任、非公组织与社会组织帮扶责任；“九大举措”，狠抓产业发展、易地搬迁、教育提升、医疗保障、社会兜底、生态建设、就业培训、结对帮扶、基础设施建设。

6.“三区一廊十园”:“三区”即北部现代农业区、中部高效生态农业区、南部高原特色牧业区;“一廊”即年楚河休闲体验农业长廊;“十园”即日喀则国家农业科技园、日喀则珠峰现代农业科技创意博览园、珠峰(白朗)有机产业园、万亩有机果蔬产业园、万亩有机青稞产业园、万亩有机枸杞产业园、万亩饲草产业园、藏药材产业园、万头禽畜规模化养殖产业园、民族手工业园。

7.“多证合一”“一照一码”:在全面实施企业、农民专业合作社工商营业执照、组织机构代码证、税务登记证、社会保险登记证、统计登记证“五证合一、一照一码”登记制度改革和个体工商户工商营业执照、税务登记证“两证整合”的基础上,将涉及企业(包括个体工商户、农民专业合作社)登记、备案等有关事项和各类证照进一步整合到营业执照上,实现“多证合一、一照一码”。

8.“营改增”:营业税改增值税,简称营改增,是指以前缴纳营业税的应税项目改成缴纳增值税。营改增的最大特点是减少重复征税,可以促使社会形成更好的良性循环,有利于企业降低税负。

9.“放管服”改革:简政放权、放管结合、优化服务。

10.“九个一批”:发展生产脱贫一批、易地搬迁脱贫一批、生态补偿脱贫一批、发展教育脱贫一批、社会保障兜底一批、转移就业脱贫一批、金融扶持脱贫一批、医疗救助脱贫一批、灾后重建脱贫一批。

11.十项提升工程:自治区党委、政府为推进脱贫攻坚提出:统筹整合各方资源,重点在易地搬迁集中安置点、年度摘帽村,全面实施水、电、路、讯、网(广播电视网、邮政网点、金融网点和互联网),教、科、文、卫、保(社会保障、住房保障和村居活动场所)十个方面工程,加强基础设施建设,提升基本公共服务水平,助力脱贫攻坚。

12.“四个万亩”基地:万亩有机蔬菜基地、万亩有机青稞基地、万亩有机枸杞基地,万亩饲草和现代畜牧养殖基地。

13.“四个全面”战略布局:全面建成小康社会、全面深化改革、全面依法治国、全面从严治党。

14.“六个精准”:扶贫对象精准、措施到户精准、项目安排精准、资金使用精准、因村派人精准、脱贫成效精准。

15.“老西藏精神”:“老西藏精神”为特别能吃苦、特别能战斗、特别能忍耐、特别能团结、特别能奉献。

16.“一带一路”:丝绸之路经济带和21世纪海上丝绸之路。

17.“三无”“三不出”:“三无”为全区在编僧尼无自焚,拉萨、昌都、那曲、日喀则等重点地区无自焚,各族群众无自焚。“三不出”为大事不出、中事不出,力争小事也不出。

18.信访“八化”机制:预防源头化;排查常态化;渠道畅通化;化解实效化;处置法治化;体制科学化;队伍规范化;责任倒查化。

19.“两降一升”:分娩孕妇死亡率和新生婴儿死亡率同比下降,住院分娩率同比上升。

概览

【历史沿革】 8 世纪中叶，吐蕃著名的喇嘛译师巴扎·楚臣加布和纳朗·多吉堆迥两人曾在巴雪（今白朗县嘎东镇白雪村）念过经。后来人们为纪念这两位德高望重的大师，取二人姓名首字合成“巴朗”，几经人们的译音和择字，后定为“白朗”。

11 世纪，年楚河流域由琼氏、哲氏及杰氏分别统治，但随着统治娘麦（今白朗—日喀则一带）的杰氏的不断强盛，逐渐替代了琼、哲两氏，建立了统治年楚河流域三地的杰氏政权。

13 世纪中叶，元朝中央政府在西藏实行“十三万户行政体制”，并在各地建立由万户管理的行政区域。包括今白朗县在内的年楚河流域划归夏鲁万户管辖。

14 世纪后期，帕木竹巴政权取得西藏大部分地区的统治权，并在西藏地方实施“宗”制（“宗”：旧西藏相当于县一级的行政单位），从此白朗作为县一级的行政单位正式形成。

15 世纪—16 世纪，巴朗伦珠孜宗先后历经帕竹、仁蚌巴、藏巴第悉政权的统治。

17 世纪中叶，五世达赖喇嘛建立甘丹颇章政权后，在西藏地方全面推行宗豁制（“豁”，又称“豁卡”，意为庄园）。

18 世纪中叶，西藏地方政府在后藏直属的宗豁中除巴朗宗外，增设堆冲、汪垫两个宗豁。“巴朗”即今白朗县曾用名称；“堆冲”即今白朗县杜琼乡曾用名称；“汪垫”即今白朗县旺丹乡曾用名称。1912 年后，西藏地方政府调整行政区划，各地设立行署一级机构，在今日喀则市宗山设立了“基宗”，意即后藏总管，管辖白朗宗和杜琼豁、旺丹豁在内的后藏 15 个直属宗豁。

1951 年 5 月 23 日，《中央人民政府和西藏地方政府关于和平解放西藏办法的协议》（“十七条协议”）在北京签订，西藏实现和平解放。1956 年西藏自治区筹备委员会成立之前，白朗宗仍属西藏地方政府管理。

1954 年，西藏地方政府再次调整行政区划，把“基宗”改名为“藏基”，仍是统领后藏行政事务的行署一级的管理机构，治所设在日喀则市宗山，管辖后藏地区包括白朗宗、杜琼宗豁、旺丹宗豁在内的 15 个宗豁。

1956 年 10 月，江孜分工委在白朗宗、旺丹宗、杜琼宗分别成立办事处，系代权性机构，隶属江孜“基巧”办事处。由于 1959 年民主改革前，西藏地方政权推行的政教合一宗豁制度，在今白朗县境内设立白朗、杜琼、旺丹 3 个宗豁属于西藏地方政府外，还有一些豁卡，即庄园分别隶属于寺院和贵族。拥有豁卡的寺院有扎什伦布寺、白曲寺、夏鲁寺、俄寺等十几座寺院。拥有豁卡的白朗籍贵族有贝喜、琼然、诺囊、恰鲁、吉普、仲颇罗等 11 家，拥有豁卡的非白朗籍贵族有噶希、哲奎、锁康、斋康等六七家。另外班禅驻锡寺扎什伦布所属贵族德伦家族在白朗县境内拥有豁卡。

1959 年 8 月，西藏民主改革后，受江孜基巧办事处直接领导的白朗、旺丹、杜琼三宗精简合并，成立白朗县人民政府，隶属江孜专区，全县划为 6 个行政区（强堆区、洛麦区、洛布琼孜区、嘎东区、旺丹区及杜琼区）和一个工作区（东喜牧业工作区）。1960 年，白朗县在 21 个乡农协会的基础上，通过普选逐步建立 21 个乡人民政府。1961 年 10 月，白朗县收缩撤销 6 个行政区和一个工作区，成立旺丹、杜琼、强堆、洛布琼孜、洛麦、嘎东 6 个区人民政府，下辖 21 个乡。1962 年 2 月 25 日，白朗县洛麦区并入洛布琼孜区，改名为洛江区，全县辖区改划为 5 个区、21 个乡。

1964 年 5 月 30 日，经西藏自治区筹备委员会第 56 次会议决定，江孜专区并入日喀则专区，白朗县随之归属日喀则地区。1966—1969 年，白朗县先后成立 21 个人民公社、129 个生产队，全县实现人民公社化。1982 年 5 月，萨迦县者下乡公社划归白朗县旺丹区，全县公社增至 22 个，生产队增至 163 个。1984 年 8 月，白朗县实行政社分开、撤社建乡和生产队改村，全县原 5 个区不变，22 个公社和 163 个生产队调整为 22 个乡和 116 个村委会。1988 年 4 月，根据自治区党委、政府《关于加强基层政权建设的决定》的通知，白朗县开展撤区并乡工作，全县原5个区、22个乡改为11个乡（巴扎乡、洛江乡、嘎东乡、强堆乡、杜琼乡、玛乡、曲奴乡、嘎普乡、旺丹乡、东喜乡、者下乡），原116个村合并为113个村。

2017年，白朗县辖11个乡镇、111个行政村，7306户49497人，农牧业人口44761人。白朗县境内有藏族、汉族、回族、蒙古族、门巴族、白族、土家族、彝族、朝鲜族、满族等民族。

【区域位置】 白朗县位于西藏自治区南部，受雅鲁藏布江大断裂活动带的影响，白朗县地质总体构造线方向呈近东西向展布，为断裂、褶皱构造发育，地层中主要包括砂页岩、砾岩、砂岩、粉砂岩、泥岩、泥灰岩、页岩、凝灰岩等，地处北纬28°17′—29°18′，东经88°53′—89°25′之间，南北长约120公里，东西宽约50公里，总面积2758.98平方公里，平均海拔4000米以上。东接江孜县、康马县、南抵亚东县、岗巴县、西临萨迦县、北靠日喀则市，距日喀则市49公里，距离江孜县仅有42公里，日江公路穿城而过，交通极为方便。

【气候特征】 白朗县属高原温带季风半干旱季候，气候干燥，太阳辐射强，干湿冷暖季节分明，年平均降水量361毫米，降水一般集中在每年5—10月，而又以夜雨为主，地域上从北向向南逐步减退。白朗县年平均气温5.9℃，气温日差较大，年差较小，最高气温26℃，最低气温-24.6℃，全年日照时数3200小时，无霜期120—140天，风期100天左右，最大风力8级以上。

【水文状况】 白朗县境内北部水资源较为丰富，中南部水资源相对贫乏，北部山间河谷地下水供源主要是降水、年楚河及其支流，浅层地下水深度在4—6米之间，中南部高海拔山区地下水供源主要是降水、冰雪融水，浅层地下水深度在8—10米之间。白朗县河流众多，均为季节性河流，较大的河流有10条，其中又以年楚河与江嘎雄曲河两大河流为主，流经本县38公里的年楚河，长年不断。6月—9月为丰水期，10月—5月为平水期。最大流量为41.70立方米/秒，最小流量为11.07立方米/秒，年平均流量为25.7立方米/秒，是沿河四乡（镇）农田灌溉的主要依托。

【自然资源】 白朗县总耕地面积18.17万亩，人均耕地4.2亩，农作物总播种面积12.74万亩；草原畜牧业和农区畜牧业潜力巨大，天然草场273.1万亩，其中可利用草场175838.34公顷，已利用草场面积175838.34公顷。矿产资源丰富，已初步探明深层封闭式地热田，铜、磷、铅、锌、铬铁、泥炭、水晶等矿藏储量最为可观。动物资源相对缺乏，主要有喜马拉雅旱獭、野驴、狐狸、鹿、长嘴百灵、黑颈鹤、斑头雁、斑鸠、拉萨裂腹鱼、双须重唇鱼等。白朗县境内分布有近200种各类植被资源，它们构成了高山寒漠植被、高山草甸植被、亚高山草甸植被、亚高山草原植被、灌丛草原植被、草甸植被、沼泽植被等七个植被类型。

【人文资源】 白朗县历史文化源远流长，一代藏王颇罗鼐出生于白朗县杜琼乡，颇罗鼐执政期间，实行了安定西藏社会秩序、促进藏族政治经济、文化发展的措施。颇罗鼐为了及时恢复和发展生产，针对旧制中存在的弊端进行了改革，从改革的措施来看，政治上励精图治、顺应僧尼民众，社会矛盾得到缓解、民众负担有了减轻，体察民情、民众得到休养生息。同时，其他传统文化极富地方民族特色，境内盛行的传统歌舞与西藏其他地区相似、内容相关劳动、娱乐、庆典、出征、祭祀等有锅庄舞、踢踏舞、神舞、藏戏等众多形式。

【行政区划】 白朗县辖2个镇9个乡，即洛江镇、嘎东镇、巴扎乡、强堆乡、杜琼乡、曲奴乡、旺丹乡、玛乡、嘎普乡、者下乡、东喜乡，111个行政村。

【特色产业】 白朗县是自治区粮食主产县和国家级蔬菜标准化种植示范区，同时也是国家现代农业示范区、国家农业科技园区核心区、自治区农村改革示范县，现有大棚蔬菜、优质青稞、农区畜牧业和传统民族手工业等四大支柱产业。白朗县农作物主要有青稞、豌豆、小麦、油菜以及各类温室大棚蔬菜等；畜牧养殖主要有黄牛、娟姗牛、岗巴羊、新疆细毛羊等；工业进一步发展，主要有白朗县嘎东镇兴旺传统服饰农民专业合作社、白朗县现代藏式服装厂、白朗县旺达食品有限公司、白朗县康桑农产品发展有限公司、白朗县嘎东镇惠民联营传统粮油加工农民专业合作社、白朗县嘎东镇色唐荞麦加工农民专业合作社、白朗县恰珠编织坊、白朗县旺丹卡垫厂、白朗绿色蔬菜发展有限公司、白朗县罗布丹增糌粑加工厂、恰珠编织厂、日喀则地区旺达食品有限公司、西藏白朗县圣雄奶牛农民专业合作社和珠峰农机公司等；白朗县民族手工业种类众多，有纺织、制革、编织、造纸、缝纫、木工、绘画和金银饰品加工等。

为推广白朗蔬菜的知名度和市场占有率，自“白朗县蔬菜采摘节”在济南援藏干部的推动下，自1998年白朗县第一座大棚蔬菜试种成功，历经20年发展，白朗县蔬菜产业已有1个公司、1个示范园、1个协会、26个标准化示范基地。已认证无公害蔬菜品种14个，果蔬品种达到136种。

【经济发展】 2017年，全县生产总值9.636亿元，同比2016年增长12%；全社会固定资产投资完成13.08亿元，同比2016年增长29.25%；地方财政一般预算收入2910万元，同比2016年增长45%；农村居民人均可支配收入12420.31元，同比2016年增长17.44%；社会消费品零售总额1.78亿元，同比2016年增长27.14%。

【旅游景点】 白朗县旅游景点包括自然景观和人文景观两大类。自然景观主要包括高原河谷农业景观、高原河谷湿地景观、高原高山草场景观及高原高山湖泊景观。人文景观则是以藏传佛教格鲁派寺院为代表的宗教建筑，如参卓林寺、白岗寺、谢珠林寺，此外还有宁玛派的色热珠德寺、萨迦派的德瓦坚寺和噶举派的桑林寺。

高原河谷农业景观。分布在县境内年楚河两岸长38公里，宽2公里～5公里的地段。每年夏季农作物长成后，成片的青绿色、金黄色与河谷两旁红褐色的山脉及蓝天白云形成色彩鲜明的立体对比，浓墨重彩间充满了田园般的诗情画意。

高原河谷湿地景观。分布在县境内年楚河两岸部分低洼地带，由年楚河分流后长期积水形成，对白朗县北部的环境及小气候起着重要的调节任用。在湿地夏季可观赏芦草丛生、碧水蓝天的美景，冬季则可观赏候鸟低徊、戏水竞逐的景色。

高原高山草场景观。分布在县境内的者下、东喜两个纯牧区乡，平均海拔4480米，天然草场面积达273.1万亩。草场视野开阔、宁静祥和、阳光明媚、空气清新，游人在草场上信步漫游或策马飞奔，可尽情领略天高地阔与自由闲适之感。

高原高山湖泊景观。主要分布在县境南部的东喜乡，平均海拔5000米。其中位于多巴村附近海拔4500米的勒蒽错湖最大，湖面面积2.81平方公里。湖泊既是雪山冰碛湖，又是候鸟栖宿湖。位于吾久村附近海拔5800米处也有一个雪山湖泊，湖面面积0.01平方公里。传说有佛缘的人在湖边可望见自己的前生及来世，充满了浓郁的神秘色彩。

参卓林寺。位于嘎东镇马义村以北，距县城16公里。始建于公元788年，初奉宁玛派，后改奉噶当派，最后改宗格鲁派，号称后藏第一寺。全寺占地面积37800平方米，建筑面积2985平方米，寺院由门殿、佛殿、经殿及僧舍组成。寺内藏有克什米尔尊者喀基班钦陶像；空行母色萨曲珍显字头盖骨；第四堪布森巴仁钦活佛自生尊度母、空行母等佛像的小腿骨；五世达赖喇嘛阿旺洛桑嘉措、九世班禅确吉尼玛的部分遗物；丁泽大师从天竺带回的原《甘珠尔》译本及其它各类佛经等。

白岗寺。位于强堆乡白岗村以北，距县城25公里。相传白岗寺最早在仁布县境内，始建于公元790年，奉宁玛派。公元1213年，寺院改建在白朗境内，并由宁玛派改奉噶当派，后于公元1343年又改宗格鲁派。全寺占地面积1033平方米，建筑面积875平方米。寺院由经堂、佛殿、神殿、僧舍、仓库及伙房等组成，寺外左侧山坡上建有松赞干布、赤松德赞、赤热巴巾三法王塔。寺内藏有千佛经板、骑狮观音铜像、不动明王铜像、十一面观音石像等。

谢珠林寺。位于玛乡吉丁村以北，距县城22公里。始建于公元1226年，初奉萨迦派，后改奉宁玛派，17世纪后期归属格鲁派。寺院占地面积1400平方米，建筑面积1000平方米。寺内建筑、器物及壁画都保存较好，藏有金汁经文、颇罗鼐铜鼎等，殿墙绘有大量精美的宗教壁画如释迦牟尼、须弥勒佛、十六罗汉、四大天王、护法神以及米拉日巴、曲古维色、宗喀巴师徒、格鲁派大活佛等。

色热珠德寺。位于白朗县强堆乡亚龙村以北，距县城8公里。始建于公元892年，历史悠久，规模宏大，占地面积7087平方米，建筑面积5800平方米，曾出现诸多有名人物如夏边坚赞、宁东桑杰、觉珠·丹白尼玛、强白丹增、珠托·曲吉尼玛等。寺院为全县信教群众聚集最多的地方之一，寺内藏有嵌铜法螺、天然朗色石像等。

桑木林寺。位于白朗县曲奴乡桑林村以南，距县城15公里。始建于公元1190年，占地面积500平方米，建筑面积70平方米。寺内存有较多的风格迥异的宗教石刻，技艺达到了较高的水平，具有较强的代表性。

德瓦坚寺。位于白朗县旺丹乡曲麦村以南，距县城15公里。始建于公元1230年，占地面积4500平方米，建筑面积2900平方米。寺内藏有镀金佛祖释迦牟尼、能言至尊度母、三世诸佛等佛像，并存有精美的兵法壁画及齐全的宗教法器。

【旅游商品】 白朗县旅游商品以本地土特产为主，如青稞酒、酥油茶、风干肉、糌粑、乳酪、酸奶等风味食品，同时也有独具民族特色的氆氇、卡垫、藏靴及唐卡等手工艺品。

（李　伟）

大事记

白朗年鉴·2018

1 月

1 日 日喀则市委副书记、市长刘虎山一行检查组在白朗县检查指导脱贫摘帽工作。

同日 由日喀则市副市长罗布松拉带队的市扶贫督导考核组一行在强堆乡洁白村对精准扶贫工作进行督导考核。县委副书记、县长赤列朗杰陪同。

同日 由日喀则市委组织部副部长、老干局局长贡桑带队的精准扶贫工作检查组在白朗县曲奴乡团结新村检查指导精准扶贫工作。

1—2 日 白朗县相关单位组成的督导组在元旦节期间对嘎东镇、杜琼乡、洛江镇、旺丹乡、嘎普乡所辖的 12 个驻村点围绕在岗在职、履行职责情况及第五、六批队员交接情况等工作进行督导检查。

2 日 日喀则市人力资源和社会保障局和白朗县人力资源和社会保障局联合在洛江镇开展精准扶贫“三送”活动。

3 日 县委书记陈昊带队的检查组一行在曲奴乡检查指导精准扶贫工作。

同日 县委副书记、县长赤列朗杰带队的检查组一行在者下乡检查指导精准扶贫工作。

同日 县委副书记、人大常委会主任尼玛顿珠带队的检查组一行在嘎普乡检查指导精准扶贫工作。

同日 县政协主席普布次旦带队的检查组一行在玛乡检查指导精准扶贫工作。

4 日 白朗县委常委班子组织召开 2016 年度民主生活会。会议由县委书记陈昊主持；日喀则市交通局党组副书记、纪检组组长罗布顿珠参加会议并提出指导意见。

同日 白朗县召开县政府班子 2016 年度民主生活会，会议由县委副书记、县长赤列朗杰主持；政府班子成员参加会议，县直相关部门、人大代表、政协委员、乡镇代表列席会议，县委副书记、纪委书记拉巴仓决应邀出席并对民主生活会开展情况做出点评。

5 日 西藏长荣工程设计有限公司项目规划设计专家团队在白朗县嘎东镇现代农业产业园选址地点进行实地考察。县委副书记、县长赤列朗杰陪同。

10 日 日喀则市委第一巡察组对白朗县农牧局、水利局、林业局党组组织的巡察反馈会在白朗县召开。市委巡察一组全体成员、市委巡察工作领导小组成员、县委书记陈昊、各分管副县长及相关部门和农牧局、水利局、林业局全体干部参加会议。

同日 副县长强巴曲桑带队的一行检查组在全县开展“三大节日”前食品安全大检查。

11 日 县委书记陈昊在旺丹乡秋堆村详细了解驻村工作队员的生活及工作开展情况。

同日 白朗县严格按照“三老人员”补助标准，为东喜乡 19 名“三老人员”发放 2016 年度生活补贴，共计 108600 元整；为玛乡 69 名“三老人员”发放 2016 年度生活补贴，共计 375870 元；为曲奴乡 15 名“三老人员”发放 2016 年度生活补贴，共计 88800 元；为者下乡 22 名“三老人员”发放 2016 年度生活补贴，共计 120360 元，

12 日 由自治区司法厅社区矫正管理局局长兴华，司法厅社区矫正管理局副主任科员达娃顿珠，日喀则市司法局党组副书记、局长阿旺次仁，市司法局社区矫正管理科副科长周理剑一行在白朗县司法局检查指导社区矫正工作。

同日 藏诺药业公司总经理高飞一行在杜琼乡进行藏药材种植基地选址进行实地考察。

同日 由日喀则市民政局、市消防支队组成的联合工作组一行在白朗县五保集中供养服务中心检查消防设施配备情况。

同日 县委书记陈昊带队在强堆乡、杜琼乡开展走访慰问活动。

同日 白朗县司法局对洛江镇则嘎普村安置帮教人员进行走访慰问。

同日 白朗县者下乡发放由拉夏贝尔服装有限公司及斐乐体育有限公司通过自治区残疾人联合会向者下乡残疾人士及困难家庭捐赠的过冬衣

服 20 箱，共计 900 余件。

16 日　日喀则市教育局局长索旺一行在白朗县教育局慰问 15 名离退休教师和困难教师，并召开座谈会。

同日　县人民检察院党组书记、检察长扎西次仁在嘎东镇驻村点慰问驻村工作队。

17 日　由日喀则司法局党组副书记、纪检组长米玛带队的一行 4 人在白朗县司法局进行司法行政业务考核。

18 日　白朗县召开专题会议，传达贯彻自治区"两会"精神，会议由县委书记陈昊主持，在岗县级干部，各乡镇人大主席、县直部门负责同志参加会议。

22 日　县委书记陈昊，县委常委、统战部部长扎西顿珠，县人大常委会副主任张军、副县长强巴顿旦一行在东喜乡开展节前走访慰问活动。

23 日　日喀则市工信局党组书记央宗一行在白朗县强堆乡当嘎村开展节前慰问活动。

同日　白朗县"第二笔产业项目贷款发放仪式"在日喀则市举办，日喀则市副市长罗布松拉，珠峰扶贫开发有限责任公司、市扶贫办、市金融办、市脱贫攻坚指挥部各专项组、市人民银行相关人员及白朗县副县长强巴曲桑，白朗县扶贫办主任格桑扎西、嘎东镇兴旺传统服饰农民专业合作社负责人参加签约仪式。

24 日　白朗现代藏式服装厂厂长次桑对县清洁工、城市管理工作者开展慰问活动，副县长强巴曲桑参加活动。

25 日　县人大副主任刘万里、县政协副主席次仁琼达一行在嘎东镇慰问困难群众、困难党员和基层一线职工。

同日　县委常委、统战部部长扎西顿珠在各驻寺机构开展新春慰问活动。

27 日　县委书记陈昊看望慰问环卫工人，并送去节日问候和新春祝福。

2 月

5 日　日喀则市委书记张延清在白朗县调研，并看望慰问嘎东镇马义村结对帮扶贫困户及驻村工作队，并送去节日问候和新春祝福。

7 日　白朗县召开县委理论学习中心组 2017 年第三次集中学习（扩大）会议，传达学习《吴英杰同志在 2016 年自治区地委书记行业系统党工委书记抓基层党建工作述职评议会上的讲话》《吴英杰、洛桑江村同志在全区经济工作会议上的讲话》《邓小刚同志在全区地厅级主要领导干部学习贯彻党的十八届六中全会和自治区第九次党代会精神专题研讨班上的讲话》《张延清同志在全市"深化五项教育，增进五个意识"主题活动动员部署大会上的讲话》《日喀则市开展"深化五项教育，增进五个意识"主题活动方案》精神，会议由县委书记陈昊主持，在岗县级干部，附近乡镇，县直部门负责同志参加会议。

8 日　副县长付宜锋在司法局对司法行政工作开展调研。

10 日　县人大常委会副主任边巴顿珠带队的白朗县脱贫攻坚成效乡镇间交叉考核组一行在曲奴乡开展脱贫攻坚考核工作。

同日　县政协副主席次仁琼达带队的白朗县脱贫攻坚成效乡镇间交叉考核组一行在嘎普乡开展脱贫攻坚考核工作。

11 日　县委副书记、县长赤列朗杰，副县长强巴顿旦在东喜乡检查扶贫资料归档情况。

12 日　由日喀则市农牧局副局长旺堆带队的 17 个县区农牧局长及工作人员就农村土地承包经营权确权登记颁证工作在白朗县参观交流学习，副县长付宜锋陪同。

13 日　县委副书记、人大常委会主任尼玛顿珠在强堆乡白岗村、洁白村、当嘎村对结对帮扶贫困户及驻村工作队进行慰问。

16 日　自治区及日喀则市联合软件正版化督察组在白朗县督查软件正版化工作，副县长强巴顿旦陪同。

同日　白朗县召开脱贫攻坚成效地市交叉考核工作汇报会。会议由日喀则市副市长李玉建主持；自治区脱贫攻坚成效地市交叉考核工作组组长、林芝市委常委、副市长达瓦，自治区脱贫攻坚成效地市交叉考核工作组副组长、林芝市人大常委会党组成员、副主任张明，日喀则市扶贫办主任丹增，县委书记陈昊，县委副书记、县长赤列朗杰，相关部门负责人参加会议。

同日 西藏国光发新能源开发有限公司董事长蒲守稳一行在白朗县洛江镇洛江村项目建设地点进行实地考察，并就项目建设地点落地白朗县洛江镇。

17 日 自治区脱贫攻坚成效地市交叉督导组在白朗县嘎普乡开展专项督查工作，重点对乡、村 2016 年精准扶贫脱贫攻坚基础设施建设项目、脱贫户支出、资料收集整理归档等情况进行督导检查。

19 日 日喀则市扎西康桑批发部一行为白朗县东喜乡 50 周岁以上老人共计 200 余人免费检查身体、赠送药品。

同日 自治区统计局农村处副处长尼玛次仁，日喀则市统计局农调科科长次仁卓嘎一行在白朗县嘎东镇对第三次全国农业普查情况进行检查考核。

20 日 县委常委、副县长胡卫波在白朗县万亩枸杞（一期）项目建设基地考察项目开工建设情况。

21 日 白朗县第十三届人民代表大会常务委员会召开第二次会议。会议由县委副书记、人大常委会主任尼玛顿珠主持。

22 日 白朗县召开 2016 年度公安工作总结表彰暨 2017 年工作安排部署会议。会议由县委副书记、人大常委会主任尼玛顿珠主持；县委书记陈昊，县委常委、政法委书记、公安局局长罗布顿珠，副县长强巴顿旦，全体公安干警、辅警参加会议。

同日 白朗县召开迎接中央环境保护督察和全县城乡环境综合整治工作动员部署会。会议由县委书记陈昊主持，在岗县级干部，各乡镇党政负责人，县（中、区）直部门全体干部职工及驻军部队负责人参加会议。

23 日 白朗县召开中共白朗县第九届委员会第二次全体（扩大）会议。会议由县委副书记、县长赤列朗杰主持；中共白朗县第九届委员会全体委员、候补委员出席会议，不是县委委员、候补委员的县级领导，不是县委委员、候补委员的各乡镇、各部门负责人参加会议。

同日 日喀则市“深化五项教育，增进五个意识”主题活动督导组组长刘万里带队的督导组一行在白朗县检查指导“深化五项教育，增进五个意识”主题活动开展情况。县委常务副书记黄晓广，县委常委、宣传部部长赵瑞红陪同。

同日 白朗县召开“深化五项教育，增进五个意识”主题活动动员大会。会议由县委副书记、县长赤列朗杰主持，在岗县级干部，各乡镇负责人、组宣委员、驻村工作队队长、寺管会负责人，离退休干部代表，县直部门全体干部职工，区（中）直部门负责人，各驻军部队负责人参加会议。

同日 白朗县组织开展第三次全国农业普查 PDA 终端采集系统录入操作培训会议。各乡镇农普负责人和普查员参加培训。

25 日 县政协主席普布次旦在旺丹乡走访慰问结对帮扶贫困户。

26 日 由中宣部人权事务局专项工作处处长朱宏立带队的中央媒体采访团一行在白朗县对“园区、基地、企业、农户”四位一体开发模式，对加快推进产业扶贫的积极作用进行采访。

27 日 在藏历火鸡新年来临之际，日喀则市妇联主席刘卫红在白朗县洛江镇走访慰问 2 名“单亲母亲”和 1 名乳腺癌患者。

3 月

1 日 白朗县“深化五项教育，增进五个意识”主题活动办公室召开第二次调度会。会议由县委常务副书记黄晓广主持；县委常委、宣传部部长赵瑞红，各乡镇负责人，相关单位负责人参加会议。

4 日 白朗县召开县委理论学习中心组 2017 年第四次集中学习（扩大）会议。会议由县委副书记、县长赤列朗杰主持；在岗县级干部、县直部门负责人参加会议。

同日 县委副书记、县长赤列朗杰一行在玛乡开展“深化五项教育，增进五个意识”主题活动进乡入村宣讲。

同日 县委常委、副县长胡卫波在洛江镇开展"深化五项教育，增进五个意识"主题活动进乡入村宣讲。

5日 在第54个学雷锋纪念日，白朗县组织开展"学雷锋，献爱心"活动。

同日 白朗县召开全县城乡环境综合整治推进会议。会议由县委副书记、常务副县长何继文主持，副县长强巴顿旦，各乡镇、县直部门负责人参加会议。

6日 日喀则市人民检察院党组书记、检察长旦增在白朗县开展"深化五项教育，增进五个意识"主题宣讲活动。

同日 白朗县召开县委理论学习中心组2017年第五次集中学习会议。会议由县委书记陈昊主持，日喀则市人民检察院党组书记、检察长旦增，在岗县级干部、县直部门负责人参加会议。

同日 县人民法院院长达娃在强堆乡开展"深化五项教育，增进五个意识"主题活动进乡入村宣讲。

同日 县委常委、副县长普布次仁在嘎东镇白雪村、马义村、帕嘎村、查热村对易地、同步扶贫搬迁部署工作进行检查指导。

同日 县人大常委会副主任边巴顿珠在者下乡开展"深化五项教育，增进五个意识"主题活动进乡入村宣讲。

6—15日 副县长强巴顿旦带队的工作组一行在11个乡镇开展城乡环境综合整治宣传活动。

7日 白朗县召开县委理论学习中心组2017年第六次(扩大)学习会议。会议由县委书记陈昊主持；在岗县级干部，各乡镇党政负责人，县直部门负责人参加会议。

同日 日喀则市人民检察院党组书记、检察长旦增在者下乡对"深化五项教育，增进五个意识"主题活动开展情况进行督导检查。

同日 白朗县召开河道采砂整顿工作推进会议。会议由县委常委、副县长普布次仁主持，县委副书记、县长赤列朗杰出席会议并讲话，相关乡镇、部门和18家采砂场负责人参加会议。

同日 副县长顾群艳带领县疾病预防控制中心和卫生局工作人员在嘎东镇中心小学检查开学前期疾病防控工作落实情况。

8日 白朗县召开2017年卫生工作会议，会上与11个乡镇卫生院签订《白朗县2017年卫生计划工作目标责任书》。副县长顾群艳出席并讲话。

同日 白朗县成立乡镇2016年度履职教育工作考评领导小组，对全县11个乡镇履职教育情况进行详细了解。

9日 县委常委、副县长鞠正江在巴扎乡开展"深化五项教育，增进五个意识"主题活动专题讲座。

10日 日喀则市检察院党组书记、检察长旦增在巴扎乡、县中学检查"深化五项教育，增进五个意识"主题活动开展情况。

同日 白朗县综治办牵头，组织34家综治成员单位开展三月综治宣传活动。

11日 县委副书记、县长赤列朗杰一行在东喜乡、旺丹乡、嘎普乡了解雪情，检查防抗灾准备工作和慰问基层干部。

12日 日喀则市人民检察院党组书记、检察长旦增在洛江镇、强堆乡督导检查工作，县委副书记、人常委会主任尼玛顿珠陪同。

同日 副县长强巴曲桑在旺丹乡各驻村点督查驻村工作队员在岗情况及近期重点工作落实情况。

13日 自治区副主席、区红十字会会长德吉一行在白朗县开展调研。市委常委、市委秘书长雷进昌，市人民检察院党组书记、检察长旦增，县委副书记、县长赤列朗杰，县委副书记、人大常委会主任尼玛顿珠陪同。

同日 自治区扫黄打非工作督导组在白朗县进行督导检查。

同日 由日喀则市特聘督学、原南木林县人大常委会主任边仓同志为组长的市教育督导组在东喜乡中心小学开展教育督查工作，副县长索朗顿珠陪同。

14日 日喀则市人民检察院党组书记、检察长旦增一行在白朗县开展慰问活动，县委书记陈昊，县委副书记、人大常委会主任尼玛顿珠陪同。

同日 县委书记陈昊邀请白朗国光发光伏发电有限公司技术团队在巴扎乡工业园区、白朗生态园区，就如何实现白朗县“农业＋光伏”新突破进行实地考察，并由县委书记陈昊主持召开座谈会。

同日 县委常委、宣传部部长赵瑞红在巴扎乡督导检查“深化五项教育，增进五个意识”主题活动开展情况。

同日 由日喀则市科技局组织并委托白朗珠峰有机产业有限公司承办开展蔬菜种植培训活动，培训为期15天，来自南木林、江孜、白朗等6县共30人参加培训，培训内容是各种果蔬的育苗、病虫害防治、土壤改良、无土栽培术及蔬菜标准化种植技术等。

同日 白朗县召开农村土地承包经营权确权登记颁证工作调度会。副县长扎西次旦出席并讲话，各乡镇分管土地确权工作副乡长，白朗县确权办工作人员，农村土地确权外业测绘单位参加会议。

15日 县委常务副书记黄晓广在县卫生局、卫生服务中心了解援藏项目进展情况。

同日 自治区副主席坚参带队的工作组一行在白朗县调研农村改革试验区工作，日喀则市副市长巴桑，县委副书记、县长赤列朗杰陪同。

同日 日喀则市人民检察院党组书记、检察长旦增在县五保集中供养服务中心慰问五保老人，县委副书记、人大常委会主任尼玛顿珠陪同。

同日 经日喀则市国税局李新宇的“西藏自治区爱心社”与河北省保定市“爱心奶奶”团体共同组织，从河北省保定市为白朗县曲奴乡团结新村贫困村民捐赠募集棉衣、棉裤、棉衫、棉鞋等御寒衣物两卡车，价值十余万元，并进行发放，覆盖团结新团83户443人。

16日 藏历正月十九，藏历播种的吉日，白朗县各乡镇农牧民群众纷纷举行隆重的春耕仪式。

同日 白朗县召开2017年度全县政法综治工作会议。会议由县委副书记、县长赤列朗杰主持，在岗县级干部，各乡镇党政负责人、政法委员、综治双联专干、派出所所长，综治成员单位负责人及全体政法系统干警100余人参加会议。

17日 县委书记陈昊在曲奴乡萨嘎村、奴麻村督导检查“深化五项教育，增进五个意识”主题活动和环境整治工作开展情况。

同日 县委副书记、常务副县长何继文在巴扎乡督导检查环境综合整治工作。

同日 副县长强巴曲桑在嘎东镇万亩枸杞生态观光产业园（一期）3000亩有机枸杞种植示范基地、圣雄养殖场进行实地考察。

18日 日喀则市教育局局长索旺一行在白朗县中学开展调研。

同日 白朗县召开珠峰有机产业园有机肥项目建设调度会。会议由县委副书记、县长赤列朗杰主持。

19日 白朗县召开2017年度教育工作会议。会议由县委常务副书记黄晓广主持；县委书记陈昊，县委副书记、县长赤列朗杰出席并讲话；在岗县级干部，各乡镇负责人，县直部门负责人、各学校负责人及部分教师代表参加会议。

同日 白朗县召开县委理论学习中心组2017年第七次集中学习会议。会议由县委书记陈昊主持，在岗县级干部参加会议。

同日 自治区商务厅体系处处长扎西次仁一行在白朗县视察“万村千乡市场工程”工作开展情况。

20日 白朗县召开第十三届人民代表大会常务委员会第三次会议。会议由县委副书记、人大常委会主任尼玛顿珠主持。

21日 白朗县召开全民参保登记工作推进会。各乡镇、相关部门负责人参加会议。

同日 西藏颇罗郎建筑工程有限公司董事长巴桑旺堆、在白朗县五保集中供养服务中心向五保老人和贫困户捐赠价值10万元物资。

22日 白朗县召开2017年度党风廉政建设和反腐败斗争工作部署会议。会议由县委副书记、县长赤列朗杰主持，在岗县级干部，各乡镇党政负责人、纪委书记、纪检专干，县直部门全体干部职工参加会议。

同日 白朗县召开政协第二届委员会第四次常委会议。会议由县政协主席普布次旦主持。

23日 白朗县召开“两会”代表、委员党员大会，会上成立“两会”临时党支部。县委书记陈昊出席并讲话，会议由县委副书记、人大常委会主任尼玛顿珠主持，出席“两会”党员代表、委员参加会议。

同日 白朗县召开第十三届人民代表大会第

二次会议预备会议。会议由县委副书记、人大常委会主任尼玛顿珠主持，会议以举手表决的方式通过大会议程和大会主席团、秘书长名单，确定陈昊等45名大会主席团成员，张军为大会秘书长。

同日 白朗县召开第十三届人民代表大会二次会议主席团第一次会议。会议由县委副书记、常务副县长何继文主持，会议应到主席团成员45名，请假8名，实到37名，符合法律规定。

同日 白朗县召开中国人民政治协商会议第二届白朗县委员会第二次会议。会议由县政协主席普布次旦主持。

同日 白朗县召开白朗县珠峰有机蔬菜示范园建设项目协调推进会。会议由副县长扎西次旦主持。

同日 白朗县成立采购领导小组在江孜县采购造林苗木，用于年楚河湿地公园植被修复工作。

24日 白朗县第十三届人民代表大会二次会议举行第二次全体会议。会议由县人大常委会副主任米玛次仁主持，会议听取县人大常委会2016年工作报告、县人民法院2016年工作报告、县人民检察院2016年度工作报告。

同日 白朗县第十三届人民代表大会二次会议隆重开幕。全县11个乡镇111个行政村、县直部门、驻军部队的人大代表参加会议。

同日 中国人民政治协商会议第二届白朗县委员会第二次会议闭幕。

同日 副县长扎西次旦带队的工作组一行在巴扎乡查吾冲村宣讲土地流转政策，同时对土地流转地块、面积进行再次确认。

25日 白朗县第十三届人民代表大会第二次会议闭幕。

26日 日喀则市委组织部副部长、老干局局长贡桑在旺丹乡开展“深化五项教育，增进五个意识”主题教育宣讲活动。

27日 在“3·28”西藏百万农奴解放纪念日来临之际，白朗县组织相关单位开展“五下乡”宣讲活动。

28日 白朗县举行升国旗仪式，庆祝“3·28”西藏百万农奴解放58周年。县委常务副书记黄晓广主持。县（中、区）直部门、企事业单位全体干部职工，驻军部队，中学全体师生共计1800余人参加。

同日 白朗县召开全县经济工作会议。会议由县委副书记、县长赤列朗杰主持。

同日 日喀则市人大教科文卫委员会主任米玛、市科技局局长德吉央宗一行在白朗县实地调研科技、科协工作开展情况，县委常委、副县长鞠正江，县人大常委会副主任米玛次仁陪同。

29日 白朗县召开“四讲四爱”主题教育实践活动动员部署大会。县委书记陈昊主持会议并讲话，在岗县级干部，各乡镇、县（中、区）直部门、驻军部队、企事业单位负责人参加会议。

同日 白朗县各乡镇、村（居），县（中、区）直各部门、各学校陆续召开“四讲四爱”喜迎中共十九大主题教育实践活动动员部署会议。

同日 白朗县组织在岗县级干部，县（中、区）直部门、企事业单位、驻军部队、嘎东镇干部群众开展义务植树活动。

30日 白朗县人民政府与自治区农科院蔬菜所举行签约仪式，仪式由县委常委、副县长鞠正江主持仪式。

同日 日喀则市委组织部督导检查组一行在嘎普乡督导检查党建工作。

同日 由自治区林业厅森防站工程师索朗拉姆和、日喀则市林业局森防站站长晋鹏非组成的工作组在白朗县植树造林现场检查指导工作。

31日 白朗县组织工作人员在各乡镇农牧区对非物质文化遗产进行调研，实地调研后，向自治区申报白岗温谐、恰珠编织技艺、嘎东藏靴制造技艺、腰机编织技艺、杂嘎卓舞5项非物质文化遗产。

截至3月底 白朗县国家税务局共组织各项税收收入5206393元，同比增长32.8%，增收170余万元，第一季度税收收入首次突破500万元大关，创首季历史新高。

4月

1日 万亩珠峰有机蔬菜白朗生产基地暨日喀

则市“菜篮子”基地开工仪式在白朗县巴扎乡举行。日喀则市委书记张延清出席仪式并宣布基地开工建设，市委副书记、市长刘虎山出席仪式并致辞，市委副书记、常务副市长冯继康主持仪式，西藏日报社党委书记王能生，自治区政协民族宗教委员会副主任、市政协副主席尧西·索朗扎巴，市委常委、秘书长雷进昌出席仪式。相关市直部门负责人，县部分党政负责人及干部职工，群众代表及施工、监理等单位代表参加仪式。

5日　县委常委、宣传部部长带队的宣讲团在巴扎乡乃琼村举行“四讲四爱”主题教育实践活动走村入户宣讲启动仪式。

同日　日喀则市人民检察院党组书记、检察长旦增在巴扎乡督导检查环境整治工作。副县长强巴顿旦陪同。

5—7日　由日喀则市民政局副局长欧琼带队的考核组在白朗县进行脱贫攻坚精准退出考核，县政协主席普布次旦陪同。

6日　白朗县召开包虫病综合防治工作动员部署会。各乡镇负责人、卫生院院长，县直部门负责人参加会议。

同日　日喀则市创建全国民族团结进步示范市巡回宣讲团成员张静在白朗县为广大干部群众开展宣讲活动。宣讲由县委书记陈昊主持，日喀则市委统战部常务副部长、市创建全国民族团结示范市工作领导小组副组长达娃卓玛出席会议，在岗县级干部，各乡镇、县（中、区）直部门负责人，驻军部队代表等200余人参加宣讲活动。

同日　白朗县举行春耕备耕集中培训班开班仪式。日喀则市科技局副局长边巴扎西出席仪式，此次培训为期三天，白朗县聘请相关专家为65名农业类科技特派员讲解科学种植藏青2000、喜马拉雅22号的理论知识，包括田间管理、有机肥施用、病虫害防治等内容。

8日　自治区纪委常委、监察厅副厅长高宏生一行5人在白朗县对执纪审查工作进行检查指导。

9日　万亩珠峰有机蔬菜白朗生产基地暨日喀则市“菜篮子”基地发展规划咨询会在自治区农科院召开，自治区农科院院长尼玛，自治区农科院副院长贵桑，自治区农牧厅、农科院蔬菜所、拉萨市农牧局等9家单位负责人，县委副书记、县长赤列朗杰，副县长扎西次旦、县绿色蔬菜发展有限公司负责人及编制规划设计单位参加会议。

同日　白朗县组织县乡纪检系统干部召开纪检系统干部作风整顿专题研讨会。会议由县委副书记、纪委书记拉巴仓决主持。

10日　白朗县召开全县安全生产工作会议。会议由县委常委、政法委书记、公安局局长罗布顿珠主持，县委常委、副县长普布次仁作讲话，29个安委会成员单位、11个乡镇、2家企业负责人参加会议。

10—12日　县委副书记、人大常委会主任尼玛顿珠，县人大常委会副主任张军一行组成的县人大督导组利用3天时间在全县11个乡镇对“人大代表之家”建设情况和相关台账进行督导检查。

11日　白朗县召开2017年党风廉政建设和反腐败斗争工作部署会议。会议总结回顾2016年度党风廉政建设和反腐败工作，安排部署2017年工作任务，县委书记陈昊出席并讲话。

12日　日喀则市委第四轮第二轮巡察组一行12人，正式进驻白朗县开展巡察工作，并召开座谈会。县委副书记、县长赤列朗杰，县委副书记、纪委书记拉仓，县委办、巡察办相关人员参加会议。

同日　由日喀则市人力资源和社会保障局副局长普琼一行在白朗县对城乡居民养老保险内部控制工作开展专项检查，副县长索朗顿珠陪同。

同日　济南市爱心人士在白朗县东喜乡中心小学献爱心，为全体学生捐赠书包等学习用品。

同日　日喀则市委“四讲四爱”主题教育实践活动第二巡回宣讲团在旺丹乡巴金村、杜琼乡杜琼村开展宣讲工作。

同日　县委常委、副县长胡卫波，副县长强巴曲桑一行在杜琼乡对藏药材种植项目进行实地考察。

13日　白朗县召开市委第四轮第二巡察组巡察白朗县嘎东镇、巴扎乡、杜琼乡、曲奴乡党委动员大会。会议由县委副书记、常务副县长何继文主持，会议以电视电话会议的形式召开，县党政大楼七楼设主会场，在岗县委主要领导，被巡察乡镇包乡县级干部，被巡察乡镇党委书记，县委组织部、县财政局、公检法单位负责人参加主会场会议；各乡镇设分会场，乡镇全体干部职工、村“两委”班子成员、各驻村工作队队长参加会议。

同日　日喀则市“四讲四爱”主题教育实践活动领导小组办公室督查组组长刘万里一行4人在白朗县对“四讲四爱”主题教育实践活动情况进行督导。县政协主席普布次旦陪同。

同日　日喀则市委“四讲四爱”主题教育实践活动宣讲团第二宣讲组在玛乡吉定村、曲奴乡团结新村、洛江镇门措村开展“四讲四爱”主题教育活动宣讲活动。

14日　县委副书记、县长赤列朗杰，副县长索朗顿珠一行在白朗县职工之家装修现场实地察看装修工作完成情况。

17日　白朗县召开九届县委第一轮巡察工作动员部署会议。会议由县委副书记、县长赤列朗杰主持，在岗县级干部，各乡镇党委书记、纪委书记、纪检专干，县直部门负责人，巡察组全体成员参加会议。

同日　白朗县召开政府系统廉政工作会议。会议由县委副书记、常务副县长何继文主持，县委副书记、县长赤列朗杰，县委副书记、纪委书记拉巴仓决，政府在岗县级干部，各乡镇、政府各部门负责人参加会议。

18日　国家林业局南方林木种子检验中心督导组一行在白朗县苗圃基地检查指导苗圃运行情况。

19日　西藏珠峰华绿生态农业科技有限公司20万吨有机肥、测土配方肥生产基地奠基仪式在白朗县嘎东镇举行。仪式由市委副书记、常务副市长冯继康主持；日喀则市委副书记、市长刘虎山，副市长巴桑，市政府秘书长黎选印，西藏珠峰华绿生态农业科技有限公司董事长杨卫红，湖南农业大学资源环境学院院长荣湘民，县委书记陈昊，县委副书记、县长赤列朗杰及相关部门主要负责人出席仪式。

20日　白朗县召开“四讲四爱”主题教育实践活动推进会。会议由副县长索朗顿珠主持，县委常务副书记黄晓广出席会议并讲话，各乡镇、县（中、区）直部门、驻军部队负责人参加会议。

同日　日喀则市农牧局党组成员、副局长孔翔，市农牧局副局长旺堆，北京九成集团工作人员一行在白朗县调研农村土地确权工作及农村土地经营权信息平台建设工作。

21日　白朗县召开全县组织工作（党建工作）会议。会议由县委副书记、县长赤列朗杰主持，县委书记陈昊出席会议并讲话，在岗县级干部，各乡镇党委书记、副书记、组织委员，县直各党组织成员，各驻村工作队队长、村党支部第一书记共300余人参加会议。

同日　县委书记陈昊、副县长顾群艳一行在洛江镇、嘎东镇低保户家中开展走访慰问活动。

22日　日喀则市人大常委会副主任江措一行在白朗县强堆乡调研“人大之家”建设、人员配备、代表活动开展情况。县委副书记、人大常委会主任尼玛顿珠，县人大常委会副主任张军，县人大常委会副主任边巴顿珠陪同。

24日　县委副书记、县长赤列朗杰，县委常委、副县长普布次仁一行在年楚河沿线督导砂场河道采砂工作，并组织召开砂场整治专题工作会议。

26日　“西藏的孩子”爱心公益群在白朗县为城镇低保户捐赠生活用品，副县长顾群艳出席仪式。

同日　日喀则市委宣传部常务副部长普布次仁带队的日喀则市“四讲四爱”主题教育实践活动宣讲团在白朗县进行示范宣讲。宣讲活动由县委书记陈昊主持。

同日　白朗县召开2017年创建全国民族团结进步示范县工作推进会。会议由县委副书记，人大常委会主任尼玛顿珠主持，县委书记陈昊出席并讲话，在岗县级干部，各乡镇负责人、统战委员，县（中、区）直部门负责人，驻军部队代表，寺管会（特派机构）负责人，僧尼代表，少数民族代表，企业代表共100余人参加会议。

同日　县委副书记、县长赤列朗杰一行在洛江镇对各项工作开展情况进行调研。

27日 日喀则市委副书记、市长刘虎山在白朗县对扶贫搬迁点、生态移民安置点、西藏年河乳业有限公司进行调研。县委副书记、县长赤列朗杰陪同。

同日 白朗县第十三届人民代表大会常务委员会召开第四次会议。会议由县委副书记、人大常委会主任尼玛顿珠主持。

同日 县委书记陈昊,副县长强巴顿旦一行在东喜乡对各项工作开展情况进行调研。

28日 白朗县召开县委理论学习中心组第八次专题学习会议。会议由县委书记陈昊主持,在岗县级干部参加,县委办、人大办、政府办、政协办、纪委、组织部、宣传部负责人列席。

同日 白朗县召开2017年信访工作联席会议。会议由副县长顾群艳主持,县委副书记、县长赤列朗杰,在岗县级干部,信访联席领导小组成员,各乡镇党政负责人负责、信访工作副乡长参加会议。

5月

1日 白朗后藏枸杞原农业科技开发有限公司总经理曾令静一行20人在县五保集中供养服务中心慰问五保老人。

3日 县委副书记、人大常委会主任尼玛顿珠在强堆乡境内年楚河流域和水库督导检查“河长制”推进落实情况。

4日 白朗县在嘎东镇举行万亩有机青稞暨青稞增产行动全程机械化作业开播仪式。仪式由副县长扎西次旦主持,日喀则市副市长巴桑,县委副书记、县长赤列朗杰,市、县直相关部门负责人,乡镇代表,驻村工作队代表,群众代表,乡镇农牧综合服务中心代表,科技特派员代表,珠峰作业公司代表参加仪式。

同日 日喀则市民族艺术团在白朗县开展“四讲四爱”主题教育实践活动喜迎中共十九大文艺巡演活动。观看文艺演出的农牧民群众、青少年学生、寺庙僧尼共1000余人。

5日 白朗县召开县委理论中心组第九次专题学习会议。在岗县级领导参加学习。

同日 白朗县举行宣传思想文化工作专题培训。培训由县委常委、宣传部部长赵瑞红主持,日喀则市委宣传部常务副部长普布次仁、市网信办副主任高斌授课,各乡镇宣传委员,县直部门、驻村、驻寺、农牧民宣讲员参加培训。

6日 日喀则市委常委、宣传部部长戎新龙一行在白朗县调研“四讲四爱”主题教育实践活动开展情况。县委副书记、县长赤列朗杰,县委常委、宣传部部长赵瑞红陪同。

同日 白朗县召开创二级乙等医院评审工作推进会。会议由副县长顾群艳主持,县委副书记、县长赤列朗杰,县委副书记、常务副县长何继文,县委常委、副县长普布次仁,相关县直部门负责人参加会议。

7日 白朗县区外安置离退休干部职工慰问座谈会在成都市召开。会议由县委常委、组织部部长次仁旺堆主持,县委书记陈昊出席座谈会,10名离退休干部职工参加座谈会。

同日 自治区水利厅副厅长扎西平措一行在白朗县开展2017年第一轮水利综合督导巡察。

8日 自治区国土资源厅副厅长李新一行在白朗县督导检查国土资源工作开展情况,副县长强巴顿旦陪同。

同日 日喀则市民政局局长索朗旺堆一行在白朗县民政局对上半年各项工作开展情况进行调研,县委副书记、县长赤列朗杰,副县长索朗顿珠陪同。

11日 县委常委、副县长普布次仁一行在者下乡7个行政村实地督导易地扶贫搬迁、岗巴羊经济圈建设、脱贫经营中心等项目建设进展情况。

12日 白朗县召开全县宣传思想工作会议。会议由县委常务副书记黄晓广主持,县委副书记、县长赤列朗杰出席并讲话,在岗县级干部、各乡镇党委书记、宣传委员,县直部门负责人参加会议。

同日 白朗县举办“校园传统文化展示节”文艺会演活动。日喀则市教育局党组书记、副局长董昆红,县委副书记、县长赤列朗杰,县委常务副书记黄晓广,县委副书记、人大常委会主任尼玛顿珠,在岗县级干部出席活动。

14日 县委常委、副县长普布次仁，副县长强巴顿旦一行在年楚河流域对河道清淤后河床恢复情况进行督导。

15日 县委常委、宣传部部长赵瑞红一行在者下乡政府、普村、宗村对“四讲四爱”主题教育实践活动开展情况进行督查。

16日 自治区党校教授史云峰、多吉次仁、靳海波一行在白朗县对产业发展和民族团结示范县工作开展情况进行调研。

同日 自治区农牧科学院农业研究所书记杰布，自治区农牧科学院畜牧与兽医研究所副所长贡嘎桑布，日喀则市科技局副局长赵双全一行在白朗县对农牧业技术服务工作情况进行调研。县委常委、副县长鞠正江陪同。

同日 白朗县召开九届县委第一轮巡察工作第一次调度会。会议由县委副书记、纪委书记拉巴仓决主持，县委常务副书记黄晓广出席并讲话。

同日 县委副书记、县长赤列朗杰，县委副书记、常务副县长何继文，副县长强巴顿旦一行在年楚河沿线进行综合检查。

17日 白朗县举行助学金发放仪式，山东绿地泉控股集团捐助资金5万元用于资助困难学生完成学业，县委常务副书记黄晓广出席捐赠仪式，并向受助学生发放助学金。

同日 自治区农牧厅党组书记、副厅长、区农村土地改革工作领导小组办公室主任高巴松一行在白朗县督导农村土地确权工作。县委副书记、县长赤列朗杰，副县长扎西次旦陪同。

同日 县政协主席普布次旦在旺丹乡对“四讲四爱”主题教育实践活动开展情况进行督导检查。

同日 副县长索朗顿珠一行在旺丹乡督导农村文化工作开展情况。

同日 日喀则市文化局副局长牛永旺一行在白朗县调研文化（文物）工作开展情况，副县长索朗顿珠陪同。

18日 自治区副主席汪海洲一行在白朗县督查“河长制”工作开展情况。日喀则市委常委、统战部部长巴桑，县委副书记、县长赤列朗杰陪同。

同日 日喀则市人大常委会副主任尼玛仓一行在洛江镇康萨村、罗林村检查指导驻村工作，并对驻村工作队进行慰问。

同日 县人民法院院长达娃在强堆乡走访慰问结对帮扶贫困户。

同日 由日喀则市交通运输局项目中心组织，在设计单位、监理单位、各标段项目施工单位以及县交通运输局全力配合下，旺丹乡至东喜乡公路工程的技术交底工作已顺利完成。

22日 《白朗县现代农业发展规划（2016—2025年）》专家论证会在自治区农牧科学研究院召开。会议由副县长扎西次旦主持，自治区农科院副院长王志坚及农业、畜牧、蔬菜等领域权威专家出席会议，白朗县农牧局、产业办等单位参加会议。

23日 日喀则市副调研员马录平一行在者下乡、发改委督导异地搬迁、灾后重建项目建设、“四讲四爱”主题教育实践活动开展情况、基层党建及各驻村工作队在岗情况。县委常委、副县长普布次仁陪同。

同日 日喀则市人民检察院党组书记、检察长旦增在白朗县督导检查“河长制”工作落实推进情况。县委常委、政法委书记、公安局局长罗布顿珠，县人民检察院党组书记、检察长扎西次仁陪同。

同日 白朗县召开县委理论学习中心组第十一次专题学习会议。会议由县委副书记、县长赤列朗杰主持，在岗县级干部参加会议，县直部门负责人列席会议。

24日 白朗县永久性基本农田终审会在自治区国土资源厅召开。白朗县永久性基本农田划定工作顺利通过终审。

同日 山东寿光蔬菜产业集团有限公司在白朗县考察蔬菜产业。日喀则市委副秘书长汲广树，县委副书记、县长赤列朗杰，县委常委、副县长鞠正江，副县长扎西次旦陪同。

26日 团自治区委权益部、自治区综治办联合工作组一行在白朗县中学进行“青春同行——青少年法律大课堂”法治巡讲，并召开白朗县预防青少年违法犯罪工作座谈会，县委常务副书记黄晓广出席会议。

同日 白朗县召开“四讲四爱”主题教育实践活动第一节点总结会。会议由县委常务副书记黄晓广主持，县委副书记、县长赤列朗杰出席并讲话，各乡镇、县直部门、学校、驻村工作队、驻寺工作队负责人及老干部代表参加会议。

同日 白朗县召开脱贫攻坚工作推进会。会议由县政协主席普布次旦主持，县委副书记、县长赤列朗杰出席并讲话，在岗县级干部，各乡镇党政负责人、扶贫专干，脱贫攻坚指挥部全体干部，县直部门负责人参加会议。

27日 白朗县召开产业发展新闻发布会，县委副书记、县长赤列朗杰，县委常委、副县长鞠正江，副县长扎西次旦，县绿色蔬菜发展有限公司负责人出席发布会，并答记者问。

同日 山东省交通科学研究院郝晓慧、梁璟一行在白朗县开展道路客运发展规划调研工作。日喀则市道路运输管理局局长吴高原陪同。

28日 最具高原农业特色的“白朗县第七届蔬菜采摘节”在县现代农业科技示范园正式开园。县委副书记、县长赤列朗杰及在岗县级干部出席，白朗县已认证无公害蔬菜品种14个，果蔬品种达到136种。

29日 日喀则市科技局副局长包兴红带队的科技特派员工作领导小组在白朗县科技特派员进行为期两天的现场资格审查。

6月

2日 自治区林业厅厅长云丹一行在白朗县万亩枸杞基地对各项工作开展情况进行调研。县委副书记、县长赤列朗杰陪同。

3日 白朗县组织开展“创建民族团结进步示范县”“四讲四爱”主题教育实践活动暨喜迎日喀则市首届“6·2”民族团结进步日大型文艺会演活动。

4日 县委常委、副县长普布次仁在嘎普乡易地搬迁安置点督导检查易地扶贫搬迁工作。

8日 国家民政部减灾中心科技标准部副主任张宝军、自治区民政厅救灾处处长罗军、日喀则市民政局副局长吉律一行在白朗县检查2016年水毁房屋灾后重建工作开展情况，副县长顾群艳陪同。

同日 白朗县组织项目组成员单位召开“四讲四爱”主题教育实践活动载体“八个一”项目推进会，会议由县委常委、副县长普布次仁主持，县委常务副书记黄晓广出席并讲话。

9日 日喀则市网信办副主任高斌带队的“四讲四爱”主题教育实践活动督导组一行在白朗县督导检查“四讲四爱”主题教育实践活动开展情况。

同日 日喀则市妇联党组成员、副主席刘卫华一行在白朗县开展调研。

同日 白朗县召开县委理论学习中心组第十二次专题学习会议。会议由县委副书记、县长赤列朗杰主持，在岗县级干部参加会议，县直部门负责人列席会议。

10日 白朗县各中小学校开展“四讲四爱”主题教育实践活动之争做美德少年实践活动。

同日 白朗县召开市扶贫项目第三方验收意见反馈会。

同日 副县长强巴曲桑在嘎东镇、洛江镇、巴扎乡、玛乡开展调研。

11日 白朗县召开考务（监考）会议。市教育局巡视员谭铁强，副县长索朗顿珠，谢通门县2名督察员及10名监考员，县纪委、公安局、医院负责人及考务工作人员参加会议。

14日 在中国共产党成立96周年暨中共十九大召开之际，白朗县召开庆祝中国共产党成立96周年活动动员部署会。

同日 白朗县召开2017年度上半年驻村工作考评动员部署会。

15日 白朗县举办为期一天的2017年全县党务工作者培训班。全县机关支部党务工作者和各乡镇党委副书记、组织委员共62人参加。

15—19日 白朗县抽调15名人员组成五个检查组对11个乡镇驻村点开展驻村半年考评工作，采取交叉考核、细化百项、现场打分、下发反馈单等方式进行考核。

16日 白朗县召开生态补偿脱贫工作推进会。

县政协主席普布次旦出席并讲话，各生态补偿脱贫成员单位负责人，县脱贫攻坚指挥部生态补偿组全体成员参加会议。

17 日　自治区质监局副局长刘红春在白朗县协调全区农业标准化示范区现场会事宜。自治区质监局标准化处处长刁衫、日喀则市质监局局长魏卫东，县委副书记、县长赤列朗杰陪同。

同日　邮政储蓄银行总行党委副书记、行长吕家进一行在白朗县开展调研。日喀则市副市长罗布松拉，县委常务副书记黄晓广，县委常委、副县长普布次仁，副县长扎西次旦，副县长强巴曲桑陪同。

18 日　日喀则市基层劳动就业社会保障公共服务平台建设督导组在白朗县督导检查工作。

同日　日喀则市教育体育局党组副书记、局长索旺一行在者下乡斗牛场地调研考察施工建设情况，副县长索朗顿珠陪同。

19 日　日喀则市农牧局副局长、确权办副主任旺堆一行在白朗县督导农村土地承包经营权确权登记颁证工作开展情况，副县长扎西次旦陪同。

21 日　自治区出版物鉴定处处长洛桑多吉一行在白朗县督导检查"扫黄打非"工作开展情况。日喀则市广电局副局长普珠陪同。

22 日　白朗县召开县委理论学习中心组第十三次专题学习会议。会议由县委常务副书记黄晓广主持，在岗县级干部参加会议，县直部门负责人列席会议。

同日　白朗县 2017 年全国普通高中、中职统一招生考试工作（中考）圆满结束。

23 日　白朗县以"四讲四爱"主题教育实践活动为契机，举办庆祝中国共产党成立 96 周年、中国共青团成立 95 周年暨"七一"系列体育竞技比赛开幕式。县委副书记、常务副县长何继文致开幕辞，在岗县级干部出席开幕式。

24 日　济南天鸿永信房地产开发有限公司在旺丹乡中心小学举行捐赠仪式，为旺丹乡中心小学捐赠 400 套课桌凳。天鸿地产董事、副总经理、工会主席马铁成，天鸿地产副总经理张吉法，县委常务副书记黄晓广出席捐赠仪式。

25 日　文化部知名艺术家在白朗县采风，日喀则市文化局副局长坚参，副县长索朗顿珠陪同。

26 日　日喀则市委副书记、常务副市长冯继康一行在白朗县调研蔬菜产业建设项目情况。日喀则市政协副主席、国家农业科技园区管委会主任达娃占堆，县委副书记、县长赤列朗杰，市直相关部门负责人陪同。

同日　由济南市第八批援藏中心组筹备并组织白朗县部分骨干教师在济南历下区进行跟岗培训并召开开班仪式。济南市教育局人事处副处长张丽华，济南市历下区教育局副局长彭汝平出席开班仪式并讲话，白朗县第八批援藏干部、县教育局负责人及 19 名骨干教师参加。

27 日　济南市中心医院对口帮扶援藏医疗队一行在白朗县开展为期三个月的对口帮扶工作。县委副书记、县长赤列朗杰，县委常务副书记黄晓广，县委副书记、常务副县长何继文，县委常委、副县长鞠正江，副县长顾群艳参加欢迎仪式。

同日　白朗县组织在岗县级干部、机关干部职工以普通党员身份参加年楚河畔湿地公园卫生清扫活动。

同日　县政协主席普布次旦带领政协委员在白朗县旺丹乡开展"河长制"工作专题调研。

28 日　白朗县举行县民族手工业脱贫攻坚转移就业培训开班仪式。县 17 名建档立卡参训人员参加。

同日　白朗县召开"四讲四爱"主题教育实践活动第十一次调度会。县委常委、宣传部部长赵瑞红主持并讲话。

30 日　日喀则市委副书记、市长刘虎山在白朗县中学、中农圣域农业生态园、万亩珠峰有机蔬菜白朗生产基地暨日喀则市"菜篮子"基地开展调研。县委副书记、县长赤列朗杰，县委常委、组织部部长次仁旺堆陪同。

同日　白朗县开展庆祝建党 96 周年暨喜迎中共十九大"我为党献礼"文艺演出。

同日　白朗县庆祝"七一"系列活动体育竞技比赛圆满结束。县委副书记、纪委书记拉巴仓决致闭幕词，在岗县级干部出席。

7月

1日 日喀则市人社局组织工作人员在白朗县对全民参保登记工作、城乡居民养老保险等工作开展情况进行督导。

3日 县委副书记、人大常委会主任尼玛顿珠在强堆乡夏吉村、扎西普村、吉定村、白岗寺管委开展慰问活动。

4日 白朗县召开“四讲四爱”主题实践活动第三节点培训会。县委常委、宣传部部长赵瑞红主持并讲话。

同日 白朗县召开2017年上半年宣传思想工作会议。县委常委、宣传部部长赵瑞红主持并讲话。

同日 副县长强巴顿旦在东喜乡开展走访慰问活动。

6日 县委常委、组织部部长次仁旺堆在嘎普乡开展走访慰问活动。

7日 自治区副主席、日喀则市委书记张延清率市委督导检查组在白朗县对产业发展、脱贫攻坚、重点项目、“四讲四爱”主题教育实践活动、基层党建等工作开展情况进行督导检查。

同日 日喀则市委常委、统战部部长巴桑,市民宗局党组书记赤烈坚赞一行在白朗县强堆乡、嘎东镇寺庙看望慰问僧尼、驻寺干部。县委常委、统战部部长扎西顿珠陪同。

10日 国家农业综合开发办公室主任卢贵敏一行在白朗县现代农业科技示范园、糌粑加工厂、万亩青稞基地、万亩蔬菜基地进行调研。自治区扶贫(农发)办党组成员、副主任达瓦桑珠,日喀则市委副书记、市长刘虎山,市委副书记、常务副市长冯继康,副市长罗布松拉,县委副书记、县长赤列朗杰陪同。

同日 白朗县召开首届未就业大学生电子商务人才培训班开班仪式。县委常委、副县长鞠正江出席,县商务局、县人社局、县委党校负责人及40名未就业大学生参加。

13日 西藏自治区质量技术监督局局长刘家杰一行在白朗县蔬菜种植国家级农业标准化示范区督查示范区建设工作。

20日 白朗县召开县委理论学习中心组第十五次会议。会议由县委书记陈昊主持,在岗县级干部,各乡镇、县直部门负责人参加会议。

20—25日 白朗县11个乡镇陆续召开贫困人口动态调整动员部署会。

21日 国家林业局湿地保护管理中心巡视员程良、国家高原湿地研究中心教授肖德荣、杭州西溪国家湿地公园生态研究中心主任刘想、自治区林业厅湿地保护处处长扎西多吉一行组成的国家湿地公园专家评估验收组在白朗县年楚河国家湿地公园验收工作进行考察。县委书记陈昊,县委副书记、县长赤列朗杰,县委常委、副县长胡卫波陪同。

23日 白朗县召开九届县委第23次常委(扩大)会议,专题传达学习日喀则市委一届七次全会精神,并就贯彻落实工作进行安排部署。

24日 日喀则市桑珠孜区委党校副校长次旦带领日喀则市“四讲四爱”主题教育实践活动宣讲团第二组在白朗县开展“讲贡献爱家园”巡回示范宣讲。宣讲由县委书记陈昊主持,在岗县级干部,各乡镇负责人,县直部门干部职工,驻村驻寺干部,青少年学生,寺庙僧尼,企业职工等400余人参加宣讲会。

同日 武汉市洪山区司法局工作人员与洪山区同心律师服务团公益律师组成的法律援助组在白朗县开展异地法律援助工作。

25日 白朗县召开医院预评审专家反馈意见整改推进会。副县长顾群艳、济南市中心医院对口援藏专家组、县医院全体医护人员参加会议。

同日 副县长强巴顿旦带队的贫困人口动态调整第十督导组在东喜乡对贫困人口动态调整工作进行督查。

26日 山东省第八批援藏干部人才总领队、日喀则市委副书记、常务副市长冯继康,市委副秘书长汲广树,市发改委副主任赵兵一行在白朗县检查项目建设进展情况。县委书记陈昊,县委常务副书记黄晓广,县委副书记、常务副县长何继文,县委常委、副县长鞠正江陪同。

同日 县委副书记、县长赤列朗杰在者下乡开展结对帮扶慰问。

同日 县政协副主席李应强在杜琼乡开展结对帮扶慰问。

同日 副县长强巴曲桑带队的督导组一行在旺丹乡对贫困人口动态调整工作进行督导检查。

27日 白朗县召开县委理论中心学习组第十六次会议。会议由县委书记陈昊主持，在岗县级干部，各部门负责人参加会议。

28日 白朗县召开“四讲四爱”主题教育实践活动第三次推进会暨第三节点总结会。会议由县委常务副书记黄晓广主持，县委书记陈昊出席并讲话，在岗县级干部，各乡镇党委书记，县直部门负责人，各驻村驻寺干部、农牧民宣讲员参加会议。

31日 由日喀则市委组织部、市“两学一做”学习教育活动办、市旅发委、市住建局、市强基办工作人员组成的联合督导组在白朗县督导检查村级组织活动场所标准化建设工作。

8月

1日 在中国人民解放军建军90周年之际，县委书记陈昊，县委副书记、县长赤列朗杰，副县长顾群艳一行在县驻军部队开展慰问活动。

同日 白朗县组织开展喜迎中共十九大“两学一做”学习教育季度考试，各乡镇党委和县直部门党支部共42名党员参加。

2日 自治区民政厅党组书记李震、民政厅救灾处处长罗军一行在白朗县检查2016年因灾倒损房屋恢复重建工作开展情况。日喀则市民政局局长索朗旺堆，副县长顾群艳陪同。

同日 日喀则市人大财经委副主任程建漳一行在白朗县开展《日喀则市城乡规划条例（草案）》立法调研座谈会。日喀则市住建局党组成员、副局长罗布次仁，市城乡规划局副调研员罗布，县委副书记、人大常委会主任尼玛顿珠，县委常委、副县长胡卫波，县人大常委会副主任平措旺拉参加座谈会。

同日 南木林县委副书记、县长王顶峰带领南木林县脱贫攻坚考察团在白朗县考察学习产业发展、易地搬迁、精准扶贫等工作。县委副书记、县长赤列朗杰，县政协主席普布次旦，县委常委、副县长鞠正江，县委常委、组织部部长次仁旺堆陪同。

3日 白朗县召开2017年产业发展推进会。会议由县委副书记、县长赤列朗杰主持，县委书记陈昊出席并讲话，在岗县级干部，各乡镇、县直部门负责人，相关企业和重点产业项目负责人，农村新型经营主体代表参加会议。

同日 白朗县召开县委理论中心学习组第十七次会议。会议由县委书记陈昊主持，在岗县级干部，县直部门负责人参加会议。

4日 白朗县召开2017年民族团结进步模范表彰大会。会议由县委副书记、纪委书记拉巴仓决主持，县委书记陈昊出席并讲话，在岗县级干部，各乡镇、县直部门负责人，宗教界代表、党外人士代表、少数民族代表共150余人参加会议。

同日 日喀则市农牧局党组成员、调研员宋一彤带领的市青稞增产行动督导组一行在白朗县督导检查青稞增产工作开展情况。

同日 济南中心医院援藏医疗队在旺丹乡开展“送医送药”义诊活动。

同日 日喀则市人民检察院党组书记、检察长旦增在东喜乡比木村、曲松村检查督导矿山生态环境整治工作，副县长强巴顿旦陪同。

5日 县委副书记、县长赤列朗杰，县委常委、副县长普布次仁，副县长强巴顿旦一行在嘎东镇开展环境工作督导检查。

7日 日喀则市副市长李玉建在白朗县开展专题党课宣讲会。会议由县委书记陈昊主持，在岗县级干部，县直部门负责人参加。

8日 济南市历下区委书记马玉星为团长一行在白朗县考察指导工作。县委书记陈昊，县委副书记、县长赤列朗杰，县委副书记、常务副县长何继文陪同。

同日 农业部党组成员、人事劳动司司长毕美家一行在白朗县调研农业发展情况。自治区农牧厅副厅长金文成，市政协副主席、日喀则市国家农业科技园区管委会主任达娃占堆，市农牧局党组副书记、局长索朗旺堆，县委副书记、县长赤列朗杰，副县长强巴顿旦陪同。

9日 拉萨市达孜县人大常委会主任米玛率考察组在白朗县对产业扶贫、人大业务工作进行考察学习。县委副书记、人大常委会主任尼玛顿珠，人大常委会副主任平措旺拉陪同。

同日 宁夏农林科学院党委书记、院长周东宁率宁夏农林科学院、国家枸杞工程技术研究中心考察团在白朗县调研万亩枸杞生态园项目。自治区林业厅巡视员达娃次仁，日喀则市林业绿化局党组副书记、局长桑珠旺加，县委书记陈昊，县委副书记、县长赤列朗杰，县委常委、副县长胡卫波陪同。

同日 自治区妇儿工委办公室主任赵春华、市妇联副主席刘卫华一行在白朗县调研妇女儿童规划工作，副县长顾群艳陪同。

同日 白朗县召开《日喀则市城镇供水用水条例（草案）》意见征求会。会议由县人大常委会副主任平措旺拉主持。

同日 国家枸杞工程技术研究中心与白朗县人民政府在白朗县举行签约仪式。

10日 最高人民检察院正义网编辑部主任、正义网常务副总裁钱贤良，正义网采访部主任于潇，自治区检察院宣教处处长王科一行在白朗县检察院调研取材。

同日 自治区党委副书记、人大常委会主任洛桑江村在白朗县调研产业发展情况。日喀则市委常委、人大常委会主任扎西泽仁，市政协副主席达娃占堆，市委政研室副主任娄志强，县委书记陈昊，县委副书记、县长赤列朗杰，县委副书记、人大常委会主任尼玛顿珠，县委常委、政法委书记、公安局局长罗布顿珠陪同。

同日 白朗县召开理论中心组学习第十八次专题会议。会议由县委常委、组织部部长次仁旺堆主持，在岗县级干部，县直部门负责人参加会议。

11日 县委常委、副县长鞠正江，副县长扎西次旦率领白朗县农村致富带头人和绿色蔬菜管理创新培训班成员在山东进行参观学习。

同日 年楚河白朗段水位上涨，年楚河防洪堤嘎东镇吉雄段、巴扎乡彭仓村段被冲毁，县委书记陈昊，县委副书记、县长赤列朗杰，县委常委、政法委书记、公安局局长罗布顿珠立即在灾情发生地点指挥并参与抢险救灾。

14日 白朗县召开2017年上半年基层党建暨强基惠民交流推进会。会议由县委副书记、县长赤列朗杰主持，县委书记陈昊出席并讲话，在岗县级干部，各乡镇负责人、组织委员，“两新”党工委、县公安局机关党委书记、副书记，机关各党支部全体成员，驻村工作队队长和寺管会负责人共182人参加会议。

8月14日—9月14日 由济南市4名医生组成的医疗工作队在白朗县旺丹乡、曲奴乡、强堆乡、杜琼乡对农牧民群众及全县干部职工进行包虫病筛查，同时为县医院捐赠一台便携式B超机，用于支持白朗县包虫病防控工作。

15日 济南市历城区人大常委会党组书记、人大常委会主任孙德顺带队的历城区人大代表交流考察团在白朗县开展交流考察活动。县委书记陈昊，县委常务副书记黄晓广，县委副书记、人大常委会主任尼玛顿珠，县委副书记、常务副县长何继文陪同。

同日 全国政协民族和宗教委员会原副主任、全国妇联副主席、区党委原副书记巴桑率领的自治区省级离退休干部考察团到白朗县参观。自治区政协副主席、区党委老干部局局长参木群，市委副书记、党校校长程四曲，县委书记陈昊，县委副书记、县长赤列朗杰，县委常委、组织部部长次仁旺堆陪同。

同日 日喀则市政府副秘书长多杰东智一行在白朗县检查农村土地确权颁证档案管理工作。

同日 新华网、中国经济网、千龙网、北京时间、内蒙古新闻网、快搜西藏、中国日报网、幸福西藏、西藏发布等媒体与广东省网信办、自治区党委网信办、日喀则市网信办相关负责人一行在白朗县采访。县委常委、宣传部部长赵瑞红，县委常委、副县长胡卫波陪同。

16日 日喀则市中级人民法院党组书记、代理院长李世蓉，日喀则市中级人民法院党组成员、副院长何锐刚一行在白朗县人民法院进行调研。县委书记陈昊，县人大常委会副主任平措旺拉，县政协副主席次仁琼达，县人民法院党组书记、院长达娃陪同。

同日 白朗县组织召开2017届考入内地西藏班毕业生欢送会。会议由县委副书记、县长赤列朗杰主持，县委书记陈昊出席并讲话，副县长索朗顿珠，县教育局，各学校负责人，考入内地西藏班学生及学生家长参加会议。

21日 由自治区财政厅党组书记洛松加措为组长的村（居）组织换届督导组在白朗县曲奴乡达玉村、强堆乡洁白村对软弱涣散村党组织整顿工作开展情况进行督查。

22—23日 县委书记陈昊，县委副书记、县长赤列朗杰，县委常委、副县长普布次仁，县委常委、副县长胡卫波在杜琼乡、旺丹乡、曲奴乡、洛江镇开展脱贫攻坚综合督导工作。

23日 白朗县召开村组织换届选举工作动员部署暨培训会议。会议由县委常务副书记黄晓广主持，日喀则市村（居）组织换届指导检查三组组长、市人大常委会副秘书长周雪梅出席并讲话。

26日 白朗县召开脱贫攻坚第三次督导工作会议。会议由副县长扎西次旦主持，县委书记陈昊，县委副书记、县长赤列朗杰出席会议，脱贫攻坚第三次督导组各组组长，各乡镇负责人、扶贫专干参加会议。

同日 日喀则市初中教育工作现场培训会在白朗县召开。会议由日喀则市教育局副局长冯学成主持，日喀则市政府副市长李玉建出席会议，市教育局党委副书记、局长索朗旺堆，市教体局副调研员普琼、县委书记陈昊，副县长索朗顿珠，全市18个县区教（体）育局局长、教研室主任、教研员，各乡镇负责人及各小学校长共计120余人参加培训会议。

同日 西部计划上海项目办青年志愿者行动指导中心副主任王婷一行在曲奴乡奴麻村开展慰问。

27日 自治区科技厅厅长赤列旺杰带领7区、地、市科技局局长在白朗县考察产业化建设项目。县委书记陈昊，县委常委、副县长鞠正江陪同。

28日 白朗县召开九届县委第二轮巡察动员部署会。会议由县委副书记、人大常委会主任尼玛顿珠主持，县委书记陈昊出席并讲话。

同日 山南市扎囊县委副书记、人大常委会主任次仁带领的人大考察团在白朗县考察学习。县委副书记、人大常委会主任尼玛顿珠，人大常委会副主任平措旺拉陪同。

同日 济南市副市长周云平带队的代表团一行在白朗县考察指导工作，并对援藏干部及困难群众进行慰问。县委书记陈昊，县委常务副书记黄晓广，济南市第八批援藏干部陪同。

29日 白朗县召开脱贫攻坚工作推进会。会议由县委常务副书记黄晓广主持，县委书记陈昊，县委副书记、县长赤列朗杰出席并讲话，在岗县级干部，各乡镇负责人、扶贫专干，县直部门负责人，各驻村工作队队长、第一支部书记、脱贫攻坚指挥部办公室成员参加会议。

同日 县委副书记、县长赤列朗杰，副县长顾群艳在武警白朗县中队为即将退伍的三名武警战士进行欢送。

同日 白朗县组织全县医疗机构进行医疗废物处置管理专题培训会。副县长顾群艳主持并讲话，县卫生服务中心、11个乡镇卫生院、各医疗诊所及111个村卫生室负责人参加会议。

30日 白朗县召开县委理论学习中心组第十九次专题会议。会议由县委书记陈昊主持，在岗县级干部，县直部门负责人参加会议。

同日 县委副书记、县长赤列朗杰，县委副书记、常务副县长何继文，副县长强巴顿旦一行对县卫生服务中心医疗垃圾处置、年楚河湿地环境整治等情况进行督导。

同日 白朗县召开2017年度精神文明创建表彰大会。会议由县委常务副书记黄晓广主持，县委副书记、县长赤列朗杰主持并讲话，在岗县级干部，各乡镇、县（中、区）直部门负责人，各驻村驻寺工作队队长及受表彰的精神文明创建模范集体和个人共200余人参加会议。

同日 日喀则市村（居）组织换届指导检查三组组长、市人大常委会副秘书长周雪梅一行在白朗县对换届工作进展情况进行为期2天的调研督导。县委常委、组织部部长次仁旺堆陪同。

31日 白朗县召开全县藏语文社会用字检查部署会。

9月

1日 白朗县征兵工作领导小组召开定兵专题会议。

同日 白朗县开展“我爱我县 环境卫生大扫除”支援服务活动。

2日 农业部人事劳动司巡视员胡永万一行在白朗县检查调研农业设施建设情况。自治区农牧厅党组副书记、厅长杜杰，日喀则市委副书记、常务副市长冯继康，县委副书记、县长赤列朗杰，副县长扎西次旦陪同。

3日 自治区党委巡视一组专项巡视白朗县扶贫领域工作动员会在白朗县召开。县委书记陈昊主持并作表态发言，区纪委副书记、区党委巡视工作领导小组成员王峻，区党委巡视一组组长罗布顿珠，区党委巡视一组副组长陈玉玲，日喀则市委常委、纪委书记马陵田出席会议；在岗县级干部，各乡镇党政负责人、纪委书记，县直部门副科级以上干部，党代表、人大代表、政协委员、离退休干部代表、工人代表，扶贫办全体干部参加会议。

4日 白朗县召开中小学“组团式”培训经验交流会。县教育局负责人，县中学负责人及部分教师，各乡镇小学教师共110人参加会议。

同日 自治区统计局局长尼玛占堆带领的工作组一行在白朗县检查指导工作。县委常委、副县长普布次仁陪同。

5日 县委书记陈昊一行在白朗县政法系统各单位、驻村驻寺机构、乡镇派出所对近期各项重点工作开展情况进行调研。

6日 自治区商务厅体系处处长扎西次仁一行在白朗县督查指导电子商务进农村综合示范项目进展情况。

同日 由县委副书记、常务副县长何继文，县委副书记、纪委书记拉巴仓决带队的晨、晚检工作组对县城环境卫生进行督导检查。

同日 自治区农业技术推广服务中心党组书记陈志群带领的种植业交叉验收组在白朗县检查验收2017年度种植业及种子田良种繁育基地建设情况。日喀则市农牧局副局长尼玛顿珠，副县长扎西次旦陪同。

6—9日 白朗县者下乡举办第十二届斗牛文化节暨全民健身特色品牌活动。

7日 通过半年多的建设和精心培育，白朗县农业生态园区西瓜、甜瓜、樱桃西红柿等第一批果蔬成功上市。

同日 白朗县组织驻村干部开展应知应会知识考试。各乡镇强基办联络员、驻村工作队队长共110人参加测试。

同日 白朗县召开“四讲四爱”主题教育实践活动第四节点总结会。会议由县委常务副书记黄晓广主持，县委书记陈昊出席并讲话，在岗县级干部，各乡镇、县直部门负责人，活动宣讲员共计300余人参加会议。

同日 白朗县召开理论学习中心组第二十二次专题学习会议。会议由县委常委、宣传部部长赵瑞红主持，在岗县级干部、县直部门负责人参加会议。

8日 白朗县举行2017年度新兵欢送仪式。县委常委、人武部政委缪亚军，副县长强巴顿旦参加欢送仪式。

9日 日喀则市人大教科文卫委员会主任尼玛率领由日喀则市人大教科文卫委员会、市卫计委、市财政局、市民政局工作人员组成的专题调研组在白朗县开展农牧区医疗保障和基金管理专题调研。县委副书记、人大常委会主任尼玛顿珠，县人大常委会副主任平措旺拉，县人大常委会副主任米玛次仁，副县长顾群艳陪同。

11日 济南市农业局副巡视员范以亮一行在白朗县考察指导对口支援工作并召开座谈会，随后看望慰问济南第八批援藏干部。

12日 白朗县召开九届县委第三轮巡察工作动员部署会，对扶贫领域专项巡察工作进行安排部署。会议由县委副书记、县长赤列朗杰主持，县委书记陈昊出席并讲话。

同日 自治区卫生计生委副主任胡学军带队的督导检查组在白朗县人民医院进行安全生产工作督导检查，副县长顾群艳陪同。

13日 白朗县开展“四讲四爱”主题教育实践活动“回头看”阶段知识竞赛。县委副书记、人大常委会主任尼玛顿珠出席并讲话，县委常委、宣传部部长赵瑞红，县人大常委会副主任平措旺拉，县政协副主席次仁琼达，各乡镇参赛选手、学校教师、青少年学生共200余人参加活动。

同日 西藏自治区副主席其美仁曾在白朗县万亩有机蔬菜基地考察。

14日 白朗县召开“四讲四爱”主题教育实践活动第十五次调度会。县委常委、宣传部部长赵瑞红主持并讲话。

同日 白朗县召开县委理论学习中心组第二十三次扶贫专题学习会议。会议由县委常委、宣传部部长赵瑞红主持，在岗县级干部、县直部门负责人参加会议。

同日 日喀则市委常委、统战部部长巴桑在白朗县色热珠德寺看望慰问寺庙僧人。

15日 白朗县隆重召开慈善协会成立大会。会议由县委副书记、县长赤列朗杰主持，县委书记陈昊出席并讲话，在岗县级干部，县慈善协会理事会成员、各乡镇负责人，县（中、区）直部门副科级以上干部，驻军部队负责人，县工商联20家企业参加会议。

16日 日喀则市村居组织换届指导检查三组组长、市人大常委会副秘书长周雪梅一行在洛江镇康萨村对换届工作进展情况进行督导调研。县委常委、组织部部长次仁旺堆陪同。

17日 日喀则市委副书记、常务副市长冯继康在白朗县卫生服务中心远程医疗会诊会议中心考察。

18日 白朗县召开国家三类城市语言文字工作评估动员部署会。会议由副县长索朗顿珠主持，县委常委、宣传部部长赵瑞红出席并讲话。

同日 县委常务副书记黄晓广一行在洛江镇对援藏项目（洛江镇彭果村水渠）建设情况进行检查。

20日 白朗县召开第十三届人民代表大会常委会第六次会议。县委副书记、人大常委会主任尼玛顿珠主持并讲话。县委常委、组织部部长次仁旺堆，县委常委、政法委书记、公安局局长罗布顿珠，县委常委、统战部部长扎西顿珠，县委常委、宣传部部长赵瑞红，县人大常委会副主任平措旺拉，县人大常委副主任米玛次仁等在岗的人大常委会委员出席会议。

同日 白朗县召开九届县委第三轮巡察组工作动员会议。县委副书记、纪委书记拉巴仓决出席并讲话。

同日 日喀则市农牧局党组成员、副局长孔翔带领市确权办第七轮督察组一行在白朗县督导检查农村土地承包经营权确权登记颁证工作。

21日 白朗县召开县委理论学习中心组第二十四次学习会议。会议由县委书记陈昊主持，在岗县级干部，县直部门负责人参加会议。

同日 日喀则市副市长罗布松拉带领自治区金融考察团一行在白朗县进行产业项目实地考察，副县长扎西次旦陪同。

25日 白朗县中农圣域农业生态园采摘节正式开幕，采摘节为期两周。

同日 白朗县召开脱贫攻坚工作调度会。会议由副县长扎西次旦主持，县委副书记、县长赤列朗杰出席并讲话，县政协主席普布次旦，各乡镇扶贫专干，县脱贫攻坚各专项组成员单位负责人，县脱贫攻坚指挥部办公室全体成员参加会议。

同日 日喀则市人大常委会副主任尼玛仓一行在洛江镇康萨村、罗林村检查指导驻村工作并慰问驻村工作队。

同日 日喀则市“四讲四爱”主题教育实践活动督导组一行在白朗县对“四讲四爱”主题教育实践活动、理论中心组学习情况开展督导检查。县委常委、宣传部部长赵瑞红陪同。

同日 白朗县召开整改落实区党委巡视一组巡视日喀则反馈意见动员部署会。会议由县委副书记、县长赤列朗杰主持，县委书记陈昊出席并讲话。

同日　白朗县组织召开2017年综治考核动员部署暨乡镇综治、双联专干下半年培训会。

29日　日喀则市脱贫攻坚政策宣讲第二组在白朗县开展扶贫政策宣讲。在岗县级干部，各乡镇党政负责人、扶贫专干，县直部门负责人，各驻村工作队队长、111个行政村“两委”班子成员及建档立卡贫困群众代表共700余人参加宣讲会。

10月

1日　白朗县隆重举行“升国旗唱国歌”仪式，共同庆祝中华人民共和国成立68周年。仪式由县委副书记、县长赤列朗杰主持，县委书记陈昊出席并讲话，在岗县级干部，驻军部队，县直部门、企事业代表共200余人参加升旗仪式。

4日　县委常务副书记黄晓广带领济南市第八批援藏干部在县五保集中供养服务中心开展慰问。

10日　白朗县召开县委班子巡视整改专题民主生活会。会议由县委书记陈昊主持，日喀则市副市长李玉建，市纪委常委、正县级纪检员尼片，市委组织部副部长候长蓬出席并讲话；在岗县委班子成员参加会议，“两代表一委员”、基层干部代表、群众代表、县委办、政府办、纪委、县委组织部、县委巡视整改办负责人列席会议。

同日　白朗县召开2017年度第三批新建交通项目第一次调度会，副县长强巴顿旦出席并讲话。

11日　县委书记陈昊，县委常委、组织部部长次仁旺堆一行在部分行政村与60岁以上拟离任村干部开展交流谈心活动。

12日　自治区人大常委会副主任维色在白朗县检查指导人大工作开展情况。县委副书记、人大常委会主任尼玛顿珠陪同。

同日　白朗县召开脱贫摘帽自验考核工作安排部署会。会议由县政协主席普布次旦主持，县委副书记、县长赤列朗杰出席并讲话，县政府在岗副县长，各乡镇负责人，自验考核组成员，扶贫办全体干部参加会议。

13日　县委副书记、县长赤列朗杰对旺丹乡至东喜乡公路工程安全生产工作进行督导检查。

18日　中国共产党第十九次全国代表大会在北京大会堂隆重开幕，从县城到乡村，从学校到企业，从机关到基层，白朗县全县干部群众收看中共十九大开幕盛况，感受来自祖国心脏的最强音。

同日　县委书记陈昊一行在县五保集中供养服务中心看望慰问五保老人和工作人员。

20日　日喀则市委副书记市长刘虎山在白朗县万亩有机枸杞基地调研。

22日　日喀则市委副书记、常务副市长冯继康一行在白朗县检查安全生产工作。县委副书记、县长赤列朗杰，县委常务副书记黄晓广，县委常委、副县长普布次仁陪同。

24日　白朗县召开2016年度退役士兵自主就业一次性经济补助及优待金发放会。副县长顾群艳、人武部负责人、民政局工作人员，2016年退伍士兵及部分士兵家属参加会议。

25日　县委副书记、县长赤列朗杰以普通党员身份参加政府办公室党支部巡视整改专题组织生活会，与党支部成员一起交心谈心。

27日　白朗县召开县委理论学习中心组第二十八次学习会暨周五讲堂。日喀则市副市长李玉建就如何学习好、贯彻好、落实好中共十九大精神，为全县机关党员干部讲党课。县委书记陈昊，在岗县级干部，县直部门负责人、离退休干部代表共73人参加会议。

同日　以自治区老干局巡视员孔令君为组长的自治区驻村工作巡回检查组在白朗县检查指导干部驻村工作。日喀则市老干局副局长拉巴加布，市强基办综合组组长扎西旺拉，县委常委、组织部部长次仁旺堆陪同。

28日　“重阳节”来临之际，县委书记陈昊，县委副书记、县长赤列朗杰一行在县五保集中供养服务中心慰问五保老人。

29日　白朗县召开政府党组巡视整改专题民主生活会。会议由县委副书记、县长赤列朗杰主持，政府党组全体成员参加会议，县委办、人大办、政府办、纪委、组织部负责人，人大代表、政协委员、老干部代表列席会议。

31 日　西藏雄达建筑有限公司在嘎东镇扎西村开展“百企帮百村”精准扶贫活动。

同日　白朗县举行选派县乡机关干部到村党支部任第一书记、支部书记候选人出征仪式。仪式由县委常委、组织部部长次仁旺堆主持，县委书记陈昊，县委组织部、县人社局负责人及选派的 9 名县乡机关干部参加出征仪式。

11 月

1 日　白朗县召开第五届“环卫工人节”表彰大会。县委副书记、常务副县长何继文，县人大常委会副主任米玛次仁，住建局负责人、环卫工人代表参加表彰大会。

1—5 日　由日喀则市发改委副主任丹珍带队的市脱贫攻坚成效第四考核组对白朗县脱贫攻坚工作成效进行考核。县政协副主席普布次旦、副县长扎西次旦陪同。

8 日　白朗县召开市级脱贫攻坚成效考核反馈整改落实暨现场观摩会。会议由县政协主席普布次旦主持，县委书记陈昊出席会议并讲话，县委副书记、县长赤列朗杰，副县长扎西次旦，各乡镇负责人，县脱贫攻坚各专项组成员单位负责人，脱贫攻坚办公室全体干部参加会议。

同日　白朗县召开县委理论学习中心组第三十次专题学习会议。会议由县委书记陈昊主持，在岗县级干部，县直部门负责人参加会议。

8—18 日　为更好学习宣传贯彻中共十九大精神，庆祝中共十九大胜利闭幕，白朗县组织文艺演出队在白朗县各乡镇开展巡回演出。

9 日　农业部动物疫病交叉专项检查督导组一行在白朗县检查重大动物疫病防控工作，自治区农牧厅、专派辽宁省农业厅畜牧专家，日喀则市农牧局，白朗县农牧局负责人陪同。

13—20 日　自治区宣讲团在白朗县全县范围内举行中共十九大精神宣讲活动，此次宣讲覆盖全县 11 个乡镇、10 座寺庙、12 所学校，参与人数达 8000 余人，宣讲大会由自治区中共十九大精神宣讲团成员、西藏电影公司译制科科长洛桑曲珍主讲，县委常委、宣传部部长赵瑞红陪同。

14 日　中共十九大召开后，白朗县各级各部门以中共十九大精神为引领，以“学懂弄通做实”为总要求，全力抓好中共十九大精神的学习贯彻，在全县范围内掀起学习贯彻中共十九大精神热潮。

15 日　白朗县召开“六五”普法总结表彰大会。会议由县委常委、政法委书记、公安局局长罗布顿珠主持，县委副书记、县长赤列朗杰，县委副书记、人大常委会主任尼玛顿珠，县人民检察院检察长扎西次仁出席会议，各乡镇、县（中、区）直部门负责人，普法领导小组全体成员参加会议。

16 日　白朗县召开县委巡察工作领导小组会议。专题听取九届县委第二轮 2 个巡察组对东喜乡党委、玛乡党委，旺丹乡德瓦坚寺管委会党支部、玛乡谢珠林寺管委会党支部的巡察情况汇报。会议由县委常委、组织部部长次仁旺堆主持，县委副书记、纪委书记拉巴仓决出席并讲话，县委巡查工作领导小组全体成员，县纪委、巡察办全体干部参加会议。

同日　白朗县举行学习贯彻中共十九大精神大讲堂。县委书记陈昊以“不忘初心 牢记使命为实现中华民族伟大复兴的中国梦不懈奋斗”为主题开展讲党课，在岗县级干部，巴扎乡、嘎东镇、洛江镇、强堆乡党委书记，县直部门负责人参加学习。

17 日　中国共产党白朗县第九届委员会召开第三次全体会议。会议的主题是：深入学习宣传贯彻中共十九大精神，贯彻落实自治区党委九届三次全会、市委一届八次全会精神，动员全县各级党组织、全体党员和广大干部群众，以习近平新时代中国特色社会主义思想为指导，凝聚力量，抢抓机遇，开拓创新，苦干实干，全面开启白朗社会主义现代化新征程，奋力谱写好中华民族伟大复兴的白朗篇章。

21 日　市委副书记、市长刘虎山在白朗县杜琼乡开展中共十九大精神宣讲活动，其间，慰问杜琼乡驻村工作队和群众，宣讲结束后，在白朗县万亩蔬菜巴扎核心区、白朗中农圣域农业生态园、万亩蔬菜曲奴核心区详细了解蔬菜产业发展情况和企业生产经营情况，并对蔬菜产业下一步发展提出了意见建议。

22日　自治区食品药品监督管理局食品生产经营处处长喻永辉、日喀则市食品药品监督管理局局长扎顿带队的检查组在白朗县对食品生产经营单位进行检查。

22—24日　县委书记陈昊，县政协主席普布次旦，副县长扎西次旦分别带领脱贫攻坚督导组在各乡镇开展督导检查。

24日　白朗县召开安全生产专题会议。县委副书记、常务副县长何继文，各乡镇、安委会各成员单位负责人参加会议。

27日　市委巡察办巡察三组组长巴桑一行在白朗县对市委第四轮巡察整改工作进行督查。县委常委、组织部部长次仁旺堆陪同。

28日　白朗县召开脱贫攻坚督导考核工作部署会。会议由副县长扎西次旦主持，督导考核组全体成员参加会议。

12月

4日　白朗县召开2017年下半年县级和谐模范寺庙暨爱国守法先进僧尼表彰会。会议由县委副书记、人大常委会主任尼玛顿珠主持，在岗县级干部，县直部门负责人，各乡镇负责人、统战委员，驻寺机构，僧尼代表，统战民宗全体干部职工参加会议。

5日　白朗县召开“四讲四爱”主题教育实践活动整体总结会。会议由县委副书记、人大常委会主任尼玛顿珠主持，县委书记陈昊、县委常务副书记黄晓广出席会议，各乡镇党委书记、宣传委员，县（中、区）直部门负责人参加会议。

6日　白朗县举办中共十九大精神农牧民宣讲培训班。来自11个乡镇的111名农牧民宣讲员参加培训。

7日　由中央护路办考评组组长张纯宏带队的中央护路办考评组在白朗县检查2017年度铁路护路联防工作，自治区护路办常务副主任熊雷，日喀则市综治办主任、护路办主任次旦，县委书记陈昊，县委副书记、人大常委会主任尼玛顿珠，县委常委、政法委书记、公安局局长罗布顿珠陪同。

同日　自治区纪委常委尼玛次仁率区纪委调研组在白朗县调研。日喀则市纪委常委、监察局副局长徐大连，县委书记陈昊，县委常务副书记黄晓广，县委副书记、纪委书记拉巴仓决陪同。

同日　县委书记陈昊，县委副书记、县长赤列朗杰，县委常务副书记黄晓广及包乡镇县级领导一行在白朗县11个乡镇通过实地查看、走访座谈、入户调研、查看资料、听取汇报等形式就区域经济发展不平衡、脱贫攻坚、农牧产业发展等重点领域开展调研。

同日　白朗县举行县委理论学习中心组第三十五次学习暨中共十九大报告专题测试，在岗县级干部参加测试。

10日　自治区副主席、日喀则市委书记张延清在白朗县有机农业产业园、巴扎乡“万亩珠峰有机蔬菜白朗县生产基地”对脱贫攻坚、产业发展、园区建设等工作开展调研。

12日　白朗县易地扶贫搬迁杜琼乡差强村安置点举行搬迁入住仪式。县委常委、副县长普布次仁出席并讲话，杜琼乡干部职工、搬迁入住贫困群众参加会议。

13日　白朗县召开转隶资产清查移交会，顺利完成涉改部门资产资金、案件线索清查移交工作。县委副书记、纪委书记拉巴仓决出席会议，县人大常委会副主任米玛次仁、县人民检察院检察长扎西次仁、县财政局负责人全程参与监督。

16日　县委副书记、纪委书记拉巴仓决在玛乡看望慰问贫困群众，并向贫困群众宣传中共十九大精神。

17日　自治区文物专家巴桑罗布、唐卡画家罗布斯达在白朗县对文物工作进行考察。

18日　由团日喀则市委副书记田超带队的市委脱贫攻坚专项督查第六组在白朗县检查指导工作。县政协主席普布次旦陪同。

同日　白朗县组织县直部门副科级以上干部进行法律知识测试。

19日　白朗县第十三届人民代表大会第三次会议预备会议召开。会议由县委副书记、人大常委会主任尼玛顿珠主持，会议以举手表决的方式，一致通过大会议程和大会主席团、秘书长名单，确定了赤列朗杰等34名同志为大会主席团成员，平措旺拉为大会秘书长。

同日　白朗县第十三届人民代表大会第三次会议主席团第一次会议召开。会议由县委副书记、纪委书记拉巴仓决主持，会议应到主席团成员34名，请假5名，实到29名，符合法律规定。

同日　白朗县召开"两会代表"、委员党员大会，会上成立了白朗县第十三届人民代表大会第三次会议临时党委，会议由县委副书记、人大常委会主任尼玛顿珠主持，县委副书记、县长赤列朗杰出席并讲话，出席"两会"的党员代表、委员参加会议。

20日　由自治区食品药品监督管理局副局长宇飞率领食品安全考核组在白朗县开展食品安全考核工作。日喀则市食药局党组书记刘怀志，副县长顾群艳陪同。

同日　白朗县第十三届人民代表大会第三次会议召开。来自白朗县11个乡镇、111个行政村、县（区）直部门的人大代表参加会议。

同日　白朗县第十三届人民代表大会第三次会议主席团第二次会议召开。会议由县委常委、副县长普布次仁主持，会议应到主席团成员34名，请假2名，实到32名，符合法定人数。

21日　日喀则市委常委、统战部部长巴桑带队的督导组在白朗县格培林寺督导检查工作开展情况。日喀则市宗教办主任多吉次仁、市民宗局副局长尼玛顿珠，县委常委、统战部部长扎西顿珠陪同。

同日　白朗县第十三届人民代表大会第三次会议举行第二次全体会议，会议听取了白朗县人大常委会2017年工作报告、县人民法院2017年工作报告、县人民检察院2017年工作报告，会议由县人大常委会副主任米玛次仁主持。

同日　白朗县第十三届人民代表大会第三次会议主席团第三次会议召开。会议由县委常委、统战部部长扎西顿珠主持，会议应到主席团成员34名，请假5名，实到29名，符合法定人数。

22日　白朗县第十三届人民代表大会第三次会议第三次全体会议召开。会议由县委副书记、人大常委会主任尼玛顿珠主持，会议应到代表110人，实到代表101人，符合法定人数。

24日　白朗县监察委员会挂牌成立。

27日　白朗县在日喀则市人民政府新闻发布会大厅召开脱贫攻坚新闻发布会。

28日　日喀则市编译局副局长拉确、市教育局教科所负责人普琼带队的日喀则市国家三类城市语言文字评估组一行在白朗县开展国家三类语言文字评估验收工作，副县长强巴顿旦陪同。

29日　白朗县九届县委巡查工作领导小组召开会议听取关于第三轮专项巡察县发改委、杜琼乡扶贫领域工作情况汇报。县委副书记、纪委书记拉巴仓决主持会议并讲话，县委常委、组织部部长黎星庆出席会议，县委巡察工作领导小组成员、巡察办负责人，专项巡察组全体成员参加会议。

政治

白朗年鉴·2018

中共白朗县委员会

【概况】 2017年,白朗县认真学习贯彻中共十九大精神,紧紧围绕市委“6677”总体工作思路(“六大战略”:党建珠峰、生态珠峰、文化珠峰、产业珠峰、幸福珠峰、法治珠峰战略。“六城共建”:全国文明城市、国家卫生城市、国家园林城市、国家环保模范城市、全国双拥模范城市、全国民族团结示范城市。“七区建设”:旅游文化腹心区、文化传承保护区、南亚开放前沿区、生态屏障保护区、安全屏障建设区、民族团结示范区、社会稳定典范区。“七大产业”:珠峰有机种养加业、珠峰特色旅游业、珠峰天然饮用水业、珠峰绿色生态业、珠峰特色手工业、珠峰清洁能源业、珠峰南亚物流业),抢抓机遇、奋勇攻坚,改革发展稳定各项事业取得新成效,全县生产总值9.64亿元,同比增长12%;全社会固定资产投资13.08亿元,同比增长29.25%;地方一般公共预算收入2910万元,同比增长45%;社会消费品零售总额1.78亿元,同比增长27.14%;农村居民人均可支配收入12420.31元,同比增长17.44%,加速了全面建成小康社会的步伐。

【脱贫攻坚】 年内,大力实施“3579”脱贫工作举措(“三级联动”,构建县、乡、村互为支撑的扶贫攻坚格局;“五项制度”,建立健全县级以上领导乡镇脱贫攻坚包干制、乡镇干部村(居)脱贫攻坚包干制、村(居)“两委”成员脱贫攻坚包户服务指导制、扶贫资金项目信息公开制、脱贫攻坚公告公示制;“七个责任”,压实县级脱贫攻坚主体责任、乡镇脱贫攻坚具体责任、村党组织各项政策措施落实责任、村党支部书记指导帮带责任、村务监督委员会监督责任、党员干部帮扶责任、非公组织与社会组织帮扶责任;“九大举措”,狠抓产业发展、易地搬迁、教育提升、医疗保障、社会兜底、生态建设、就业培训、结对帮扶、基础设施建设),形成“园区+龙头企业+合作社+农户”的脱贫新模式;持续加大援藏扶贫力度,投资4050万元,实施教育基础设施、卫生院标准化建设、美丽乡村建设、农牧民就业等民生领域项目14个,为合力攻坚注入了强大力量;年内新脱贫224户660人,1256户6110人在巩固提升中实现稳定增收,全县贫困发生率降至0.66%,全面完成了减贫任务。

【产业发展】 年内,坚持以建设高原特色现代农牧产业强县为目标,按照《白朗县现代农业发展总体规划(2016—2025)》,形成“三区一廊十园”(“三区”即北部现代农业区、中部高效生态农业区、南部高原特色牧业区;“一廊”即年楚河休闲体验农业长廊;“十园”即日喀则国家农业科技园、日喀则珠峰现代农业科技创意博览园、珠峰(白朗)有机产业园、万亩有机果蔬产业园、万亩有机青稞产业园、万亩有机枸杞产业园、万亩饲草产业园、藏药材产业园、万头禽畜规模化养殖产业园、民族手工业园)产

2017年8月3日，县委书记陈昊主持召开2017年白朗县产业发展推进会

2017年10月15日，县委副书记、县长赤列朗杰在者下乡检查水库施工情况

业格局，培育“五彩天域、有机白朗”地域公共品牌；大力实施“万亩有机果蔬、万亩有机青稞、万亩有机枸杞、万亩人工饲草及规模化养殖”四个万亩建设；大力实施“青稞亩产增加25公斤”行动及“千亩千斤”“百亩千斤”示范田、种子田建设，实施测土配方施肥示范田10万亩，青稞、小麦播种9.3万亩，全县粮油产量达0.554亿公斤；持续推进有机果蔬示范基地建设，编制《珠峰万亩有机蔬菜白朗生产基地暨日喀则市“菜篮子”基地发展规划》，确定“1轴1心2核6片区26个基地”（“1轴”即年楚河沿岸发展轴；“1心”即创新示范与技术推广中心，含珠峰农业创新博览园、国家农业科技园和白朗万亩蔬菜基地县城核心区蔬菜大棚，占地1800亩，“2核”即两个核心生产区，巴扎乡核心生产区占地约4000亩，曲奴核心生产区占地约5000亩；“6片区”即巴扎、嘎东、洛江、强堆、曲奴、杜琼六个蔬菜种植乡镇；“26个基地”即年楚河附近26个蔬菜种植村）的果蔬产业发展布局，完成县城核心区205亩高端蔬菜大棚种植，以及巴扎乡、曲奴乡核心生产区2587亩蔬菜大棚主体建设，全县蔬菜种植面积达1.17万亩，蔬菜销售收入达1.6亿元；有机枸杞完成项目一期3951亩，已带动当地劳务创收1800余万元；加快畜牧业发展，完成人工种草7700亩，试点推广“分户饲养、集中管理、合作经营”养殖模式，建成者下乡岗巴羊规模化养殖基地，重点扶持标准化养殖小区（合作社）3家，全市首家乳品企业投产运营；坚持做大做强实体经济，创新招商引资工作方式，通过“走出去”参加招商会、推介会等方式，引入寿光蔬菜产业集团、北京中农汇富公司、西藏珠峰农业科技公司等多家龙头企业落户白朗。年内，招引落地开工建设项目7个，总投资8.75亿元，累计到位资金5.3亿元，完成日喀则市年初下达目标任务的121%，仅招引新建的产业项目已流转土地7348.3亩，兑现产业分红99.8万元，兑现土地流转资金4309.47万元，实现带动本地就业1266人，辐射带动贫困群众1331人。

加大家庭农场、种植大户、专业合作社等新型经营主体扶持力度，拓展年河乳业、康桑食品、旺达食品等产品深加工项目，鼓励农牧民群众以劳务输出、流转土地、资产入股等方式参与生产经营，登记注册家庭农场6家、种养殖大户945户，全县各类农牧民专业合作经济组织发展至128家，推动以农牧民群众家庭经营为基础、合作与联合为纽带、社会服务为支撑的立体式、复合型现代农业经营体系快速形成；邀请中国农科院、山东农科院、西藏农科院一批专家指导白朗产业发展，与西藏农科院蔬菜研究所、宁夏农科院、国家枸杞工程技术研究中心签订了战略合作协议，成功试种藏药材品种4个，引进培育推广果蔬品种136个；探索建立科技扶贫长效机制，加大科技成果在贫困群众中推广应用，建立起222人的科技特派员队伍，鼓励科技员带技术和项目进村入户，推广增收效果好的新品种、新技术和科技创新成果，科技对农牧业增收和国民经济增长的贡献率分别达47%和42%，科学技术普及率达90%以上，为农牧产业发展提供了强有力支撑。

【农村改革】 年内，完成全县10个乡镇，98个行政村，6072户、

41128人、146751宗地块的土地确权工作,数据送检基本达标,符合农业部数据汇交要求,土地承包权属更加明晰,农户承包地面积更加准确,顺利完成全县农村土地承包经营权确权登记颁证市级验收;建立农村土地确权信息平台,对县乡村三级确权土地实行动态管理,流转面积达17036亩,包括租赁型16748亩、互换型288亩,有效推动产业规模化发展,其中,万亩蔬菜产业流转土地3052亩,万亩枸杞产业流转土地7300亩,现代农业博览园流转土地1310亩,藏药产业流转土地530亩,家庭农场流转土地438亩,其他经营主体流转土地4406亩。全面启动国家级“电子商务进农村综合示范县”项目,县乡村三级农村电子商务服务中心及配套相关硬件设施平台全面建成,开启“互联网+现代农牧业”发展新模式。

2017年6月4日，县委常务副书记黄晓广在强堆乡调研“四讲四爱”主题教育实践活动开展情况

【基础设施建设】 年内,坚持把项目建设作为“打基础、管长远、促跨越”的重要抓手,抢抓“十项提升工程”(自治区党委、政府为推进脱贫攻坚提出:统筹整合各方资源,重点在易地搬迁集中安置点、年度摘帽村,全面实施水、电、路、讯、网(广播电视网、邮政网点、金融网点和互联网),教、科、文、卫、保(社会保障、住房保障和村居活动场所)十个方面工程,加强基础设施建设,提升基本公共服务水平,助力脱贫攻坚)“七大产业”(珠峰有机种养加业、珠峰特色旅游业、珠峰天然饮用水业、珠峰绿色生态业、珠峰特色手工业、珠峰清洁能源业、珠峰南亚物流业)发展等重大政策机遇,狠抓项目谋划争引和服务管理,2017年开工建设各类项目146个,完成总投资13.2亿元,实施珠峰(白朗)有机产业园、16个灾后重建项目、79个村点农村饮水安全巩固提升工程、25个行政村农村电网改造提升工程、白者白东公路、者下斗牛场等一批重点项目;衔接援藏项目14个,投入援藏资金0.4亿元,向教育基础设施、卫生院标准化建设、美丽乡村建设、农牧民就业等民生领域倾斜;整合棚户区改造、新农村建设、涉农项目等资金1500万元,大力实施农村危房改造,完成房屋轻度维修543户;积极推行政府和社会资本合作模式,完成投资1.66亿元;全力推进“天曲灌区”规划建设,统筹县域南北部均衡发展,社会公共服务保障水平不断提高,为补短板、增后劲、促均衡、上水平提供了重要支撑。

【生态建设】 年内,高站位做好中央环保督察迎检工作,高标准办结中央环保督察组转办案件4件,追责问责8人;全面贯彻绿色发展理念,环保体制机制逐步完善,科学精准划定生态保护红线,开展集体林权制度改革试点,年楚河国家湿地公园顺利通过国家评估验收;大力开展城乡环境综合整治,深化乡村“四清四化”(清垃圾、请杂物、清残垣断壁和路障、清庭园)“四改两建”(改厨、改厕、改圈、改水建院坝、建沼气池或太阳能)“一抓一控”(抓好农村环境连片整治示范区;有效控制农业面源污染),集中整治粪土乱堆、污水乱流和私拉乱建等“六乱”现象;大力消除“无树村、无树户”,植树造林473.1亩,封山育林1.47万亩;认真落实“河长制”,明确县、乡、村三级“河长”及各相关部门的工作职责任务,树立责任公示牌187个,全面完成“一河一档”“一河一策”工作。

2017年12月28日，县委副书记、人大常委会主任尼玛顿珠在玛乡检查第十四届人民代表大会第三次会议筹备情况

【教育发展】 年内，落实好15年免费教育政策，实施乡镇小学、幼儿园学生宿舍等建设项目12个；大力发展学前教育，巩固提高义务教育，全面实施中小学教学质量提升工程，小升初内地西藏班上线10人，中考平均成绩提高50分；学前两年毛入园率达81.45%，小学入学率100%，初中阶段入学率100%，20—30岁文盲率降低至4.5%。

【卫生事业】 年内，不断完善疾病预防控制、医疗救助、卫生执法监督体系，大力开展贫困地区传染病、地方病、慢性病防治，5岁以下儿童死亡率有效控制在13‰以内，孕产妇住院分娩率达99.3%，兑现孕产妇住院分娩奖励补助88万元，农村医疗卫生公共服务能力水平不断提高。

【全面落实兜底政策】 年内，积极推进全民参保登记计划，全县企业职工、城乡居民参保率达97%以上，基金征缴率分别达95%、100%；成立全区首家县级慈善协会，筹集善款194.1万元，广泛开展形式多样的扶贫济困和救助帮扶活动，为贫困群众再织了一道“保障网”。

【技能培训】 年内，以市场就业、参与县域产业发展为导向，大力开展装载机、挖掘机、汽车驾驶、蔬菜种植等实用技能培训，实现劳务输出25295人次，收入7378万元。

【思想政治建设】 年内，掀起学习宣传贯彻中共十九大精神的热潮，坚持领导干部带头学、带头干，推动中共十九大精神进机关、进校园、进企业、进农村、进社区、进网络、进军营，领导干部上党课500余次，开展宣传活动260余场次；健全县委理论中心组学习制度，组织集中学习35次，党员领导干部撰写心得体会6300余篇；扎实推进“两学一做”学习教育常态化制度化，与学习区党委九届三次全会、市委一届八次全会精神紧密结合，不断深化“讲学习、讲忠诚、正风纪、转作风、提效能”主题教育，搭建“七学”（学习《习近平总书记系列讲话读本》《党章》《中国共产党廉洁自律准则》《中国共产党纪律处分条例》《美丽的乡村建设》

2017年7月25日，县委副书记、常务副县长何继文在洛江镇慰问结对帮扶户

2017年11月2日，县委副书记、纪委书记拉巴仓决主持召开白朗县纪委党支部巡视整改专题组织生活会

《党的发展》《党的基层工作法》）“五送”（送学到机关党组织、乡镇党委、农牧区党支部、学校、“两新”党组织）平台，激活夜校、季度考试等6种学习方式，夜校学习63次，季度考试9次，参学党员2.4万余人次；深入开展“四讲四爱”主题教育实践活动，认真落实自治区19项规定动作，和市委“六个一”（日喀则市开展“四讲四爱”主题教育实践活动自选动作，即编写一批教科书、制作一批影视片、算好一批政策帐、打造一批好节目、建设一批博物馆、修复一批爱国主义遗迹）“五个起来”（日喀则市开展“四讲四爱”主题教育实践活动自选动作，即：家家户户插挂国旗，让红旗飘起来；实现领袖像家庭、僧舍、教师全覆盖，将领袖像挂起来；每个行政村建设文化墙，使文化墙立起来；利用好村级文化设施设备，叫广播响起来；制作发放荣辱观宣传画，开展荣辱观教育，把新风树起来），创新“十种渠道”（粘贴标语大力宣传；LED显示屏广泛宣传；移动网络平台持续宣传；演讲比赛深入宣传；文艺活动多样宣传；演讲活动集中宣传；搭建平台专项宣传；培树典型引导宣传；开展讨论细化宣传；新旧对比全面宣传）宣传，开展学习宣传教育4200余场，受教育群众34万余人次。狠抓意识形态领域工作，实现宣传阵地全覆盖；大力培育和践行社会主义核心价值观，加强各族干部群众思想宣传教育，唱响了时代主旋律、集聚了发展正能量、筑牢了各族干部群众精神家园主阵地；加强网络监管，深入开展网上舆论斗争，加大网络舆情监控和应对力度，巩固壮大积极健康向上的网络主流思想舆论，妥善处理网络有害信息，净化网络空间，牢牢掌握舆论战场主动权；加强新闻报道，做大做强“两微一端”新媒体、自媒体，中央电视台、新华网以及区市级新闻媒体播出、发布、转载白朗产业发展、脱贫攻坚、工作成效等142余条。

【基层党建】 年内，牢牢把握工作主动权，高标准完成村组织换届工作，严把选人用人入口关、换届程序关，村“两委”班子年龄、学历、结构切实优化。针对基层党建虚化、弱化、边缘化问题，提出“1323”党建工作思路（围绕一条主线：即围绕党的执政能力建设和先进性建设这一主线；规范三个重点：即规范阵地建设、规范台账管理、规范制度建设；抓住两个核心：即严肃党内政治生活和保证党员政治素质合格；规范三项工作：即规范日常工作、规范规定动作、规范载体建设），以规范化建设为突破，建立党建55本台账，实行专人“记账”、节点“理账”、按时“查账”，倒逼主体责任落实，实现县乡村三级党建工作联动推进；严肃党内政治生活，严格执行《关于新形势下党内政治生活的若干准则》，坚持完善“三会一课”、双重组织生活、谈心谈话、民主评议、党费收缴等制度，创新改进党的组织生活方式，推行支部“主题党日”活动，引导党员在组织活动中得到锻炼；加强党员干部管理，以打造高素质干部队伍为目标，出台《白朗县干部职工管理责任制实施办法》《白朗县机关事业单位人员调动（借调）管理办法（暂行）》等规定，形成一套有效的干部管理体系，使“软约束”变成“硬杠杠”，党员干部纪律意识、规矩意识全面加强；不断强化班子自身建设，严肃规矩纪律，把对党忠诚、立场坚定作为对党员干部的基本要求，打造“忠诚、干净、担当”的县委班子。

大力开展党建促脱贫，深化

"4321"党员干部结对帮扶工作，全县1453名干部与1592户贫困户结成帮扶对子，帮助贫困户理清发展思路650余条，解决实际问题2300余个，落实帮扶资金202万元，做到不脱贫不脱钩；动员非公组织与社会组织积极投入"百企帮百村"活动，以签约结对、村企共建、互利合作等方式有针对性地对贫困村进行帮扶，实现了"输血"向"造血"延伸。

【党风廉政建设】 年内，严格落实"两个责任"和"一岗双责"，加强党风廉政建设自查考评力度，将主体责任量化为10个方面32项指标，将监督责任量化为9个方面16项指标，深化党风廉政建设台账化管理、项目化推进、常态化问责；以猛药去疴的决心，做到有案必查、有贪必肃、有腐必惩，全年受理问题线索28件，移送司法机关处理1件1人，受到党纪政纪处分5件6人；深入开展扶贫领域、项目领域、生态领域等专项检查12次，开展落实中央"八项规定"和区党委"约法十章""九项要求"专项督查26次，严防公车私用、公款吃喝、大操大办婚丧嫁娶等"四风"问题反弹；抓实巡视问题整改，提高政治站位、强化责任担当，重点围绕党的领导弱化、党的建设缺失、全面从严治党不力等3个方面突出问题，梳理涉及县区整改事项36项，细化整改措施104条，以制定整改任务清单、立行立改清单的方式，明确责任领导、责任单位、整改时限等，确保各项巡视整改工作动态管理、台账推进、挂账销号；紧盯"六项纪律"(政治纪律、组织纪律、廉洁纪律、群众纪律、工作纪律、生活纪律)，紧盯"三大问题"(党的领导弱化、党的建设缺失、全面从严治党不力)，紧抓"三个重点"(重点人、重点事、重点问题)，2017年先后对8家单位开展3轮县委巡察工作，开展个别谈话102人次，纳入边巡边改问题线索119个，已整改落实119件；大力配合区党委巡视组扶贫领域专项巡视及市委第三轮、第四轮巡察工作，对市巡察组在巡察4个乡镇、3个县直部门中反馈的问题高度重视，立即整改，实现了区、市、县巡视、巡察同频共振、同向发力。

(仪 杨)

2017年4月26日，县委书记陈昊以普通党员身份参加县委办党支部会议

【领导名录】

县委书记
陈 昊
县委副书记、县长
赤列朗杰(藏族)
县委常务副书记
黄晓广(山东援藏)
县委副书记、人大常委会主任
尼玛顿珠(藏族)
县委副书记、常务副县长
何继文(山东援藏)
县委副书记、纪委书记
拉巴仓决(女，藏族)
县委常委、人武部政委
缪亚军(12月任)
县委常委、副县长
鞠正江(山东援藏)
普布次仁(藏族)
县委常委、组织部部长
次仁旺堆(11月免)
县委常委、政法委书记、公安局局长
罗布顿珠(藏族)
县委常委、统战部部长
扎西顿珠(藏族)
县委常委、宣传部部长
赵瑞红(女)
县委常委、副县长
胡卫波
县委常委、组织部部长
黎星庆(9月任)

中共白朗县委办公室

【概况】 白朗县委办公室成立于1959年7月，办公室编制6人，实际人数10人，其中主任1人，主任科员1人，副主任1人，科员5人，公益性2人，办公室下设机要局、档案局。2017年，县委办公室坚持以“三服务”为中心，充分发挥参谋助手、组织协调、政务服务、督促检查和后勤保障等职能，着眼于加快白朗发展这一大局，及时反映具有苗头性、倾向性问题，努力在服务中争取主动，较好地完成了全年各项工作任务。

2017年11月24日，县委办公室主任刘川主持学习中共十九大精神

【办文办会】 年内，在公文办理上严把起草关，认真拟稿、精益求精，严把审核关，严格审查、仔细缮改、逐级签发，严把保密关，对县委的重大决策严格保密，对上级的机密文件妥善处理，确保了机关行文的正确性和严肃性，全年共制发县委文件118件，县委办公室文件95件，2017年没有发生失密事件；在会议办理上，积极抓好会前筹备、会中应急、会后落实等各个环节，做到了精心、细心、用心，全面提高了会务质量，有力保障了会务意图的全面体现。

【文字材料】 年内，在文字综合材料的撰写上，认真收集有关资料，确保文字材料真实可靠，在准确的基础上求创新，在规范的基础上求特色，在掌握基本素材的基础上求突破，在领会领导意图的基础上求拓展；在撰写后认真把关，对县委工作报告等重要材料专门征求各乡镇、部门意见，文字综合材料质量有了明显的提高，得到领导的肯定，较好地发挥以文辅政的作用，按时按质按量完成领导交办的各类文字材料的撰写、审核任务，较好地发挥了参谋助手作用。

【信息工作】 年内，积极发挥“上传下达”职能作用，及时收集整理信息并向市委办公室、县委主要领导反馈产业发展、民生动态、维稳舆情等各方面信息，为市委掌握基层动态和县委决策部署提供了参考依据。2017年，共上报各种信息725条，信息无迟报、误报、瞒报、漏报现象，较2016信息报送量排名提升9个名次。

【作风建设】 年内，由以往被动调研向超前调研转变，深入基层一线，掌握一手资料，准确反映真实情况，抓住人民群众关心的重点问题，深入分析，提出对策，抓住制约全县经济社会发展的难点问题，找准关键，对症下药，为县委和领导决策献计献策；抓责任单位抓落实，各项决策部署分解到位、责任单位统筹到位，避免出现“牵头单位累得要命、配合单位闲得要死”现象，做到落实责任单位不在于多，而在于明；抓责任人员落实，细化任务分工，责任到岗到人，形成事事有分解、人人有分工、件件有回音的良好局面；抓重点工作抓落实，明确主攻方向，分清轻重缓急，做到在所有工作中把握全局，在全局工作中突出重点，在重点工作中攻克难点，确保县委各项决策部署落地见效；本着求真务实的责任意识和任劳任怨的奉献精神，以推动落实、促进落实、优化落实为目标，切实发挥县委办公室承上启下、联系左右、沟通内外、协调各方“四个作用”，在协调全县大小事务上，积极探索和适应新形势下办公室服务全县工作的新理念、新思想、新路子，统筹各项事宜，以“事前多请

2017年5月17日，县委办与机要局签订密码安全与保密责任书

示、事后常汇报、衔接无空档”为原则，发挥了桥梁纽带作用；在协办各类会议上，以“关心大体、注重细节”为原则，在通知会议、协调会场等工作中突出细节决定成败，为全县政令畅通提供了保障。

【干部管理】 年内，探索实施“我要学”和“要我学”“理论学”和“实践学”“全覆盖”和“抓重点”“多批次”和“小批量”四结合的方式开展党员教育培训，拧紧思想建设的“开关”、上紧提升能力的“发条”，不断提升办公室人员服务水平能力和理论党性修养；坚持“严管才是厚爱”，对干部身上出现的苗头性、倾向性、潜在性问题，早发现、早提醒、早纠正，积极探索八小时外制度，对生活上帮助、心理上关怀，切实净化“朋友圈、社交圈、生活圈”；按照习近平总书记提出的“信念坚定、为民服务、勤政务实、敢于担当、清正廉洁”的新时期好干部标准和“三严三实”、忠诚干净担当等要求，坚定理想信念，加强道德养成，规范权力行使，培育优良作风，使办公室成员自觉履行党章赋予的各项职责，严格按照党的原则和规矩办事。

【党建工作】 年内，以“抓党建、促工作”为主线，创新提出“12345”支部党建工作，即树立一个形象，树立白朗县机关党建窗口形象；落实两项制度，严格落实干部管理制度及“三会一课”制度；做好“三个服务”，做好服务发展、服务决策、服务落实；实现“四个提升”，提升自身素质、提升工作效率、提升工作水平、提升创新能力；打造“五型机关”，打造学习型、服务型、效能型、廉洁型、务实型机关。规范党建日常工作，强化班子建设，严格按照全县“党建规范化建设”要求，完善班子议事规则、加强团结协作，领导班子的整体领导能力和水平不断提高；健全学习制度，以“两学一做”学习教育常态化、制度化为契机，对党员活动室进行重新规划、重新排版，并将活动室作为主阵地，丰富活动内容，开展“集中学习、集中研讨”活动，制定周一至周五每日学习计划，明确集体学习内容、个人自学内容，党性修养不断增强，全年共组织60次集中学习；严肃党内生活，抓实“三会一课”、组织生活会、民主评议党员、组织谈心谈话等工作，充分利用批评与自我批评这个有力武器，不断发挥党基层组织的战斗堡垒作用；规范台账明细，严格按照基层党建55本台账要求，规范党费收缴、党员发展等流程，切实解决了党建工作“不善抓、不会抓、抓不实”的问题，从根源上杜绝了机关党建虚化、弱化、形式化。

【党风廉政建设】 年内，认真落实“两个责任”和“一岗双责”，加强党风廉政建设自查考评力度，坚决贯彻落实中央八项规定、区党委“约法十章”“九项要求”，同时深入开展理想信念和廉洁从政教育，使干部职工明确廉政要求和相关纪律，支部成员相互监督，不断改进作风建设，筑牢干部职工防腐拒变思想防线。

【机要工作】 年内，认真学习领会习近平总书记系列重要讲话及区党委、市委对密码工作的重要文件和批示精神，严格遵循“党管密码”的原则，分工明确，落实责任机制，确保党对密码工作各项方针、政策在基层落地生根，并严格按照“五个坚持”“两个确保”“两个必须”的要求开展各项密码工作；

2017年，共传发办理文件6621份，134256页，保障和服务会议32次，排查乡（镇）及部门县乡党政信息网故障160余次，为县乡党政信息网的畅通和使用提供了保障。

【档案管理】 年内，紧紧围绕强化档案职能，加快档案工作规范化管理，认真学习贯彻《中华人民共和国档案法》《中华人民共和国档案法实施办法》，通过广泛的学习、宣传、落实、进一步增强档案管理员对档案工作的重要性认识，为全县档案管理工作走向规范化，制定了较为有效的措施。加强对归档文件材料的保管以及保密力度，由档案人员统一集中管理，任何人不得擅自挪用，凡涉及保密的文件资料，认真做好传阅和保存工作；做到以人为本，努力提高档案管理里人员的业务素质，积极参加档案专业技术和业务知识培训。档案工作人员认真做好文件的收发工作，保证归档文件材料完整、准确、系统；对各类档案库存、接受、销毁、利用等进行准确统计，有计划、有步骤地进行档案史料汇编，积极做好档案信息资源的开发利用；2017年，接收县委文件423件、政府文件325件、强基惠民文件310件、整理归档1070件、接待查阅利用者103人次、提供查阅文件120件。

【地方志工作】 2017年8月，历经14个春秋的《白朗县志》完成出版，它是白朗县有史以来的第一部志书。自1998年启动到以来，整个过程可谓艰难坎坷，历经磨难。2017年7月由县委负责成立编纂委员会，启动续志《白朗县志（2001—2010）》编纂工作。截至年底，续志资料收集整理完成20余万字。

2017年年初成立编纂委员会，启动白朗县第一本综合年鉴《白朗年鉴2017》编纂工作。截至年底，完成初审和复审工作。

（仪 杨）

【领导名录】

主 任

刘 川

主任科员

张 敏

副主任

王 潮

机要局局长

巴桑顿珠（藏族）

白朗县人民代表大会常务委员会

【概况】 白朗县人大常委会成立于1962年。第十三届人大常委会于2016年5月换届产生，换届选举共产生区、市、县人大代表127名，其中自治区人大代表2名，市人大代表12名，县人大代表113名，乡镇人大代表430名。常委会核定编制数为5人，领导指数4名；主任1名，副主任4名；平均年龄为47岁，学历大专1名、中专1名、本科2名。2017年，共召开常委会议9次，主任会议7次，听取和审议专项工作报告12个，组织代表考察7次，开展专题调研2次，开展执法检查5次，指导联系乡镇人大工作61次，任免国家机关工作人员14名，办理代表意见建议34件，为促进全县经济发展、民生改善、社会和谐做出积极贡献。

【重大事项决定】 人大常委会共听取和审议“一府两院”工作报告12个，作出决议决定12个，对促进白朗县经济社会稳定协调发展起到应有作用；认真贯彻监督法、

2017年7月19日，日喀则市人大常委会副主任余德平在白朗县为人大代表开展讲座

预算法有关规定，根据县人民政府的提请，批准2016年财政决算，依法调整2017年财政预算，对开展第七个五年法治宣传工作开展专题调研并作出决议。

【人事任免】 年内，人大常委会始终坚持将党管干部原则和人大依法行使选举任免权相统一，确保党组织推荐的人选通过法定程序成为国家政权机关的领导人员。2017年共依法任免国家机关工作人员12人次，严格落实任前审查工作，认真听取县委人事安排的意见和对拟任干部德、能、勤、绩、廉考察情况的说明，并在常委会上进行任免表决。常委会始终坚持恪守宪法原则，所有新任职人员均进行宪法宣誓，增强任命干部的宪法意识和公仆意识；依法审查3名县人大代表的代表资格，补选1名市一届人大代表，保证代表的结构平衡。

【监督工作】 年内，人大常委会认真履行宪法法律赋予的监督权，围绕中心、服务大局，坚持问题导向，加大监督力度，创新监督方式，增强监督实效。常委会紧紧围绕县委关于经济工作的决策部署，加强对经济工作监督、预算决算审查监督、重点项目建设的监督。听取审议县人民政府上半年国民经济和社会发展计划执行情况及下半年工作安排的报告、2016年度财政决算（草案）和2017年上半年财政预算执行情况的报告、审查白朗县2017年国民经济和社会发展与固定资产投资完成计划报告、易地搬迁项目建设情况的报告、白朗县“脱贫摘帽”情况的报告、嘎东小城镇建设情况的报告、县人民政府关于“十三五”规划开局之年实施情况的报告；加强对依法行政的监督，为经济社会发展营造良好法治环境。

人大常委会组织开展对妇女权益保障法、消费者权益保护法、环境保护法、安全生产法、日喀则市市容和环境卫生管理条例、消防法及实施细则、教师法及实施办法贯彻执行情况的检查，针对法律法规实施中的薄弱环节，提出加大宣传力度、完善监管体制、健全责任体系、落实普遍服务等意见建议；常委会还配合自治区人大和市人大开展修订《西藏自治区实施〈中华人民共和国妇女权益保障法〉办法（修订草案）》《西藏自治区实施〈中华人民共和国消费者权益保护法〉办法（修订草案）》《西藏自治区环境保护条例（修订草案）》《日喀则市城镇供水用水条例》立法调研。

【民生监督】 年内，人大常委会把听取审议精准扶贫精准脱贫专项报告并开展专题询问作为年度重要工作，深入全县11个乡镇开展调研，形成调研报告1份，提出一些有针对性的工作建议；常委会对优种资金兑现、土地征用补偿、草原补贴、低收入困难家庭租赁补贴、林业生态补偿精准扶贫资金等惠农资金的发放都进行监督，确保党和国家的各项惠民政策不折不扣的送到农牧民手中；常委会连续三年参与学生食品的竞标、采购、验收全过程，不定期地抽查使用情况，保障让学生吃上安全健康放心的食品。

【司法监督】 年内，听取和审议公安机关执法规范化建设情况的报告、听取和审议县人民法院、人民检察院上半年工作情况报告并进行满意度测评。听取“六五”普法

2017年7月11日，人大常委会配合西藏自治区人大开展《西藏自治区环境保护条例（修订草案）》立法调研

2017年7月19日，人大常委会组织区、市、县、乡人大代表考察

工作情况的报告，对开展第七个五年法治宣传工作开展专题调研并作出决议。要求深入学习宣传习近平总书记全面依法治国的重要论述，抓住领导干部这个“关键少数”，促进国家工作人员和全社会遵法学法守法用法，树立宪法法律权威。

【重大工程监督】 年内，组织部分区、市、县、乡四级人大代表对白朗县境内快速通道、玛乡公路、特色小城镇、新农村建设、珠峰白朗万亩有机蔬菜基地暨日喀则“菜篮子”工程（巴扎核心区）等近两年实施的项目集中视察。了解白朗县“十三五”时期重点项目进展情况，并提出整合资源，平稳市场，带动扶贫等意见和建议。

【代表工作】 年内，人大常委会把充分发挥代表作用作为增强人大工作活力的重要抓手，不断深化和拓展代表工作。密切常委会同代表、代表同人民群众的联系，为丰富闭会期间代表活动，进一步贯彻落实常委会委员联系代表工作意见，加强常委会同代表的联系。已经初步实现代表列席常委会会议，参加执法检查和专题调研活动常态化。

年内，共邀请区、市、县三级人大代表42人次列席常委会会议、组织代表参加执法检查和专题调研等活动51人次；增强代表议案审议和建议办理时效，对县十三届人大二次会议期间代表提出的28件意见建议，常委会及时梳理分类，转交县人民政府、发改、农牧、水利、交通等相关部门办理，并通过跟踪督办、重点项目视察等方式，督促办理答复。经过各承办单位的共同努力，全部建议均在规定期限内，办理完毕，并答复代表，办理答复率达100%；加强代表思想作风和素质能力建设，精心制定代表学习培训计划并认真组织实施，举办以加强党对人大工作的领导切实增强自身业务水平为主题的白朗县2017年乡镇人大代表和人大干部培训班。组织11个乡（镇）人大主席和人大专干共60余人进行集中培训；常委会共选派常委会主任、基层人大干部和人大代表参加全国、区、市人大相关培训7人次，不断提升人大代表、基层人大干部的履职能力和水平。

【发挥“人大代表之家”作用】 年内，人大常委会把“人大代表之家”作为探索代表工作的基础平台，积极拓展代表工作内涵，创新代表工作方法，代表的主体作用得到进一步的发挥，基本实现闭会期间代表活动有组织、有制度、有经费。常委会利用“家”积极组织人大代表深入乡村，开展中共十九大精神宣传60余场次、法制宣传300余人次、植树造林、绿化环境200余人次。人大常委会筹备建立“常委会主任接待代表工作室”并与“人大代表之家”形成组合拳，组织代表投身脱贫攻坚、易地扶贫搬迁等重点民生工程，人大的民主渠道作用得到进一步的发挥。

【党建工作】 年内，全面落实党建工作责任制，把党建工作抓在手里，落到实处。常委会党组开展“两学一做”学习教育、“讲学习、讲忠诚、正风纪、转作风、提效能”主题教育活动、“四讲四爱”主题教育实践活动等为抓手，依托理论中心组学习、“三会一课”学习制度，深入贯彻中共十九大十八届历次全会精神，教育引导党员干部，教育引导党员干部牢固树立“四个意识”、增强“四个自信”；深入学习贯彻中共十九大精神，教育引导党员干部以习近平新时代中国特色社会主义思想武装头脑，引领方向、指导实践。

【党风廉政建设】 年内，积极履行党风廉政建设主体责任和监督责任，认真学习贯彻廉洁自律准则、纪律处分条例，严格贯彻执行中央“八项规定”精神、区党委“约法十章”“九项要求”和市委关于作风建设的各项规定，人大常委会党组成员自觉如实报告有关个人情况事项，主动接受组织监督，作风和能力建设不断增强；高度重视自治区党委巡视组巡视反馈意见整改落实工作，组织人大常委会党组和办公室党支部召开巡视整改专题民主生活会和组织生活会，针对党的领导弱化、党的建设缺失、全面从严治党不利等方面的问题，认真对照检查、深入剖析根源、狠抓整改落实，全面推进常委会和办公室思想建设、组织建设、作风建设和能力建设。

【指导乡镇人大工作】 年内，人大常委会加大联系指导乡镇人大工作力度，进一步规范人大会议召开程序，并严格按照上级人大工作要求，督促11个乡（镇）人大主席团做好年中和年末两次人代会资料的收集和整理工作，为开展乡（镇）人大工作奠定坚实基础；人大常委会深入全县12个“人大代表之家”和43个“人大代表活动小组”进行全面自查，针对发现的问题提出整改建议，努力探索代表工作新思路、新方法，使“人大代表之家”真正成为人大代表学习的园地、宣传政策法规的阵地、反映社情民意的平台。

（刘进勇）

【领导名录】

县委副书记、党组书记、主任

尼玛顿珠（藏族）

副主任

张　　军（6月免）

平措旺拉（藏族，6月任）

米玛次仁（藏族）

刘 万 里

边巴顿珠（藏族，6月免）

白朗县人民代表大会常务委员会办公室

【概况】 白朗县人大常委会办公室成立于1962年。办公室核定编制数为3人，实际人数5名，其中办公室主任1名，办公室主任科员1名，科员2名，工人1名。平均年龄为36岁，学历本科以上4名、大专1名。2017年，白朗县人大常委会办公室牢固建立政治意识和大局意识，自觉把办公室工作放到全县经济社会发展全局和县委重大决策部署去思考、去谋划，紧扣常委会年初确定的工作目标，充分发挥参谋助手作用。

【文秘工作】 年内，人大常委会办公室高度重视文字服务工作，认真把好文字服务的起草、审核关，努力提高文字的思想性、理论性、政策性和可操纵性，通过文字服务，发挥人大办公室的参谋助手作用。认真起草好常委会年度工作计划；力求使常委会的工作紧扣全县发展大局和全县中心工作，并按月份排好工作，推动常委会办公室有条不紊地实施，为常委会充分行使监督、决定、任免等各项职权提供服务。认真起草好

2017年12月15日，为顺利召开县十三届三次人代会，人大办公室全体干部筹备会议材料

常委会工作报告；全面客观正确反映常委会过去一年所做的工作及提出今后一年工作思路，为常委会总结工作经验和谋划2018年工作提供有益参考。认真做好常委会举行的各项重要会议、重大活动的文稿起草。在起草进程中，重视早谋划、早安排、早落实，加强学习，深入研究，努力提升文稿起草质量，使文稿更加紧密结合市委和县委重大决策部署，更加符合常委会工作实际，充分发挥“以文辅政”的重要作用。

2017年6月26日，人大办公室党支部开展专题党课

【会议服务】 年内，为人民代表大会、人大常委会会议和常委会主任会议服务（简称“三会”）是常委会办公室工作的重要职责。年内，共筹备大型会议（人民代表大会）两次，人大常委会议9次，人大常委会党组会议9次，人大常委会主任会议7次。指导联系乡镇人大工作61余次，决定人事任免事项14人次，完成调研报告2篇。在工作中，明确分工、多方协调、主动与各有关单位沟通联系，及时完成各类文件和材料准备，提早做好会场布置，积极改进会务工作，重视抓早、抓实、抓快，对会议的每个环节进行仔细分析、认真安排，依照规定时间逐项抓好落实，认真做好会前预备、会中服务、会后总结等各项工作，进一步完善办会质量，确保各次会议顺利进行。同时扎实做好出席日喀则市人民代表大会白朗县代表团的服务工作。

【督办代表建议】 年内，人大常委会办公室加强与代表的联系，在常委会分管领导的带领下，深入代表建议重点承办单位，通过走访、座谈、实地查看、重点督办、邀请代表深入承办单位督办、电话催办等多种情势，加大对代表建议督办力度，着力增强代表建议的落实率。年内，召开代表意见建议督办会1次，代表所提的34件建议、批评和意见已全部在规定的时限内办理答复代表，代表们对办理结果比较满意。

【内部管理】 年内，人大常委会办公室认真组织工作人员进行业务学习，狠抓公文处理，不断加强办文质量。坚持公文处理的规范化，明确公文制发各个环节的责任，保证公文印制的质量和运转效力。对所有来文来电都能及时正确地签收办理，未发生耽搁送阅、影响工作的现象。同时，坚持建立“优质服务、综合保障”理念，办公室的后勤保障功能不断增强，为常委会提供优质高效的后勤保障。

【理论学习】 年内，不断提升理论水平和工作能力。坚持以新时代中国特色社会主义思想为指导，认真学习贯彻中共十九大精神、第六次西藏工作座谈会，学习自治区党委、市委和县委出台的相关文件精神实施办法，把思想和行动同一到中央的决策部署上来，切实转变工作作风，不断进步政治理论水平和工作本领。加大人大业务知识的学习。认真组织办公室干部职工学习《中华人民共和国宪法》《中华人民共和国地方各级人民代表大会和地方各级人民政府组织法》等法律法规，学习自治区党委文件精神，着力创新办公室干部职工开展人大工作的方式方法，提升履职能力和工作水平。

【发挥“人大代表之家”作用】 年内，组织大家开展民主评议活动，充分发扬民主，确立扶贫户，确保真扶贫、扶真贫；通过集中群众与人大代表，共同学习和热议政策，确保扶贫政策宣传到位，保障脱贫工作顺利开展。利用“人大代表之家”开展人大换届知识培训，提升人大工作者的业务水平和组织能力；以“代表之家”和“代表小组”为活动平台，多次组织人大代表听取乡政府工作汇报，对小城镇建设、产业建设等情况进行考察，通过活动的有序开展，进一步加强人大代表与群众的联系，更增强人大代表的责任感和使命感。为不断巩固和拓展“人大代表之家”功能作用，积极为人大代表履职、学习培训、联系群众等搭建平台，办公室制定“人大代表之家”“人大代表小组”学习计划方案，充实“一册八薄”内容，有效地促使“人大代表之家”的作用发挥。

【执法检查】 年内，组织人员参加区、市人大常委会各类会议，做好会议后勤保障工作。全面协助区市人大对全县的调研、执法监督工作。年内，常委会办公室共配合区、市人大常委会开展执法检查5次，立法调研2次。在全力配合区、市两级人大工作过程中，县人大常委会办公室不断吸取上级部门的先进经验，增强自身工作能力。

（刘进勇）

【领导名录】

主　任

张　鸣　霄（女）

主任科员

次央卓玛（女，藏族）

白朗县人民政府

【概况】 2017年，全县生产总值9.64亿元，同比2016年增长12%；全社会固定资产投资完成13.08亿元，同比2016年增长29.25%；地方财政一般预算收入2910万元，同比2016年增长45%；农村居民人均可支配收入12420.31元，同比2016年增长17.44%；社会消费品零售总额1.78亿元，同比2016年增长27.14%，圆满完成了全年目标任务。三次产业结构调优为26 ∶ 36 ∶ 38。农牧业持续发展，结构不断优化，粮经饲比例调整为73：21：06，农作物播种面积达12.74万亩，粮油产量达0.554亿公斤，实现连续增产。2017年，白朗县荣获“国家质量安全先进县”和“全区青稞增产先进县”称号。开展人工种草7700亩，年末牲畜存栏数27.6万头（只、匹）。蔬菜产量达4141.88万公斤，实现年销售收入16432.9万元，蔬菜收入占农牧民收入的18.8%以上。机耕、机播、机收占总面积的92%、96.8%、99%，发放农机补贴125.5万元。选派农牧民科技特派员222名，对全县农牧业生产进行科技指导，科技对农牧业发展贡献率达到47%。工业经济稳中有进，工业生产总值达1.108亿元，规模以上企业发展至18家。旅游服务业提质升级，成功申报者下乡“果孜”斗牛节、农业观光旅游景区等旅游项目，完成1家农家乐旅游宾馆县级“金星”级评定工作；举办“白朗县第七届蔬菜采摘节”，实现采摘收115万元。

【项目建设】 年内，全县开（复）工项目达146个，投资总额达13.02亿元，比2016年同期增长23.2%，增速跃居全市前列。文化广播影视综合服务中心、“职工之家”、政务中心等援藏项目投入运营使用。成立年雄实业开发有限责任公司和年雄扶贫开发责任有

2017年5月20日，县委副书记、县长赤列朗杰考察嘎东荞麦加工厂

2017年9月23日，县委副书记、常务副县长何继文考察县流浪犬收容基地

限公司，投融资平台日趋完善。成功签约万亩枸杞、中农圣域等招商引资项目，到位资金5.3亿元。大力推进项目建设领域突出问题专项整治行动，对全县建筑重点领域开展摸排整治47次，完成18家砂场砖场关停整顿，进一步规范全县建材市场管理，制定政府指导价，坚决遏制哄抬建材价格、阻工阻路等现象，有效提升投资环境。

年内，坚持把项目建设作为“打基础、管长远、促跨越”的重要抓手，抢抓“一带一路”“十项提升工程”“七大产业发展”等重大政策机遇，狠抓项目谋划争引和服务管理，开工建设各类项目146个，完成总投资130200万元。实施珠峰（白朗）有机产业园、16个灾后重建项目、79个村点农村饮水安全巩固提升工程、25个行政村农村电网改造提升工程、白者白东公路、者下斗牛场、高标准农田、防洪排涝工程建设等一批重点项目；珠峰现代农业创新科技博览园、万亩有机蔬菜巴扎曲奴核心区、万亩有机枸杞一期工程等7个招商引资项目顺利实施，完成投资47000万元；衔接援藏项目14个，完成投资2650万元；积极推行政府和社会资本合作模式，完成投资16600万元。

【城乡建设】 年内，坚持生态、宜居功能定位，全面启动城乡总体规划编制，强力推进洛江、嘎东棚户区改造工程，加快实施“厕所革命”，完成G349县城段升级改造，建成入县景观大门，城市品质不断提升。扎实推进美丽乡村建设，加快完善水电路讯基础设施建设，“宽带西藏”工程全面推进，建成通乡镇、通村公路油路127公里，通畅率分别达90.9%、67.57%，实现城乡互融互通；深入开展城乡环境综合整治，3个乡镇垃圾转运站和一座垃圾填埋场投入运行。深入推进生态文明建设，高标准办结中央环保督察组转办重点案件4件，全面推行“河长制”，划定生态保护红线26.6万亩（禁止开发区1.6万亩），年楚河国家湿地公园顺利通过国家评估验收，积极推进国土绿化，完成植树造林473.1亩，封山育林1.47万亩。

【脱贫攻坚】 年内，按照“3579”扶贫工作思路，脱贫攻坚取得决定性进展，全县6775名贫困群众

2017年5月15日，县委常委、副县长鞠正江实地考察万亩蔬菜曲奴核心区建设选址情况

2017年6月15日，县委常委、副县长普布次仁检查指导县城排洪渠工作

人均收入超过3840元，实现稳定脱贫，白朗县如期摘帽，贫困发生率降到0.66%。狠抓产业脱贫，实施扶贫产业项目13个，总投资92000万元，与贫困群众积极建立扶贫产业项目利益联结机制，有效带动4071名贫困群众人均增收4500元以上，为2765名贫困群众兑现分红资金276.5万元；狠抓易地搬迁，2016年244户搬迁群众喜迁新居，2017年233户搬迁群众入住率达65%；及时启动危房改造工程，惠及全县1152户；兑现6437名生态岗位指标补贴资金1931.1万元；狠抓结对帮扶，落实帮扶资金202万元；狠抓金融帮扶，发放扶贫小额到户贷款1423万元。坚持以创业带动就业，积极开展大学生（中职生）就业培训，有序转移就业2.53万人次，实现劳务收入7378万元。教育事业协调发展，狠抓12个乡镇小学、幼儿园建设，建立完善2349名在校学生资助体系，资助102名在校大学生助学金52.6万元。

【社会保障】 年内，推进“五个100%”，全面实施中小学教学质量提升工程，小升初内地西藏班上线10人，中考平均成绩提高50分；公共卫生服务全面覆盖，健康体检、大病统筹、基本药物、医疗救助等措施全面推行，发放兑现各类社会救助资金251.98万元；5岁以下儿童死亡率有效控制在13‰以内，孕产妇住院分娩率达99.3%，各类疫苗接种率达97.95%。社会保障网扩展筑牢，全民参保登记计划有力推进，养老保险和基金征缴任务全面完成，城乡居民医保参保率达99.21%，农村五保、城乡低保实现应保尽保。文化惠民成效显著，111个行政村文化室宽带建设全面覆盖，通讯、网络、广播电视覆盖率达100%。科技对农牧业增收和国民经济增长的贡献率分别达47%和42%，科学技术普及率达90%以上。农牧民健康体检46210人次，在编僧尼健康体检完成率达100%。食品药品安全形势稳定向好，监管体制逐步健全。工会、共青团、妇女儿童、老龄和双拥等都取得新成绩。

【社会治理】 年内，以迎接国务院安全生产巡查综合督导为契机，强化安全生产责任制的落实，安全生产形势稳定向好。健全完善应急管理体系，加强食品药品安全监管，夯实基层安全基础。加强和创新寺庙管理，实行宗教“十导”工作法，积极引导宗教与社会主义社会相适应；深入开展民族团结进步创建活动，各民族和睦相处、和衷共济、和谐发展的好局面更加巩固。加强和创新社会管理，“六五”普法成效显著，开展“双联户”工作，社会网格化管理和治安防控体系不断优化，群众安全感进一步提升。抓实信访“责任落实年”，认真落实“八化”机制，积极化解矛盾纠纷，社会大局和谐稳定。持续开展干部驻村驻寺工作，夯实基础，锻炼干部，密切党群干群关系。

【党建工作】 年内，深入学习贯彻中共十九大会议精神，继续巩固深化“两学一做”学习教育成果，用习近平总书记系列重要讲话精神武装头脑、指导实践、推动工作。深入学习金融经济、产业发展、城乡规划等知识，不断提升专业素养。积极开展“深化五项教育、增进五个意识”主题教育活动，增强干部群众认同感。强化政府党组学习教育，扎实抓好班子成员理想信念教育，坚定为党服务、为人民服务的宗旨意识。严格落实党建目标责任制，按照领导干部包村联户目标责任制，切实抓好领导干部“6+1”帮扶活动，建立领导干部联系点工作常态机制，有效推动白朗县精准扶贫、精准脱贫工作。积极支持全县党建工作，投入党建经费610余万元，用于基层党建建设。

【党风廉政建设】 年内，全县政府系统站在树牢“四个意识”、讲政治、讲大局的高度，坚持标本兼治、惩防并举、注重预防的方针，坚持民主集中制原则，严格落实“三重一大”制度，不断强化主体责任，着力抓学习、促改革、建机制、严监管、转政风、惩贪腐，党风廉政建设和反腐败工作取得新成效，认真办理人大代表意见建议和政协委员提案，全年共办结人大、政协提案60件，为民所办实事全面落实。

坚持依法行政，规范行政行为，制定政府重大行政决策程序，全面推行政府法律顾问、“三重一大”集体决策等制度，清理2015年以来规范性文件9条，政府科学决策和民主决策机制不断完善。“放管服”改革持续深化，承接好市政府下放的3000万元以下政府投资项目审批权限，政府服务中心投入运行，行政效能不断提高。深化商事制度和税制改革，稳步推进“多证合一”“一照一码”“营改增”工作。清理腾退办公用房和保障性住房27间（套），清理归还个人财政欠款10.7万元，规范“三公”经费管理，全县“三公”经费支出实现零增长。

（李 伟）

【领导名录】

县委副书记、县长

赤列朗杰（藏族）

县委副书记、常务副县长

何 继 文（山东援藏）

县委常委、副县长

鞠 正 江（山东援藏，正县级）

普布次仁（藏族）

胡 卫 波

副县长

扎西次旦（藏族）

索朗顿珠（藏族）

付 宜 锋

强巴顿旦（藏族）

顾 群 艳（女）

强巴曲桑（藏族）

白朗县人民政府办公室

【概况】 白朗县人民政府办公室成立于1961年，内设人民防空办公室、政府法制办公室，办公室核定行政编制4人，机关事业编制2人；实际人数6人；其中办公室主任1人，办公室副主任2人，科员3人，本科学历4人，大专学历1人，高中1人，藏族2人，汉族4人。

2017年，白朗县政府办公室以“服务领导、服务基层、服务群众”为宗旨，以“强化理论武装、转变工作作风、提高服务水平”为重点，切实履行参谋助手、综合协调、督促检查、信息反馈、后勤保障等职能，继续深入巩固“两学一做”专题学习教育活动成果，加强自身建设，全面完成办公室各项工作任务。

【以文辅政】 年内，严把公文拟稿、审核、会签、签发程序关，提高公文撰写质量，减少公文差错。2017年，以政府名义共印发文件280多件，以政府办公室名义共印发文件140多件。

【材料撰写】 年内，完成换届政府工作报告、政府经济运行分析会材料、精准扶贫和产业发展等各类大型会议材料110余份。

【办文及档案管理】 年内，共传阅、处理中央、区、市及县级有关文件800余份，为相关领导准确把握上级意图提供可靠保障；为及时、准确传阅文件，规范文件档案查阅工作，2017年11月对办公室所有文件进行全面清理，进一步规范档案管理。

【协助县级领导基层调研】 年内，为准确了解各乡镇脱贫攻坚、灾后重建等重点工作开展情况，办公室协助政府各县长开展下乡调研，形成调研报告5篇。

【政务信息报送】 年内，政府办公室向市政府信息科报送涉及经济发展、项目建设、社会保障、社会事业等政务信息400多条（其中市采用180多条），应急信息10多条，年终在18县区排名前列。

【协调督察】 年内，根据上级部门及县委、县政府的安排，认真搞

2017年8月1日，政府办公室副主任何堃组织办公室人员参观白朗县县委党校党性教育基地

好会务的统筹协调，全年组织县政府专题会议及县长办公会议18次，政府全体会议2次，政府党组会议10多次，协调办理电视电话会议150多次，协助全县各部门办文办会40多次。

【办理各项事务】 年内，政府办公室坚持以务实的工作态度办理各项事务，将工作做细、做实、做精，做到忙而不乱、杂而不散、应对自如，配合相关部门开展精准扶贫、灾后重建、产业发展和专项整治等重要工作10多项。

【政务督查】 年内，督查工作通过书面督查与实地查看等形式执行，共落实目标任务完成情况、项目推进等各项工作40余项。

【政务信息公开】 年内，政府办公室根据《西藏自治区人民政府办公厅关于印发2016年政府信息公开要点的通知》精神，针对白朗县实际情况，协调各乡镇和县直各部门，通过政府网站、广播电视、微信平台、宣传资料等形式公开各种规章制度、重点领域信息和体系建设等信息20760条。

【后勤保障】 年内，政府办公室在做好日常服务的基础上，会同机关后勤服务中心细化接待服务制度，在筹备和接待工作中，严格按照《白朗县“三公”经费管理办法（试行）》和《白朗县公务用车管理办法》，对领导用餐、车辆安排等相关事宜进行认真部署，基本做到领导放心、客人满意，全年接待工作组、督导组和考察团等400余次、共计4800多人次；按照《白朗县政府采购管理办法（试行）》，会同相关部门完成全县各项政府采购工作。

【信访工作】 年内，政府办公室坚持将信访工作作为一项重要工作来抓，针对不同规模、不同原因形式的上访，坚持积极主动、因势利导的原则，认真对待和解决每一起来信来访，并对上访事件逐一登记、转呈批阅。年内，共接待信访群众180多人次，处理信访事项20多件。

【法治政府建设】 年内，在市法制办的指导下，开展行政复议、行政应诉统计工作；在“六五”普法宣传日、“4·22”世界地球日等节日协助相关部门开展法制宣传教育30余次，发放《中华人民共和国环境保护法》《法律援助条例》《公民道德建设实施纲要》等藏汉双语各类宣传资料9800余份。

【内部管理】 年内，为提高工作效率、规范内部管理，结合政府办公室工作实际情况，于3月10日对办公室全体工作人员分工进行细化，进一步明确各自工作职责，规范内部管理。

【规范制度】 年内，结合办公室工作实际，制定并完善《工作人员行为规范》《值班制度》《接待制度》《信访工作制度》等各项办公室工作制度32项，规范并完善《三会一课》《民主评议党员会议制度》等各项党建工作制度20项，所有工作制度逐一上墙，确保全体工作人员每天及时看到相关标准，时时刻刻提醒自己，严格按照制度要求规范自己；结合党建工作，设立政府及办公室历年来工作荣誉墙，进一步鼓励并激发干部职工工作的积极性；重新制作并充实“两学一做”学习教育、“文明创建”“党务工作”“干部职工去向”等各项宣传公示专栏5个，有效促进各项工作的顺利开展。

【队伍建设】 年内，始终把干部队伍建设放在突出位置，着力打造忠诚守纪、业务精专、协调高效、团结向上、充满活力的一流团队，办公室整体素质和工作能力进一步提高。

【理论学习】 年内，以“两学一做”、精神文明创建、党风廉政建设等工作为载体，制定学习计划，完善学习制度，结合办公室工作实际，开展多种形式的学习活动，引导干部职工改善知识结构，提高办公室工作效率。全年共组织干部职工学习24次，撰写学习心得和观后感30篇。

【业务能力建设】 年内，开展应知应会业务练兵和工作交流讨论，强化组织会议、协调活动、文稿起草、政务督查等办公室日常工作的学习培训，引导广大干部牢固树立大局观念和窗口意识，认真开展争做服务标兵活动，办公室整体服务水平明显提高。

【领导班子建设】 年内，贯彻落实民主集中制，坚持批评和自我批评，进一步促进班子和谐；严格落实分工负责制，明确责任，搞好配合，确保各项工作逐级抓好落实。

【党风廉政建设】 年内，加强党组织建设，健全完善党建制度，定期开展“三会一课”等各类党风廉政建设主题教育和实践活动，加强中国特色社会主义理论体系和党性党风党纪教育，党员干部的党性观念和廉洁自律意识进一步提高；严格落实“一岗双责”制，班子成员带头执行述职述廉、民主生活会、个人有关事项报告等制度，认真履行“廉政承诺”，主动接受党组织和党员群众的监督，自觉抵制各种不正之风的侵袭，广大党员干部的思想政治素质和拒腐防变能力明显提高。

（李　伟）

2017年4月10日，政府办公室主任尼玛次仁组织清查办公用房情况

【领导名录】

主　任

尼玛次仁（藏族）

副主任

何　堃

德吉卓嘎（女，藏族）

援藏工作

【概况】 2017年2月，济南市第八批援藏干部管理组一行9人，提前结束休假返岗，全面开启了2017年工作。在鲁藏两地党委、政府的关怀重视和坚强领导下，在白朗当地干部群众的大力支持和配合下，坚持把改善民生、凝聚人心作为援藏工作的出发点和落脚点，把脱贫攻坚作为援藏的第一要务和头等大事来抓，结合自身优势，着力补齐短板，为促进白朗经济社会发展做出了积极贡献，为加深鲁藏友谊搭建了更为广阔的平台。

【科技援藏】 济南市第八批援藏干部管理组始终秉承“在继承中发展的理念”，坚持把推动蔬菜产业发展作为援藏的一项重点工作。同时，逐步将过去20年，通过援藏，把种菜技术送到田间地头的方式向让蔬菜种植实现产业化，提高市场占有率方式转变，逐步实现产业走上市场化、专业化、规模化、产业化的发展路子。引进山东寿光蔬菜产业集团等企业，投资5亿余

2017年7月28日，白朗县召开济南市第八批援藏干部进藏一周年工作座谈会，期间县委书记陈昊向济南市第八批援藏干部管理组赠送锦旗

元，建成白朗万亩蔬菜生产基地县城核心区、巴扎核心区、曲奴核心区3个蔬菜产业基地；为突出园区示范引领作用，争取到了日喀则市规划建设的珠峰现代农业创新博览园落户白朗，项目的建成将成为西藏自治区第一个现代农业公园和田园综合体；为打造蔬菜产业特色村，投入1000万元用于巴扎乡彭仓村大棚建设维修；同时，举办一期赴山东农牧民致富带头人培训活动，夯实了蔬菜产业发展基础。截至年底，白朗蔬菜产业已由原来的1个公司、1个示范园、1个协会、26个标准化示范基地的发展格局，发展成为包括现代农业科技示范园、珠峰现代农业创新博览园、建成白朗万亩蔬菜生产基地县城核心区、巴扎核心区、曲奴核心区在内的万亩蔬菜基地格局；蔬菜产业园区面积已由原来的248亩，增加到现在的4800多亩，增长约19倍；用于蔬菜产业发展的资金由援藏每年投入1000万元发展到2017年投入各类资金达过亿余元。通过努力，“全国蔬菜看寿光，西藏蔬菜看白朗”已名副其实。

【援建项目建设】 济南市第八批援藏项目依据《山东省“十三五”对口支援西藏自治区日喀则市经济社会发展规划》，2017年实施项目33个，总投资4460万元。其中，2017年项目31个、投资4050万元，2016年项目2个、投资410万元。投资类项目15个、3147万元，费用类项目18个、1313万元。2017年实施项目已完成整体项目建设进度的90%，其中，完成的白朗县卫生服务中心远程医疗会诊中心项目和洛江镇觉如村村级活动场所建设项目是山东省援藏五县（区）中率先完成的两个项目。

【教育援藏】 济南市第八批援藏干部管理组通过援藏项目改善教育教学条件。投入援藏资金1000万元，实施嘎普乡小学学生宿舍建设、巴扎乡小学学生宿舍建设等建设项目，进一步改善白朗县教育教学基础设施；投入60万元，实施援藏计划中的建档立卡贫困家庭学生资助项目，解决了家庭困难学生困难；充分利用2017年50万元师资和青少年培训项目的计划，组织20名中小学骨干教师在山东跟岗学习，让他们实地感受内地的教育氛围，增进了现代教育理念的形成；协调大后方资源，联系爱心企业、爱心人士，到白朗县开展捐资助学活动。截至年底，仅社会各界对白朗教育事业捐助资金、物品超过30万元。通过努力，2017年白朗县内地西藏班小考过线人数为10人，同比增加5倍，远远超过往年的成绩，中考成绩由2016年全市的第14名前进到第9名。为此，日喀则市初中教育工作现场培训会8月26日在白朗县召开，培训会上白朗县教育所取得的成绩得到了有关领导和单位的肯定。

【医疗援藏】 济南市第八批援藏干部管理组通过援藏项目改善医疗卫生条件。投入援藏资金69万元建成白朗县远程医疗会诊中心项目，建设远程医疗信息服务点，有效解决各类病情及时与帮扶医院进行远程沟通诊断，为全县医疗治理工作提供了坚实的信息后盾；投入援藏资金400万元，新建嘎普乡卫生院，改善了嘎普乡卫生院服务水平。投入援藏资金40万元，为县医院购置急需设备，进一步提升了县医院服务患者的水平，投入援藏资金10万元，在全县范围内免费开展“0—15岁儿童先天性心脏病”筛查，提高出生人口素质，全面杜绝因病致贫、因残致贫，提高了医疗服务水平；济南市第八批援藏干部管理组积极协调、对接济南市中心医院，由济南市中心医院派遣8名医疗专家在白朗县开展为期三个月的帮扶活动，更进一步推动白朗县医疗卫生事业的发展。工作期间，开展讲座应急演练等活动30余次，1700余人次参加。组织理论考试技术操作考核等172次参加人数达1000人次。特别是援藏医疗队专家在白朗县成功开展首例腹腔镜下腹股沟疝无张力修补术（TAPP）、白朗县第一例腹腔镜下输卵管结扎术以及2例腔镜下胆囊切除术，填补了白朗县乃至日喀则市的医疗技术空白，为日后此类手术的开展奠定了坚实基础。

【脱贫攻坚】 济南市第八批援藏干部管理组投入援藏资金580余万元，实施拉东村娟姗牛养殖基地、彭仓村温室大棚维修、彭仓村温室大棚、巴金村娟姗牛养殖场等建设项目，进一步推动产业发展，项目的建成，直接受惠200余人、带动就业50余人，间接受惠将达1000余人；投入援藏资金500万元，实施现代农牧产业扶持项目，建设现代农业园区精品示范园和加强示范园创新管理，进一步提升示范园示范带动和引领作用；投入援藏资金50万元，用于农牧业生产设施防灾抗灾救助，进一步补充、完善了防灾救灾救助工作；投入援藏资金75万元，实施人才培训项目，对农村致富带头人和农牧民种养殖技术进行培训，进一步夯实了农牧业发展基础，提高了农牧民增收致富能力。

【党建工作】 年内，认真学习贯彻中共十九大、十九届二中、三中全会精神，学习习近平总书记治边稳藏重要战略思想和加强民族团结、建设美丽西藏的重要指示；坚持每周至少组织一次全体援藏干部学习山东省委、政府和济南市委、政府重大决策部署活动，做到离乡不离岗；学习援藏工作方针政策、民族宗教政策法规，学习研究白朗县“十三五”规划纲要和县委、县政府系列文件精神，不断拓宽视野，准确把握白朗县经济社会发展的工作重点，做到项目援藏、智力援藏有效结合；自济南市第八批援藏干部管理组党支部成立以来，积极发挥党支部作用，开展“两学一做”学习教育和西藏自治区、日喀则市“四讲四爱”“深化五项教育、增进五个意识”主题教育活动，努力践行和弘扬“特别能吃苦、特别能战斗、特别能忍耐、特别能团结、特别能奉献”老西藏精神。同时，认真开展党支部组织生活会，开展批评和自我批评，塑造了一支能够干事创业援藏团队，夯实了援藏工作基础。

【援藏干部队伍建设】 年内，积极通过微信公众号、电视、网络、报纸等宣传报道援藏工作的经验做法、主要成效、精神面貌等。同时，积极搭建平台，坚持重要工作、重要活动及时通过微信公众号、电视、网络、报纸等途径发布，向山东省援藏干部管理组以及派出单位汇报工作进展情况，进一步增加工作的透明度和认可度。截至年底，中央电视台、央广网、央视网、中国日报网、新华网、人民网等中央媒体报道8次，大众日报、西藏日报、西藏电视台、大众网等省级媒体报道12次，西藏卫视、日喀则电视台、日

2017年8月4日，济南市历下区委书记马玉星（右）代表历下区委、区政府向白朗县捐赠价值100万元的垃圾清扫车、垃圾清运车

喀则日报以及国际在线、西藏纪检监察网、中国西藏新闻网、中国农业机械化信息网、日喀则新闻网、白朗县政府新闻网、白朗县微信公众平台等也都进行报道，援藏日喀则宣传报道10次，山东省援藏工作简报宣传报道2次，编发济南市援藏干部管理组工作简报24期。通过宣传报道，进一步树立了援藏干部新形象。

2017年，济南市第八批援藏干部9人，扎根在雪域高原，为白朗改革发展稳定奉献自己的智慧和力量，也为白朗率先打赢脱贫攻坚战、全面建成小康社会注入了强大的动力，为白朗县跨越发展做出新的更大努力。

（赵文明）

【领导名录】

县委常务副书记

黄晓广（山东援藏，6月任，正县级）

县委副书记、常务副县长

何继文（山东援藏，6月任，正县级）

县委常委、副县长

鞠正江（山东援藏，6月任，正县级）

县发改委副主任

张　铎（山东援藏，6月任）

县住建局副局长

刘军涛（山东援藏，6月任）

县交通运输局副局长

程凤国（山东援藏，6月任）

县农牧局副局长

冯文军（山东援藏，6月任，副县级）

县中学党支部书记、副校长

黄寿友（山东援藏，6月任）

县卫生服务中心副主任

陈建新（山东援藏，12月免）

中国人民政治协商会议白朗县委员会

【概况】 中国人民政治协商会议白朗县委员会于2012年7月成立，编制7人。2017年，主席1名、副主席4名、办公室主任1名、科员1名，均为党员。政协第二届白朗县委员会委员共102名，共分8个界别：中共党员界，经济界，宗教界，少数民族界，工青妇联界，教育界，文化艺术界，农牧界。

【全体委员会议】 政协第二届白朗县委员会第二次会议于3月22日至24在白朗县召开，应到102人，实到88人。会议听取并审议《政协第二届白朗县委员会常务委员会工作报告》《政协第二届白朗县委员会关于提案工作情况的报告》；审议通过《政协第二届白朗县委员会第二次会议的政治决议》《常委会工作报告决议》《提案工作报告的决议》《政协第二届白朗县委员会第二次会议提案审查情况的报告》。共收到提案34件，立案33件。

【政治理论学习】 年内，常委会深入学习贯彻中共十九大历次全会精神、习近平新时代中国特色社会主义思想、习近平关于生态保护重要讲话精神、习近平脱贫攻坚重要讲话精神，同时学习区党委九届三次会议精神，学习市委一届五次全体会议精神；深入开展市委“四讲四爱”主题教育实践活动，“深化五项教育、增进五个意识”主题活动；教育引导广大政协委员增强习近平新时代中国特色社会主义思想、牢固树立“四个自信、四个意识”，高举爱国主义和中国特色社会主义伟大旗帜，统一思想、凝聚共识、知党

2017年7月27日，政协党组书记、主席普布次旦带领委员在江孜县学习考察

感觉，认清达赖集团分裂本质，坚决维护祖国统一，民族团结和社会稳定，始终与党中央同心同向同步同力，始终在思想上政治上行动上与区党委政府保持高度一致，紧紧围绕在市委市政府周围，协助好县委县政府的决策上来，进一步增强做好新形势下政协工作的信心和决心，不断巩固团结合作的思想政治基础。

2017年3月7日，政协党组书记、主席普布次旦在旺丹乡小学开展“三联三进一交友”工作

【提案工作】 2017 年，在政协二届二次会议期间共收到委员提案 34 件，审查立案 33 件，占提案总数的 97%，作为意见、建议的有 1 条，占提案总数的 3%。其中民生方面 18 件，占立案总数的 55%；环保方面 4 件，占立案总数 12%；宗教方面 5 件，占立案总数的 15%；社会事业方面 3 件，占立案总数的 9%；其他 3 件，占立案总数的 9%。提案内容，涵盖白朗县社会、经济、文化和民生等各个方面，集中反映各界人士和广大群众的意愿和诉求，大大提升委员们的提案书写和提案质量，提案参与率达到 98% 以上。委员的提案从数量看，呈现逐年增长趋势，从办理结果看，县委、县政府及有关部门对提案办理高度重视，采取有效措施，认真进行办理，立案提案办复率、满意率均达到 98%。

【专题调研】 年内，协助区、市政协组织就民生、产业、卫生、经济等方面重点工作进行调研，完成《白朗县城镇居民生活情况的调研报告》《白朗县食品药品监管职能履行情况的调研报告》《白朗县重点产业发展情况的视察报告》《白朗县精准扶贫工作情况的调研报告》《白朗县商务局家电家具补贴落实情况报告》《白朗县易地扶贫搬迁扶贫工作推进情况的调研报告》《“河长制”调研报告》7 篇调研报告。

【考察活动】 7 月 27 日，由县政协主席普布次旦带队，组织 21 名二届县政协委员，利用一天时间赴江孜开展脱贫攻坚和爱国主义教育考察学习活动。委员们通过现场观摩、访谈、召开座谈会、听取汇报等形式，对脱贫攻坚优秀经验，新旧西藏对比等方面进行考察学习。通过考察学习，开拓政协委员的视野、理清思路、鉴定政治立场并取得预期的效果，同时起草并向县委、县政府呈报《关于白朗县政协委员赴江孜开展脱贫攻坚和爱国主义教育考察学习的情况报告》。

【参政议政】 年内，常委会和广大政协委员围绕精准扶贫、精准脱贫工作，深入基层察民情、听民声，谋良策、献良计，倾注为民爱民情怀。围绕白朗县“4321”结对帮扶活动方案，2 月至 9 月，政协主席带头，常委会成员分组在 4 个乡 2 个镇 3 座寺庙 2 所学校，听取各个乡、镇、寺、学精准脱贫工作开展情况、存在问题及下一步工作措施，委员们听完汇报后针对存在的问题提出具体解决方式方法，为他们出谋划策，为白朗县精准脱贫工作献智出力。

【履行政治责任】 年内，常委会贯彻落实“治国必治边，治边先稳藏”的重要战略思想和“加强民族团结、建设美丽西藏”的重要指示，始终坚持把维护社会和谐稳定作为第一责任，全面贯彻落实党的治藏方略和区党委“十项维稳措施”、市委、县委维稳决策部署，县政协主席班子成员认真落实县级干部维稳包乡责任制，深

2017年3月2日，政协副主席李应强在杜琼乡当钦寺督导检查工作

入乡、学校、寺庙，通过听、查、看、问、谈等方式方法了解工作开展情况和全程督导维稳工作，并围绕各民族“共同团结、共同奋斗、共同繁荣”为主题，深入开展“三个离不开”思想教育，进一步加强与少数民族界和宗教界委员的联系，促进社会和谐稳定，同时为长期坚守在最基层维护社会和谐稳定的驻村、驻寺干部和爱国守法的寺庙僧人共送去1000元的慰问金。

【结对帮扶】 年内，按照县委要求，认真贯彻落实县委关于“4321”结对帮扶活动，2017年在结对帮扶中，政协领导班子成员深入基层，了解贫困户生产生活情况、分析致贫原因，结合实际、因地制宜、因情施策，积极引导群众转变“等靠要”的落后思想观念，用自己的双手勤劳致富，走访慰问活动共开展19次，向帮扶对象发放慰问金26000元和慰问物资价值5530元；在县完小、旺丹乡小学、杜琼乡小学开展“三联三进一交友”活动，进教室了解掌握教师的岗位职责和教学情况，进宿舍指导教育学生做好卫生、纪律，安全等工作，进食堂对厨房卫生、食品安全、食品质量等方面存在的问题进行现场整改，同时开展孤儿慰问活动，对旺丹乡小学2名孤儿和县完小4名孤儿送去慰问金3000元；在开展结对寺庙和宗教界人士活动中，倾听寺庙僧尼的声音，了解他们的所思所想所盼，并发放慰问金1300元。县政协积极倡议党员领导干部踊跃参加慈善协会，共提交会费8500元。进一步密切党群、干群关系。

【自身建设】 年内，根据中央、区党委、市委和县委的统一安排部署，县政协党组以开展“两学一做”学习教育常态化制度化和“深化五项教育、增进五个意识”主题活动为载体，全面加强委员和政协机关作风建设工作，着力提高政协工作水平。

【党风廉政建设】 年内，常委会坚决贯彻执行中央“八项规定”、区党委“约法十章”“九项要求”和市委、县委的各项规定要求，坚持精文简会，厉行勤俭节约，践行群众路线，简化工作程序，改进工作作风，不踩红线，提高工作效能；严格落实“一岗双责”制，班子成员带头执行述职述廉、民主生活会、个人有关事项报告等制度，2017年政协党组班子成员和干部职工学习文件精神共11次；观看教育警示片4次；撰写心得体会4次。

（拉姆次仁）

【领导名录】

党组书记、主席

普布次旦（藏族）

党组成员、副主席

次仁琼达（女，藏族）

李 应 强

副主席

旺 久（藏族）

洛桑桑旦（藏族）

中国人民政治协商会议白朗县委员会办公室

【概况】 中国人民政治协商会议白朗县委员会办公室于2012年7月成立，办公室编制2人，实际人数2人，其中办公室主任1名、科员1名；藏族1名，汉族1名均为党员。2017年，政协办公室认真学习领会习近平新时代中国特色社会主义思想，坚定维护以习近平为核心的党中央权威和集中统一领导，坚决贯彻落实中共十九大精神，全面贯彻落实自治区党委九届三次全会精神、市委一届八次全会的各项部署要求，紧扣统筹推进“五位一体”总体布局、协调推进“四个全面”战略布局和深入落实新发展理念，坚持团结和民主两大主题，引导动员县政协和广大政协委员，履职尽责，扎实工作，为推进全县经济发展、促进社会和谐做出应有的贡献。

【会务工作】 年内，政协办公室围绕政协中心工作，精心组织，周密安排圆满完成2017年二届二次会议。通过组织政协二届二次全委会、常委会、主席会议，就白朗县经济社会发展中热点、难点问题进行协商讨论。配合区、市两级政协各专委会完成调研任务，做好到白朗县开展调研、考察活动工作组的协调、接待工作。

【提案工作】 年内，在政协二届二次会议共收到委员提案34件，审查立案33件，立案率达到97%。提案内容，涵盖白朗县社会、经济、文化和民生等各个方面，集中反映各界人士和广大群众的意愿和诉求，大大提升委员们提案书写和提案质量。委员的提案从数量看，呈现逐年增长趋势，从办理结果看，县委、县政府及有关部门对提案办理高度重视，采取有效措施，认真进行办理，立案提案办复率、满意率均达到98%。

【专题调研】 年内，协助区、市政协组织就民生、环境卫生、产业发展、精准扶贫、易地变迁方面重点工作进行调研，完成《白朗县城镇居民生活情况的调研报告》《白朗县食品药品监管职能履行情况的调研报告》《白朗县重点产业发展情况的视察报告》《白朗县精准扶贫工作情况的调研报告》《白朗县商务局家电家具补贴落实情况报告》《白朗县易地扶贫搬迁扶贫工作推进情况的调研报告》《“河长制”调研报告》7篇调研报告。

【民主监督】 年内，共推荐1名委员担任法院的廉政监督员、对执法部门贯彻执行国家法律法规和重要方针政策，事关全局的重大决策贯彻落实情况，事关群众反映强烈的重点难点问题，事关社会公平、司法公正的重要问题，依章程开展民主监督，坦诚提出意见、建议。

【“四讲四爱”宣讲活动】 年内，按照自治区第九次党代会部署要求，进一步加强和改进新形势下群众思想教育工作，打牢全县各族群众团结奋斗的共同思想基础，县政协以“讲党恩爱核心、讲团结爱祖国、讲贡献爱家园、讲文明爱生活”为主题，召开动员部署会议，成立领导小组，制定活动方案，制作活动宣传栏。在县政协机关，党支部普布次旦主席以“缅怀先烈、惦记历史”主题开展的党课，在联系乡镇进行“四讲四爱”主题教育实践宣讲活动，受教育群众达300余人次，与市政协联合在县党校开展“四讲四爱”第三主题“讲团结、爱祖国”的宣讲，有农牧民、僧尼、政协委员等80余人参加活动，通过宣讲，教育引导农牧民群众和僧尼争做遵纪守法、爱国爱党、文明向上的好公民。

【提升委员履职能力】 年内，根据全国政协、西藏政协《委员履职工作规则》，完善白朗县《政协委员管理暂行办法》，进一步明确委员的权利和义务，健全委员履职档案，完善履职量化考评办法。2017

2017年6月8日，县政协办公室完成在11个乡镇设立政协联络办机构工作

年，完成11乡镇政协机构建立，简称“××乡（镇）政协委员联络办”，成立乡镇联络办，联络办由各乡镇党委书记分管，统战委员具体负责，成员由本乡镇区、市、县三级政协委员和乡镇干部组成；配备主任1名、副主任1名，成员3—5名组成，发放给各乡镇联络办设备（台式电脑一台、打印机一台、办公桌一张、办公椅二张、文件柜一对、信签纸20本、笔记本一本、乡镇政协委员联络办门牌、宣传栏一个、白朗县人民政协协商民主实施方案一份、委员会委员管理暂行办法一份、委员会提案工作条例一份、政协章程一本、委员手册一本）共计97350元，同时签订《政协白朗县委员会2017年乡镇政协工作目标责任书》，进一步强化领导、细化责任、明确工作。

【文史资料整理】 年内，政协白朗县委员会用藏汉“双语”收集白朗民间游戏、传统服饰和完成《白朗县文史资料选辑》并印发书计120份文史资料。

【政协工作“三化”建设】 年内，全市政协系统中开展“提升委员履职能力”“加强基层政协组织建设”活动为载体，在指导实践，推动工作上下功夫，制定和完善《日喀则市白朗县政协委员联络办宣传栏》《白朗县11个乡镇政协委员联络办成员形象栏》《办公室党支部宣传栏》《党员制度》《发展党员流程》等规章制度，为创新开展政协各项工作提供制度保障。

【自身建设】 年内，结合“两学一做”学习教育常态化制度化和党风廉政建设等工作为载体，制定学习计划，完善学习制度，县政协党组认真开展“两学一做”学习教育专题教育，组织党员集中专题学习会25次，心得体会24篇，认真落实“三会一课”制度，每月召开一次支部委员会、一次党小组会议、讲一次党课，每季度召开一次党员大会，按时召开民主生活会、组织生活会。

（拉姆次仁）

【领导名录】

主　任

次仁卓嘎（女，藏族）

纪律检查（监察）

【概况】 2017年，根据深化国家监察体制改革试点工作要求，成立白朗县监察委员会，党的纪律检查委员会、监察委员会合署办公，履行纪检、监察两项职责，实行一套工作机构、两个机关名称。2017年12月22日通过第十三届人民代表大会第三次会议第三次全体会议，选举产生监委主任1名，在白朗县十三届人民代表大会常务委员会第九次会议上，提名任命监委副主任2名，委员2名。白朗县纪委、监委机关现有干部职工16人，其中纪委常委4名、监察委委员5名（含4名纪委常委），转隶干部3名（含监察委委员1名），一般干部职工11名。机构设置：白朗县纪委监委结合实际共同设立内设机构，共分为5个科室，分别由综合办公室、纪检监察室一室、纪检监察二室、党风政风监督室、案件监督管理室等组成。

【廉政教育】 年内，采取纪委书记“带头讲”、委局领导班子成员“轮流讲”等方式，狠抓党章党纪党规学习，引导党员干部进一步树牢思想防线；采取“转发文件学、原文传达学、以会代训学”的方式，狠抓警示教育，以案施教、以案示警、以案肃纪。为方便学习，县纪委监委制作《白朗县纪检监察常用业务名词解读本（口袋书）》，“口袋书已”下发至各乡（镇），解决了学原文、读原著名词解释难问题。2017年，共组织党纪党规考试2次，纪委书记带头讲廉政党课2次，委局领导班子成员轮流讲党课6次。

【学习贯彻中共十九大精神】 年内，白朗县纪委监委把深入贯彻学习中共十九大精神作为首要政治任务和工作主题，在学懂弄通上和做深、做实上下功夫，坚持“全面学、系统学、原文学”“联系实际学、深入思考学、领导带头学”，先后组织开展中共十九大精神专题学习5次，委局领导带头讲党课2次，撰写心得体会14篇，委局上下掀起了浓厚学习氛围，为推动纪检监察事业发展奠定了坚实的理论基础。

【作风建设】 年内，紧盯传统节日等重要时间节点，采取“节前教育提醒、节中明察暗访、节后问责通报”的方式，深挖严查违反中央“八项规定”精神和隐形变异“四风”

2017年12月7日，西藏自治区纪委常委尼玛次仁在白朗县调研扶贫领域监督执纪开展情况

等问题，集中整治党员干部参与赌博问题。2017 年，共发送节前廉政短信 1300 余条，开展监督检查 35 组次，发现并整改问题 12 个，下发检查通报 5 期，有效促进了干部作风不断改善，党风政风持续好转。

【党风廉政建设】 年内，探索建立“季度检查督导、年中自查考评、年底争先进位”的常态化督查机制，制定“两个责任”清单，明确各级党组织领导班子的主体责任 9 项，“一把手”主体责任 6 项，班子其他成员主体责任 4 项；明确县乡两级纪委的监督责任 5 项。细化完善考核细则，把主体责任量为 10 个内容 41 项指标，把监督责任逐项分解为 10 个内容 30 项指标，通过考核层层压紧压实“两个责任”，助推全面从严治党责任落地生根。2017 年开展落实“两个责任”专项检查 4 次，发现并督促整改问题 72 项。

全面整合县乡纪委精干力量，将全县划分为 4 个协作片区，以“1 名纪委常委 +1 名办案人员 + 2 个乡镇纪委”的模式，相互监督、交叉执纪、联合办案，打破乡镇纪委以往“单打独斗、力量不足”的被动局面，补齐“不敢办案、不能办案、不想办案”的短板。2017 年，全县协作办案 2 件，了结 1 件，立案 1 件 2 人，给予党内警告处分 2 人。

建立“白朗县纪委家长助廉互动群”微信群，把纪检干部家属添加到微信群中，可实时掌握了解干部思想动态、工作情况、以及外出培训情况。同时以微信群为平台向干部家属宣传廉政教育，倡导督促干部家属当好廉内助，实行双向监督。

健全干部家访制度，建立“单位 + 家庭 + 个人”三位一体管理机制。按照每年一次，综合采取电话家访、实地家访等形式，组织开展不定期的家访活动，教育引导家属对纪检监察干部勤监督，常提醒，当好贤内助，把好家庭关，筑牢家庭监督屏障。2017 年共开展实地家访 2 人次，电话家访 3 人次。

【制度建设】 年内，先后出台《规范党员领导干部操办婚丧喜庆等事宜暂行规定》《公车定点封存》《白朗县纪检监察系统干部管理规定》《跟班学习人员管理办法》等制度25项，不断扎牢制度笼子，

2017年12月22日，白朗县召开第十三届人民代表大会第三次会议第三次全体会议，县委副书记、纪委书记拉巴仓决全票当选为白朗县第一届监察委员会主任

2017年11月2日，县委副书记、纪委书记拉巴仓决主持召开中共白朗县纪律检查委员会第26次常委会议

切实形成用制度管人、用制度管事的长效机制。划定纪检监察干部“八条红线”（严禁阳奉阴违、表里不一；严禁目无组织、自行其是；严禁参与赌博、违法乱纪；严禁推诿扯皮、吃拿卡要；严禁失密泄密、以案谋私；严禁经商从商、追逐营利；严禁违背伦理、伤风败俗；严禁乱评乱议、破坏团结），严禁“22种饭局”（不准参加公务宴请、不准上下级之间搞互相吃请、不准同城之间安排公务用餐、不准接受乡镇基层单位吃请、不准接受异地接待吃请、不准接受上下级纪委间吃请、不准以加班名义搞小圈子吃请、不准接受企业安排的吃请、不准到企业搞变相吃喝、不准公务外出期间公款吃请、不准用公款宴请私客、不准在内部接待场所搞变相吃请、不准接受管理服务对象安排的吃请、不准接受可能影响公务执行的吃请、不准参加各类带有敛财性质的宴席、不准用内部接待场所安排本系统干部的私客宴请、不准参加在私人会所或高消费娱乐、场所安排的吃请、不准参加同学会、老乡会等带有小圈子性质的聚餐、不准参加带有公务接待性质的夜宵、不准参加各类子女升迁欢送宴会、不准参加大操大办婚丧喜庆宴席、不准以巡察名义搞变相吃请），出台“五禁”措施（即：禁烟、禁酒、禁教、禁赌、禁商），给纪检监察干部行为设立“高压线”、划定“警戒线”，让制度成为规范每个纪检监察干部行为的“硬约束”“铁戒尺”。

【专项检查】 年内，白朗县纪委监委把讲政治贯穿于全面从严治党全过程，先后开展严禁党员干部信仰宗教、“三公经费”、扶贫领域、惠民资金及以及党员干部参与赌博等专项检查27次，发现并整改问题135个；从严从快查处环境保护领域不作为、慢作为、乱作为问题线索3起，追责问责单位2家，约谈干部3人，通报批评3人，以监督问责促履职尽责。

开展村“两委”换届财务专项检查1次，换届风气巡回督导12次，发现财务管理不规范等问题15个，及时提出整改意见，严把选人用人政治关廉洁关，回复党风廉政意见37次2451人，有效防止“带病提拔”“带病上岗”，有效营造了风清气正换届环境。

开展扶贫领域专项检查15次，发现并整改问题37个，其中挂牌督办12个，下发监察建议5期，严肃查处失职失责问题线索5件，对5家单位进行通报，追责问责3人（诫勉谈话2人，约谈1人）。对扶贫领域工作中涉及不作为、慢作为、乱作为的34人严肃追责问责，其中诫勉谈话10人，约谈9人，组织调整11人，通报批评并责令作出书面检查4人。

【信访案件办理】 年内，搭建来电、来信、来访“三位一体”信访举报平台，建立与县信访部门联系制度，着力畅通信访举报渠道；建立违纪违法问题线索登记管理专项台账，坚持“三专三必”（专项登记、专办负责、专人管理，有诉必理、有访必核、有案必查），突出“三快”（即快查、快办、快结），确保问题线索“三不”（即不积压、不拖延、不流失）。

制定问题线索管理暂行办法等3项制度，对问题线索实施台账化管理，确保问题线索处置规范化、制度化；着力加强执纪审查安全工作，按照“依纪依法、安全文明、注重防范、规范有序”原则和“三个必须”要求，新建谈话室1间、监听室1间；积极拓宽谈话室的功能发挥，将领导干部约谈、诫勉谈话等事项的谈话取证工作，一并纳入到谈话室进行，不断提高执纪办案的效率。

坚持有案必查、有贪必肃、有腐必惩。共受理问题线索71件，立案审查9件10人，审理结案6件7人，给予党政纪处分5件6人，移送司法机关1件1人，其中副科级党员干部1名、一般党员干部3名、村级党员干部3名，共追缴违纪资金118.24万元（纪委、监察委合署办公以来，受理问题线索34件，其中立案2件2人，问责21件34人，了结2件2人，正在初核9件）。

【巡察工作】 年内，按照巡察“全覆盖”要求，制定出台《中共白朗县委巡察工作五年规划》，确定194个巡察对象；制定《中共白朗县委巡察工作实施办法（试行）》等规章制度14项，确保巡察工作有章可循、有据可依。把整改贯穿巡察全过程，建立问题清单，实施整改销号制，先后开展整改“回头看”16次，提出督办意见11条，有力引导和推动各级党组织照单认领、全面整改，从严从实杜绝虎头蛇尾式整改、文字台账式整改，有力确保整改和提高效应同步产生，震慑和改进作用同时达到。2017年，先后开展常规巡察2轮、扶贫领域专项巡察1轮，发现被巡察的3个乡镇、3家县直单位、2个寺管会存在问题247个边巡边改问题130个，纳入反馈意见限期整改117个，移交问题线索13件、42人。

【国家监察体制改革】 年内，县委担当主责、纪委履行专责、部门各负其责，科学制定转隶组建工作方案，在4个推进组的基础上内设财务审核等7个职能小组，倒排工期，挂图作战，确保编制划转到位、人员转隶到位、干部配备到位、资产交接到位，队伍融合到位，监察委员会如期挂牌。

把思想政治工作贯穿改革全过程，专门制定转隶人员谈心谈话工作方案，综合采取“摸清底数逐个谈、消除顾虑集体谈、增进共识交流谈”等方式，做深、做实、做细转隶人员思想工作，组织开展转隶人员谈心谈话6次，确保转隶人员“转得过来、融得进去”。

坚持干部交叉配备、人员混合编成的原则，科学制定人员调整配备工作方案，把3名转隶人员分别分配各科室，让转隶人员和原纪委同志在团结互帮互学互补中相互补短板，通过“以老带新”促“纪法衔接”，有效形成反腐败工作合力。

（刘世良）

2017年12月25日，召开白朗县深化监察体制改革试点工作转隶融合座谈会

【领导名录】

县委副书记、纪委书记，监委主任
拉巴仓决（女，藏族，12月任监委主任）

纪委副书记、监委副主任
尼玛次旺（藏族，12月任监委副主任）

纪委副书记、监委副主任
马　宁（12月任监委副主任）

监委委员
王晓杰（藏族，12月任）

纪委常委、监委委员
曲尼措姆（女，藏族，12月任监委委员）

组织工作

【概况】 2017年，白朗县委组织部干部职工21名，其中正式干部11

2017年7月7日，西藏自治区副主席、日喀则市委书记张延清（右二）一行在白朗县检查指导工作

人，借调10人。负责专项工作的9名（其中档案专项审核3名，强基办3名，“两学一做”办3名）；县级领导干部1名，正科级领导干部2名，副主任科员2名，驾驶员1名；共设6个办公室：部长办公室、组织部办公室、党建办公室、编办、老干部局（档案室）、电子政务中心。

县委组织部属县委下辖机构，主要职能有：研究和指导党组织特别是党的基层组织建设，组织开展新时期党的建设理论研究；负责干部宏观管理工作、抓好干部人事制度改革工作、贯彻执行和结合实际研究制定选拔任用干部的标准、程序、抓好干部双重管理工作；提出关于乡镇和县直副科级以上单位以及其他列入县委管理的领导班子调整、配备的意见和建议，并负责县委管理干部的考察及任免；负责干部监督工作的宏观指导，负责组织工作和干部工作的检查督促，同时抓好干部监督制度的落实和历史遗留问题的审查；制定干部教育规划，组织县委管理的干部和一定层次的中青年干部培训；负责县直机关党的建设指导、监督及党员发展、教育与管理工作；培养和建设适应市场经济发展要求的人才队伍。

【“规范化建设年”活动】 年内，确定党建“1323”工作思路：围绕党的执政能力建设和先进性建设这一主线，规范阵地建设、规范台账管理、规范制度建设；严肃党内政治生活和保证党员政治素质合格，规范日常工作、规范规定动作、规范载体建设。把党建工作分层分类，按照“专人包干、年初分包、半年督查、年度考核”真正把全县抓党建工作的注意力和兴奋点调动起来。

【党风廉政建设】 年内，以开展“两学一做”“四讲四爱”和“讲学习、讲忠诚、正风纪、转作风、提效能”，“学习十九大精神”等活动为契机，强化措施，加强党风廉政教育工作，着力推动形成组工干部对党忠诚、对事业赤诚、对职工真诚、对干部平等，对家庭负责的廉洁工作环境。突出问题导向。组工干部自觉参加专题教育理论学习，着力提高政治理论水平，提高自我警醒能力，认真履行党风廉政建设各项规定，深入持久的反对“四风”；坚持理论学习。坚持把学习教育贯穿工作始终，把党风廉政建设作为一项重要科目列入学习内容，组织全体组工干部认真学习党风廉政建设相关规定及与自身业务相关联的《中国共产党党员领导干部廉洁从政若干准则》《关于落实党风廉政建设主体责任的规定》等相关文件精神，强化组工干部廉洁自律意识；利用典型引导。充分利用每周学习例会，组织观看《焦裕禄》《高德荣》等先进典型，用先进的力量引导组工干部筑牢理想信念，为民服务、勤政务实、用于担当、清正廉洁的好干部。截至年底，共组织学习28次。

【“四讲四爱”主题教育实践活动】 年内，制定全年“四讲四爱”主题教育实践学习计划，印发学习资料并下发至每名党员干部，在“四讲四爱”主题教育实践活动四个阶段中，共组织干部开展集中学习28次，开展“新旧西藏对比故事”“向道德模范人物学习”等活动8次，形成86篇心得体会。

【党建促脱贫】 年内，充分发挥基层党组织的战斗堡垒和党员的先锋模范作用，推动精准扶贫、精准脱贫各项工作任务落地见效。制定出台《全县党建促脱贫攻坚工作实施意见》《党支部、党员在扶贫开发工作中发挥战斗堡垒和先锋模范作用的意见》《驻村工作队村党支部第一书记在扶贫开发工作中发挥作用的通知》，整治11个软弱涣散村党组织，通过换届选准用好村党组织书记；加强党员队伍建设，充分发挥脱贫攻坚先锋模范作用，以县“农村实用人才培训基地”为依托，利用“1站5点”等优势资源开展党性教育，全面开展“把致富能手培养成党员，把党员培养成致富能手，把党员致富能手培养成村干部”三个培养活动；加强干部队伍建设，充分发挥脱贫攻坚骨干引领作用，大力实施“村干部素质提升”工程、“能人兴村”工程，大力实施“4321结对帮扶”工程、“大学生村官选派”工程，积极提高村干部待遇和激励机制，调动基层干部脱贫攻坚积极性主动性，全面落实村干部工作报酬；大力发展村集体经济，全县共78个村发展100个村集体经济。

【贯彻中共十九大精神】 10月18日，组织全体组工干部收看中共十九大开幕式，聆听习近平总书记所作的报告，会后，集中全体组工干部对中共十九大报告、新修改党章、纪委报告进行原文传达学习，全部干部撰写心得体会20余篇；制定长期详细的学习方案，精心组织学习活动，运用《中共十九大报告辅导读本》和《中共十九大报告学习辅导百问》等辅导资料和《将改革进行到底》《巡视利剑》《辉煌中国》《不忘初心、继续前行》等电视专题片，共组织8次集中学习和观影学习，并形成相关心得体会。

【干部和人才工作】 年内，县委组织部把《党政领导干部选拔任用工作条例》（以下简称条例）作为学习的核心内容，进行反复学习和讨论，同时大力宣传条例，形成学习宣传、贯彻落实条例的长效机制，既提高领导干部和组工干部正确理解、运用和执行条例能力，又使广大群众对条例有更深的了解；在选人用人上做到“坚持正确的用人导向、坚持正确的用人标准”，把握干部工作方向，同时严把“推荐考察关、酝酿关、讨论决定关”，提高干部工作质量，积极落实群众“知情权”、群众“参与权”、群众“选择权”、群众“监督权”，极大提高选人用人的透明度；并且抓好“任前谈话工作、任期述职述廉、离任审计工作、后备干部队伍建设”，落实干部工作环节。

2017年干部选拔任用工作中，共提拔调整干部81名，其中正科22名、副科35名；调整交流干部23名，因违纪问题免职副科级干部1名。在扩充工作力量的同时，形成奋发向上的良好竞争态势。同时，成立以“一个中心、五大实践教学点”为载体的技能培训基地；继续推进藏汉“双语”培训，开办藏汉双语“早读班”和“周五夜校”，形成“藏汉1+1”结对新模式；研究出台《白朗县干部职工管理责任制实施办法》，严格干部管理；实施三级四类人才培训，2017年，已经举办基层党建、蔬菜种植、农机操作、疫病防治等8期培训；帮助村干部发展创业，设立创业资金，29名科级干部与29名大学生村官结成“1+1”对子，按照“一年两次、每次一周”的活动要求开展跟班培

2017年3月17日，西藏自治区强基惠民巡回检查组组长晋美多吉（中）在白朗县洛江镇康萨村检查督导强基惠民工作

2017年1月26日，县委书记陈昊参加进藏干部座谈会并对进藏干部进行慰问

训，提升大学生村官创业能力。

【"两学一做"学习教育常态化制度化】 年内，成立6个巡回检查指导组，开展集中督查2次，下发督导反馈单300余份，查摆并整改到位各项突出问题63项；继续深化"2613"学习载体，激活夜校学习、流动党校、专题辅导、周五讲堂、"三会一课"、季度考试比六种学习形式，以"三盏灯"标准检验党员干部。2017年，开展集中观影3场、专家辅导2场、流动宣讲11场次，专题党课50余堂，印发学习资料1000余份，累计参学党员达1万余人；编制《白朗县"两学一做"学习教育简报》共174期，自治区"两学一做"学习教育指导协调组约稿15期，典型材料8篇，被区市采用10余期，西藏日报、日喀则日报刊登10余期；严格落实"支部主题党日"和"党员活动日"制度，组织党员结合开展学习教育、志愿服务等活动，推动"两学一做"学习教育常态化制度化。

【村"两委"班子换届】 年内，坚决贯彻党中央、区党委、市委、县委决策部署，紧紧围绕"换出好干部、换出好班子、换出好风貌"的要求，高标准、高质量圆满完成111个行政村换届选举工作。坚持组织领导先行、骨干培训先行、舆论宣传先行，牢牢掌握工作主动权；注重乡（镇）先行调查摸底与县下派调研组调查摸底相结合、乡镇先行整顿转化与县下派验收组验收相结合、乡镇先行自查清理村级财务与县下派审查组审查相结合，从严从实从细抓好前期准备工作，切实打牢换届选举工作基础；把握人事方案制定审核、依法组织选举、工作保障，确保换届选举顺利完成；抓实新老班子交接工作，退职干部思想教育工作，建章立制工作，换届总结验收工作，及时组织开展工作交接、制度建立、退职干部思想教育、总结验收等工作，进一步巩固换届选举成果。本轮换届，共选举产生"两委"班子成员598名，其中选派21名机关干部担任村"两委"班子成员，全县村干部党员比例达到100%。

【强基惠民】 年内，紧紧围绕"5+3"任务，创新思路，细化运作，以常态化思维推动驻村工作，精准选派444名优秀干部深入111个行政村，于2017年12月前全面完成第六、七批驻村共工作队轮换、总结表彰和第七批队员的培训工作；制定出台《白朗县驻村工作十项要求》《白朗县关于进一步规范驻村队员请销假制度的通知》《白朗县办实事经费管理办法》、"八个一"工作制度和"八个一"活动，进一步规范乡镇强基办和驻村工作和驻村经费使用；设立县乡两级强基办工作经费和驻村工作队油料费，全力支持驻村干部办实事、抓项目；完善白朗县2017年度创先争优强基础惠民生活动考核表，健全完善23项，修改16项，补充8项，确保考核表更加实用。

【党建工作】 年内，紧紧围绕年初全市党建暨组织部长会议确定的工作重点，着力在改革创新上下功夫，在重点工作上求实效，在难点工作上求突破，以"党建规范化建设年"为抓手，基层组织建设各项工作取得新进展。全县按照不低于10%的比例确定后进党支部，软弱涣散基层党组织由包乡和分管县级领导挂钩整治，整改不到位不脱钩；以"党建月例会、季度督查、半年考核、交流、评

2017年5月9日，白朗县离退休干部参观县蔬菜大棚基地

比”为抓手，以“交叉考核、互点互评”为方式，实施“统一量化、集体打分、现场反馈”，努力营造“交流经验、推陈出新、互动提高”良好格局；把每月15日定为党费收缴日，要求全体党员必须按月交纳党费；下发《白朗县设立党小组的通知》，要求有10名以上党员的党支部必须成立党小组；全县“两新”党组织覆盖率达到100%，为15个“两新”党组织指派15名党建工作指导员；以落实村干部考核激励办法为载体，不断激发广大村干部干事创业热情，村集体经济不断壮大。

【推进机构改革】 年内，针对新录用干部、调入调出、退休、辞职等情况，及时填写人员编制信息卡、人员变动表、人员信息采集表和收集人员信息材料，及时到市编办变更编制卡片，录入编制实名制管理系统，对全县1577名干部职工的动态掌握和管理。

【老干部工作】 年内，组织全县离退休干部开展“畅谈十八大以来变化、展望十九大胜利召开”和“建言十九大”活动；7个离退休党支部开展各类学习活动70余次，并建立每月“活动日”和“学习日”制度；组织成立“两学一做”“四讲四爱”主题教育宣讲团，开展学习宣讲6次；完成全县7个离退休党支部书记述职述廉，开展离退休党支部书记谈心谈话27次；全年共召开6次座谈会，走访慰问老干部70余人，看望生病住院老干部20人，慰问去世离退休干部家属6人，投入41.6万元用于慰问、帮扶离退休干部，切实有效的落实老干部的“两项待遇”。

（德吉卓嘎　顾国靖）

【领导名录】

部　长

次仁旺堆（藏族，11月免）

黎 星 庆（瑶族，11月任）

编办主任

扎西平措（藏族）

老干部局局长

次仁曲宗（女，藏族）

副主任科员

白玛仓决（女，藏族）

全　　敏（4月任）

宣传工作

【概况】 2017年，白朗县委宣传部工作人员8名（不含部长），其中正科级副部长1名、副科级副部长1名、科员1名、事业1名（副科级）、工人2名、公益性1名。

2017年，白朗县委宣传部紧紧围绕县委、县政府的工作大局，牢牢把握正确的舆论导向，坚持不懈地推进理论武装工作，大力加强新闻宣传和舆论引导，着力推进社会主义核心价值观建设，促进文化事业蓬勃发展，为鼓舞全县上下建设和谐文明幸福美丽新白朗同心协力、砥砺前行提供有力的思想舆论支持。白朗县委宣传部内设办公室、文明办、网信办（网评中心）、文化执法大队。

【理论学习】 年内，紧紧围绕学习习近平总书记系列重要讲话、牢固树立“四个意识”、推进“两学一做”学习教育常态化制度化、党风廉政、生态文明、脱贫攻坚、供给侧结构性改革、中共十九大、中央“八项规定”等议题，组织县委理论学习中心组集中学习34次，集中封闭学习1次，理论中心组成员撰写心得体会、调研报告200余份。同时，各乡（镇）、各部门做到年度学习有规划、季度学习有专题、每月

2017年6月21日，县委常委、宣传部部长赵瑞红在巴扎乡恰仓村检查指导工作

学习有重点。使广大干部对自身素质和能力提高的要求越来越迫切，变“要我学”为“我要学”，在全县迅速掀起学习热潮。

【“四讲四爱”主题教育实践活动】 年内，严格按照总体方案和宣讲提纲要求，坚持全覆盖、常态化、重创新、求实效的原则，通过开展宣讲宣传、文艺活动、督导考核，推动主题教育实践活动进农村、进社区、进学校、进课堂、进家庭、进企业、进寺庙，使广大农牧民群众、青少年学生、国企职工、寺庙僧尼普遍接受一次深刻的思想洗礼。共召开全县推进会、总结会、培训会、调度会31次，开展宣讲3100余场，发放各类宣传资料28000余份，建立宣传思想文化阵地156个，开展自治区十九项规定动作2800余场，参与人数96000余人次，开展督导28次，有效推动活动开展。

【贯彻中共十九大精神】 年内，邀请自治区文化厅党组成员、副厅长周泓洋，日喀则市副市长李玉建等领导，为全县各级领导干部作中共十九大精神辅导报告。围绕学习宣传贯彻中共十九大精神，组织县委党校教员和部分领导干部组成中共十九大精神宣讲团，分赴各乡（镇）开展宣讲。各乡镇、各部门也结合各自实际开展形式多样的学习教育活动，共开展中共十九大精神集中宣讲100余场，听众万人（次）以上，撰写、转载学习宣传贯彻中共十九大信息220余条。同时，通过举办培训班、知识竞赛、演讲比赛、征文比赛、中共十九大测试等，推动学习活动深入开展。

【党建工作】 年内，推进“两学一做”学习教育，使“两学一做”学习教育贯穿于党建工作的全过程，做到有载体、有抓手、有目标，形成新的富有成效的工作格局。采取集中学与个人自学、领导领学相结合的方式，通过做好学习笔记，撰写学习心得等载体，提高学习成效。同时以强化政治意识、大局意识、核心意识、看齐意识为指引，组织开展党员志愿者服务、组织生活会、重温入党诗词等各种党建活动，结合支部实际，完善“三会一课”、民主评议等制度，并认真做好党组织关系排查工作、党员档案集中排查，确保党建工作落到实处。

【党风廉政建设】 年内，县委宣传部紧紧围绕宣传思想中心工作，突出抓好思想、组织和作风建设，努力推动单位风气持续好转。加强党风廉政建设学习教育，加强党风党纪教育，促使干部职工牢固树立“立党为公，执政为民”的宗旨意识，在思想上和行动上始终同党中央保持高度的一致。坚持开展党风、党纪主题教育活动，组织观看反腐倡廉警示教育片并撰写心得体会。同时按照干部管理制度，严格执行干部职工考勤制度，扎实开展自查自纠，形成心齐、气顺、劲足的良好局面。

【精准扶贫】 年内，通过各级各类媒体，“两微一端”新媒体及时传达中央和区委市委脱贫攻坚方针政策，讲好扶贫故事，传播扶贫声音。同时，按照白朗县开展精准扶贫结对帮扶“4321”工作要求，县委宣传部组织全体干部职工开展慰问活动，翔实了解民意，准确掌握帮扶对象家庭生产生活情况，以思想帮扶为主，其他帮扶措施为辅，多措并举进一步提升贫困群众的获得感和幸福感。

【新闻宣传主题】 年内,在市级以上媒体上稿236条,其中中央级媒体12条,自治区级媒体55条,接待各类国内外记者采风团31次。尤其值得指出的是,8月4日中央电视台《新闻联播》播出白朗县万亩蔬菜产业园成为群众增收致富新引擎的报道;9月29日,中央电视台喜迎中共十九大《还看今朝》西藏篇,首次面向全国对白朗县蔬菜产业发展进行5分钟的现场直播,宣传产业带动致富和万亩蔬菜产业园区建设成果。

【微信公众号平台建设】 年内,白朗发布订阅号发布信息2926条,阅读量达55万余次。白朗政府新闻网上传信息3378条,白朗官方微博转载评论重大新闻112条,发布新闻3004条;加大特色产业的报道力度,《白朗县调整结构调出"味"》《海拔四千米高原上的魅力红海——记西藏白朗县万亩有机枸杞生态观光产业园》《西藏白朗县"4个万亩"激活全产业链,雪域高原打造枸杞新名片》《海拔4000米雪域高原上万亩枸杞初见成效瞄准欧美高端市场》《白朗县大力发展高原观光农业》《西藏白朗:大棚蔬菜种成农牧民的"摇钱树"》等稿件全面推介白朗县锁定自身特色,大力发展产业农业的经验。

【群众文化生活】 年内,以丰富群众精神文化生活,提高群众文化生活质量为出发点,开展多种多样的群众文化活动,组织、承办、协办各类群众文化活动60余场次,完成农牧区电影放映500余场,送戏下乡30余场。举办"三大节日"文艺演出、"四讲四爱"喜迎中共十九大红歌合唱比赛、"四讲四爱"主题教育实践活动喜迎日喀则市首届"6·2"民族团结进步日文艺会演活动、庆祝中国共产党建党96周年暨喜迎中共十九大"我为党献礼"文艺演出、庆"七一"体育竞技、"饮水思源感党恩"书法大赛等节庆文化活动,配合自治区藏戏团《朗萨雯波》演出活动,进一步丰富农牧民群众的文化生活。

【扶持创作】 年内,协调各乡镇、各部门认真做好文艺作品的组织推荐和申报把关工作,向上级部门推荐者下乡六弦琴、白岗温谐文艺创作扶持项目;结合"四讲四爱"主题教育实践活动,与县文广局编排出《格桑说事》《滴水之恩》《我们翻身做主人》《今天你看吗》等反映白朗人民勤劳智慧、感恩向上的节目;以弘扬爱国主义精神为主题,完成颇罗鼐遗址前期建设资料收集工作;完成白朗县宣传片前期拍摄方案准备工作。

【社会面宣传】 年内,将培育和践行社会主义核心价值观工作同"四讲四爱"主题教育实践活动、脱贫攻坚、生态文明、从严治党、依法治县有机结合起来,形成部门联动、人人参与的工作格局。在县城主要街道、国道沿线、路口等场所悬挂各类横幅、展板800余条,向全县干部职工、农牧民群众发放宣传册5000余册,发放宣传单页1万余份,发送宣传短信14万余条,投入宣传经费近50万元,让社会主义核心价值观以公益广告的形式,走到群众身边,融入群众生活。

(尼玛曲扎)

【领导名录】

部　长

赵瑞红(女)

副部长

张学芹(女,5月免,正科级)

赵　琨(5月任,正科级)

石惠之(女,5月任)

网评中心主任

仁增曲培(藏族)

统一战线

【概况】 2017年,白朗县委统战部现有工作人员9名,全县依法登记宗教活动场所22个(其中寺庙19座、日追1座、拉康2座)。白朗县党外知识分子有233名,党外代表人士14名,党外干部2名,党外爱国人士57名。非公企业280家,会员企业91家,会员企业员工有1589人。组建非公有制经济组织党支部14个,党员84人,成立工会组织17个,团委组织8个,妇联组织5个,覆盖率分别为15%、19%、50%。

【贯彻落实会议精神】 年内,组织涉宗干部学习宣传贯彻中共十九大精神20余次,组织涉宗干部学习中央第六次西藏工作座谈

2017年5月3日，县委书记陈昊主持召开白朗县常住少数民族代表座谈会

会议精神，自治区第九次党代会精神，市委一届八次全会精神，宣传习近平总书记系列重要讲话精神共计30余次。在县委高度重视下，理论中心组组织全县干部学习《中国共产党统一战线工作条例》《宗教事务条例》，区、市两级加强和创新新形势下的民族、宗教工作实施意见等文件精神，在全县掀起学习统战民宗文件精神的热潮。

【落实各项措施】 开展“四讲四爱”主题教育实践活动，利用寺庙书屋、广播站放映室、宣传栏、文化墙等开展宣传教育，制作宣传展板、张贴宣传标语，营造浓厚氛围。宣讲活动累计70余次，开展“新旧西藏对比故事会”42次、“僧人爱国歌曲大合唱比赛”2次、“美丽寺庙人人有责”环保行动活动50余次、“遵法学法守法用法”从我做起15次、观看专题教育片33次。

【开展寺庙法治宣传活动】 年内，按照上级党委、政府的统一部署，精心组织开展“爱国爱教、遵规守法、弃恶扬善、崇尚和谐、祈求和平”主题教育活动、“两守两尽”为主题的寺庙法律宣传活动，同时结合“七五”普法，民族团结进寺庙活动，每周定期或不定期开设法律知识、汉语基础知识、宗教知识等课程，从法律法规、教义教规角度大力宣传党的民族宗教政策、惠寺利僧政策。

【寺庙僧尼评选表彰】 年内，按照《区党委、政府关于和谐模范寺庙暨爱国守法先进僧尼评选表彰办法（试行）》相关规定，严格审查并以公开、公平、公正的原则开展推荐和表彰工作。2017年上半年，评选表彰县级和谐模范寺庙7座，县级爱国守法先进僧人126名，县级先进寺庙管理机构7个，县级优秀驻寺干部10名，县级优秀涉宗干部3名，2017年下半年，评选表彰县级和谐模范寺庙7座，县级爱国守法先进僧人144名，县级先进寺庙管理机构7个，县级优秀驻寺干部10名，县级优秀涉宗干部3名，及时兑现各项奖金共计30.6万元，涉宗驻寺干部的工作积极性。

【“六个一”活动】 年内，按照上

2017年2月3日，县委副书记、县长赤列朗杰慰问非公有制经济人士

2017年2月10日，县委常委、统战部部长扎西顿珠，副县长强巴顿旦在羊巴寺调研

级指示精神，及时落实“六个一”活动专项经费26万元，采取主动接触，以话家常、聊宗教、讲政策、拓眼界等形式，关注他们的生活，解决他们的困难，聆听他们的心声，建立僧人档案，并与广大僧人同学习、同劳动，以诚相待，增强凝聚力，加强与僧人及其家庭的沟通联系，建立驻寺干部、僧人及其家庭共同构建和谐寺庙的长效机制；进一步巩固寺庙“九有”工程，更换领袖像、更新国旗，完成各寺庙饮水后续工程，同时对寺庙通水、通路工程进一步完善，对电路线老化、破损、裸露的寺庙进行全面的查修，确保寺庙用电安全；巩固“两保一低”政策全覆盖，切实把党的惠僧惠寺政策送到僧人的心坎上；积极协调有关部门，完成“十三五”重点项目9个驻寺机构业务用房项目建设。投入640.4万元用于建设驻寺业务用房及暖房项目，先后解决办公用品经费70万元，改善驻寺干部办公环境。

【统战爱国人士及藏胞管理】 年内，加强统战爱国人士的沟通。制订《白朗县县级领导联系党外爱国人士制度》，定期开展联系谈心活动，加强与全县233名党外知识分子的联系。在“三大节日”期间，开展督导慰问活动，发放慰问金共计2万余元。召开全县党外人士座谈会4次，收集征求意见12条，推荐新的社会阶层人士1名。开展藏胞管理工作。积极开展教育引导境内亲属和回国探亲藏胞。

【非公有制经济领域工作】 年内，围绕“两个健康”，大力扶持非公企业。制定《白朗县县级领导联系企业制度》，深入企业走访调研。大力扶持非公企业，利用中小企业融资担保政策，帮助解决“融资难”问题；实施“产业项目＋特色企业＋精准扶贫＋公益事业”模式，助推“百企帮百村”工作。教育引导非公经济人士积极参与全县精准扶贫工作，热衷公益事业，切实履行社会责任，踊跃参与慈善事业。2017年，企业开展“百企帮百村”投入帮扶资金达432.46万元。37家非公有制经济人士投身白朗县慈善事业，累计捐款共144.66万元。

【统战调查研究工作】 年内，着眼于改革、发展、稳定的大局，着眼于全面建设小康社会的时代要求，着眼于反分裂斗争的现实基础上，面向社会，面向基层，面向寺庙僧人，积极深入开展调查研究，形成6篇调研报告，为党委和政府科学决策提供重要的参考依据。

（肖　瑶）

【领导名录】

部　长

扎西顿珠（藏族）

副部长

格桑次仁（藏族）

白朗县总工会

【概况】 2017年，白朗县总工会行政编制3人，其中1名主席、1名副主席、1名主任科员，大专学历3人，男性2人、女性1人。全县共建有各类工会组织总数为45个，工会会员达6300名，其中，县直部门工会组织5个，国有企业工会组织1个，基层农民工会委员会11个，农民工会员达4387人，农牧民工工会委员会11个，非公有制企业工会组织17个（会员人数达560人）。白朗县总工会会员中

2017年1月27日，县委书记陈昊慰问环卫工人

有劳模 8 人（国家级劳模 2 人，自治区级劳模 4 人，市级劳模 2 人），困难职工 33 户（建档立卡 13 户，大病救助 4 户，边远贫困 16 户）。

【政治理论学习】 年内，高举中国特色社会主义伟大旗帜，以马克思列宁主义、毛泽东思想、邓小平理论和“三个代表”重要思想、科学发展观为指导，深入贯彻落实中共十八大、十八届三中、四中、五中、六中全会和中央第六次西藏工作座谈会精神，深入贯彻落实习近平总书记系列重要讲话精神，紧紧围绕全国总工会第十六届代表大会及十六届五次、六次执委会，西藏自治区第九届工代会、日喀则市第一届工代会，全国工会援藏工作会议及洛桑久美主席在全区工会系统进一步做好困难职工解困脱困和农牧民工入会服务工作电视电话会议讲话精神，严格按照自治区、市委相关要求，按照白朗县委、县政府具体安排部署，认真学习区、市、县一系列重要讲话精神和党的群团工作会议精神，开展“两学一做”学习教育常态化制度化活动，认真开展好组织生活会，召开“深化五项教育，增进五个意识”动员部署会议、安全生产工作会议、“四讲四爱”主题实践动员部署会议、民族团结工作会议等，以“缅怀先烈，铭记历史”为主题开展研讨会，推进“两学一做”学习教育与弘扬“老西藏精神”“两路精神”和“珠峰精神”相结合，重温经典影片，分享心得体会，切实把思想和行动统一到党中央、区党委、市委、县委的部署要求上来。紧紧围绕制度建设，建立完善理论中心组学习制度、周五例会学习制度、党员学习制度等。

2017 年，集中学习相关会议和文件精神共计 42 次，自学 12 次，坚持不懈地开展思想政治工作，引导干部职工努力培育和践行社会主义核心价值观，弘扬爱岗敬业，拼搏奉献精神，增强广大干部职工立足本职、开拓进取的责任感和使命感。

【“四讲四爱”主题教育实践活动】 年内，白朗县总工会召开“四讲四爱”主题教育实践活动动员部署大会，在思想上始终保持与区党委、市委、县委高度统一，在行动上紧跟上级步伐，始终把深入开展好此项活动作为当前宣传工作的主要任务来抓。结合工作实际，制定“四讲四爱”方案，落实实施主体和责任主体，制定开展工作的详细计划和日程安排，进行宣传宣讲活动，开展“四讲四爱 +”（“四讲四爱”+ 强基础惠民生活动、“四讲四爱”+“两学一做”教育实践活动和“四讲四爱”+ 农牧民生产生活）宣讲新模式。

通过“七一”基层党员重温入党誓词宣誓仪式；“十一”村级升国旗唱国歌仪式；“3 · 28”西藏百万农奴解放纪念日宣传纪念活动；新旧西藏对比故事会；爱国歌曲大家唱活动；“美丽乡村人人有责”清洁环保活动；“移风易俗、破迷信、除陋习”大讨论；“手拉手、富帮穷”结对帮扶活动；“尊法学法守法用法”从我做起活动；自治区、市、县级“文明家庭”评选；“脱贫致富靠双手、技能培训进万家”活动；“乡村好人大家学”系列宣传活动；“民族团结榜样”推选活动等让群众全面了解“四讲四爱”主题教育实践活动。2017 年共宣讲 6 场次，受众达 800 余人，制作宣传栏 1 块、宣传展板 1 块，悬挂横幅、标语 7 条，以群众喜闻乐见、贴近群众生活的方式开展宣讲工作，充分调动干部、群众的积极性、主动性，受到广大群众的热烈欢迎。

【党建促脱贫】 年内，做好精准扶贫脱贫工作，指导基层党建工作，组织全体党员认真学习，对党建重点工作完成情况进行总结。结合脱贫攻坚工作，认真落实机关联系基层、党员干部联系群众“双联系”制度。严格日常管理，规范党员行为，积极参加各种捐款活动，增强党员先锋模范作用。工作人员加入白朗县慈善协会，每人捐款500元。开展党员结对帮扶活动，一年进行两次帮扶，共发放结对帮扶资金7200元。

【贯彻中共十九大精神】 年内，为深入学习宣传贯彻中共十九大精神，把广大党员干部群众的思想统一到中共十九大精神上来，把力量凝聚到实现中共十九大确定的各项任务上来，以习近平新时代中国特色社会主义思想为指导，努力开创白朗跨越发展和全面从严治党新局面，根据中央、区党委、市委、县委相关文件要求，白朗县总工会认真学习宣传贯彻落实中共十九大精神，制定学习方案、学习计划、研读计划、宣讲计划等，充分发挥“两学一做”学习教育常态化制度化、“四讲四爱”主题教育实践活动打下的良好舆论基础、思想基础、群众基础，从更高层次讲好中国故事，更好凝聚和传递正能量。采取理论和实践、历史和现实、当前和未来相结合的方法，引导干部群众把中共十九大精神的每一点都领会深、领会透。

【“送温暖”活动】 年内，白朗县总工会投入资金总计12.94万元。按照日喀则市总工会要求，把格力集团赠送的2台高压电饭锅及时发放到困难职工手中；开展“三大节日”慰问活动，对全县11个乡镇的困难农牧民工、非公企业困难职工、在档困难职工、护路队和环卫工人共计56人送上3.32万元的节日慰问金；开展在档困难职工救助活动，为全县13名在档困难职工分两次发放共计2.6万元的生活救助金；开展金秋助学活动，及时兑现考上大学的6名困难农民工子女共计2.5万元的助学帮扶资金，向市总工会上报符合临时救助标准的3名考上大学的学生；开展医疗救助，及时兑现符合救助标准的2名困难职工共计0.5万元资金；开展困难职工集中慰问活动，为全县20户困难职工发放共计2万元的慰问金，为3户生活救助的困难职工发放共计1.3万元的救助金；开展干部结对帮扶活动，及时兑现干部职工结对帮扶7户群众共计0.72万元；开展以“送温暖、送文化、送法律、送政策、送医送药”为主要内容的“喜迎十九大·工会服务在基层”系列服务职工活动，为白朗县困难职工排忧解难，切实做到把党和政府的温暖、工会组织的关心送到职工群众手中，当好职工群众信赖的“娘家人”。

【组织建设】 年内，按照日喀则市总工会要求，根据2017年全区工会“农牧民工入会集中行动”目标任务分解表，针对外出务工六个月以上人员，在务工返乡后进行宣传鼓励集中入会，2017年新入会农牧民工2600人，农牧民工入会率达85%以上。结合区、市两级工会基层组织建设工作规划，继续开展“双亮”“双爱双评”（工会组织亮牌子，工会主席亮身份。评爱企

2017年4月7日，县总工会主席国杰兑现助学救助金

业的优秀职工，评爱职工的优秀经理(厂长))活动，按照基层工会规范化建设规划，努力巩固县总工会“六有”目标和乡镇工会组织“八有”(有1—2名专兼职人员、有牌子、有印章、有工作计划和活动记录、有规章制度、有活动场所、有工会经费、有会员档案资料)目标建设。截至年底，全县乡镇工会组织“八有”达标共计5个，2017年上报3个，按照分期达标，条件成熟一个达标一个的要求，预计2018年全县11个乡(镇)全部完成达标。

白朗县总工会积极争取资金，向上级工会争取到单位办公设备和乡镇工会设备款10万元，为嘎东镇职工之家相关设备购置争取到资金5万元，兑现嘎东镇、强堆乡乡镇“八有”规范化建设达标资金共计4万元，补助嘎东镇工会职工之家设备款2万元。按照“哪里有职工，哪里就有工会组织”的方针，以巩固和发展并举作为组建工会和发展会员的主线，不断发展符合条件的基层工会组织。截至年底，白朗县党政机关、事业单位、国有企业建会率达到100%；规模以上非公有制企业(符合四要素)建会入会率达到93%。

2017年9月30日，白朗县总工会兑现第二次全覆盖式生活救助金

【财务管理】 年内，白朗县总工会在进行工作调研的基础上，结合工作实际，认真查找工会经费收缴中存在的问题，加大对工会经费收缴的力度，2017年在白朗县财政局提取工会经费共计248.1372万元，收缴工会会费共计15.6996万元，上缴日喀则市总工会经费共计104万元。除正常开支外，剩余资金将按照中央“八项规定”、自治区“约法十章”和“九项要求”严格管理使用。通过参加上级财务培训和自学的方式，不断提升财务人员业务综合素质，提高财务管理水平，提高资金使用效益。

【岗位技能培训】 年内，白朗县总工会工作人员参加第八次全市职工队伍状况调查员培训会、全区工会网上工作培训、全市工会财务人员培训、全总“送教到基层”法律保障培训等，共计4次，较好地提升业务素质与能力。根据上级工会组织的要求，充分体现党和政府以及工会组织对常年坚持在高海拔地区工作的广大干部职工的关怀，满足干部职工保健和医疗预防方面的基本需要，更好地调动广大干部职工投入白朗县经济社会事业发展和维护社会稳定的积极性和创造性，2017年白朗县推荐1名干部职工到区外疗(休)养。

【法律宣传】 年内，白朗县总工会利用“3·28”西藏百万农奴解放纪念日宣传、“4·15”全民国家安全教育日、“6·2”民族团结日宣传、“9·16”平安西藏宣传日等时机，在白朗县城悬挂宣传横幅、张贴宣传标语并发放宣传单页，积极开展《中华人民共和国合同法》《中华人民共和国社会保险法》《中华人民共和国职业病防治法》《全民所有制工业企业职工代表大会条例》等一系列维权法律法规政策的宣传活动，同时积极宣传《女职工劳动保护特别规定》《中华人民共和国妇女权益保障法》《女职工保健工作规定》等女职工权益保护法律法规，开展“心系农牧民工·工会服务在基层”法制宣传活动，积极营造工会组织工作的社会氛围和舆论声势。结合“七五”普法，有针对地对《中华人民共和国劳动合同法》《中华人民共和国劳动法》《中华人民共和国工会法》《西藏自治区职工思想教育读

2017年3月30日，日喀则市总工会在白朗县嘎东镇开展“心系农牧民工·工会服务在基层”法治宣传活动

本》《进城务工人员指南》等法律法规进行宣传宣讲，共组织宣传活动10次，发放藏汉“双语”宣传资料4500余份，切实提高广大职工群众的法治意识。

【亮点工作】 年内，按照日喀则市总工会要求，为完善编撰《日喀则市第一届劳动模范和先进工作者光荣册》，收集、整理和上报2名获得日喀则市第一届劳动模范的相关材料（包括个人的先进事迹、免冠证照、工作照片等）；编撰并提供2017年鉴、地方志、工会志等相关材料；开展“藏地工匠”寻访活动，共寻访到11名符合标准的藏地工匠，并及时报送市总工会办公室；开展喜迎中共十九大支部“1+1”活动；开展职工队伍状况问卷调查，共抽取县直部门1个、乡（镇）2个、国有企业1个、非公有制企业11个，共调查工会主席13人、已建工会企业职工130人、未建工会企业职工7人。通过微信网络平台，积极引导动员各级基层组织、全县干部职工、群众关注西藏工会新闻网和“高原劳动者”微信公众号，按照市总工会要求，根据《关于做好2017年〈工人日报〉征订工作的通知》，为全县11个乡（镇）征订《工人日报》。

（徐孝祥）

【领导名录】

主　席

国　杰（藏族）

副主席

次　仁（女，藏族）

副主任科员

格　央（女，藏族，5月免）

主任科员

西　洛（藏族，5月任）

共青团白朗县委员会

【概况】 2017年，共青团白朗县委员会现有4人，行政编制2人，科员1人，志愿者1人。2017年，白朗县28岁以下青年3767人，团员人数1638名，团青比例43.4%，设有138个团组织〔1个机关团委、6个机关团支部；11个乡镇团委、111个村团支部；1个学校团委、8个新经济组织团支部〕，10家青年文明号单位，法制副校长12名，少先队辅导员11人。

【基层组织建设】 年内，全县11个乡镇和各支部共吸收126名团员，进一步发展和壮大基层团组织力量；推优入党39名，进一步壮大党员队伍，为党组织输送新鲜血液；进一步健全和完善共青团组织建设。为进一步加强基层团组织（支部）建设，团县委在嘎东镇玛强攒吉民族合作社以及则嘎达卓翻林传统精制藏靴加工厂、西藏诺尔林手工艺品有限公司等8家企业、公司或合作社先后成立团支部，吸收青年114人，其中团员青年37人，培养青年致富带头人5人；切实加强团干部思想政治教育。团县委以“两学一做”学习教育为契机，累计组织25余人次开展集中学习活动；认真学习党章党规和习总书记系列讲话精神，撰写个人心得体会12余篇，读书笔记10000字以上，开展专题组织研讨5次；积极发挥西部计划志愿者临时团支部作用。为充分发挥西部计划志愿者的志愿服务和奉献敬业精神，增强白朗县西部计划志愿者的凝聚力、影响力，有效地推动全县志愿者服务活动工作再上新台阶，全年由团县委主办，西部计划志愿者团支部承办的召开座谈会3次，开展志愿服务活动8次，送行服务期满离岗人员2人，组织集中学习3次，参与人数45余人次。截至年底，正在白朗服务的西部计划大学生志愿者共有7人（其中2017年新分配3人）。

【党建带团建】 年内，结合全县实际情况，注意把握党建带团建工作的重点，通过完善工作机制，切实把团的思想建设、组织建设、班子建设、队伍建设统一纳入党的基层组织建设总体目标，形成党建带团建、党团同发展的良好格局。2017年，团县委按照党建带团建工作的原则，建立健全全县的团支部。截至年底，全县共有11个乡镇团委及基层团支部111个，其中团总支1个、机关团支部6个。截至年底，18—28岁青年共3767名，团员1638人，以及10个青年文明号单位。

【学习型团组织建设】 年内，机关、乡（镇）、村委各组织党团共同学习制度。机关党团支部安排为每周星期五下午为学习时间，参加学习人员除该支部党员和团员以外，该支部的35岁以下青年也要参加该支部学习中学团总支组织全校团员每个月至少学习两次；村团支部要按每月一次学习制度，参加学习的人员为该村党员和团员。各级党组织在安排部署、组织落实中央和全区各类主题学习教育实践活动时，对团组织和团员青年提出任务、明确要求、同步考核。对共青团系统独立开展的集中主题学习教育实践活动给予指导和必要支持，实现党团组织学习教育实践活动同部署、同开展、同推进。各级党组织指导、帮助和支持团组织以爱国主义、民族团结和反分裂斗争教育为重点，开展各类青少年喜闻乐见的主题教育活动，编译适合不同青少年群体的学习教育通俗读物，引导广大青少年坚定永远跟党走有中国特色、西藏特点发展路子的信念，坚定揭批达赖、反对分裂、维护祖国统一、加强民族团结的政治立场。

2017年4月15日，县委书记陈昊慰问志愿者并召开座谈会

【团干部选拔配备】 年内，坚持党管干部原则，坚持德才兼备、以德为先的标准和“专兼职相结合”的方式，各乡镇党委召开党委会议已经选好配强乡镇团干部，团委书记由乡镇党委副书记或乡镇党政班子成员兼任，团委副书记由相对固定人员担任，具体负责团的工作，村团支部书记由村“两委”班子成员兼任，已经配强村团支部书记和支部委员会。

年内，着眼于扩大团的基层组织覆盖、强化团的工作活力，深入抓好中学、机关事业单位等领域团的基层组织建设。团员人数在3人以上的，都要建立团组织；团员人数少于3人但青年人数较多的，建立青年工作委员会的要求在中学建立团总支和年级团支部2个；企业团支部1个；机关事业单位团支部16个。

【规范基层团组织换届选举】 年内，各级党组织要指导团组织按照团章规定进行换届选举。在县、乡、村党组织换届选举的同时，统筹安排县、乡、村团组织换届选举工作。

【青年人才培养】 年内，把团干部教育培训纳入党的干部教育培训总体规划，建立分层教育培训制度，加强团干部特别是团组织书记培训。县委组织部和团委每年至少举办1期乡（镇）团委和村团组织负责人培训班。坚持理论武装、党性锻炼与技能培训并重，着力提高团干部服务跨越式发展和长治久安、保障和改善民生、加强和创新社会管理、应对突发事件、宣传动员群众和做好青年工作等能力。

【"推优入党"】 年内，各级党组织要指导团组织进一步强化推优意识，规范推优程序，在教育、培养、考察、推荐等环节做好衔接工作，提高"推优"的质量和数量，为党源源不断的输送新鲜血液。加强与各党支部沟通衔接、28周岁以下青年入党原则上应从该团支部团员中发展，发展团员入党应征求团组织意见。深化拓展推广"三个培养"，指导团组织把各类青年能人培养成青年党团员，把青年党团员培养成青年能人，把党团员青年能人培养成基层党团组织支部干部，充分发挥基层团组织的战斗堡垒作用和团员青年的模带头作用。

【树立先进个人典型】 年内，在创先争优强基础惠民生和"五四"表彰等一系列的评优活动中，评选出政治素质好、组织观念强、模范作用大、本职工作好、工作作风好的先进团员青年作为广大团员青年的表率，树立典型氛围，更好地促进共青团工作取得成效。

【党建带团建长效机制】 年内，建立健全党建带团建工作领导机制，党组织书记和领导班子要树立抓党建必须抓团建，切实加强对基层党建带团建工作的领导，全县组建党建带团建领导小组，定期研究共青团工作，每年至少专题听取一次共青团工作汇报机制，及时帮助解决存在的困难和问题。各党组织负责人要加强对团的重要工作的指导，参加团的重要会议和活动。要建立领导干部党建带团建工作联系点制度，定期深入联系点指导检查工作，帮助总结推广经验，分析查找存在的困难和问题，协调有关部门采取有效措施切实帮助解决。

【党建带团建工作目标责任制度】 年内，各级党组织要按照"五个衔接"（党的思想教育工作与团的思想教育工作相衔接、党员队伍建设与团员队伍建设相衔接、党的干部队伍建设与团的干部队伍建设相衔接、基层党组织阵地建设与基层团组织阵地建设相衔接、党建与团建目标管理体系相衔接）的要求，将党建带团建工作职责任务和目标要求纳入党委领导班子党建工作目标考核体系，做到党团建设同研究、同部署、同推进、同考核。考核结果作为评定领导班子工作实绩的重要依据。团建不合格，党建不钢评优的工作方式跟各乡镇团委、各团支部签订目标责任书。

【党建带团建工作保障制度】 年内，落实县及以下团组织书记列席同级党的领导班子会议制度，让团组织书记参与有关决策，更好地了解大局、服务大局。加大对共青团工作和活动的物质支持与经费保障力度。按照文件要求县财政按照。

全县7—35周岁青少年人数，按人均不低于1元的标准，在年度预算中安排团组织工作经费；各级党组织要将留存党费的3%—5%用于基层团建工作，进一步改善团的工作环境和条件，对共青团工作和活动提供必要的经费保障。上级党委组织部门和

2017年12月27日，青年创业促就业开班培训暨青年就业见习基地挂牌仪式在白朗县玛乡举行，团县委书记次仁扎西参加

2017年6月23日，团县委举办庆祝中国共产党成立96周年、中国共青团成立95周年暨“七一”系列体育竞技

团组织要加强对下一级党建带团建工作的督促检查，注意宣传选树表彰党建带团建工作先进典型，总结推广先进经验，形成良好的工作导向和社会氛围。

【党风廉政建设】 年内，团委做到反腐钟常敲，倡廉雨常下，通过积极探索建立科学有效的党风廉政教育机制，把党风廉政教育纳入干部职工教育培训计划之中，做到全局和局部相结合、长期计划和短期安排相结合，并将党风廉政教育充分融入团委工作中。通过组织开展各种形式的党纪政纪、法律法规和警示教育活动，进一步增强广大干部职工特别是领导干部廉洁从政和接受贿督的意识，使党风廉政教育更为系统性，更具实效性，切实加强对各种腐败现象的预防工作。

加强党员干部廉政建设和反腐败工作的宣传教育，引导干部职工将反腐倡廉与提高自身素质有机地结合起来，不断强化党员的党性意识、政治意识、责任意识和纪律意识，有效防范和减少违纪违规问题的发生；将反腐倡廉工作与创新社会管理结合起来，在共驻共建活动中坚持不断地创新、出新、更新、求新，探索一条走创新化之路，建资源型的共驻建新模式。

【制度建设】 年内，进一步加强制度建设，注重形成长效机制，增强落实制度、遵守制度的自觉性和主动性，有效地防止权利失控、决策失误和行为失范，使党员干部不犯错误或少犯错误；严格执行约谈制、追究制等，坚持依纪、依法、依规惩治腐败，切实发挥惩戒功能和治本功能；不断建立和健全党内外监督机制，强化领导集体内部的监督作用及舆论监督作用，把权力的运行置于有效的监督之下，从源头上筑起防腐防线，杜绝和防止腐败现象的滋生。

【实行“三负责”】 年内，进一步完善制度建设，切实做到反腐倡廉程序化，活动内容规范化，以健全的制度保证党风廉政建设工作规范运作。同时，认真实行“三负责”，即真抓实干、常抓不懈，对党的事业负责；加强监督，防微杜渐，对班子成员负责；严管重教，关口前移，对全体党员干部负责。确保党风廉政建设工作做到党员干部认识到位、领导干部责任到位、机关科室落实到位。坚持领导干部述职述廉制度、个人收入和重大事项报告制度，认真落实中央“八项规定”。

【基层团建经费】 年内，共青团白朗县委员会制定《白朗县基层团建经费使用管理办法（试行）》，进一步明确经费的使用情况，严格经费审批程序，加大监督力度。深入基层检查及指导乡镇基层团建工作开展情况，同时兑现九乡两镇团建经费共22万元。

【“四讲四爱”主题教育实践活动】 年内，团县委驻彭国村工作队主动出击，积极作为，各项工作都取得良好成绩：第一支部书记及驻村工作队全体干部，以新旧西藏对比为主线，以党的富民惠民政策为重点，大力宣传以习近平为核心的党中央对西藏的亲切关怀和特殊照顾，走村入户对全村农牧民群众进行宣讲；分别在村委会、村街道、村门口等地进行张贴宣传，打牢“感党恩、听党话、跟党走”的思想基础；坚持周一升国旗制度及每天播放爱国歌曲，为每家每户发放领袖像及习近平总书记与各族人民心连心画像，大力弘扬中国共产党在历史进程中的光荣事迹，大力弘扬习近平总书记的高瞻远瞩和自信笃定，大力宣讲针对西藏的一系列改善民生民计、增进民生福祉的优惠政策，大力宣讲国家制定的对口支援政策，要求援藏资金要向农牧区和基层倾斜，向民生倾斜和“确保80%以上的援藏资金用于民生领域、用于基层和农牧区”；从和平解放到改革开放，再到奔向小康，短短几十年，白朗县发生翻天覆地的变化，农牧民的生活水平直线上升，反映出的是白朗的迅速发展，反映出的是党和政府的正确领导，反映的出的是一代又一代白朗人的辛勤劳作，又重温历史演变，重拾初心，重装出行，重新前进。

【青少年维权】 年内，开展预防青少年违法犯罪法治宣传和自救活动。2017年，团县委以“3·28”西藏百万农奴解放日等各类法治宣传日为契机，积极与司法、法院、消防及乡镇派出所等相关单位沟通协调，组织专门力量，深入乡镇、学校开展法制宣传活动和学生自救演练活动，并与中学团支部联合组织学生一同参观白朗县看守所（青少年教育警示基地），使学生们对青少年犯罪有更深的了解，有效促进全县青年学生健康成长。全年共开展法制宣传活动7余次，张贴标语30余张，悬挂横幅7余幅，发放宣传资料500余册，参与人数20余人次。全年未发生一起青少年违法犯罪案件。有效提高青少年的法律法规意识和自我保护意识，推进青少年维权工作。

【青年创业就业】 年内，由嘎东镇兴旺民族服饰农民专业合作社等5家非公企业及合作社产品顺利参加团区委承办的全区青少年创新、创业、创优成果展，展品的创新性和市场前景方面得到区、市两级团委主要领导的充分肯可；团县委积极动员和筹备，先后由来自11个乡镇推荐的8家青年创业代表参赛报名，通过精心筛选，最终由旺达食品有限公司等6家企业、合作社代表白朗县参加日喀则市首届青年创业大赛。创业大赛决赛中白朗县参赛项目以优异的成绩综合排名全市名列前茅，其中在投融资项目签约仪式上西藏白朗县青稞产业专业合作社与上海农业信息有限公司成功签订合作意向书，青稞深加工产品和藏语写字板创新产品得到市委、市政府相关领导充分肯定，为全县青年创业促就业奠定良好的基础，不断扩大全县青年创业就业影响力。

【学习考察】 年内，按照团区委、团市委的大力支持下，团县委积极沟通和协调，1名团县委书记参加全国新任县（区）团委书记培训；3名中学团干部、5名乡小学少先队辅导员先后参加在井冈山、拉萨、日喀则举办的业务学习培训；组织3名青年致富带头人到吉林参观考察和交流学习；组织县乡两级3名团干部，先后在北京、成都参加业务培训；动员和组织13名青年致富带头人参加区、市两级创业大赛并获得优异成绩。

【爱心物资捐赠】 年内，开展“做青年志愿者树服务新风”爱心物资捐赠活动为进一步体现党和政府对条件艰苦地区群众的关心和关爱，团县委积极组织干部、志愿者对社会爱心人士和爱心团体捐

2017年5月17日，团县委组织开展“喜迎十九大、我向习爷爷说句心里话”活动

2017年11月2日，团县委在洛江镇彭国村组织村民学习中共十九大精神

赠的物资进行拆包整理出68袋儿童的衣物，共计1100余件。

【慰问活动】 年内，开展“牵手夕阳红·温暖老人心”慰问活动。5月，组织县中学40名团员学生和10余名大学生志愿者，在县敬老院开展打扫房间、洗脚等慰问孤寡老人和文艺演出活动，为孤寡老人献上丰富多彩的文化大餐。

【“爱心捐书”活动】 年内，团县委利用志愿者活动经费购买《英藏汉对照词典》《新华字典》、藏汉字帖各96册，价值1万余元，为全校96名农牧民子女送去学习工具用书。

【西藏优秀青年事迹分享会】 5月，在白朗县大礼堂成功举办“我的中国梦—奋斗的青春最美丽”西藏优秀青年事迹分享会。通过全区5位优秀青年讲述自己的青春故事、分享人生感悟，引导广大青少年勤奋学习、扎实工作，形成“奋斗的青春最美丽”的鲜明导向。全县各部门、驻军部队、中学生等各行业青年代表240余人参加此次分享会。

【体育竞技】 年内，成功举办“中国共产党建党96周年、中国共青团建团95周年”体育竞技活动。以足球、篮球为主，团县委成功举办“中国共产党建党96周年、中国共青团建团95周年”体育竞技活动，充分展现出白朗县新时代党员、团员、青年的青春活力与激情。

【中考减压活动】 年内，团县委积极争取资金，与中学团支部联合开展以“减轻压力·笑迎中考”为主题的中考减压活动，切实鼓励迎考同学释放紧张心理压力，轻松备战中考，减压活动成效显著，收到广大师生一致好评。

（徐小童）

【领导名录】

书　记

次仁扎西（藏族）

副书记

次仁玉珍（女，藏族）

白朗县妇女联合会

【概况】 白朗县妇女联合会成立于1963年3月，2017年，有4人，行政编制3人，公益性岗1人。白朗县妇女联合会深入贯彻市委党的群团工作会议精神和日喀则市2017年度县（区）妇联主席工作会议精神，按照服务大局、服务妇女、服务基层的工作宗旨，坚持“党政所急、妇女所需、妇联所能”的工作定位，努力把全县妇女群众的智慧和力量凝聚到实现县委、县政府确定的各项目标任务上来。充分发挥组织妇女、引领妇女、服务妇女和维护妇女儿童合法权益的作用，团结带领广大妇女为推进白朗县经济社会较快发展做出积极的贡献。

【规范化建设年活动】 年内，妇联坚持以制度抓党建、制度促党建，努力构建党建工作长效化机制，通过完善、制定多项党建工作制度，推进党建工作管理规范化建设。建立健全党员谈心谈话制度、学习制度、党费缴纳制度、工作问责制、会议议事制度等一系列规章制度，进一步推动党建工作规范化、制度化；把党费交纳列入“主题党日”规定动作，根据相关文件精神，及时核定调整党费缴纳基数，建立党费台账制度。妇联联党支部4名党员，已缴纳党费2000余元；严格落实“三会一课”制度。年初即制定党支部学习计划，紧紧围绕中心工作，把落实“三会一课”制度与落实行政工作同步实施，切实做到将支部工作与行政工作同时布置、同时落实。

【发挥党员先锋模范作用】 年内，读原著、学原文、悟原理，以实实在在的成绩展示学习效果，自觉学习《中国共产党章程》，以《中国共产党章程》严格要求自己，做“四讲四有”党员；在践行“两学一做”学习教育常态化制度化中时刻以一名合格党员的标准严格要求自己。走村入户，与群众促膝而谈，倾听百姓的心声，了解百姓所盼，帮助他们找问题、出主意、想办法、理思路、谋门路；2017年，白朗县成立慈善协会。妇联干部以实际行动支持慈善事业的发展，根据自己的经济能力，做出善举。大家踊跃参与，单位5人捐款2100元。

【小额贴息贷款】 年内，妇联帮助部分妇女脱贫致富，为其寻找项目，积极市妇联联系，使部分贫困妇女用小额贷款来开商店，藏餐，从事编织业等项目。2017年妇女创业申请贷款12户，发放贷款150万元，到期贷款金额100万元，回收率100%，并通过鼓励致富女能人壮大生产经营规模，带动农村妇女劳动力转移，为36名贫困妇女解决增收难，就业难，有效解决广大妇女群众创业就业资金困难问题，使更多妇女群众走上致富路。

2017年11月16日，西藏自治区妇联副巡视员、妇儿工委办主任邓小红（右一）一行在白朗县嘎东镇“万亩枸杞”基地调研

【关爱妇女儿童工作】 年内，以“大地之爱·母亲水窖”项目为契机，争取“母亲水窖”资金47万元，在白朗县强堆乡洁白村新建，解决该村75户，517人，1319头（只、匹）吃水困难问题，得到当地农牧民的高度评价；实施“三八绿色工程”争取国际投资10万元，在巴扎乡扎吴冲村，实施“三八绿色工程”，项目主要内容为；栽植30亩榆树。完成栽植任务。通过县妇联动员广大妇女群众积极参与，增强全社会“保护生态环境，共建绿色家园”的环境意识；获批国家级巾帼科技示范基地项目，在巴扎乡彭仓村，项目投资5万元，主要用于组织村妇女蔬菜种植技术培训及贫困户盖温室大棚购买材料；在“三八”国际妇女节期间，县妇联慰问贫困户、单亲母亲、残疾妇女等每位送给现金500元和母亲邮包，一名乳腺癌慰问金1万元。同时干部职工走访慰问了解自己的结对帮扶困难对象，为他们送去现金8000元、大米、砖茶、保暖衣物等慰问品。深入贫困户家中进行实地了解家庭情况，鼓励她们自强不息，勤劳致富，尽快脱贫致富。

【贯彻落实中共十九大精神】 年内，县妇联积极根据《白朗县学习贯彻中共十九大精神的通知》制定符合妇联实际的方案；妇联干部认认真真、原原本本的学，坚持读原著、学原文、悟原理，深入领会报告内涵；认真学习新党章，自觉践行党章、做一名符合党章要求的合格共产党员，忠诚履行好当合人民赋予的职责使命；学习习近平总书记给西藏隆子县玉麦村牧民卓嘎、央宗姐妹回信。深刻领会党治国理政的一个重大原则，“有国才能有家，没有国境的安宁，就没有万家的平安”；深刻

2017年8月9日，日喀则市妇联党组副书记、主席叶青莲（右二）在嘎东镇阿常吉阿玛幸粑农民专业合作社检查培训前期准备工作

领会治边稳藏的重要战略思想，西藏安全事关国家安全，西藏稳定事关国家委稳定。通过学习贯彻落实中共十九大精神：妇联干部要坚定理想信念，勇担历史使命，不断完善自我。努力以自尊赢得尊重，以自信展现美丽，以自强实现价值，成为自尊、自信、自立、自强的时代新女性。

【妇女思想政治教育】 年内，组织广大妇女学习中共十九大精神，自治区第九次妇代会精神，上级妇联各项会议精神及县委，政府的各项决策等会议精神，通过学习进一步提高广大妇女的理论水平。让妇女们掌握相关的妇女方针政策。全县共召开大小会议 10 次，参加人数 1880 人。以“三八”国际妇女节、“3·28”西藏百万农奴解放纪念日、“七一”中国共产党成立日等重大节日庆祝活动为契机，组织开展妇女代表座谈会以及系列文体活动，丰富广大妇女的生活，激发妇女的精神活力，同时锻炼各级妇女组织的工作能力；在广大妇女中开展维护稳定教育，引导妇女不信摇，不传摇，坚定信心，自觉维护社会局势稳定。采取多渠道，多形式在妇女群众中广泛宣传党的方针政策，国家法律法规，努力构建社会主义核心价值观体系；县妇联始终把《两规》的宣传放在重要位置，常抓不懈。利用每年“三八”国际妇女节、“六一”国际儿童节，以及“三八”妇女维权周等节庆采取多角度，多层次，全方位的宣传男女平等基本国策和《中华人民共和国妇女权益保障法》《中华人民共和国婚姻法》《中华人民共和国未成年人保护法》等法律法规，教育引导广大妇女进一步了解法律知识，增强法律意识，同时还开展防艾宣传活动，普及防艾知识，有效提高广大群众尤其是妇女群众的防艾意识；成立妇女维权信访工作领导小组，妇联主席兼任领导小组组长，11 个乡（镇）妇联主席为成员，开通维权“12388”热线服务。

【发挥“妇女之家”作用】 年内，首先，丰富基层妇女的文化生活，加强妇女群众之间的沟通，增进邻里关系起到积极作用。其次，“文明创建”活动得到较好的开展。组织妇女群众围绕“家”字做文章，充分发挥妇女组织的优势，引导广大妇女群众和家庭积极参与文明和谐环境整治活动，多种形式地积极开展普法宣传活动，普及法律知识，增强家庭成员法律意识和法制观念。积极开展预防和制止家庭暴力宣传活动，及时化解各种家庭矛盾和纠纷，营造学会尊重，相互关爱的和谐家庭环境。

【技能培训】 年内，针对农牧区“就业难”的问题，以培训为抓手，以促进就业为基点。让广大妇女群众增强自身素质，增强脱贫致富的信心和决心。2017 年共举办三期培训班，举办日喀则东部县贫困妇女培训，（培训时间 30 天，培训人数 30 名）；玛乡桑顿村玛玉罗布林妇女编织厂举办编织培训班，此次培训对象是本村的 25 名贫困妇女；杜琼乡部拉村米旺民族传统编织厂，培训天数 30 天，培训人数 25 名。培训经费来源是县妇联积极向自治区妇联争取的扶贫资金。培训主要内容是卡垫，氆氇，帮典，旅游纪念品等，通过培训增强广大农牧民妇女利用实用技术发家致富能力。同时妇女就业人员在山南等参观学习，为白朗县妇女创业，就业提供新的技术保障。

【自身建设】 年内，坚持“党建带妇建、妇建服务党建”宗旨，把妇联基层组织建设纳入党的基层组织建设大局，统一部署推进，切实增强基层组织的活力。妇女组织按照“妇女之家”活动安排部署，切实把活动作为当前的重要任务来抓，经过认真组织学习，增强妇女群众的理论学习能力，使广大妇联干部的思想观念、理论素养、工作方式更加符合科学发展观的要求。坚持重心下移，深入基层，深入群众，加强调查研究，了解妇女需求，总结新鲜经验，有效推动工作的创新发展。丰富活动载体，树立先进典型，促进社会和谐稳定。充分发挥妇女和家庭的特殊作用，将评先选优作为党建的品牌工作。广泛开展“最美家庭”“五好文明家庭”以及“鲁藏情深”家庭联谊活动，在推进社会和谐和美中发挥重要作用。积极推进《白朗县妇女发展规划（2016—2020年）》《白朗县儿童发展规划（2016—2020年）》的制定与实施。

【“会改联”改革试点】 年内，为进一步落实村妇代会改为妇联的工作部署要求，10月8日，将选取洛江镇则嘎村为改革试点村，将以前的村妇代会改为村妇女联合会。选举1名妇联主席、1名专职副主席、1名兼职副主席、5名执行委员，扩充村级妇女组织力量，补起实际工作“短板”，有利于扩大基层妇女的代表层面和参与程度，不断增强基层妇女组织凝聚力和战斗力。

【村妇代会选举】 年内，根据市委“3个10”换届工作要求和上级妇联“三确保、一配强、一提高”的选举目标。白朗县111个行政村已全部完成村级妇联组织换届选举工作，确保各村妇代会主任进“两委”比例达到100%，配强村级妇联组织班子。

（赵 利）

【领导名录】

主 席

德 庆（女，藏族）

党校工作

【概况】 中共白朗县委党校成立于1983年，2017年共有工作人员6名，其中行政编制为1人，事业编制2名，公益性岗位3人。

2017年，县委党校共举办主体班次9期，培训790人次，举办联合班次28期，受训党员干部1811人次。其中，配合县委宣传部开展“四讲四爱”主题教育实践活动宣讲培训工作，组织4场次集中宣讲会，受教育人数达600余人；配合12家县级部门在党校教室开办以会代训12场次，培训人次达793人；联合县“两学一做”办公室举办夜校集中学习8场次，参加学习干部职工达540人。同时，充分发挥“流动党校”作用，选派骨干教师，深入各乡镇、各村宣讲自治区第九次党代会精神和中共十八届六中全会精神8场次，受教育干部群众达3500人次；协同县委宣传部开展中共十九大精神宣讲活动7场次，受教育群众3765人次。截至年底，县委党校共有干部职工6人，其中行政编制1人，事业编制2人，其中高级讲师1人、讲师1人，公益性岗位编制3人（后勤人员）。2017年，

2017年6月7日，日喀则市委党校副校长普罗杰（右四）一行在白朗县党校检查指导工作

县委党校内设机构有办公室、教研室、学员后勤管理室。2017年,党校走廊文化两个阵地发挥作用明显。

【主体班培训】 年内,县委党校共举办主体班次9期,培训790人次,举办联合班次28期,受训党员干部1811人次。

【"四讲四爱"主题教育实践活动】 4月13日,围绕"四讲四爱"主题教育实践活动宣讲员集中开展培训,党校3名老师承担授课任务,培训学员共168人;4月25日,白朗县离退休干部职工深入开展"四讲四爱"主题教育实践活动宣讲会,共人数85余人。5月5日,白朗县离退休干部职工深入开展"中共十八大以来变化,展望中共十九大胜利召开"党课,参训人员共90余人。5月15日,白朗县驻日喀则退休干部职工开展"四讲四爱"主题教育实践活动宣讲会,共人数100余人。5月28日,围绕"四讲四爱"主题教育实践活动,第二节点培训会授课,培训学员共200余人。7月4日,第三节点培训会授课,培训学员共200余人。以及"四讲四爱"主题教育实践活动其他任务,"四讲四爱"主题教育实践活动参加各类演讲比赛承担点评任务。县委宣传部和县委党校联合组织"四讲四爱"主题教育实践活动演讲比赛,两期共人数100余人。

【联合办班】 年内,举办联合班次28期,受训党员干部1811人次。2月9日,县扶贫办和县委党校联合举办乡镇交叉考核培训,参训人数50人;2月5日,县科技局和县委党校联合举办科技特派员培训,参训人数65人;4月18日,县教育局和县委党校联合举办课题研究会培训,参训人数共50人;4月24日,县委巡查办和县委党校联合举办巡查干部培训,参训人数43人;5月5日,县委宣传部和县委党校联合举办宣传思想文化工作专题培训,参训人数80人;5月17日,县财政局和县委党校联合举办乡镇财务会计票据培训,参训人数40人;5月19日,县委统战部和县委党校联合举办"四讲四爱"主题教育实践活动宣讲乡培训,寺庙僧尼,社会流动从事宗教活动人员等共参训人数120人;6月5日,格培林寺和县委党校联合举办"四讲四爱"主题教育实践活动宣讲培训,参训人数100人;6月8日,驻村工作队培训,参训人数105人;6月9日,县政协和县委党校联合举办"四讲四爱"主题教育实践活动宣讲培训,参训人数70人。

2017年6月30日,党支部书记、副校长巴桑次仁在强堆乡白岗村开展建党96周年支部系列活动

【"流动党校"宣讲】 年内,充分发挥"流动党校"作用,选派骨干教师,深入各乡镇、各村宣讲自治区第九次党代会精神和党的十八届六中全会精神8场次,受教育干部群众达3500人次;协同县委宣传部开展中共十九大精神宣讲活动7场次,受教育群众3765人次。白朗县2017年村组织换届选举工作政策宣传等内容"流动党校"宣讲次数10期,共培训农牧民党员及群众余共受教育1500余人次。

【打造"文化长廊"】 年内,县委党校紧紧围绕县委、县政府中心工作,为认真贯彻落实全区党校工作会议上各级党校建设两个阵地要求。特别是"治国必治边、治边先稳藏"的重要战略思想,加强和改进新形势下白朗县党校工作是协调推进“四个全面”战略布局的迫切需要，是落实全面从严治党的内在要求，更好地推进白朗县党校事业健康发展，以“四讲四爱”为主题，突出“讲党恩爱核心”这个重点。打造文化长廊，建设红色教育基地、制作新旧对比展板。同时1名教师承担还录制党课内容如何当好新时期村党支部书记光盘1张。围绕“两学一做”学习教育坚持党的群众路线，做好群众工作方式方法党课光盘1张。开创优势互补、联合办班的新模式。

【党建工作】 年内，健全干部政治理论学习制度，采取集中学习、个人自学、专题研讨、座谈交流等方式，确定每周五下午为政治理论及业务学习时间，每次集中学习不少于2小时，并严格学习考勤管理，确保学习成效；以领导带头、干部集中学、专题党课学、讨论交流学等方式，推动党员干部开动脑筋、思考问题，提升学习质量；将党员干部学习与党校业务紧密结合，及时将上级党委、政府重要决策部署进行学习传达，确保每名教师都能及时了解县委、县政府的重要决策部署，了解县域县情，推动教师理论联系实际，着力解决实际问题，提高教学针对性；通过定期召开党支部会议、观看警示教育片、先进性模范人物事迹以及参加党员志愿者等活动，增强党员的党性意识。全年集中学习45次，专题研讨5次，座谈交流4次。坚持把每月一次的“机关党支部主题党日”活动作为推进“两学一做”学习教育常态化制度化的重要途径，形成制度、形成规范、形成习惯。全年组织开展主题党日活动11次。

在“三会一课”的开展过程中，注重结合实际，在总结过去行之有效的做法和经验的基础上，不断丰富和改进“三会一课”的形式，增强组织生活的吸引力和教育效果。将学习党内重要文件精神，开展批评与自我批评和廉政教育、师德教育以及上级最新政策等列入“三会一课”内容，并及时通报广大党员干部；组织党员对党校热点、难点问题进行讨论，观看专题教育纪录片，组织党员重新学习《中国共产党章程》等，开阔党员的视野，提升党员的境界。全年共召开党支部委员会6次，召开党员大会5次，召开党小组会议4次，集体上党课5次，召开民主生活会1次，召开组织生活会1次。

【“七五”普法】 2017年是“七五”普法工作开局之年，县委党校高度重视普法工作，召开专题会议安排部署，做到与中心工作同安排、同部署、同落实，结合实际，制定普法计划，成立领导小组，健全完善普法依法治理工作机制，有针对性开展普法教育，加强教职工法制意识，同时把普法知识纳入主体班次培训课程，教育引导党员干部守法用法，进一步增强用法律知识维护自身利益的自觉性。年内，县委党校被评为2011—2015年全市法治宣传教育先进集体荣誉称号。

【选派教师参加学习培训】 年内，先后组织3名教师，分别在中央党校、自治区委党校、日喀则市委党校举办的师资培训班学习。

【内部管理】 年内，为加强党校干部职工的管理，提高干部职工的积极性与责任心，严肃工作纪律维护正常的工作秩序，认真落实县委关于《白朗县干部职工管理责任制实施办法》为进一步明确干部管理责任，按照“党要管党，从严治党”的方针，全体干部职工本着对党和人民高度负责的态度，转变作风增强全体干部职工的责任意识，公仆意识和党风廉政建设意识，不仅要认真履行责任，还要敢于承担责任。形成一级抓一级，层层抓落实的责任网络。

【教学、学风建设】 年内，按照讲纪律、守规矩要求，探索制定教师授课规则；为提高教学科研水准和培训质效的要求，建立专兼职教师课件、讲义把关制度，推行教师校外授课报批制度，同时完善学风、学纪和学员管理制度。

（巴桑次仁）

【领导名录】

县委常务副书记、党校校长

黄　晓　广（山东援藏）

党支部书记、副校长

巴桑次仁（藏族）

主任科员

周　　军

军事

白朗年鉴·2018

人民武装

【概况】 2017年，白朗县人民武装部深入贯彻落实中共十九大精神和习近平新时代中国特色社会主义思想和强军思想，紧紧围绕军区年度工作总基调和分区党委扩大会议精神，举旗筑魂，维护核心，强化思想政治建设，推进中心工作，守牢安全底线，规范各项秩序，转变作风形象，向实处抓，武装部全面建设踏上新台阶。

【理论武装】 年内，组织学习习近平主席在中国人民解放军建军90周年纪念大会和国庆阅兵大会上的讲话，学习“7·29”重要讲话，切实用习近平主席重要讲话统一思想、武装头脑。中共十九大召开后，及时组织官兵收看有关实况转播，采取领导领学、官兵跟学的方式，逐章逐节原原本本学习中共十九大报告，并组织对新思想、新观点、新战略等进行交流解读，帮助官兵加深理解。为进一步宣传中共十九大精神，在慰问贫困帮扶对象的同时，积极宣传中共十九大精神。注重营造营区政治环境，为每名官兵购买辅导读本。通过多种方式，进一步增强官兵“四个意识”，坚定信念，强化举旗铸魂、看齐追随的政治自觉。

【主题教育】 年内，开展“维护核心、听从指挥”主题教育，认真组织贯彻落实军委主席负责制专题教育，进一步打牢官兵维护核心、高举旗帜、听从指挥的思想基础和政治自觉。积极推进“两学一做”学习教育常态化制度化，组织“坚决维护核心，严守纪律规矩”学习教育，围绕“三对照三查纠”开展党委民主生活会，取得较好效果。开展中共十九大以来的辉煌成就学习教育，以及“学习十九大，奋进新时代、担当新使命”专题教育，切实把广大官兵统一到中共十九大精神上来。

【脱贫攻坚】 年内，认真组织学习习近平主席关于脱贫的有关重要指示，不断增强政治自觉和责任感。建立脱贫攻坚领导小组，传达上级精神，分析形势，研究脱贫对策。与县脱贫攻坚指挥组对接，确定曲奴乡2户建档立卡脱贫帮扶对象，并深入帮扶对象家进行慰问，了解贫困的原因，与所在村共同研究脱贫办法，切实把“真脱贫、脱真贫”的要求落到实处。

【“双拥”工作】 年内，与县有关部门共同筹划开展“6·19”军事日、全民国防教育日等活动，进一步增强各级各类人员对国防建设的认识，形成全民参与投身的良好局面；积极开展“双拥工作”，会同有关部门利用“三大节日”“八一”中国人民解放军建军日等慰问驻地官兵和优抚对象，落实慰问资金3.9万元、“三属”资金9.7万元、伤残人员抚恤金23.4万元，确保政策规定落到实处。

【开展民兵整组训练】 年内，及时充实调整民兵组织整顿工作领导小组，选送2名基层专武干部赴昆明陆军学院参加人武干部专业培训，组织全县基层人武干部进行专题业务培训。按照“精干、管

2017年11月14日，县委常委、武装部政委缪亚军在曲奴乡慰问结对帮扶户

2017年5月16日，武装部组织民兵点验

用、够用”的原则，及时调整完善基干、普通民兵组织。注重加大投入，为各民兵应急分队购买服装100套。按照大纲要求进行民兵军事训练，组织对嘎东、洛江、巴扎和强堆等4个乡镇基干民兵（在基层工作的、以其为基础和骨干的民兵），进行拉动点验。中共十九大期间，组织基干民兵进行护路，确保民兵应急力量关键时候拉得出、用得上。

【国防动员调查和保障任务】 年内，及时调整充实县国防动员委员会。为应对洞朗军事对峙，县委主要领导先后3次召集县相关业务部门和各乡（镇），对全县经济实力、道路抢通、食宿保障、医疗卫生、能源储备、人民动员等情况进行全面普查，掌握第一手真实资料；对军事专项行动道路保通、交通管制等进行专门部署，确保专项行动国防动员保障任务的圆满完成。

【健全各类组织】 年内，为加强组织领导，发挥组织功能，坚持人员边调整，组织边健全。对党委、支部、纪委、军人委员会等组织，按规定进行调整充实健全，为加强党的领导奠定组织基础。认真学习陆军基层建设工作会议精神，按照《军队基层建设纲要》要求，认真抓好八项经常性工作落实，定期分析武装部全面建设情况。认真落实组织生活七项制度，建立星期一交班、星期二政治学习和落实星期五下午组织生活制度，突出抓好党员定期向组织汇报思想按时收缴学费，不断强化党员意识，按照有关规定发展党员。

【正规各项秩序】 年内，按照有关规定要求，结合武装部实际，建立交班、请示报告、经费开支、办文办件等制度规定，正规武装部工作、生活秩序。利用交班开会、传达文件等时机，组织政策法规学习，立规矩、定标准、明要求、强能力，自主抓建能力有新的提高。

【守牢安全底线】 年内，广泛开展“学法规、守法规、用法规”活动，学条例、明职责、抓整改。以抓好“人车枪弹密、黄赌酒”。深入抓好倾向性问题整治，积极开展“参与赌博、乱交往、基层不正之风”专

2017年6月10日，武装部组织防爆科目训练

项整治。加大安全基础设施建设，投入1万余元购置更新灭火器、消防水带（枪）、电脑硬盘、温湿度计等，确保“大事之年不出大事、改革之年安全稳定”目标的实现。

【民兵整组】　年内，依据分区关于2017年度民兵组织整顿通知精神，白朗武装部紧密结合自身实际，认真搞好调查研究，及时调整民兵整组组织领导，科学细化民兵整组实施方案，合理运用整组各种优势资源，发挥各部门协作力量，严格标准要求圆满完成年度民兵整组工作任务。

【征兵工作】　加大宣传教育力度，及时召开县征兵宣传、兵役登记、征兵工作等专题会议。调整充实白朗县征兵领导小组和征兵办成员，组织专武干部（全称是专职人民武装干部，是地方政府和党政部门、企事业单位、院校中专门负责武装工作的干部，其职能包括兵员动员，基层民兵军事训练及组织建设）、体检人员、政审人员进行业务培圳，严格标准程序内容，确立预征对象组织体格检查和政治考核。召开定兵会议，公平、公正、公开确定优秀男青年参军入伍，圆满完成征兵任务。全程接受纪委和群众监督，实现零退兵目标，被日喀则市表彰为2017年度征兵工作先进单位。

（冯丽秧）

【领导名录】

部　长

严新民（9月免）

邵　密（10月任）

政　委

董明亮（9月免）

缪亚军（10月任）

公安消防

【概况】　2017年，白朗县公安消防大队圆满完成自治区“两会”、春节、藏历新年、元宵节、全国“两会”、小考、中考、十九大等重要安保任务。大队坚持战斗力为标准，坚持依法从严治警，坚持“抓基础、打基础、苦练基本功”，持续推进实战化练兵和正规化管理，不断提升部队实战能力和管理水平。实现火灾零伤亡、部队安全管理零事故、零违禁、零违纪，消防工作和部队建设发生深刻变化，形成竞相争优、整体向上的良好局面，消防执法水平不断提高，社会消防环境不断改善，为平安白朗筑起一道安全屏障。

【宣传演练】　年内，白朗县公安消防大队开展实战演练50余次，宣传30余次，大队深入文物寺庙、加油加气站、学校、医院等重点场所开展演练，提高实战能力，确保部队能够拉得出、打得赢。大队以演练、培训、宣传的一体化模式，对辖区单位开展培训及宣传，提高单位员工“四个能力”。确保每个单位有消防安全明白人。大队先后开展30余次宣传，提高群众防火意识。

【部队管理】　年内，白朗县公安消防大队每月召开部队安全管理形势分析会，严格管理、车辆、财物、部队内外舆论、官兵使用互联网等安全事故。为严防事故发生，严肃部队纪律。大队每周开展安全大检查，每月进行安全检查通报。持续深化“两个经常性”工作即经常性思想教育和经常性部队管理工作，大队主官针对性的对单位官兵思想状况情况做到情况清、底数明。开展一人一事的思想工作及时掌握问题、分析原因、化解矛盾，

2017年10月5日，消防大队召开部队安全管理形势分析会

2017年4月17日，消防大队官兵在嘎东镇参桌林寺开展消防演练

将隐患消除在萌芽状态。

【后勤建设】 年内，白朗县公安消防大队进一步规范财务管理，降低行政成本和安全隐患，对大队财务报销模式进行更改。推动大队财务管理规范化。大队新建队站通过验收。积极争取支队4月增添一辆6吨水罐消防车，为更好地完成各项执勤安保、灭火救援工作增添新的活力。先后投入25万余元业务经费购买器材装备，提升部队战斗力量。

【火灾防控】 年内，白朗县公安消防大队对学校、易燃易爆场所、九小场所等重点场所开展多次检查指导。并联合公安、安监等职能部门开展文物寺庙、电气线路、洗浴场所专项检查，有效遏制火灾事故苗头，为全县的火灾形势稳定提供强有力保证。尤其对寺庙电气线路改造和燃灯台采取隔热措施全程跟进督导，消除火灾隐患。年内，共检查单位787家，发现隐患749处，督促整改隐患745处，下发责令整改通知书548份，办理行政处罚案件4起，临时查封2家单位。严格行政许可审批制度，办理消防设计备案6起。大队约谈19家重点单位负责人，明确消防安全主体责任，健全工作机制。进一步明确消防专项治理工作重点，全面排查整治火灾隐患。为白朗发展创造良好的消防环境。

（顿　旦）

【领导名录】

教导员

　　龙　　龑

大队长

　　次仁党登（藏族，8月任）

武警白朗中队

【概况】 2017年，武警白朗中队坚持以习近平主席系列重要讲话精神为指导，按照新《军队基层建设纲要》建部队，依据条令管部队，注重建队育人，强化练兵备战，圆满完成上级赋予的各项任务，确保部队安全平稳发展。

【支部建设】 年内，以中共十九大和习近平主席重要讲话精神为指导，紧紧围绕县委、县政府中心工作，坚持贴近部队任务实际，加强

2017年8月16日，县委副书记、县长赤烈朗杰在县中队慰问退伍老兵

和改进思想政治教育。结合部队当前步入强军改革深水期、官兵思想的活跃期，加强教育，统一官兵思想、凝聚意志力量，筑牢思想防线，做当地政府一支坚强的维稳力量；坚持以学习贯彻习近平主席系列有关国防、军队建设重要论述和中央第六次西藏工作座谈会为首要任务和核心内容，坚定政治信念、激发官兵强军精神、提高打赢能力、树立好白朗县武警中队良好形象；自觉投身教育，人人修自身、个个作表率，树起革命军人和合格党员好样子，打造具有铁一般信仰、铁一般信念、铁一般纪律、铁一般担当的过硬党员队伍，高标准履行"治边先稳藏"职责使命提供坚强保证。

2017年11月8日，县委常委、政法委书记、公安局局长罗布顿珠在县武警中队宣讲中共十九大精神

【思想政治】 年内，搞好"维护核心，听从指挥"主题教育，采取干部主动上讲堂、士官党员表决心、列兵战士树信心等活动，确保中队官兵思想纯洁、对党忠诚、敢于奉献的意识更加牢固；认真搞好战备教育，树牢居安思危意识，积极发挥任务当中的政治工作，确保人员思想集中统一和任务完成圆满；充分运用"三互""双四一"等载体，及时掌握官兵思想情况，有针对性做好思想工作，全面掌握官兵的思想情况，牢固建立"个别人"每月排查制度，落实"三帮一"等措施。

【勤务管理】 年内，围绕"执勤隐患排查整治"活动，开展经常性执勤教育，学习典型执勤案例教育官兵，提高思想认识，克服麻痹思想，着力强化官兵"哨位就是战场、执勤就是战斗"的忧患意识、责任意识、防范意识和使命意识，提高全体官兵的执勤能力；结合十九大维稳安保实际，突出抓好反恐防袭、城市武装巡逻等安保措施的训练；坚持依照"六查两问"（查在位、查思想、查能力、查枪弹、查设施；问职责理论、问执勤情况）的方法。结合哨兵执勤意识弱化、注意力不集中等常见病，中队研究出依靠理论抽查强意识方法有效解决执勤中常见病和多发病。

【科学按纲施训】 年内，武警白朗中队找准教学薄弱环节，采取观看教学录像、优秀教练帮教、干部

2017年9月15日，警营开放日，邀请白朗县小学师生在县武警中队参观

2017年11月5日，中队帮扶小组定期开展帮扶对象学习辅导工作

难点带教的方法，中队教学水平整体有较大提高；认真反思应急班参加支队“魔鬼周”集训经验和做法，查找问题缘由，做到点培养面辐射，人装结合要紧密，情况假想贴实际，活用“讲研摆练”这个方法，强力增强官兵实战意识和提升实战化水平；在每个课目训练期间和训练完成后，中队坚持周会操、评比和考核指导，有效发挥“政治工作八个到现场”激发官兵训练热情，提升训练质量。

【正规化建设】 年内，武警白朗中队坚持每月条令学习考核制度，做到饭前课后问、工作生活评。组织官兵对照条令找差距，查问题，订措施，采取抽点问答、笔试等形式，不断强化条令法规意识。加强士官队伍的管理教育，组织干部骨干学习尊干爱兵相关法规制度，熟记带兵纪律要求，提高依法带兵的能力；对照《正规化管理规定》认真查摆，制定推进正规化建设实施方案，细化和确立建设内容、标准和要求，力求全面符合正规化建设标准；坚持日检查、晚讲评、周查改、月分析制度，对查摆出来的问题，责任到人，限期整改。积极深入开展“百日安全”“五个一遍”和作风纪律教育整顿等活动，营造抓安创安氛围。

【强基惠民】 年内，武警白朗中队成立宣讲队，配合地方基层组织和干部，利用相关节日、纪念日、活动日等时机，深入街道、社区、学校、乡村、寺庙等场所进行宣讲、集中教育、现身说法；利用节假日或休息时间组织中队官兵积极为白朗县敬老院做好事、解难事、办实事，在群众中树立人民武警良好形象；充分利用“军营开放日”“军警民文艺表演”等活动，积极营造“警民一家亲”的浓厚氛围；以充分发挥武警部队维稳职能作用为使命，主动参与社会治安综合治理，加强县巡逻防控，积极配合公安部门严厉打击各类违法犯罪，确保白朗县社会面整体稳定。

（阮　明）

【领导名录】

中队长

阮　明

指导员

刘　鑫

副指导员

晏成鹏

法治

政法委与综治工作

【概况】2017年，白朗县委政法委员会实有11人，人员结构为男性8人，女性3人，藏族9人，汉族2人；党员11人，平均年龄31岁，其中大学本科学历9人，大专学历2人。

【人口服务管理】年内，全面推进户籍制度改革，为57名黑户办理登记，办理户籍业务1278人次，全面落实临时身份证的直接办理和身份证异地补办业务，开具各类证明5000余人次，全面落实流动人口以证、以房、以业管人制度；重点帮教对象4名、接管6名刑满释放人员、在册社区矫正人员14名，提供就业培训2人，解决住房、就业问题2人，发放救助金和助学金2.8万元，走访排查特殊人群336次，谈心谈话54次，组织公益劳动64次，矫正人员集中学习2次，9月社区矫正人员培训基地正式挂牌。

【社会治安】年内，开展综治专干培训3次，对辖区19名肇事肇祸精神病人、15家娱乐场所、4家寄递物流点、11家易燃易爆场所、4家废旧收购站、5家旅馆、83家出租屋、4家打字复印店开展治安清查，共录入流动人口1134人、出租屋76个，承租人信息223人，全部办理居住证，查处治安案件5起，治安案件同比下降40%。

【矛盾纠纷排查】年内，建成三级123个调委会、7个行业性专业性调委会、3个企事业调委会共967名调解委员，严格落实乡镇周报和县级月报的矛盾纠纷报告制度，共调解以婚姻、邻里、道路交通事故为主的各类矛盾纠纷72件。

【交通安全管理】年内，公安交管部门大力实施“三超一限”和交通违章行为专项行动，共查处违章行为953起，处罚189起，发生各类交通事故32起，死亡2人，审理交通肇事罪2件5人，并建立法院、交警和保险公司的联动机制。

【严打整治行动】年内，通过实施严打整治斗争，全县共立刑事案件8起，发案数同比下降7起，下降47%，公安机关破获6起，破案率75%，成功办理在全区范围有影响力的伪造买卖公章案1起、跨省电信诈骗案1起；审判机关受理各类民商案件34件，审结30件，结案率88%，受理刑事案件8件，审结4件6人，受理执行案件9件，执结7件，执行标的达27.1万元，结率78%；检察机关受理移送审查起诉14件17人，提请批准逮捕案件7件8人，批捕6件7人，不予批捕1件1人、提起公诉13件16人、强制医疗1件1人，开展监外执行排查6次，司法行政机关代写法律文书40余份、接待法律咨询530人、办理法律援助案件1起。

【综治宣传】年内，利用综治宣传月、周、日和“6·15”国家安全宣传日以及中共十九大综治宣传活动为契机，组织34家综治成员单位，开展形式多样、内容丰富的综

2017年3月14日，县委书记陈昊，县委副书记、人大常委会主任尼玛顿珠检查指导综治宣传工作

治宣传24场，出动宣传人员720人、车辆144台、悬挂横幅200余条，发放藏汉宣传单（册）18560张、宣传袋2500余个，播放宣传碟48张，摆放展板55个、讲解典型案例25起，发放宣传帽200顶，发送综治宣传短信3万余条，受教群众达3.2万余人。

2017年7月28日，县委常委、政法委书记、公安局局长罗布顿珠主持召开政法委学习会议

【平安白朗建设】 年内，按照平安白朗五年规划，深入推进平安建设工程，结合先进“双联户”创评工作，同步推进平安家庭建设，突出医患和谐，促进平安医院，保护师生安全，共建平安校园，2017年县政府命名授牌3个乡23个村1所学校1所医院1座寺庙和5个机关，全县平安单位授牌率达到95%。

【夯实“双联”基础工作】 年内，及时调整充实领导小组，细化制定工作方案，签订《县乡村户长户五级责任书》，制定县、可、村、户长四级承包机制和包乡14员，明确“双联”专干，确保工作有人抓、有力抓。

【机制制度】 年内，制作上墙联户单位分布示意图、网格平面示意图、流程图、户长形象栏暨星级评定栏、成效分析栏、十条公约六图，建立“12345”白朗“双联”机制，县城商铺签订《15条协议书》，制作配发联户家庭、联户长、十条公约制度。

【户长素质培训】 年内，按照每季度一次的标准，组织县乡两级综治人员深入全县11个乡（镇）面向741名户长开展户长职责、“七员”职责、“10+2”联任务以及“先进双联户”创评和户长绩效考核程序标准培训4轮，建立培训档案，受训率100%。

【联户党建同步推进】 年内，741名户长中党员165名、预备党员58名、积极分子112名、后备干部135名、致富带头人79名，与“三个培养”“六心工程”实现无缝对接；采取“双联户”为委员建立党小组，设立“党员户长先锋岗”，开展“走联户、察户情、解民忧、促平安、保增收”主题活动，为群众解决实际困难230个、收到建议58条、消除瓶颈因素18个，实现党建带双联、双联促党建的双赢奇效。

【同步月考】 年内，严格落实“双联户”和户长同步月考评分制度，建立联户单位、联户长每月打分考评机制，确保先进“双联户”评选和户长考核有依据，不走形式，杜绝抓阄、轮流等行为。

【户长绩效考核】 年内，完成2016年度户长绩效考核，按照20%的优秀比例，表彰148名优秀户长，组织乡镇和村发放优秀户长奖励资金8.88万元，对2名不称职户长进行调整。

【兑现惠民政策】 年内，严格把关、全程监督，按照规定标准，有序组织乡镇和村足额兑现2016年度24户自治区级、35户市级、119户县级、263户乡级、1452户村级先进“双联户”奖励资金9.6万元、7万元、11.9万元、13.15万元、14.52万元，及时转移划拨区、市、县、乡四级先进集体奖励资金8万元、3.5万元、4.8万元、3.3万元奖励资金；并开通绿色通道为8户享受加分政策的考生办理相关手续，确保奖励资金兑现到民、惠民政策送到手。

【“10+2”联任务落实】 年内，组

织群防群治队伍先后开展治安巡逻近800余次、排查安全隐患26处、服务特殊人群156次、利用双联平台先后报送各类信息46条、11名联户长调解仅有15起矛盾纠纷、开展科普宣传689次、单位内环境整治活动24次,举行各类文艺活动541场,达到社会风尚明显向上、氛围明显优化、关系明显和谐、人们之间沟通明显加强、安全感明显提升的“五个明显”效果。利用联户担保贷款几十万余元、成立合作社49家、建立温室大棚67座、粮食加工厂35个,仅通过“双联户”实现增收642万元、扫盲1896人,实现群众致富增收渠道显著改善、致富技能获取显著方便、参与度显著提高、生活显著富裕、幸福感显著增强“五个显著”。在将强堆乡定为“双联户工作试点乡”后该乡夏吉村第五联户单位民族手工业编织坊户长欧珠带领成员家庭60人实现人均1200元共计20万元增收的典型。

【铁路护路】 年内,共出动专职队员、抽调干部、护路民兵等,巡线11.68万公里,清理闲杂车辆12辆,排查安全隐患39处,自行修复栅栏倒塌630多米,完成列车安保任务,圆满完成各项安保任务,实现“四防一保”工作目标。护路联防工作先后得到中央护路办考评组、何文浩常委、德吉副主席、刘虎山市长等中央、区、市主要领导的高度评价,在自治区2017年铁路护路联防工作排名中获得第三名的佳绩,县护路办荣获全区总之先进集体称号。

2017年3月16日,白朗县召开2017年度政法综治工作会议

【政法基础工作】 年内,深入推进政法队伍建设和司法体制改革工作,不断加强政法部门班子建设,顺利完成法官、检察官员额遴选机制,深入推进执法规范化和司法公正化,有效预防冤假错案的发生。白朗县全面贯彻落实中央、区党委政法工作精神,筑牢工作根基。严格落实各项从严治党、从严治警的纪律条令,进一步严明和规范政法队伍执法司法行为,制定公检法司政一把手接访制度,深入推进新晋法官、检察官入额遴选,大力提升公安队伍岗位技能培训,进一步延伸司法行政工作触角,锻造忠于党、忠于国家、忠于人民、忠于宪法法律的政法队伍。政法委建立政法书记、公安局长、“两院两长”、司法局长“周五接待日”制度,防止冤、假、错案的发生。

【党建工作】 年内,制订《县委政法委2017年党建工作计划》,对该单位党建工作作了明确分工和细致安排。2017年,共主持召开专题学习会20次,专题研讨会4次。深入嘎东镇帮康村2户贫困党员家庭,送去砖茶、大米和慰问金等;开展“精准扶贫”活动,与玛乡的结对共建和走访慰问、扶贫济困、奉献爱心等活动,2017年,结对认亲扶持14个贫困户。

【党风廉政建设】 年内,履行全面从严治党主体责任,集合党风廉政建设工作要点,将党风廉政建设纳入全年工作的重要议事日程,进行进一步安排部署和落实。结合单位人事变动情况,及时调整工作领导小组。同时结合业务工作,调整业务分工,落实主体责任。明确班子成员工作职责,形成书记统一领导,班子成员齐抓共管,全院反腐的工作格局。坚持“一岗双责”,为扎实推进全年党风廉政建设工作,确保各项目标顺利完成,坚持把党风廉政与业务工作一同部署、一同检查、一同落实、一同考核，切实把责任制落实到工作全过程，真正做到上下联动、齐抓共管、惩防并举、综合治理，在全委范围内形成一手抓政法综治工作，一手抓党风廉政建设，两手抓、两手硬、两不误、两促进的良好工作局面，为全年各项工作目标提供重要的组织保证。

【党员廉政教育】 年内，始终坚持把党风廉政教育作为一项基础性工作来抓，着力引导党员干部牢固树立理想信念和宗旨观念，做到廉洁自律、干净干事。坚持抓好理论学习，组织党员干部精研细读中共十九大精神和习近平总书记的一系列重要讲话精神，传达学习区、市、县反腐倡廉建设、政府廉政工作会议精神、纪委会议精神，及时通报全国、自治区、市、县查处的党员领导干部违法违纪典型案例，帮助党员干部进一步明确和理解中央、自治区和市、县委对加强党风廉政建设的具体要求，筑牢思想防线，提升自我反腐能力。扎实开展专题学习，结合“两学一做”“四讲四爱”教育活动的开展，专题学习《习近平关于严明党的纪律和规矩论述的摘编》《中国共产党章程》《中国共产党廉洁自律准则》《中共共产党纪律处分条例》等内容，增强党员干部自我约束能力。积极推进“廉政文化进机关”，领导干部带头将党课。

【纠正“四风”】 年内，坚持不懈纠正“四风”确保务实节俭文明过节监督检查工作，在藏历新年、春节、“五一”国际劳动节、“六一”林卡节、端午节、中秋节、国庆节期间坚决落实有关规定，作为落实“两学一做”学习教育纠正“四风”、隐形变异“四风”问题、加强党风廉政建设和加强机关作风建设的重要内容加以落实、严格执行机关公务接待、公务用车使用管理制度，严格控制“三公”经费支出，未发生违纪违法现象。

2017年5月26日，“青春与法同行、青少年法律大讲堂”法制巡讲走进白朗县

【选拔任用干部】 年内，严格执行《党政领导干部选拔任用工作条例》（以下简称条例），建立干部任用提名制度，将民主推荐、测评的结果作为选拔任用干部的基本依据，严格执行干部选拔任用工作中的纪律，自觉遵守条例规定的“十个不准”，防止和杜绝选拔任用工作中的不正之风。

（索朗拉珍）

【领导名录】

书 记

罗布顿珠（藏族）

副书记、综治办主任

江 村（藏族）

副书记

边巴拉姆（女，藏族，5月任）

护路办主任

巴桑次仁（藏族）

主任科员、维稳办负责人

桑 尼（女，藏族）

副主任科员

高红斌

公安

【概况】 全县辖2个镇9个乡，111个行政村，总面积2758.98平方公里，总人口49497人，7306户。县内有参卓林寺、羊巴寺、曲培林寺等22座寺庙（19座寺庙、2座拉康、1座日追）。2017年白朗县公安局发展至20个机构和11个派出所的多警种职能部门。2017年，公安局围绕社会矛盾化解、社会管理创新、深化公安改革、公正廉洁执法"四项重点"任务，深入推进公安基础信息化、队伍正规化、执法规范化、警务实战化"四项建设"，促进公安工作上台阶。

【学习贯彻中共十九大精神】 年内，公安局以习近平总书记在十九大上的报告为主要学习资料，学习习近平新时代中国特色社会主义思想，学习中共十九大提出的新理念新论断和确定的新任务新举措，学习新修订的《中国共产党章程》，深入贯彻党中央和自治区党委关于学习宣传、贯彻落实中共十九大精神的重要决策部署，坚持读原著、学原文、悟原理，坚持联系实际学、带着问题学、领导带头学，采取多种方式，运用多种载体，坚持在学全、学懂、弄通、做实上下功夫，做到学深悟透笃行。组织科级干部22人、科员和辅警49人参与学习十九大精神和十九大报告以及新修订《中国共产党章程》9次（9课时）。派出所、警务站、警务室27名科级干部，科员和辅警88人在部门组织集中学习9次（9课时）。通过系统学习、深入思考以及形式多样的专题活动，全面深刻领会中共十九大战略性、前瞻性和指导性，把握好丰富内涵，精神实质和基本要求，切实增强民警维护核心的思想自觉和行动自觉，切实把民警思想和行动统一到中共十九大精神上来，把智慧和力量凝聚到实现中共十九大确定的目标任务上来，进一步增强全体党员民警、辅警"四个意识"、坚定"四个自信"。

【精准扶贫】 年内，根据全县开展的"4321"结对帮扶工作要求，局党委高度重视，充分认识到做好结对帮扶工作的重要性，真正做到将此项工作作为重要的政治任务来抓，并教育引导全局民警严格按照"三扶三送"活动要求开展工作。年内，全局民警共帮扶困难群众资金及物资20余万元，引导就业30余户。

【信息搜集】 年内，充分发挥信息主导警务，信息服务实战的作用，对警务综合应用平台的各类数据库信息以"标准地理位置、实有人口、实有房屋、实有单位"目标实时进行增、删、改，确保信息的及时、准确、鲜活、完整。年内，搜集有效情报41条，核对地址115条，采集常住人口信息41644条，其中外来流动人口信息1134条，办理居住证244张，出租房屋信息97条，公共娱乐场所信息37家，机动车维修业3家，废旧物品回收3家，印刷业4家，旅馆业5家，各类从业人员信息96条，收集互联网有害信息110条，及时反映社会各界动态，为党委、政府和上级公安机关决策提供参考依据；

【案件侦办】 年内，公安局结合"三打击一整治"、打击整治涉枪违法犯罪等专项行动，以深入开展"打盗窃、反电诈、治枪毒"为契机，打防并举、竭力压降发案，有效遏制盗、抢、骗等刑事案件的发生，切实保护辖区人民群众生命和财产安全。年内，共侦办刑事案件9起（其中盗窃案4起，电信诈骗案2起，故意伤害案1起，买卖国家机关印章案1起，盗掘古文化遗址案1起）；查破6起，移送1起。勘查现场9个，提取痕迹物证16件，警综平台、现场勘查系统、电信诈骗平台等系统录入率达100%。在侦办"7・7"电信诈骗中，侦查人

2017年10月2日，日喀则市副市长李玉建（左一）在公安局检查指导工作

员通过多方调查和多日的努力成功从河南沁阳市抓获犯罪嫌疑人,通过冻结资金挽回损失9万余元,在"4·6"盗窃车内财物案中,侦查人员在3个月里充分利用刑事科学技术和传统侦查手段相结合,成功锁定和抓获犯罪嫌疑人,挽回经济损失2万余元。

【禁毒工作】 年内,公安局始终以创建无毒县为总体目标,紧紧围绕禁毒人民战争的总体规划,深入开展禁毒大检查等专项行动和宣传教育工作,全年开展禁毒大检查3次,在检查中未发现有人吸毒和携带毒品,宣传16场次,发放宣传资料5200余份,参与群众5200余人,在县中学和小学禁毒宣传长廊2处,建立乡(镇)禁毒宣传阵地三个,建立学校禁毒宣传阵地七所(六所小学、一所中学),各娱乐场所更换禁毒宣传贴条(水晶板)共30条。

【人口管理】 年内,认真贯彻落实西藏自治区人民政府《关于进一步推进户籍制度改革的实施意见》的通知。年内,出生入户办理777人,死亡注销办理263人,上传二代证制证信息4975条,西藏自治区公安厅制证中心已制出证件4795份(其中制出异地身份证5份),办理临时身份证635份,办理网上迁移475人,解决无户口人员落户28人,纠正户口登记项目差错161人,完成入户核对271677人,完成入户核对81492户,解决应落未落常住户口290人,解决应销未销常住户口人数

2017年8月1日,县委常委、政法委书记、公安局局长罗布顿珠主持召开公安改革推进会

488人,纠正户口登记项目差错2292人,核对人户分离总数112户,完成65名同名同号人员的清理工作。

【安全生产管理】 年内,结合"百日交通大整治""百日扫雷交通整治""大排查、大教育、大整治"等工作部署,合理安排警力,加强对疲劳驾驶、超速、超载、酒驾等严重交通违法行为的整治力度,实现对国道349白朗段、县城区域交通秩序的有效管控,同时,积极会同安监、交通等部门开展隐患排查10次,排查出道路交通安全隐患22处,整改21处,1处危桥已用钢架桥进行加固。对现有道路安全状况进行全面评估,重点针对急弯、村庄、视距不良、平交道口等凡是存在标志、标线不全和事故多发安全隐患的路段,增设标示标牌20个、爆闪灯20处、广角镜20处,在县城十字路口设置太阳能交通信号灯7个、禁停标志牌12个,有效提高道路安全防护水平。2017年共查处交通违法行为4000余起、驾驶证记400分、罚款7万余元、签订《分段包干责任书》40余份、开展各类宣传30余次,摆放宣传展板14处,播放交通安全视频10次,在显眼路段悬挂宣传横幅10条、发送安全提示短信3000余条,发放反观贴5000条、藏语版宣传资料20000余份。2017年,公安局购买一辆交通清障车,为县城交通清查,事故车辆的清理等工作起到推进作用。

【社会治安治理】 年内,公安局牢固树立社会治安可防可控的理念,多措并举,加强对辖区建筑工地、企业、出租房屋、宾馆、娱乐场所、餐饮场所、朗玛厅、城乡接合部等流动人口较为集中的公共复杂区域的清查,全面收缴流入社会的民爆物品、枪支弹药、管制刀具、零散油品等,加强寄递物流业务整治,深入辖区重点场所、大型

2017年9月8日，公安局组织民警在者下乡斗牛场维持秩序

仓库以及“九小场所”“三合一”场所开展消防安全隐患大排查，坚决做到社会面治安稳定。在烟花爆竹管理方面，对辖区烟花爆竹市场进行安全检查5次，对购销、运输、经营、仓储等环节进行专项整治，组织民警对辖区鼎源爆破公司进行安全检查12次，排查安全隐患6起，有效杜绝无证上岗带来的安全隐患，提高涉爆人员的安全意识。

对全县13所幼儿园、12所小学、1所中学进行140余次检查，发现隐患24处，落实整改24处，下达整改通知书6份，出动警力240余人次，警车140余台次。同时，提高信息化应用能力水平，举办派出所基础工作、警务站警务综合应用平台运用培训，进一步提升民警的信息化应用水平。年内，共受理治安案件13起，调解18起，罚款24人，拘留5人，开展清查行动100余场次。检查互联网营业场所80次，下达《互联网网络安全隐患整改通知书》1份，查处网络造谣传谣案件1起。

【白朗段铁路动脉安全畅通】 年内，公安局加大对护路工作人、财、物的投入力度，确保打防控措施落到实处。每逢重要节点均组织民警前往拉日铁路白朗段联合护路联防小分队进行巡查看护。在广泛巡逻的基础上，还对易发案及群众法制意识淡薄的重点村、无人看守道口等重点部门开展重点巡逻，发现问题，及时反馈，掌握治安信息，并制定集中整治。

【党风廉政建设】 年内，始终坚持“以党建带队建”的指导思想，不断强化党组织建设，通过抓学习、抓教育、抓成效等措施，培养民警责任、忠诚、敬业职业操守，充分发挥党员先锋模范作用。通过结合“对党忠诚、服务人民、执法公正、纪律严明”教育活动、用榜样励警、用绩效量警等措施，引导广大民警进一步增强政权意识、使命意识和忧患意识，通过开展反腐倡廉教育，着力建设廉洁警队，提高队伍管理能力。截至年底，举行廉政辅导讲座12场，组织观看廉政教育片25场次、参与民警1600余人次。

【警容风纪建设】 年内，紧紧围绕“对党忠诚、服务人民、执法公正、纪律严明”“讲学习、讲忠诚、正风纪、转作风、提效能”学习实践活动，用党员标准严格要求民警，以铁的决心、铁的纪律、铁的措施强化问责问效问纪，使“懒、庸、散”现象得到有效治理，民警在言行规范、着装规范、精神风貌等方面取得明显进步。

【宣传工作】 年内，始终把公安宣传工作作为“树形象、赢民心、聚警心”的重要途径，积极拓展宣传渠道，通过“声、屏、报、网”，全方位宣传在打击、防范、整治、服务等工作取得的成效和民警的风采，营造良好的社会舆论氛围，有效推进公安工作的开展，凝聚队伍正能量。2017年，上报信息487篇，上级采纳345篇，“白朗公安”微信公众号累计发布宣传信息27期。

【警营文化】 年内，在节假日采取灵活多样的形式，开展各项文娱活动和竞技比赛，增强公安民警的身体素质和警体技能，融洽民警关系，提高公安队伍的凝聚力、向心力。

（冯华东）

2017年8月23日，公安局交警大队组织营运车辆车主在公安局会议室观看教育片

【领导名录】

县委常委、政法委书记、公安局局长
　　罗布顿珠（藏族）
政　委
　　普　琼（藏族）
副局长
　　白　贵（藏族）
　　王　琳
党委委员、办公室主任
　　顿珠玉杰（藏族）

检察

【概况】 白朗县人民检察院设有5个部，分别为刑事检察部、民事检察部、生态安全检察部、检察业务监督管理部、检务保障部。全院实有干警16名，汉族干警1名，检察长1名、副检察长1名，硕士研究生学历3人、本科学历10人，高级职称1人，男干警9人、女干警7人，藏族15人、汉族1人，院党组成员2人、支部党员12人，40岁以下干警13人、40岁以上干警3人，检察官入额人员3人。2017年，白朗县人民检察院紧紧围绕跨越式发展和长治久安这个中心，全面贯彻党的各级会议精神，贯彻习近平总书记系列重要讲话和中共十九大精神，深入贯彻落实习近平总书记“治国必治边、治边先稳藏”的重要战略思想和加强民族团结、建设美丽西藏的重要指示，全面深化检察改革，努力提高法律监督能力，积极履行法律监督职能，以提高检察官综合素质为目标，加强教育培训，努力塑造检察官良好形象，各项检察工作成效显著，为推进白朗经济社会和谐发展提供坚实的法治保障。

2017年，共提请批准逮捕案件7件8人，批捕6件7人，不捕2件2人，审查起诉14件16人，提起公诉14件16人，做出不起诉0件0人。所办的强制医疗案件在全市乃至全区尚属首例，得到上级领导的关注和肯定。

【法律监督】 年内，检察院坚持以促进公正廉洁执法为目标，积极探索实行多部门协调配合的办案制度，自侦部门通过审查案件、提前介入、受理举报等方式，做好立案监督、侦查监督以及执法监督。大力开展检察院品牌创建工作，积极

2017年3月8日，西藏自治区人民检察院副检察长多吉（左二）在白朗县人民检察院调研

2017年8月10日，最高检网站编辑部主任、正义网常务副总裁钱贤良（左二），自治区人民检察院宣教处处长王科（左一）一行在白朗县人民检察院调研

转变工作思路，从传统监督转为服务监督，着重打击食品安全领域违法犯罪。大力开展民事行政检察工作，审查人民法院民事判决、裁定、调解共计53件116人，未发现违法裁判、违法执行的情况。

【党风廉政建设】 年内，检察院继续加大对职务犯罪的预防力度，与11个乡（镇）、24个相关单位签订《预防职务犯罪工作联系机制》；使用8万元资金建立旺丹乡廉政一条街，填补白朗县乡镇警示教育的空白。进一步完善内部监督机制，把强化内部监督与强化司法办案监督紧密结合起来，全院干警签订禁酒令、禁赌令，对干警的监督管理延伸到8小时之外，由于教育监督管理到位，近年来未出现干警违法违纪现象。

【作风建设】 年内，检察院为深入开展“四讲四爱”主题教育实践活动，认真贯彻落实“党要管党、从严治党”及党章关于加强党员教育管理的要求，坚持党支部为基本单位，以“三会一课”等党的组织生活为基本形式，落实民主评议等党员日常教育管理制度，针对领导、党员干部、普通干部的不同情况做出安排，提出不同要求。组织干警学习习近平总书记系列重要讲话精神，学习党章、《中国共产党廉洁自律准则》《中国共产党纪律处分条例》等党内法规；开展党组织关系集中排查活动、党费收缴集中清理整治工作；开展“五查五看”和“三亮三比”活动，每位党员认真做好笔记，撰写学习党章、学习习近平总书记系列讲话心得体会、观看专题教育篇心得体会。通过一系列主题活动学习达到“工作作风明显提升”“纪律观念明显提升”“工作效能明显提升”“服务意识明显提升”的“四个明显”的目标。

【法治宣传】 年内，检察院与有关部门相互配合，采取设置咨询点、摆放宣传展板、发放宣传资料等形式积极开展“五下乡”宣传活动、“3·10”“3·28”西藏百万农奴解放纪念日等综治宣传活动、“4·15”国家安全教育日宣传活动，开展青少年犯罪预防和应对的法治宣传活动，开展“四讲四爱”主题教育实践宣讲活动

2017年8月16日，西藏自治区人民检察院巡视组组长、拉萨市检察院党组副书记、常务副检察长塔青（右三）一行在白朗县人民检察院巡察工作

6次，法治宣传25次，发放宣传材料25080余份，进一步增强群众“学法、知法、守法、护法”的意识，引导群众树立“分裂是祸、团结是福”的民族大团结意识和感党恩、听党话、跟党走的民族团结意识、进一步筑牢各族干部群众团结奋斗的共同思想基础。

2017年8月22日，检察院党组书记、检察长扎西次仁就次某某涉嫌故意伤害案出庭支持公诉

【结对帮扶】 年内，按照县委统一要求，检察院16名干警与26名建档立卡贫困户结对认亲，通过下乡调研、谈心谈话、物资帮扶等方式帮助困难户理清脱贫思路，开展入户慰问16次共计216人次，全年共捐助帮扶资金25000余元。

【强基惠民】 年内，检察院选派5名驻村队员和2名村第一支部书记，深入开展驻村工作，其中驻嘎东镇亚温村工作队为驻村扶持户解决资金3万元并对其无偿提供作业场所及减免附加费用，深入92户进行精准扶贫和环境保护政策宣传，2名第一支部书记分别对所在村党员以藏语形式开展党课教育4次，发放1.5万余元的慰问物资和1600余元的常用药品，开展普法宣传活动7场，调解高速公路和邻里、征地等各类纠纷23起，开办村级学前班，受教育儿童达16人，得到镇党委和村民的一致好评。

2017年11月23日，检察院公开销毁查处的伪劣过期产品副检察长达娃顿珠现场检查

【基础设施建设】 年内，检察院从业务经费中支出7万余元新建规范化党建办公室，使用装备款7万元安装LED显示器和投影幕，使用5万余元，维修干警活动室。从县政府争取67万元，自治区检察院争取50万元，在院内进行绿化硬化和排水工程建设，检察院整体面貌焕然一新。

【队伍建设】 年内，检察院积极与县委沟通协调，调整充实检委会和院党组成员，3名干警提任正科级领导岗位，1名干警提任为侦监科科长，检察院各项工作进一步规范化、正规化。同时，狠抓检察队伍政治理论和业务知识学习，坚持认真学习贯彻中共十九大会议精神、十八届历次全会、自治区第九次党代会，贯彻落实中央第六次西藏工作精神、习近平总书记系列重要讲话精神，学习领会曹建明检察长、张培中检察长重要讲话精神，制定并严格执行《每周五下午干警学习制度》《工作交流制度》《业务技能竞赛制度》《理论中心学习制度》等6项制度，集中学习50余次。组织干警参加各类培训、学习16人次。其中2名干警分别到长春、林芝参加司法考试考前培训，选派1名干警到山东参加“双百计划”交流培训，1名干警在自治区检察院岗位锻炼。在干部培养上，检察院始终践行以德为先的用人导向，时刻教育干部加强学习，引导干警清白做人，坚决杜绝违法违纪行为的发生，用更严格的要求来约束干警。通过多种形式的教育培训，大大提升检察队伍的综合素质。

（邱兴华）

【领导名录】

党组书记、检察长
　　扎西次仁（藏族）
党组副书记、常务副检察长
　　王　晓　杰（藏族，12月免）
党组成员、副检察长
　　达娃顿珠（藏族）
　　赵　　琨（4月免）
公诉科科长
　　平措旺堆（藏族，正科级）

法院

【概况】 白朗县人民法院地处县城中心，组建于1974年，下辖3个派出法庭（玛乡派出法庭、杜琼乡派出法庭、嘎东镇派出法庭）现实行轮流住庭开展工作，该院下有6个内设机构，分别为立案庭、刑事审判庭、民事审判庭、审监庭、执行局、办公室、现有19人，编制20人，其中男干警7人、女干警12人，员额法官7人、助理审判员2人、执行员1人、法警1人、书记员4人、其他行政人员4人，班子成员一正两副，院党组4人，审委会5人，党组下设2个党支部，共有党员16人。

【队伍建设】 年内，白朗县人民法院深入贯彻落实中共十九大、十八届历次全会精神，紧紧围绕“两学一做”“四讲四爱”和“讲学习、讲忠诚、正风纪、转作风、提效能”主题教育实践活动，紧扣主题，突出司法特色，重点解决“冷硬横推”“慵懒散拖”等司法不正之风，以“零容忍”的态度查处不正之风。始终坚持司法为民宗旨，积极推进司法公开工作，主动接受监督，最大限度保护群众的切身利益。

【履行审判职能】 年内，法院突出抓好审判执行第一要务，依法惩治刑事犯罪，努力化解社会矛盾，维护社会大局稳定，促进社会公平正义。全年共受理各类案件82件，结案70件，未结12件，结案率86%。

【刑事审判】 年内，始终坚持惩罚犯罪与教育改造相结合的审判工作理念，坚持罪刑法定和罪刑相适应原则，充分发挥刑事审判职能作用，依法严厉打击各类刑事犯罪。全年共受理交通肇事罪、故意伤害罪、盗窃罪等刑事案件12件14人，已审结11件13人，结案率91%，无超期羁押和超审限案件。

【民商事审判】 年内，坚持“调解优先、调判结合”的原则，以案结事为目的，切实加大调解力度，努力减少不稳定、不和谐因素，避免矛盾激化，产生不稳定因素；增强矛盾纠纷的排查、化解工作的主动性，尽可能地做到早准备、早发现、早处理，切实将矛盾化解在萌芽状态。全年共受理各类民（商）

2017年11月22日，白朗县人民法院新老院长交接会议

事案件56件,审结49件,结案率为87.5%。审结案件中判决6件,调解36件,撤诉7件,调撤率达87.7%。

【执行工作】 年内,建立健全执行联动工作机制,成立以县委领导挂帅,以政法、行政执法和金融等11家部门为成员的执行联动领导小组,解决执行难案件的组织领导。强化执行措施,采取强制执行、公布曝光失信被执行人名单等方式,增强执行威慑力。全年共受理执行案件15件,执结11件,执结率为73.3%。

【完善窗口建设】 年内,畅通人民群众司法诉求通道,以诉讼服务大厅、"12368"诉讼服务热线、诉讼服务网、车载流动法庭"四位一体"为诉讼服务平台,实现法院零距离为民服务的宗旨。诉讼服务大厅共接待当事人180余人次,"12368"诉讼服务热线提供咨询查询等服务25人次。

【民族团结工作】 年内,通过巡回宣传等形式,共开展"巡回法庭月"活动6次,开展法治宣传24场次,接受法律咨询204人次,发放宣传资料19420余份(册),受教育人数达19600余人次。

【提高司法服务水平】 年内,白朗县法院始终把加强自身建设作为事关人民法院事业兴衰成败的关键问题来抓,努力提升法院司法服务能力,牢固树立司法为民的理念,始终围绕人民群众关注的热点,重点问题,不断完善司法便民利民措施,努力满足人民群众日益增长的司法需求。

2017年4月9日,白朗县人民法院邀请县人大代表和政协委员在法院考察工作

【专题教育活动】 年内,开展"两学一做"学习教育、"四讲四爱"主题教育实践活动,要求认真学习领会习近平总书记系列重要讲话精神,不断增强"政治意识、大局意识、核心意识、看齐意识",特别是"核心意识及看齐意识",积极贯彻落实党中央、区党委、市委、县委的决策部署,使全院干警进一步坚定政治立场和法治信仰,牢固树立社会主义法治理念,准确把握法院工作面临的新形势,确保法院工作的正确方向。

【党风廉政建设】 年内,牢固树立"不抓党风廉政建设是严重失职"的意识,严格落实党风廉政建设领导责任制和"一岗双责"制度,坚持开展警示教育和主动接受外界监督并举,杜绝"六难三案"等问题滋生,着力维护法院队伍的纯洁性、先进性。

【党建工作】 年内,法院要求遵守各项政治纪律,做到政治理论学习有计划、有安排,坚持和完善党组理论中心组学习制度和支部学习制度。党组理论中心组每季度学习4次,全院干警坚持每周星期二、四院会议室学习,全院干警每人学习笔记超过1万字、心得体会至少2篇。

(白玛旦增)

【领导名录】

党组书记、院长

达　　娃(藏族,10月免)

许 东 升(10月任)

党组成员、副院长

格　　桑(藏族)

次仁拉姆(女,藏族)

党组成员、立案庭庭长

边巴普赤(女,藏族)

民事审判庭庭长

扎　　西(女,藏族)

2017年7月26日，白朗县人民法院执行款兑现现场

刑事审判庭庭长

拉巴普赤（女，藏族）

执行局局长

贵桑旺姆（女，藏族）

旺丹法庭庭长

格桑卓嘎（女，藏族）

办公室主任

次仁多吉（藏族）

司法行政

【概况】 2017年，白朗县司法局核定政法编制为12个（含乡镇司法助理员编制5个）。截至年底，局机关实有在职人员11人，其中正科级1人，司法助理员5人，平均年龄26岁。下属设有5个科室，法律援助中心、矫正管理办公室、普法办、基层科（安置帮教办、人民调解）、局办公室。

【"七五"普法】 年内，白朗县根据日喀则市普法办下发的《"七五"普法规划》，结合白朗县实际，制定《白朗县"七五"普法规划》，并充实调整普法领导小组。11月15日，白朗县召开"六五"普法总结表彰暨"七五"普法部署大会，会上对"六五"普法工作中涌现的先进集体和先进个人进行表彰，由白朗县委副书记、县长赤列朗杰代表县法治宣传教育工作领导小组作"六五"普法工作总结暨"七五"普法工作部署工作报告，县司法局局长、县普法办主任白玛与各乡镇、县直各单位、县（中、区）直部门负责人签订"七五"普法目标责任书。

【"法律七进"法治宣传教育活动】 年内，开展"法律七进"法治宣传教育主题活动，主要通过"党校学"、中心组理论学习的形式加强对领导干部的学法用法力度；以"开学法治第一课""假期法治第一课"深入学校进行法治宣传等形式，积极开展"法律进学校"活动，组织法治副校长、法治辅导员深入全县12所中小学围绕宪法、义务教育法、未成年人保护法、预防未成年人犯罪法、治安管理处罚法、道路交通安全法等基本法律知识和安全文明常识开展法治讲座，进一步增强广大学生的法治意识和法治观念；依托"五下乡""四讲四爱"主题教育实践等活动，深入农村、寺庙进行法治宣传，提升广大农牧民、寺庙僧尼的法律意识和法治观念；以矛盾纠纷突出的农牧区、草场、土地、工程建设等行业领域为重点，开展针对性法治宣传教育，普法相关法律知识，防止违规违法事件发生；组织普法各成员单位参与综治宣传月、宣传周、"三八"国际妇女节、"3·28"西藏百万农奴解放日、"3·15"消费者权益保护日、"6·26"国际禁毒日、"9·16"平安宣传日、以《中华人民共和国宪法》《中华人民共和国民族区域自治法》《中华人民共和国劳动法》《中华人民共和国合同法》《中华人民共和国婚姻法》《中华人民共和国未成年人保护法》《中华人民共和国妇女权益保障法》《法律援助条例》、破坏社会主义市场经济罪等法律法规为内容，进行普法宣传；深入司法局驻村点开展换届前的法治宣传教育，协助村"两委"发挥领导和把关作用，坚持德才兼备，注重实绩表现，注重服务大局，不断优化班子、增强整体功能，真正使换届工作换出好干部、换出好导向、换出好作风、换出好氛围。

【征订普法宣传资料】 年内，白

2017年1月12日，西藏自治区司法厅社区矫正管理局局长兴华（右四）一行在白朗县司法局检查指导社区矫正工作

朗县普法办共花费10万余元征订普法宣传资料。截至年底，发放专项整治宣传资料、打击经济犯罪宣传资料、《中华人民共和国反家庭暴力法》《人民调解优秀案例》《安置帮教工作服务宣传手册》、普法碟片、普法挂历等普法宣传资料共计80000余份，发送普法短信3万余条，悬挂普法横幅200余条，张贴标语1000余条，深入乡村、学校共开展法治宣讲87场次，法律宣传32场次，受教育群众达8万人次。

【安置帮教】 年内，白朗县新增刑释解矫人员11名。截至年底，白朗县共有在册刑释解矫人员37名，包括重点帮教对象4名，帮教率达到98%，为维护稳定、促进经济发展做出积极努力。

明确工作责任。年内，白朗县司法局先后两次组织召开安置帮教工作领导小组协调会议，调整充实以县委常委、政法委书记、公安局局长罗布顿珠为组长，副县长强巴顿旦、司法局局长白玛为副组长的安置帮教领导小组，为开展好2017年的安置帮教工作提供组织保障；按照文件精神，进一步明确安置帮教领导小组成员单位及其职责，确保白朗县安置帮教工作形成党委领导、政府主导、综治指导协调，司法行政机关为主、各成员单位各司其职、密切配合、齐抓共管的良好格局。

建立健全个人档案。年内，白朗县司法局对在册的37名刑释解矫人员重新建立详细清楚的档案，包括对其在监的表现情况和家庭状况进行详细的记录，做到“底数清、情况明、服务好、控得住、管得严、不出事”。同时依托刑释解矫人员信息管理系统，加强刑释解矫人员动态管理，每季度及时向日喀则市司法局基层工作科上报更新相关数据，建立完善刑释解矫人员工作卷宗，确保管控工作无漏洞。

法治宣传教育。年内，全面核实刑释解矫人员本人及家庭实际情况，及时掌握其思想动态，并动员其家人共同做好思想转化工作，同时按照“6+1”管控模式与白朗县公安派出所、乡（镇）、村委会、“双联户”签订《日常稳控责任书》，进一步细化明确职责，加强对其帮教与管控。

刑释解矫人员调查摸底。年内，白朗县司法局组织公安派出所、“双联户”、帮教小组以每月至少一次的力度对全县在册安置帮教人员进行摸底排查，确保摸清底数，掌握情况，进一步落实各项工作措施，有效地预防和减少重新犯罪的发生。截至年底，共开展摸底排查1200余次。

提高刑释解矫人员就业率。年内，白朗县司法局充分发挥职能作用，积极协调民政、财政、工商、税务等部门为刑释解矫人员就业安置和社会保障提供服务，做到刑释解矫人员就业有人扶、创业有人帮、困难有人助，从而引导这些特殊群体早日融入社会，开始人生新里程。2017年，司法局通过与县民政局、教育局等部门协调，为8名生活困难的安置帮教人员解决救助金，共计33200元；与县发改委等部门沟通，为次某等7名安置帮教人员解决就业问题；与县住建局协调，为白某等2名安置帮教人员解决住房为题。

【人民调解委员会建设】 年内，白朗县共有基层调解组织132个，其中111个为村级调委会，11个为乡（镇）级调委会，7个行业性、

2017年7月24日，武汉市洪山区司法局一行在白朗县司法局开展法律援助异地协作

专业性人民调解委员会，3 个为企事业调委会，建成率 100%。根据相关文件精神要求，2017 年，县司法局及时组织各级调解委员会进行换届选举，于年底各级调委会换届选举工作已完成。

【人民调解员培训】 年内，参加上级组织的各类培训，通过学习法律、法规、调解工作经验介绍、业务交流等形式丰富知识，提高业务能力；举办调解业务培训班，由专业人士讲课，内容包括法律知识、办案中的实践体会、调解协议书的制作等。2017 年，县司法局共举办人民调解员培训会 2 场次，共 817 人参加培训，解决培训经费 9200 元。

【人民调解工作】 年内，县司法局以人民内部矛盾排查化解为重点，按照上级部门工作要求，组织全县各级人民调解员以每月不少于一次的工作力度，走进乡镇、村户大力开展婚姻家庭、邻里关系、抚养赡养、损失赔偿等经常性矛盾纠纷排查调处工作。同时司法局注重在全国、自治区各节点、大型宗教活动期间加强矛盾纠纷排查力度，及时有效处理矛盾纠纷。要求白朗县各乡（镇）人民调解委员会每月 20 日前，将调解情况、矛盾纠纷排查结果报至县司法局，县司法局根据要求及时上报季度矛盾纠纷排查明细和调解案件，确保白朗县的稳定。

截至年底，全县调处各种矛盾纠纷 72 件，其中包括婚姻家庭纠纷 23 件、邻里纠纷 10 件、山林土地纠纷 4 件、拖欠民工工资 6 件、道路交通事故纠纷 24 件、合同纠纷 1 件、劳动争议纠纷 4 件，全部调处成功，共发放办案补助 10960 元。

【法律援助】 由于白朗县缺乏专业的法律服务人员，法律援助工作和政府法律顾问主要依靠“1+1”志愿律师进行。2016 年白朗县迎来第四批“1+1”法律援助志愿者律师，在县法律援助领导小组的指导和志愿者的协助下，法律援助档案管理和办案程序更加规范。

白朗县法律援助工作坚持以化解社会矛盾纠纷为切入点，以维护人民群众合法权益为出发点，以进一步实现社会公平正义为立足点，热情接待前来咨询法律问题的人员，耐心为其解答问题，有效实现扶助贫弱、保障社会弱势群体合法权益。截至年底，县司法局共代写文书 40 余份，接待咨询人员 530 人次，办理法律援助案件 1 起。

为加强交流与合作，进一步拓宽法律援助的覆盖面，7 月 24 日，武汉市洪山区司法局组织局领导和相关工作人员以及洪山区同心律师服务团的公益律师共 5 人，到县司法局商讨法律援助异地协作事宜，并签订合作意向书，互赠联络站及工作站牌，武汉市洪山区司法局相关工作人员和公益律师表示，将按照《法律援助异地协作意向书》，竭尽全力做好西藏日喀则市白朗县在汉读书、就业、务工人员合法权益保障的法律援助工作，切实维护民族团结及藏族民众的合法权益。随后，武汉市洪山区司法局相关工作人员和公益律师一行在司法局驻村点开展“法律援助进藏家”活动，为 10 户困难家庭带去 5000 元慰问金，并现场咨询解答困难群众的法律需求，引导他们学法用法、依法维权。

【基础设施建设】 “十三五”建设

2017年5月12日，司法局“1+1”中国法律援助志愿者律师肖祚竹在县完全小学学生开展以“反校园欺凌、反间谍”主题法治讲座

项目主要包括11个乡(镇)司法所的建设,选址工作已完成。2017年已批准建设洛江镇司法所,总投资159万,项目正在建设中。

【党风廉政建设】 年内,县司法局始终坚持把政治理论学习作为重要任务来抓,坚持集体学习和自学方式相结合,强化自我教育,加强党性修养,增强政治敏锐性和鉴别力。加强“八项规定”“约法十章”“单位领导第一责任制”等相关规定的学习,拒绝腐败,保持廉洁。2017年,县司法局召开11次专项检查工作座谈会,回顾开展学习《廉洁从政》及《实施办法》以来各项措施落实情况。

【“两学一做”学习教育】 年内,以“两学一做”制度化常态化为契机,制定党员学习计划,加强对《中国共产党章程》、中共十九大报告、系列讲话建设以及相关文件精神的学习。通过开展“讲学习、讲忠诚、正风纪、转作风、提效能”主题活动,深入查摆存在的问题,形成问题台账和个人整改清单并进行公示。县司法局党支部每月至少组织党员开展一次“支部主题党日”活动。2017年,开展“面对党旗,重温入党誓词”“深入学习先进事迹”、观看爱国主义教育专题片,参观江孜爱国主义教育基地、对各种违纪违法案件进行讲评、组织党员干部每周两次开展环境卫生义务大扫除等活动;成立党员志愿服务队,积极参加植树造林、助民收割、我爱我县珠峰生态保护、环境整治等志愿服务活动。为提升干部职工的综合素质,县司法局开展党员星级评定活动,制定评定标准,每月月底开展一次评选活动,根据日常表现,评选出“党员之星”“业务之星”“团结之星”,评选结果与年度推优选优挂钩,以激发全体干部职工的工作热情。

截至年底,县司法局共召开周五例会43次,专题学习会81次,自学14次,专题研讨会1次,讲党课7次,包括驻村点讲党课1次,观看红色电影7场,撰写心得体会25篇,并且每周学习笔记由局领导审核并签署意见,确保学习计划高质量完成。

【党员结对帮扶】 年内,为提高党员联系服务群众能力,县司法局严格落实“4321”结对帮扶机制,深化拓展“党员干部进村入户、结对认亲交朋友”活动。2017年,县司法局党员干部共结对认亲14户,帮扶58人次,慰问28次,送去蒸笼、水壶等慰问品,折合2800元以及慰问金14000元;参加县慈善协会11人,上交会费5500元。

年内,县司法局通过走访调研,了解到安置帮教人员米某生活困难,无收入来源,为充分发挥“爱心基金”作用,县司法局拿出部分爱心基金给予米某作为慰问金,以解决其燃眉之急。2017年,县司法局在驻旺丹乡武日村驻村点开展慰问活动16次,发放慰问品及慰问金共计8000余元;开展法治宣传3场,受教育群众600余人;县司法局工作人员为驻村点5户贫困牧民捐款5000元,并及时送到他们手中;通过调解帮助村民解决拖欠工资2000元问题。

(宗 洁)

【领导名录】

局 长

白 玛(女,藏族)

经济管理·金融

白朗年鉴·2018

发展与改革

【概况】 2017年,白朗县发展和改革委员会实有人数19人,行政编制10人,事业编制5人,机关工人1人,机关公益性3人,机关合同工1人。

白朗县发展和改革委员会(简称县发改委)属政府系统正科级国家机关,下设工信局、粮食局、物价局、统计局,主要负责经济综合管理工作。粮食局负责粮食流通统计工作及粮油市场监督检查工作。物价局主要负责市场价格监督管理工作及主要商品价格监测工作。工信局主要负责企业备案工作及相关数据收集、材料汇报工作。统计局负责国民经济统计工作,承担着为县委、县政府及有关部门制定促进经济发展和社会进步的决策提供准确、翔实数据的重大任务等。

【发挥参谋作用】 发展改革委作为经济综合管理、政府参谋部门,出战略、出思路是其职责所在,也是发挥经济综合管理作用的重要渠道。县级发展改革委参谋作用发挥得如何,直接关系到县委、县政府重大经济决策的水平和经济运行状况的好坏,也关系到发展改革委在县域经济发展中的作用和地位。要善于"抓大事、议大事、谋大事",成为县委、县政府政策智囊。当前,县域经济发展中存在许多迫切需要解决的问题,县级发改委要发挥政府智囊作用。要把握全县宏观经济运行动态,做好监测工作,及时对经济运行进行调控;要围绕县委、县政府中心工作,敏锐抓住县域经济发展中出现的热点、难点问题,深入企业、乡村调研,掌握第一手资料,认真分析,寻找规律,及时拿出有价值、有分量、能解决实际问题的对策措施和建议。

【发挥协调作用】 发展改革部门是推进经济体制改革,促进经济社会协调发展的部门,具有协调各部门之间关系的职责,尤其是部门职责分工、任务分解、各项工作分别推进的条件下,发改委做好各部门间综合协调工作更是责无旁贷。县级发改委要适应职能转变的要求,创新协调方式,积极探索并建立统筹协调的工作机制,重视发改委协调作用的发挥。县级发改委应在全县宏观经济运行和经济体制改革的重点、难点问题的协调工作中,不断总结,不断创新,探索行之有效的协调方式,并积极争取当地党委、政府以及相关部门的支持,将发改委协调职责和协调范围以政府文件的形式明确下来,形成制度,建立长效协调机制。

【全县项目总体建设】 年内,白朗县全社会开(复)工固定资产投资项目146个,其中续建项目38个,新建项目108个;全社会固定资产完成投资13.02亿元,对比年度计划目标任务完成率达到158.2%。

【在建项目建设管理】 年内,白朗县发展和改革委员会严格按照基本建设程序和条例,从工程质量、资金控制、安全监督、资料汇总、预

2017年9月13日,县委常委、副县长普布次仁在县发改委主持召开分管部门工作会议

防“拖欠”和后期交接等方面加强管理力度。不断完善和补充项目建设资金审批表制度，规范拨款程序，严格按照施工进度拨款；拨款时附民工工资兑现表和使用单位意见证明，杜绝拖欠民工工资现象的出现；在各部门实施项目过程中，白朗县发展和改革委员会始终积极与各部门协调沟通，保证白朗整体项目进展顺利；为保证县委、县政府主要领导及时掌握项目进展情况，提供有效的决策依据，白朗县发展和改革委员会每月开展一次项目进展情况统计。

【项目储备】 白朗县发展和改革委员会全面负责全县项目的前期沟通、协调、推进和申报工作，督促开展项目前期工作，增加项目储备，搞好项目库建设，优化项目结构，广开渠道筹措项目资金。2017年，白朗县发展和改革委员会全面梳理白朗县已完成前期工作，计划在2016年实施的项目以及正在开展前期工作的储备项目基础上，并积极向上级行业部门申报前期工作完成及正在开展前期工作的储备项目。

【灾后重建】 年内，白朗县灾后恢复重建工作主要围绕实施城镇建设、产业发展、整村推进等项目开展。白朗县灾后恢复重建工作推进扎实有效，批准实施的灾后恢复重建项目共23个，总投资为1.84亿元，累计完成投资1.83亿元，完成总投资的99.37%。其中白朗县发展和改革委员会负责开展白朗县洛江镇特色小城镇和嘎东镇特色小城镇建设项目总投资8298.8万元，完成投资8263.98万元，完成率达99.6%。

【易地扶贫搬迁】 年内，实施8个乡镇61个行政村233户1041人建档立卡贫困户易地扶贫搬迁项目，涉及8个集中安置点（嘎东镇2个、杜琼乡2个、嘎普乡2个、强堆乡1个、县城1个，搬迁规模为130户527人），其余全部为相对集中式分散安置。截至年底，已竣工155户697人，实际完成搬迁入住92户387人，分别完成年度任务的66.5%和39.5%。

2017年12月7日，县委常委、副县长普布次仁在县城温室大棚调研

【招商引资】 年内，白朗县加大招商引资工作力度，扩宽招商引资渠道，努力改善招商引资环境，制定和完善招商引资优惠政策措施和奖励机制，实现招商引资新突破。全年招商引资项目落地6个，总投资5.38亿元，已完成投资2.58亿元，实现招商引资工作新突破。

【专项整治】 年内，开展年楚河河道清淤工作，共清淤38公里；出动清淤车辆28080车次，装载机械12台，共清理淤砂31万立方，有效改善年楚河防汛能力，保障全县85%的群众生活生产用水和80%的耕地灌溉用水，并有效解决全年县域项目建设地材的需求。

【物价管理】 年内，为切实维护消费者的利益，针对食品是否过期，是否卫生，餐饮行业的餐具是否卫生，是否办理卫生许可证等情况。根据白朗县市场发展情况，多次深入对全县药品、食品、蔬菜等商品进行物价专项检查，专门打击囤积居奇、哄抬物价等不法商业行为，切实保护消费者的合法权益。尤其是节假日、重要时期，发改委加强对市场商品价格监测，并及时上报市物价局，全力保障全县市场秩序的稳定。

2017年8月7日，县委常委、副县长普布次仁在强堆乡检查指导砂场整治工作

【粮食监管】 年内，进一步加强白朗县粮食流通监督检查工作，规范粮食流通秩序，维护生产者、经营者、消费者的权益，落实国家粮食收购政策及市场调控政策，稳步推进粮食流通监督检查行政执法工作。

下发《关于白朗县2017年粮油收购工作实施方案的通知》文件，2017年全县共收购粮食150万公斤，其中：非国有企业收购100万公斤，国有企业收购50万公斤；2017年青稞价格为1.9—2.0元，小麦价格为0.65元/公斤。

【信息化工作】 年内，工信局按时上报白朗县大小企业的各种专业报表，年内，完成17个企业的投资备案工作，及时处理市工信局下达的数据收集、材料汇报等工作，督促白朗县农村信息服务站的有效运行。

【统计工作】 年内，白朗县统计局完成主要经济指标的计划和分解工作，进一步做好国家投资项目和援藏项目的衔接工作，及时反馈经济发展方面的信息数据，反馈全县固定资产投资信息。

完成2017年白朗县国民经济统计工作的各项指标；按照县组织部的要求，完成白朗县发改委以及下设机构的权责清单事项；结合白朗县实际，根据县委、县政府需要，开展统计调查工作，不折不扣、保质保量、按时完成生产总值核算统计工作任务，未出现一例漏报、瞒报、虚报问题；不断提高统计数据质量，坚持质量评估制度、检查制度、审核制度和报批制度；加强基层统计人员培训，增强统计人员业务能力，提高基层统计队伍素质；切实加强对经济运行情况的监测和分析，按季度形成经济运行报告，总结经验和不足，提出合理化意见和建议，为领导决策提供依据。

（谈世珠）

【领导名录】

主　任

　　旦增罗白（藏族）

副主任

　　张　　铎（山东援藏）

　　次旦年扎（藏族）

　　顿珠平措（藏族）

主任科员

　　白玛央吉（女，藏族）

　　杨　　林

副主任科员

　　晋美旦增（藏族）

　　吴 小 江

副科级干部

　　平措扎西（藏族）

财政

【概况】 白朗县财政局现有干部职工及公益性工作人员18名；男女比例4：14；本科10名，大专5名。

2017年，白朗县财政预算安排的总体要求：贯彻落实中共十九大精神，坚持稳中求进、进中向好、补齐短板的工作总基调，紧密结合市委“6677”工作思路及白朗县“十三五”总体规划，围绕县委“1234”的工作思路，积极发挥财政职能作用，遵循“统筹兼顾、突出重点、有保有压”的原则，优化财政支出结构，坚持依法理财、增收节支、量力而行、精打细算的方针，深入推进财政预算管理改革，加强财政科学化精细化管理，坚持稳中求进的工作总基调，深入贯彻落实稳增长、调结构、促改革、惠民

2017年3月15日，财政局驻普久村驻村干部与村民清理垃圾

生、保稳定、防风险等一系列政策措施，积极应对财政经济运行中出现的各种问题和困难，充分发挥财政职能，优化财政支出结构，在资金安排上更加突出稳定优先，更加突出民生优先。坚持依法理财、增收节支、量力而行、精打细算的方针，深入推进财政预算管理改革，加强财政科学化精细化管理，提高财政资金使用效益，确保白朗县财政一般预算收入持续平稳较快增长，一般预算支出进度逐步加快，为履行市场经济条件下的公共职能提供可靠的物质保障和财力支撑。全年财政工作取得可喜的成绩，各项重点支出做到应保尽保，为白朗经济社会全面、健康、可持续发展提供坚实的财力保障。

【政务公开】 年内，积极推行政务公开制度。在规范管理的同时，公开机关办事程序，公开领领导班子成员分工职责，公开开各项管理制度；公开政府预算、决算，并在财政预决算公开工作上进行积极探索，积极主动通过政府门户网站的方式，公开经本级人大审议批准的政府收支预算和安排明细，统一格式、细化内容（除公检法等涉密单位），真实反映县本级财政收支情况。

【财政科学化精细化管理】 年内，贯彻实施积极财政政策，整体推进国库集中支付改革工作，全面推行部门预算改革，强化绩效预算意识，严格预算编制程序，改革预算编制方法，细化预算编制，进一步公平预算分配；进一步扩大政府采购范围，健全政府采购机制，积极实行财政业务网上大平台办公；全面加强国有资产清理清查和会计核算工作，建立健全国有资产软件登录和台账制度，防止国有资产流失；在现有基础上不断完善后勤服务中心改革，按照统筹兼顾、突出重点、有保有压的原则，大力压缩“人、车、会、话、电费”等一般性开支，确保维护稳定、社会保障、教科文卫、改善民生等重点支出需要；加强财政各项基础性工作，不断提高财政管理水平，规范和加强乡村财务管理，大力推行乡村财务公开制度，确保财政资金安全、合规、高效运行，不断提高财政管理质量和水平。

【财政收入】 年内，白朗县总财力为 79191 万元，一般公共财政预算收入完成 2910 万元，比 2016 年同期增加 904 万元，增长 45%。完成白朗县目标任务 2090 万元的 139%，完成打入预算盘子 2120 万元的 137%。税收完成 1500 万元，占一般公共财政预算收入总额的 51%，非税收收入完成 1410 万元，占一般公共财政预算收入总额的 48%。财政总支出完成 78676 万元。其中，一般公共财政预算支出 17034 万元，政府性基金支出 515 万元，同比减少 758 万元，下降 593 个百分点。

【“三农”投入】 “三农”工作始终是财政支持的重中之重。为白朗县 2017 年顺利实现脱贫摘牌提供资金保障。还有易地搬迁、蔬菜大棚、农村人饮、农田水利基本建设、农村公路等项目的实施，使农牧民群众生产生活条件明显改善。用于改善贫困群众住房条件改善，以一卡通形式兑现生态补偿脱贫岗位补助资金 1931 万元及建档立卡贫困大学生资助资金 52.4 万元，安排贫困群众医疗救助基金50万元。

【精准扶贫】 年内，白朗县把围绕精准扶贫工作及“4·25”灾后重建两项工作放在重中之重，白朗县精准脱贫攻坚时间紧迫，任务繁重，刻不容缓，需要采取超常规措施，拿出过硬办法，因地制宜，精准施策，精准发力，确保脱贫攻坚任务如期完成。加大资金投入力度，本级投入精准扶贫产业发展资金500万元，安排脱贫攻坚工作经费118万元，统筹整合资金1500万元，建设为突破口的新农村建设。白朗县“4·25”灾后重建及时启动恢复重建各项工作，各领域恢复重建项目全面开工建设，顺利完成年初既定目标任务。

两项投入资金有：2017年第二批脱贫攻坚专项资金210万元、2017年生态补助脱贫岗位补助6399人、人均3000元，此次拨付95%资金1823.7万元、2016年建档立卡贫困人口异地扶贫搬迁住房补助资金167.36万元、2017年第二批生态补偿转移就业人员岗位补助资金95.98万元、2017年易地扶贫搬迁项目基建支出1339万元、2017年新增生态补偿脱贫岗位（第一批）补助资金11.4万元；冬春受灾群众灾害生活补助资金22.1万元、县本级每年安排救灾应急资金50万元，还有蔬菜大棚、人畜饮水、农田水利基本建设、农村公路等项目的实施，使农牧民群众生产生活条件明显改善。

【科学理财】 年内，为切实提高各项财政资金的综合使用效益，把保工资、保稳定、保运转放在首位。年初对全县各单位包干经费重新核定，各项配套资金足额打入预算，经过认真分析预算中存在的问题，及时修改后提交县长办公会、县人代会、人大常委会通过。总体上预算编制的程序及有关部门执行情况由县人大监督，原则上不予追加预算，如遇特殊情况有变动或追加现象的，及时提交县人大常委会审批。除三大班子经费统筹考虑外，其余各部门按年初预算控制，从编制预算到预算执行整个过程，严格控制超预算或无预算开支现象。

2017年8月12日，财政局干部职工传达学习党风廉政建设相关文件精神

【党风廉政建设】 年内，在严格执行党风廉政建设工作中，财政局认真抓好干部职工廉洁自律有关规定的落实，进一步完善各项规章制度，凡涉及重要决策，以及大额度资金使用等重大问题，必须经局领导班子或局全体干部职工集体研究做出决定，努力形成用制度管权、制度办事、制度管人的有效机制。党支部将党风廉政建设工作列入重要议事日程，在抓好本职工作的同时抓好党风廉政建设和反腐败工作，按照组织分工，明确各自职责，实行“支部统一领导，党政齐抓共管，纪检组织协调，科室各负其责，全体参与反腐”的领导体制和工作机制，将全年党建工作任务分解到各个科室，切实做到该项工作有部署、有落实、有检查、有考核；坚持科学决策、民主决策、依法决策、效率决策的原则，对重大决策、重大项目安排和大额资金使用事项，全体干部职工参与决策，对事项执行的过程和结果实行有效监督；要求全体干部职工人人参与，在对各项廉洁从政制度的学习领会和违纪案例的深化认识中，坚决反对特权思想、特权现象，对照检查，认真反思，吸取教训，拟订《重

大事项议事规则》《经费管理制度》、使公务接待、差旅费支出、车辆维修费支出等方面有章可循，为防止腐败行为的发生起到有效的防范作用。

（李小会）

【领导名录】

局　长

旦增杰布（藏族）

副局长

松　　姆（女，藏族）

刘 亚 妮（女）

次仁卓玛（女，藏族，4 月免）

主任科员

次仁卓玛（女，藏族，4 月任）

国土资源管理

【概况】 白朗县国土资源局成立于 1996 年，曾先挂靠在县农牧局和县建设局，后挂靠在县发改委，为副科级机构，最终正式单独成立于 2010 年 11 月。现为县人民政府正科级职能部门，主管全县国土资源规划、保护、管理、合理利用和地质灾害防治、矿产资源管理、不动产登记等管理职能。内设二级机构 1 个。2017 年，有干部职工 7 人，其中局机关 5 人，不动产登记中心 2 人。局领导班子成员 1 名。

【信访工作】 年内，国土资源局实地核查化解玛乡 30 多年土地纠纷，信访接待日喀则和平机场高等级专用公路失地补偿款事项。及时接待，及时调解，提出解决办法，化解土地纠纷案件。

【征地拆迁】 年内，白朗县所有土地征收都严格按照征地程序进行。征收土地经依法批准后，按照要求开展土地征收工作，杜绝未批先征、批少征多等违法行为发生。针对 2017 年土地及房屋征收过程中存在的薄弱环节及违纪风险点，按照“四联单”（勘测定界、用地单位征地、复核、签字兑付资金），“四联单”制度实施，从根本上杜绝征地拆迁过程中的隐患点，确保被征地的农民的合法权益。针对群众反映的征地补偿标准问题，国土资源局严格按照自治区人民政府《白朗县征地补偿费标准》执行征地补偿标准，对不按新标准执行的单位不予复核签字，确保征地补偿标准在白朗县能够严格执行。年内，没有发生拖欠、克扣、截留、挪用征地补偿费等现象。

【地质灾害治理】 年内，完善县、乡两级政府负总责、相关部门协调联动、值守人员日夜巡查、群测群防队伍快速反应的地质灾害监测预警和应急处置体系，加快创建全国地质灾害群测群防“十有县”；积极争取地质灾害治理项目，2017 年，根据上级业务部门下达的“4·25”地质灾害防治项目实施的相关要求，已申请 2 个应急排危和 1 个治理项目，投资共计 905.47 万元；截至年底，3 个项目已全面竣工，待初验；项目的实施使当地老百姓生命财产安全得到有效保障。

【土地利用现状】 根据白朗县 2014 年度土地变更调查成果，全县土地总面积为 4208768.40 亩，其中耕地面积 207277.77 亩，占土地总面积的 5%；林地面积 67295.40，占土地总面积的 1.60%；草地面积 3717482.80，占土地总面积的 88.33%；城镇村及工矿用地面积 14231.55 亩，占土地总面积的 0.34%；交通用地面积 7761.45 亩，

2017年4月12日，县委副书记、县长赤列朗杰主持召开白朗县永久性基本农田划定初审会

占土地总面积的0.18%；水域及水利设施用地面积79157.55，占土地总面积的1.88%；其他土地面积115561.95亩，占土地总面积的2.75%。

【永久性基本农田划定】 年内，开展永久性基本农田划定工作，并顺利通过厅级验收；2017年全县耕地总面积20.73万亩，耕地保有量19.54万亩，基本农田面积为17.05万亩，基本农田保护率为87.22%。调整基本农田区域通过各部门的意见，符合白朗县近五年发展规划，待下一步自然资源部下发数据并做到"落地块、明责任、设标志、建表册、入图库"等各项工作。共投入资金268.69万元（包括单位业务工作经费10万元）。

【国土资源执法监察】 年内，努力构建执法监管长效机制，国土资源动态巡查体系初步形成。进一步推进国土资源执法重心下移，执法关口前移。认真开展土地卫片执法检查、整治矿山超深越界等专项执法行动，对检查发现的4宗违法用地进行查处和整改，整改结果经区、市审查通过。

【不动产统一登记】 自2016年全区开展不动产统一登记工作以来，县委、县政府高度重视，在县委组织部的大力支持下，安排2名不动产登记中心工作人员编制；并及时成立不动产登记中心，设置服务窗口，精心购置相关设施设备；2017年，白朗县作为全市第二批首发县于2017年5月3日，如期举办不动产首发仪式，首发仪式共发放5本不动产产权证书，全年共发放10本不动产产权证书。2017年，全县不动产统一登记工作共投入10万元工作经费。

【土地执法监察】 年内，上级下达土地卫片图斑134个，矿产卫片图斑7个。国土资源局逐一实地核实并拍照形成卫片执法检查成果报告。根据属地管理原则涉及的违法图斑，由分管领导向相关乡（镇）进行约谈，从而有序制止乱圈乱盖乱挖现象。7月，国土资源局3名干部职工积极参加国土资源部委托自治区国土资源厅举办的执法监察持证上岗暨培训会，并顺利通过持证上岗考试，取得土地执法证书，为全县国土资源执法工作提供根本力量支持。

【地质灾害防治】 年内，全县现已查明地质灾害隐患178处，其中泥石流167处，占总数的93.8%；不稳定斜坡5处，占总数的2.8%；崩塌4处，占总数的2.2%；滑坡1处，占总数的0.6%；地裂缝1处，占总数的0.6%；全县101位群测群防人员，人均6000元，共计606000元已发放；利用上级下达的20万元地质灾害培训经费，与国土资源部中国地质调查局地质灾害防治技术中心签订技术合作协议书并邀请相关专家，完成全县11个乡（镇）、县直相关部门、101个群防群测人员、部分受威胁群众地质灾害防治工作宣传培训及应急演练工作，共培训6次，大型演练3次，共发放宣传手册700余份、宣传单500余份、宣传挂画65份（藏汉"双语"），此次宣传培训覆盖全县县直相关部门、11个乡（镇）、101个群防群测人员及部分易发区群众；并在区、市两级新闻媒体报道，得到上级业务部门的高度肯定。共投入19.8万元；按照上级业务部门对地质灾害监测点单点建设的相关要求并结合工作

2017年5月3日，日喀则市国土资源局工作组一行在白朗县国土局开展国土资源工作交流会

2017年5月3日，国土局开展白朗县不动产统一登记首发仪式

实际向全县101个群防群测人员和局机关具体地质灾害监测工作人员发放手电筒、雨衣雨鞋、卷尺、铜锣、警报器、手机、记录本等基本装备和设备，共投入18.058万元。

【国土资源法制宣传】 年内，充分借助三月综治宣传月及“四讲四爱”主题教育实践活动等，积极做好业务工作的宣传，上半年共发放1000余本各类宣传资料，使当地老百姓更加清晰如何申请宅基地、如何合法合规拥有土地、如何保护自己的土地使用权；使得用地单位更加明确土地审批流程；使得企业更加了解土地用途及相关使用年限。

【土地规划】 年内，根据用地单位的需求，制定白朗县土地用途计划，并组建6批报件，共1700.65亩，其中，耕地168.71亩，草地31.1亩，林地1283.37亩，其他217.47（设施农用地6.01亩，未利用地211.46亩），已完成相应的耕地占补平衡并报至自治区国土资源厅待批复。

（徐 鹏）

【领导名录】

局 长

次仁罗布（藏族）

商务

【概况】 白朗县商务局为县行政管理部门，2017年，行政编制3人，下设供销合作事业编制2人，副科级领导职数1人，其中正科级3人，副科级1人，工作人员1人。具体职能为推进商贸流通业、商贸服务业发展，拟订开拓市场、促进消费的政策措施；组织实施重要商品市场调控和流通管理；负责城乡商贸统筹发展工作，拟订商贸流通发展中长期规划、商品市场规划和城乡商业网点规划，承担城乡统筹商贸网络体系建设工作，推进城乡市场体系建设；牵头协调整顿和规范市场经济秩序；负责商贸流通业监督管理；承办县政府交办的其他事项。

【加油站管理】 年内，严格执行《白朗县零散成品油销售管理办法》，严格审批程序，杜绝无证加油、一卡两用加油，严禁违规携带汽油，严禁用塑料桶装零散成品油，杜绝非法改装油罐车加油，并对加油站提出具体要求，严禁超量违规加油。白朗县商务局工作人员实行加油站执勤轮班制，保证周末、节假日坚守岗位，保证加油站值班不空岗、不缺岗、不漏岗。3月，白朗县商务局按照上级要求认真审核，完成对中油日喀则分公司白朗加油站的年检（初验）工作，并按照一站一档的要求，对加油站登记造册，建立加油站档案，各项资料整理完善。

【商贸领域安全监管】 年内，把安全监管工作摆在重要的议事日程，抓好工作方案落实。实行不定期不打招呼直插现场的方式对加油站、农贸市场、超市等商贸领域进行安全检查，确保商贸领域安全。按照相关要求，着重对加油站《西藏自治区零散成品油管理办法》落实情况、相关证照手续、实名登记执行情况、驻站民警在岗情况等九项内容进行检查。2017年，共进行各类安全检查36次，将安全隐患基本扼杀在萌芽状态，排查出的安全隐患也完成整改；重大节假日期间，白朗县商务局组成检查组进入超市、批

2017年9月6日，商务局局长索朗平措带队开展打击侵权假冒工作

发部、农贸市场等物资集散地检查市场商品供应情况，确保存货充足，保证节日期间市场供应保质保量，保障食品安全；制定《自然灾害应急预案》，以建立完善指挥、救助体系，处置应对突发安全事故，进一步完善安全应急体系建设。

【碘盐推广】 年内，为实现“普及碘盐，消除碘缺乏病”的目标，继续加大碘盐推广力度，按每人每年5.5公斤，每公斤0.5元的标准，共向全县11个乡镇111个行政村7105户48183名农牧民群众配送碘盐265吨，实现100%推广率，完成年度配送任务的100%，食用率和覆盖率达到100%。

【商务流通管理】 年内，努力提升城乡居民消费能力，培育消费热点，引导大众消费；加强“万村千乡市场工程”项目申报。加强对农家店存活情况盘查，了解商品配送率，以及有无销售假冒伪劣商品和过期食品等不良行为，确保农家店商品质量合格；联合县发改委进行市场调研，对市场各类商品价格进行统计汇总，进一步加强市场价格预警监管，尤其是确保重大节假日期间市场价格秩序基本稳定，居民消费价格指数涨幅稳控在3%以内。

【质量管理】 年内，顺利完成西藏自治区质量工作领导小组、日喀则市质量兴县工作领导小组迎检工作，各级领导均对白朗县质量工作表示肯定，授予全市第二名质监工作单位称号。

【电子商务】 年内，白朗县商务局紧紧围绕自治区商务厅及市商务局的决策部署，经过认真筹备，白朗县于2016年5月获得2016年国家电子商务进农村示范县项目立项。已初步建立起白朗县三级物流体系、电子商务公共服务体系、电商服务网点体系建设、工业品下行、农产品上行体系，初步建设白朗县区域公共品牌，县电子商务公共服务中心（含物流分拨中心）投入运营，白朗县电子商务进农村项目成效初显。

【供销社改革试点】 白朗县作为全区供销合作社改革八大试点县之一，积极配合自治区联合调查

白朗县电子商务服务中心展厅

组，2016年5月已完成前期历史遗留问题清查工作，于2016年6月经上级批准为供销合作联合社试点，全市仅有白朗县、江孜县两个县荣获此殊荣。为白朗县商务局管理的副科级事业单位，核定事业编制2名，其中副科级领导职数1名，工作人员1名。

（索朗旺久）

【领导名录】

局　长

索朗平措（藏族）

主任科员

吉　　巴（女，藏族，10月任）

供销社主任

索朗旺久（藏族）

安全生产监督管理

【概况】 2017年，白朗县安全生产监督管理局实有工作人员5人，其中领导职数2名，科员3名，藏族3名，汉族2名。结合白朗县实际，目标责任落实、安全生产大检查、事故隐患排查整改，安全生产宣传教育，职业健康培训以及安全专项整治等方面开展大量的工作，实际监督监察生产经营单位77次，出动执法车辆100台次、人员281人次，下发现场检查记录74份，1份责令限期整改指令书，1份整改复查意见书，1份行政处罚决定书（单位），处罚罚款0.1万元，实际收缴罚款0.1万元，罚款收缴率100%。顺利完成全年各项工作任务。

【安全生产宣传教育】 年内，加大宣传教育培训力度，利用电视台、乡村广播、短信平台等宣传工具，发挥开大会、驻村工作队、“双联户户长”等方面作用，广泛深入宣传《中华人民共和国安全生产法》《西藏自治区安全生产条例》和公共安全和安全生产知识，努力提高全民安全意识和安全文化水平，营造人人参与安全生产的良好氛围，使安全生产工作成为人人关心，共同参与的社会系统工程；制定安全生产月工作方案。利用安全生产月牵头组织县工会，妇联、信访、药监、教育、交通、交警、人社、商务、环保、科技、宣传等20多家安委会成员单位，在县城主要街道集中举办“6·16”安全生产宣传咨询日活动，深入9个乡2个镇开展安全生产流动宣传，将“安全生产月”宣传活动引向深入，做到家喻户晓、人人皆知。在安全生产宣传教育活动中各单位利用宣传画册，展板、宣传单等各类宣传载体和现场讲解等方式，面向社会公众宣传安全生产红线意识、法律法规知识和安全常识。各单位共出动宣传公众人员173人次，悬挂安全生产横幅30余条，摆放展板66余幅次，发放各类宣传资料25000余份，解答难题110余个，发送安全生产宣传短信5000条。

【危险化学品管理】 年内，根据季节特点，重点强化危险化学品储存、经营、运输安全监管，积极联合公安、商务、消防等部门，以危化经营场所为主线，以生产经营单位“三违”“三证”登记制度及安全隐患排查为重点，加大安全监管力度，始终坚持定期、不定期检查，检查中未发现重大安全隐患。

【烟花爆竹管理】 年内，白朗县烟花爆竹零售点共1个，由县安监局牵头，联合县公安局、工商局、公安、消防及各乡（镇）、各职能部门配合，针对烟花爆竹经营、销售、贮存、运输等经营活动，严格按照《烟花爆竹安全管理条例》和相关

2017年9月11日，县委常委、副县长普布次仁组织相关部门在嘎东镇开展安全生产知识入乡镇活动

2017年3月14日，日喀则市人民检察院党组书记、检察长旦增（右二）在白朗县检查指导安监局法治宣传工作

要求，认真抓好烟花爆竹销售领域的专项活动，打击非法经营。充分发挥乡镇派出所、乡（镇）、村安委会等组织的监管作用，完善日常排查、举报奖励和责任追究制度。加强部门间协调联动、密切配合，着力打击非法经营烟花爆竹行为。截至年底，在全县范围内未出现超许可范围经营，未出现非法违法经营（零售）商户。

【建筑工地管理】 年内，由安监局、住建局、发改委等部门形成检查组，结合安全生产工作实际，对各开复工项目的建筑施工进行现场监督检查，全面排查治理各类安全隐患，切实解决安全生产工作中存在的突出问题，切实消除安全隐患，有效防范和遏制重特大事故的发生。

【道路交通管理】 年内，由县安监局、公安局、交通局等部门联合，狠抓路面监管力度，结合安全生产“百日扫雷”专项行动、安全生产排查整治工作专项行动、隐患大排查大整治工作、中共十九大期间安全生产专项排查整治工作等，在全县范围内开展道路交通排查整治工作，结合各季节天气变化的规律特点，认真开展危险路段的排查治理，加大道路交通安全的稽查工作和客运临时站点的安全检查，严防各类车辆“带病”上路，把隐患消灭在源头。继续深化“文明交通行动计划”，组织法制校长、民警、安全监管执法人员进入辖区中小学校，把交通安全知识走进课堂，上好安全第一堂课和最后一堂课。

【安全培训】 年内，加大对企事业单位负责人和管理人员安全生产知识力度，进一步夯实白朗县企业安全生产基础，联合县人社局开展工伤专题培训班，重点讲解安全生产监管知识、职业健康基础知识和职业健康事故救治与处理等方面知识。

【安全隐患排查治理】 年内，对建筑工地、危险化学品、烟花爆竹和人员密集场所（藏餐、寺庙、朗玛厅、学校）进行安全隐患排查治理。截至年底，实际监督监察生产经营单位77次，出动执法车辆100台次、人员281人次，下发现场检查记录74份，

2017年1月25日，安监局局长达普在旺丹乡检查指导安全生产大整治“百日扫雷”专项行动

1份责令限期整改指令书，1份整改复查意见书，1份行政处罚决定书（单位），处罚罚款0.1万元，实际收缴罚款0.1万元，罚款收缴率100%。

【安全生产责任落实】 年内，同县安委会相关成员单位和11个乡（镇）、签订《目标责任书》，签订率均达100%；形成逐级落实工作责任，责任层层分解，工作有人管，责任有人负，层层抓落实的工作格局，健全“横向到边、纵向到底”的安全生产责任体系。

【安全事故】 年内，全县范围内非煤矿山领域无事故发生；危险化学品和烟花爆竹领域无事故发生；建筑领域无事故发生；消防火灾领域发生事故1起，死亡人数0人，受伤0人，直接经济损失11.2359万元，为非生产经营性消防事故；道路交通领域无事故发生；特种设备无事故发生。

（常 森）

【领导名录】

局 长

达 普（女，藏族）

副局长

拉巴旦塔（藏族，4月免）

拉 次（藏族，4月任）

食品药品监督管理

【概况】 2017年，白朗县食品药品监督管理局编制2名，局长1名，副局长1名。现有1所县卫生服务中心，1所县疾控中心，11所乡镇卫生院，111个村卫生室，5家诊所，2家药店，4家化妆品专卖店。11个乡（镇），111个行政村，279名食品药品安全监督协管员（乡镇干部1名、乡镇卫生院院长1名、村主任1名、村医1名），13所学校（1所幼儿园）、22所学校食堂（23所幼儿食堂）、12所学校教职工食堂、10家乡镇干部职工食堂、2家县级单位食堂，餐饮服务单位380家（其中115家已换发食品经营许可证），小作坊22家，蔬菜批发公司1家，农贸市场1家，食品生产加工厂3家，食品经营主体316户〔其中县超市4家、乡（镇）超市4家〕。

【食品餐饮专项整治】 年内，开展校园食品卫生安全专项检查，校园的食堂现状。重点是食堂的管理模式、设施情况、有无相关证书、从业人员的健康状况以及存在的问题；校园周边副食店、饮食摊点的安全情况，重点是证照情况、从业人员的健康状况以及食品卫生安全隐患等。针对发现的问题，要求及时改正，并要求学校领导对食堂要常开展检查，做到常组织、常整改、常清洁。截至年底，共食品专项检查10次，13所学校食堂（县幼儿园）、县城6家中型餐饮全部安装厨房净化器，确保环境保护工作，保障食品安全。

【食品安全专项检查】 年内，重点以全县36所学校（23所幼儿园）食堂和学校周边商店开展食品安专项检查5次，在检查中未发现过期食品和劣质食品。

【抽检工作】 年内，在小考、中考期间组织执法人员入住考点进行每天三餐从厨房到餐桌进行全程食品监督检查，保障全县考生的饮食安全，考试期间未发生食品中毒事件。

【流通领域食品安全专项整治】 年内，加强重点区域的排查，主要以县农贸市场、县批发市场、农牧

2017年12月20日，西藏自治区食药局党组成员、副局长宇飞（中）在白朗县万亩枸杞种植基地考察

区食杂店、乡镇批发店、超市在食品经营活动中存在的行业性问题和食品添加剂的购买、管理、使用情况；农贸市场及周边食品经营户出售的白酒、食用油、肉及肉制品等散装食品和标识不全、来历不明的食品；加强重点经营主体的检查。翔实掌握全县食品添加剂经营主体底数，督促其认真履行进货查验和查验记录制度，以便掌握其进货来源和销售去向；对商场超市、食品批发经营户、农村食杂店、城乡接合部小超市，经营酒类、肉类、食品用油、米面制品、儿童食品、老年食品等主体进行认真摸排；严厉查处未经许可经营食品和销售假冒伪劣、过期变质以及不符合安全标准食品的违法行为，经发现，迅速查实，从严从重处理，情节严重的，坚决移送公安机关，依法追究刑事责任，防范发生潜在性、区域性、系统性的食品安全风险。截至年底，共流通领域食品安全专项检查8次，在专项检查中向2家乡食品批发店发出《责令整改通知书》2份限期整改，食品销售检查中发现雪顿奶冻、可口可乐、方便面等过期变质食品20样，折合4000元，现场处理。

2017年8月20日，日喀则市食药局党组副书记、局长扎顿（右一）在旺达青稞食品有限公司检查指导工作

【青稞酒专项检查】 11月16日，根据日喀则市食药局通知要求，组织执法人员对全县6家食品经营批发店和4家超市、9家藏餐馆开展专项检查。经检查发现县城1家批发店、2家超市销售（洛卡）青稞酒不合格产品，其中批发店购进100箱、已销售47箱、剩余53箱，2家超市共购进7箱已退回供货商4箱、已零售21罐、剩余1箱和散装27罐，立即下架。执法人员当天联系生产企业负责人开展不合格产品（洛克）青稞酒退回厂家相关工作，共下架不合格产品54箱散装27罐，共退回厂家不合格产品“洛卡”青稞酒54箱，散装27罐；经检查该产品未发现餐饮业销售，进一步保障白朗县人民群众“舌尖上的安全”。

【食品经营许可证换发】 年内，根据《中华人民共和国食品安全法》有关要求，严格执行食品经营许可证工作各项规定，高标准、严要求，严格把关食品经营许可证相关法律规定要求；按照“谁发证、谁建档、谁管理”的原则，建立食品经营许可证档案管理制度，“一户一档”，依法建立食品经营许可证档案的规范化管理，切实保障档案的完整、真实和安全。截至年底，全县已换发食品经营许可证99个。

【规范药品使用领域经营秩序】 年内，食药局集中开展5次药品使用单位和经营销售领域专项检查，出动执法人员10余人次，下达责令整改通知书1份。检查对象为县城两家药店、5家个体诊所、县卫生服务中心和乡（镇）卫生院，重点检查药品使用机构在药品采购环节是否做到票、证、货相符，是否严格执行药品采购查验制度；检查药品贮存条件是否符合法定要求，生物制品等是否按照规定进行冷藏保管；对重点品种和高风险品种进行随机抽验，使药品安全从源头得到有效控制；检查涉药单位药品使用时是否做好流向记录，防止问题药品危害群众健康；要求各单位及时准确上报药品不良反应。在检查过程中，重点查看药品使用单位在使用上是否严格按照制度执行，看涉药单位是否有专业技术

2017年8月28日，食药局工作人员在巴扎乡卫生院开展药品安全检查

人员把关以及应对药品突发事件处理机制等。对检查中发现的问题，要求责令改正。

【药品日常监督管理】 年内，为严厉打击假冒药品的不法行为，进一步规范白朗县药品市场秩序，确保广大人民群众的身心健康，进行深入开展药品专项整治工作。对辖区内11个乡卫生院、县卫生服务中心、疾控中心、5家个体诊所、2家药店进行仔细盘查东振东安特生物制药有限公司红花注射液和江西青峰药业有限公司喜炎平注射液不合格注射液进行检查，通过检查未发现此类注射液销售和使用。

【化妆品检查】 年内，为进一步规范全县化妆品销售领域经营秩序，严厉打击违法犯罪行为，保障全县人民群众安全使用化妆品。对全县4家化妆品专卖纳入日常监管，现将已相关文件登记备案保存。按照《化妆品标识管理规定》的要求，对辖区内的化妆品专营、兼营店、理发店等场所进行1次突击检查，检查未发现过期或不符合标识规定化妆品种。食药局在化妆品检查中，共检查4家化妆品专卖店，出动执法人员2人次。

【资质证照核查专项行动】 年内，对辖区内药械使用单位（县卫生服务中心、各乡镇卫生院、个体诊所）进行相关检查，审核供货商资质是否合法等。共检查2次，出动执法人员4人次，下达责令整改通知书2份。

【体外诊断试剂监督检查】 年内，组织执法人员对使用单位县卫生服务中心开展体外断试剂专项检查，重点对医疗机构的体外诊断试剂购进渠道是否合法；是否存在从无资质企业购进的行为；供货商证照、产品注册证书、合格证明文件、采购资料等相关证明材料是否齐全；产品是否有购进、验收记录，是否有购进票据；产品标签、包装标识是否符合要求；产品质量管理制度是否严格执行；产品储存温度是否符合要求；储存诊断试剂的设施设备是否能够正常运行，记录是否完整；是否使用过期效及无注册证书的产品等进行检查。截至年底，检查体外诊断试剂使用单位县卫生服务中心从检查情况看，购进渠道规范，储存试剂的设施设备能够正常运行，未发现从非法渠道购进体外诊断试剂。但个别制度制定需要进一步完善加强落实，执法人员已当场告知医院负责人及相关科室负责人进行整改。在检查中发现县卫生服务中心供货商资质证照除营业执照以其余资质证照近期过期，执法人员已当场告知医院负责人从新索取供货商资质证照的要求。

【宣传活动】 年内，食药局联合安监局、公安局、消防大队、卫生局、财政局、住建局等相关单位，分别开展“食品安全关联生命、监督管理情系万家”“珍爱生命、远离毒品、无毒青春、健康生活”“尚守法德、共治共享食品安全”建设美丽白朗为主题的食品安全宣传活动。活动期间，发放《中华人民共和国食品法》《中华人民共和国食品安全法》《中华人民共和国产品质量安全法》等“双语”宣传单共400余份，发放食品安全知识读本（双语）87余本、食品药品安全科普知识（双语）手册250余册，食品法（双语）宣传单2000

余份，健康素养66条（双语）书50余本；组织8家餐饮店、3家生产企业共悬挂横幅18条。同时，活动现场的群众进行食品安全法律法规讲解、进一步提高人民群众对食品法的认知度，增强食品安全意识。

（尼　琼）

【领导名录】

局　长

尼　琼（女，藏族）

副局长

普　顿（藏族）

税务

【概况】 白朗县国家税务局1994年正式挂牌成立，2017年实有干部7人，其中，汉族3人，藏族4人；党组书记、局长1人，副局长和纪检组长各1人，科员4人；党员5人；男性2人，女性5人；深入学习贯彻落实中共十九大精神，紧紧围绕县委、县政府和市国税局的决策部署，立足实际、创新进取，抓好主业、夯实基础，各项工作走在前列。2017年白朗县税收收入突破2900万元大关，为白朗县的经济社会发展、社会稳定和长治久安做出了贡献。

【提升服务能力】 年内，不折不扣落实税收优惠政策，受惠面达100%，充分享受减税红利。开展便民办税春风行动，围绕“深化税收改革，助力企业发展”主题开展税收宣传月活动。进行走访调研，实地了解纳税人需求，采取有针对性的便民办税措施，切实提高纳税服务的能力。并依托信息化手段，持续开拓创新，让税收征管和纳税服务搭上“互联网+”的顺风车，积极构建征纳关系空中桥梁。积极为县委、县政府建言献策，专题汇报税收收入情况和“营改增”后税源情况等税收分析报告，积极参加各类会议，以税收的视角提出建设性意见，支持双创和企业发展。

【税收征管】 积极推进税收征管体制改革和放管服改革。牢牢把握组织收入原则，加强税收分析，尤其是加强“营改增”后税源管控力度，强化税源分析力度，分析增长点，找准发力点，提高税收收入质量，确保组织收入工作科学有序推进。整顿和规范税收秩序，严厉打击发票违法犯罪活动，推进商事制度和登记制度改革，加强第三方涉税信息共享，建立“政府领导、税务主管、部门配合、司法保障、信息支撑、社会参与”的社会综合治税机制，不断优化营商环境。以全区“法治税务示范基地”为切入点，进一步理清工作思路、把住工作脉搏、找准目标定位、细化工作措施，真抓实干、敢于担当、主动作为，为全区税务系统“六大建设”和实现税收现代化而努力奋斗。

【队伍建设】 在日喀则市国税局党建引领和文化兴税战略的总体部署安排下，白朗县国税局在“火炬”党建品牌和“坚守、坚韧，向上、向阳”的“攀登”精神引领下，在历届白朗国税人体现的精神基础上，打造“本色白朗·幸福国税”的品牌，持续发挥“党建+文化”的引领作用。并提出“12345”的党建工作思路，推行党建工作规范化管理，签订《不信教承诺书》《禁止赌博承诺书》《党风廉政建设责任书》《税务干部廉政责任状》《保密承诺书》《廉洁办税承

2017年3月15日，县委书记陈昊考察税收宣传点

2017年12月9日，日喀则市国税局总经济师次仁央宗（右二）一行在白朗县国税局调研

诺书》，强化承诺践诺。开展青年建功“十三五”、青春献礼十九大、“传家训、立家规、扬家风”“如何做爱戴核心跟党走的合格党员”专题研讨、“我为生态白朗志愿行动、我为精准扶贫贡献力量、我为营改增奉献青春、我为便民办税春风行动添光彩”等主题党日系列活动，持续发挥党支部的战斗堡垒及党员先锋模范作用。并以2017年12月起开办的夜校为主要载体，以“实际、实用、实效”为原则，以“班子成员带头讲、中层干部自觉讲、一般干部鼓励讲”的轮讲方式，通过持之以恒的学习，培养良好习惯、积累各类知识、锻炼表达能力、提升综合能力。

【党风廉政建设】 紧紧围绕新时期税收工作的指导思想，增强“四个意识”，认真贯彻落实“四个全面”战略，全面深入推进“两学一做”学习教育常态化制度化。突出“围绕税收抓党建，抓好党建促税收”的党建工作总基调，聚焦深化税收改革，推进全面从严治党，积极发挥党组织的政治核心和政治引领作用，认真履行“为国聚财、为民收税”的神圣使命，砥砺奋进，逐梦前行。认真落实党风廉政建设主体责任和监督责任，发挥廉政教育基地的作用，加强警示教育，强化领导干部廉洁自律建设。积极实践监督执纪“四种形态”，加强“两权”监督，弘扬税务精神，凝聚税务力量，彰显税务形象，为税收事业科学发展提供强有力的思想保证、组织保证和精神动力。

（冯　静）

【领导名录】

局　长

次仁帕珠（藏族，11月免）

谢 励 萍（女，11月任）

副局长

张　　璇（女，8月免）

副局长、纪检组长

次仁卓嘎（女，藏族，11月免）

纪检组长

德吉央宗（女，藏族，11月任）

工商行政管理

【概况】 2002年，白朗县工商行政管理局成立，与江孜县工商行政管理局分开，单独挂牌办公。2017年，白朗县工商行政管理局在职干部职工共有8人，其中藏族7人，汉族1人；男性3人，女性4人；2名党员；大专及以上学历7人。

【市场主体发展】 截至年底，全县市场主体发展到2176户，注册资本225681.53万元，从业人员22696人，其中：企业926户，注册资本209977.86万元，雇工人数16291人；个体工商户1123户，从业人员2432人，注册资金6061.71万元；农民专业合作社127户，成员总数3973人，出资总额9641.96万元。2017年，新增企业182户，从业人员3443人，注册资本67759.5万元；个体工商户257户，从业人员367人，资金数额2910.36万元；新登记农民专业合作社13户，成员数215人，出资总额3105万元。与2016年底相比市场主体户数增长26.26%，注册资本增长198%，从业人员增长21.69%。

【商事登记制度改革】 年内，白朗县工商行政管理局明确任务、落实责任，加强宣传，通过向县政府汇报争取支持，安排工作人员为参加年报和换证的企业和个体工商户专门开辟绿色通道，指导其登录年报网站，在全国企业信用信息公示系统上进行年报，并详细解释年报操作流程及年报的重要性。工商行政管理局企业年报率达99.77%，个体工商户年报率达100%，合计99.82%。企业“五证合一、一照一码”换照率为100%。在注册登记工作中落实“双告知”职责。截至年底，共发放告知单284份。

【商标品牌管理】 年内，为进一步加快辖区内商标品牌战略发展步伐，促进企业持续发展，推动经济增长方式转变，实现地方经济又好又快发展，工商行政管理局对辖区一定规模企业进行充分调研，对符合条件注册商标的企业发放商标行政指导书3份，发放著名商标续展通知2份，指导2户企业申报自治区第十一批著名商标，并深入企业指导其申报、续展商标相关事宜。截至年底，白朗县注册商标数量共31件，其中有效商标30件，4件全区著名商标（2017年核准1件），2017年注册成功13件，受理2件。

【专项整治】 年内，按照市局统一安排部署，开展“三大节日”前夕、“两会”“五一”国际劳动节、“六一”国际儿童节、“珠峰文化节”、中秋、国庆期间商品市场检查、红盾护农、危化品和烟花爆竹、文化市场等专项检查。截至年底，工商行政管理局共出动执法人员144人（次），执法车辆53台（次），检查各类经营户1520户（次）。继续加大对《中华人民共和国商标法》宣传力度和对“傍名牌”、商标侵权等违法行为的打击力度。组织安排全体干部职工对《中华人民共和国广告法》进行学习，重点检查医疗、药品、食品、保健品广告中是否含有虚假违法行为，严厉打击利用广告欺诈和误导消费者的违法行为。截至年底，共查处各类违法案件5件，案值1178.3元，罚没款4300元。

【宣传活动】 年内，按照市工商局、县委、县政府的安排，利用“3·15”国际消费者权益日等法治宣传日重点宣传《中华人民共和国消费者权益保护法》《中华人民共和国商标法》《中华人民共和国产品质量法》《中华人民共和国反不正当竞争法》、打击传销规范直销、商事登记制度改革、企业年报公示等法律法规和工商相关知识，为广大农牧民消费者树立正确的消费维权观念，引导正确消费。活动期间，共出动执法人员18人（次），执法车辆6台（次），检查市场主体户200余户，发放宣传资料7000余份，悬挂宣传横幅10条，受理消费者咨询14件，电视媒体宣传1次，县微信平台发布宣传1次。认真落实《侵害消费者权益行为处罚办法》，推进“诉转案”工作机制。充分发挥“12315”消费者投诉举报网络的作用，认真受理和处理消费者的投诉和举报，为消费者提供高效、便捷、热情、周到的维权服务。截至年底，白朗县共建立19个“12315”维权联络站点。截至年底，处理投诉1起，为消费者挽回经济损失150元。

【打击传销】 年内，由县政府挂帅，工商行政管理局牵头成立白朗县打传办。协同公安等部门开展对县城出租房等容易滋生传销的地方排查摸底工作，对白朗县1名涉传人员进行走访调查和询问，及时与涉传人员所在单位负责人沟通，通过单位负责人加强对涉传人员管控。利用宣传日在

2017年3月15日，工商局工作人员在县城开展“3·15”消费者权益保护日宣传活动

2017年4月20日，工商局工作人员在县城开展一次性塑料购物袋专项检查

辖区内开展声势浩大的打击传销宣传活动，向过往群众发放传销知识法律读本，并现场接受群众咨询与举报。年内，出动执法人员30余人次，车辆11台次。

【扫黄打非】 年内，协同县公安、文化等部门开展12次专项检查和1次宣传。

【无照经营查处】 年内，成立由县领导任组长的打击无照经营领导小组，共开展12次联合检查，立案查处1起，没收违法所得600元，罚款2000元。

【提高执法水平】 年内，工商行政管理局坚持以建设法治工商为目标，进一步加强和规范行政执法工作，努力提高依法行政水平。按照市局学习安排和“一月一法一考”活动，工商行政管理局采取集中学习与个人自学相结合的方式开展学习，并在学习中认真做好笔记，保证学习质量，增强依法行政意识和能力，做到严格执行相关法律制度。同时推行说理式行政处罚文书，实现处罚与教育相结合的目标，增强行政执法行为的公开性与透明度，提升行政执法的说服力与公信力，推动行政处罚工作更加顺利开展，工商部门与监管对象的关系也更加和谐。

【服务“三农”】 年内，工商行政管理局加大红盾护农力度，严厉打击制售假冒伪劣农资等坑农害农行为，规范农资商品经营主体，严把农资市场主体准入关；强化农资经营者内部管理制度建设；加大农资市场整治和执法力度，严厉打击坑农害农违法行为。同时联合县相关部门，组织宣传《农牧区土地承包经营权转包（出租）合同》，推进《农畜产品订单合同》，为搞活农牧区经济，依法保护订单双方权益，促进农牧民增收，进一步规范本县的土地承包经营权等奠定基础。

【非公党建工作】 年内，立足工商职能，充分发挥基层工商贴近、了解个私经济组织的优势，工商行政管理局加大力度宣传非公党建工作，对各类市场主体中的党员情况进行摸底、登记和统计。指定政治素质过硬的党员干部为非公党建的指导员和培养联系人，坚持每月向单建党支部赠送工商报、西藏日报等学习材料，继续在非公有制企业党支部中开展“两学一做”学习教育和“主题党日”活动。截至年底，辖区共建立非公有制党组织4个，党员34人，2017年发展3人。7月1日，同县4个非公有制党支部在唐党村开展“送温暖”活动。向困难党员送去价值1200余元的大米、面粉、油等生活必需品，力所能及地为他们解决一些实际问题。积极向县委、县政府汇报，由县政府出资印制1000张“四讲四爱”主题教育实践活动宣传粘贴画，工商行政管理局工作人员利用检查、宣传等时机将宣传画发放给辖区广大个体工商户和企业主，并向他们讲解主要内容。

【精准扶贫】 7月28日，工商行政管理局两次在者下乡那堆村帮扶贫困户家中开展慰问活动，到每一户贫困户家中都面对面地拉家常，促膝而谈，了解他们的身体状况、家庭收入情况、致贫原因和生产生活中所面临的困境等，介绍“精准扶贫”的政策，帮助他们理清发展思路，策划项目和发展产业，鼓励创业创新，助推贫困户加快脱贫。通过干部职工自筹资金，为贫困户送去4760余元的大

2017年8月13日，工商局工作人员在县城开展市场专项检查

米、面粉、高压锅、电热水器、砖茶等生活必需品。

【干部队伍建设】 年内，开展党风廉政拒腐防变每月一课学习活动，要求班子成员树立着眼长远，能够讲政治，顾大局，能带头干事、干成事，并把思想和行动统一到上级决策部署上来，为西藏的局势稳定，经济发展，民族团结做出自己应有的贡献。按照继续开展"两学一做"活动要求组织干部职工学习党章，习近平总书记系列讲话，中共十八大，十八届三、四、五、六中全会，中央第六次西藏工作座谈会精神，开展讨论和撰写心得体会，普琼局长围绕"讲道德 有品行"给支部全体党员上一堂生动的党课。组织干部职工填写党员（岗位）承诺书，签订不参与赌承诺书、不信仰宗教承诺书并上墙进行公示，接受监督。2017年，白朗县工商行政管理局2名干部职工被评为青年文明岗。每个节日前夕，组织召开会议对假日期间持续纠正"四风"活动进行安排部署，防范各类违规违纪问题发生，普琼局长共编辑发送39条廉洁过节短信发送到全部干部职工手机上，做到节前有提醒。

（龙　甫）

【领导名录】

局　长

普　琼（藏族）

副局长

龙　甫

旅游

【概况】 白朗县旅游发展委员会为县行政管理部门，于2010年10月成立。2017年，正科级2人，副科级1人，科员1人。事业编制2人，为初级工。具体职能为负责白朗县辖区的旅游规划、管理和监督工作。2017年，白朗县共接待游客18.53万人次，旅游收入220万元。

【第七届蔬菜采摘节】 5月28日，隆重举办白朗县第七届蔬菜采摘节活动，通过蔬菜采摘节活动带动白朗县旅游市场的新开始，打造、创新一个白朗独具文化、特色的节庆品牌。

【旅游项目建设】 白朗县旅游发展刚刚起步，旅游产品以观光旅游产品为主，同时休闲体验旅游产品有所发展。以瓜果蔬菜采摘为主的乡村休闲体验旅游产品，以及者下斗牛文化体验产品均受到周边居民的欢迎，极具发展潜力。但是还未形成比较完善的旅游产品体系。在援藏的投资、县委、县政府的大力支持和旅游发展委员会积极配合下，旅游发展委员会深入景点资源地收集、了解、景点文化底蕴、历史背景，并申报强堆乡色热珠德寺、嘎东镇参卓林寺基础设施建设、康桑村格培水磨景点改造、康桑村湿地公园建设、文化旅游广场垂钓园建设、觉如村腾瀑泉眼开发、者下乡果孜斗牛节项目、郡王颇罗鼐文化遗址保护、白朗县农业观光旅游景区、县城4座旅游厕所改造等项目。

旅游基础设施建设正在强力进行，为给游客提供方便的衣食住行条件，在上级旅游部门的大力支持下白朗县建设旅游环保厕所1座，停车场1座，停车位60个。家庭旅馆、宾馆、餐饮事业发展趋势良好，各项服务条件正在逐步完善。

【整体营销】 年内，白朗县兴起旅游产品行业5家。截至年底，白朗县旅游接待人数已达到18.53万

2017年5月28日，日喀则市旅游发展委员会工作人员参加白朗县第七届蔬菜采摘节

人次，旅游总收入达到220万元。

【行业管理】 年内，组织各行业部门进行联合执法检查，规范旅游市场经营秩序，强化行业凝聚力，旅游服务技能和水平明显提升，旅游服务质量和安全管理逐步规范。

【争资争项培育主题】 年内，为壮大白朗县旅游产业主题，推进长远发展，加强与上级旅游部门及发改部门的联系，了解产业发展新政策和新动态，争取项目进笼子。2017年，申请旅游基础设施环保厕所4座、旅游服务中心配套硬件服务设备1套。

（贾文瑞）

【领导名录】

主　任

尼玛次旺（藏族，5月免）

米玛次仁（藏族，6月任）

主任科员

米玛普尺（女，藏族）

副主任

彭　瑞　雪（女，11月任）

重点产业发展

【概况】 白朗县重点产业发展领导小组办公室成立于2016年9月，现有工作人员8名，其中主任1名，常务副主任1名（负责投资促进科），副主任2名（1名副主任负责办公室综合科，1名副主任负责产业项目科），办公室专职工作人员4名。2017年，白朗县重点产业发展领导小组办公室紧紧围绕县委、县政府决策部署，以建设高原特色现代农牧产业强县为目标，以壮大做优珠峰有机种养加业为重点，科学制定产业招商重点与方向，认真履行办公室工作职责，积极发挥协调、对接作用，不断健全完善工作机制，招商引资加大引强，助推白朗产业得到稳步发展，基本实现“一年有势头”的目标任务，为推动全县经济发展做出较大贡献。

【发展思路】 年内，坚持高举习近平新时代中国特色社会主义思想伟大旗帜，深入贯彻落实中共十九大精神，依托全县区位优势和资源优势，围绕日喀则市“6677”总体工作思路，以“五位一体”总体布局和“四个全面”战略

2017年2月19日，林芝市委常委、副市长达娃（右二）在白朗县考察产业发展情况

2017年1月25日，日喀则市副市长巴桑（左二）在白朗县检查指导工作

布局为统领，以全县产业“3410”发展体系为引领，以“一年有势头、两年有看头、三年大突破”为抓手，大力实施产业兴县战略，通过发展青稞、蔬菜、畜牧、民族手工业及清洁能源、文化旅游、商贸物流等重点产业，不断创新发展理念，抢抓发展机遇，扎实推进白朗县重点产业、招商引资工作发展，促进全县产业融合、产城融合、城乡融合发展。

【产业发展】 年内，立足全县产业发展现状，始终坚持科学规划引领，积极筹备组织全县产业发展大会、专项调度会等事项，建议提出全县产业“3410”工作发展思路和2020年、2025年中远期两个阶段性目标体系，并积极开展全县产业发展各方面规划工作，总体形成“1+N”产业规划新体系，确保“五彩天域、有机白朗”，形成“三区一廊＋园”的产业发展布局，明确“四个万亩”发展重点。

【招商引资签约项目】 年内，共洽谈招商引资项目20余个，正式签约7个，签约资金13.25亿元，新引进注册资金2.18亿元。其中，新建投资3000万元以上项目6个。截至年底，落地项目累计到位资金达5.3亿元，完成全年目标任务的121%，超额完成年度招商引资目标任务。

招商优惠政策和招商指南

【招商引资创新发展】 年内，坚持从招商引资工作创新方面为突破，建立完善“八个一”（突出一个重点领域、完善、建立一个项目库、制作一套宣传资料、树立一面招商旗帜、出台一系列优惠政策、创新一套招商方式、突出一个效益原则等8方面）招商工作机制，不断夯实招商基础、创新招商思路，持续把招商引资作为促进转型升级、推动跨越发展实现重点产业蓬勃发展的战略举措，全县招商引资工作取得显著成效。

【产业发展】 年内，通过招商引资重点引进山东寿光蔬菜产业集团、湖南华绿、中农圣域等知名企业6家，分别实施万亩果蔬产业园、万亩枸杞生态产业园、肥料生产基地等重点项目。由山东寿光蔬菜产业集团、中农圣域、珠峰农业等3家知名企业，总投资5.26亿元分片打造的白朗县万亩果蔬产业园已初具规模，现已形成县城、巴扎、

签订《招商引资项目合作协议》

曲奴三个果蔬核心区，总实施面积2855亩，主要生产西瓜、西红柿、黄瓜、豌豆尖、辣椒、窖藏芹菜等果蔬产品，并于2017年底在日喀则、拉萨等地广泛销售，深受广大消费者青睐，“全国蔬菜看寿光，西藏蔬菜看白朗”已名副其实。由后藏杞原打造的万亩枸杞生态产业园（一期）于2017年成功试种，总面积3951.2亩，种植枸杞苗木达90万株，“雪域圣果”将走向全国、走向世界。由西藏珠峰华绿投资1.468亿元打造的20万吨有机肥、测土配方肥生产基地，总占地面积127.02亩，已完成总工程量的80%以上，西藏首家肥料厂即将运营投产。

（李　明）

【领导名录】

主　任

鞠　正　江（山东援藏）

常务副主任

胡　卫　波

副主任

扎西次旦（藏族，7月任）

强巴曲桑（藏族）

执行主任

徐　　洁（女）

白朗县年雄实业开发有限责任公司

【概况】 白朗县年雄实业开发有限责任公司于2016年11月成立，注册资本10000万元，属国有独资企业。总公司下设1个子公司（白朗县年雄广告文印有限责任公司）。2017年，白朗县年雄实业开发有限责任公司工作人员9人，公派人员7人，外聘2人，其中共产党员7人。

【公司运营】 主要负责全县城建项目建设资金的筹措和投入，以资本、资产的市场化运作、产业化经营活动，建立和完善城市建设资金投融体制，更好地发挥政府在资本运作和资产经营活动中的导向和调控作用，促进资本合理流动，提升资本运作和资产经营的层次、能级和效益，促进城市建设资金的合理配置和滚动增值，为加快白朗城市化进程服务。

【经营范围】 土地储备整治，土地一级开发，房地产开发，城市基础设施及配套项目建设、运营和

2017年5月16日，副县长扎西次旦一行在洛江镇觉如村开展博览园土地流转金发放仪式

管理,建筑工程、土木工程承包与分包,国有资产经营管理,物业管理,投资管理、旅游会展、文化传媒、商业酒店投资及管理,停车收费,建材物资、矿产品(不含专项)销售,广告经营(经营项目中涉及行政许可的,须持行政许可证经营)法律、法规许可的其他业务。

【精准扶贫】 年内,年雄实业开发有限责任公司与村委会、招商引资企业签订2宗《土地流转协议》,年雄扶贫公司签订2宗土地流转协议,共计流转土地7354.2亩兑现土地流转资金40172120元(其中:洛江镇觉如村博览园项目一次性兑现15年的租金),切实增加农牧民群众的现金收入,保障农牧民群众的根本利益。

【工程项目】 年内,年雄实业开发有限责任公司自筹资金对白朗县哈达宾馆进行装饰装修,该项目总投资927万元,现已完成工程总量的85%,主楼已全面完工,剩余工程量计划在2018年5月份以前完工交付使用。

(孙 茂)

【领导名录】

县委常委、副县长、董事长

胡卫波

总经理

李 勇

白朗县年雄扶贫开发有限责任公司

【概况】 白朗县年雄扶贫开发有限责任公司成立于2016年6月7日,注册资金1000万元,是经白朗县人民政府批准设立的国有独资公司。公司出资人为白朗县人民政府,白朗县财政局为出资人代表。公司类型为国有独资有限责任公司,性质为公益性企业。公司现在专职承担易地扶贫搬迁建设资金管理和扶贫产业投融资工作,通过创新扶贫开发投融资模式和组织方式,为全县易地扶贫搬迁工程顺利推进、扶贫产业有序发展提供资金保障,公司现有人员4人(均为聘任干部)。

【业务范围】 扶贫开发公司组建和运营以白朗县"十三五"时期扶贫开发规划为引领,主攻扶贫产业开发、易地扶贫搬迁等业务,特别是集中整合扶贫资金,开发优势产业项目,以此带动及有效解决贫困人口就业、增收、脱贫。

【产业发展资金管理】 年内,共到位产业发展资金9000万元,其中扶贫产业投资资金4000万元、万亩枸杞项目资金1000万元、珠峰扶贫开发公司2017年二批扶贫项目4000万元,结转2016年产业发展资金10000万元,支出产业发展资金14169.59万元,2017年共计结余产业发展资金4830.41万元。

【产业分红收缴及发放】 年内,根据《白朗县精准扶贫产业项目利益分配管理办法(试行)》的通知要求,公司对"十二五"扶贫产业项目及2016—2017年实施的精准扶贫产业扶贫项目收缴产业分红279.385万元,并根据产业项目于建档立卡贫困户利益联结情况,对全县2765名建档立卡贫困户以一卡通形式人均发放产业分红资金1000元,共计发放产业分红资金276.5万元,产业分红资金结余2.885万元。

【易地搬迁资金管理】 年内,共到

2017年7月10日,日喀则市委副书记、市长刘虎山(中),市委副书记、常务副市长冯继康(左二)一行在白朗县调研特色产业发展情况

位易地搬迁资金3428.86万元，结转2016年易地搬迁资金2575.487万元，支出易地搬迁资金5495.36万元，2017年共计结余易地搬迁资金508.987万元。

【其他资金管理】 年内，共到位其他资金891.8万元，其中利息65.52万元，后藏杞原土地租金39.52万元、西藏诺药公司土地租金47.7万元、土地流转金41万元、珠峰农业科技土地费156.66万元、生态搬迁补偿款538.97万元，共计支出823.85万元，其中土地租金87.21万元、正常扣费0.12万元（每月80元）、征地补偿费538.97万元、土地流转金197.66万元。

（格桑扎西）

【领导名录】

法　人

普布次仁（藏族，3月免）

胡 卫 波（3月任）

总经理

普布次仁（藏族，3月免）

胡 卫 波（3月任，8月免）

格桑扎西（藏族，8月任）

执行监事

刘 万 里

财务总监

旦增杰布（藏族）

副总经理

格桑扎西（藏族，8月免）

白朗绿色蔬菜发展有限公司

【概况】 白朗绿色蔬菜发展有限公司成立于2003年6月，从事农业产业化经营的国有企业，总占地面积248亩，先后被评为“国家级蔬菜标准化生产示范区”“全国科普惠农兴村先进单位”等，2017年公司注册资金达1000万元。公司已培育成熟高原特色果蔬品种136个。

公司以打造高原果蔬强县为使命，以促进群众增收为目标，已构建起物资供应、果蔬生产、研发、销售、休闲采摘以及科普培训等于一体的产业综合体系。白朗绿色蔬菜发展有限公司现有干部职工共计58人，其中白朗县下派干部5人（行政编制1人、事业编制4人），公益性13人，小工和技术员40人。

【“两学一做”学习教育】 年内，认真开展“手抄党章100天”，每名党员每天手抄150字党章，同时形成对应的心得体会，真正把党章的要义铭记于心，把各项章程内容体现到日常言行中；把个人自学与集中学习结合起来，明确自学要求，通过学习讨论，真正提高认识，找到差距，明确努力方向；通过实践活动，参与生产活动，热爱劳动，积极发挥党员的先锋模范作用，彻底消除懒散现象；公司党员要牢记党的宗旨，通过公司业务，认真开展服务工作，强化蔬菜种植技术服务下乡活动，指导农户生产，降低生产风险，为民创造致富路

【产业扶贫】 年内，白朗绿色蔬菜发展有限公司积极发挥自身功能，推动全县蔬菜产业快速发展，使群众享受发展成果，在物资供应上，对群众所需的大棚物资、种子、种苗、棚膜等生产资料供应均以成本价销售，激发农户对大棚蔬菜种植的积极性，推进白朗县农业产业化结构调整；

【技术扶贫】 年内，白朗绿色蔬菜发展有限公司对白朗县沿年河主

2017年7月17日，西藏自治区副主席、日喀则市委书记张延清（左二）在白朗绿色蔬菜发展有限公司检查指导工作

2017年8月2日，县委常委、副县长鞠正江在白朗绿色蔬菜发展有限公司为考察组介绍蔬菜产业发展情况

要农业生产区进行重点扶持。公司成立技术服务小组，常规性开展走村入棚活动，指导农户生产，解决技术难题，降低生产风险，技术指导收益达1200余人次；公司通过技术组下乡和委托蔬菜科技特派员的形式，对白朗县6个蔬菜主产乡镇蔬菜种植业进行网格化管理，组织农户生产，保证对农户的技术供应和生产指标的控制，把好蔬菜产品的质量关，在区域市场已建立良好的口碑，促进全县蔬菜产业的健康可持续发展；当群众自产的蔬菜遇到卖难的情况或有代销需求时，公司采取自愿的方式，根据市场行情进行保护价收购，从而在销售环节上为大家构筑起最后一道坚固的防线，彻底解除大家对种植蔬菜的顾虑。

【免费提供蔬菜种苗】 年内，白朗绿色蔬菜发展有限公司为农民蔬菜种植贫困户采取免费提供蔬菜优质种苗的措施，为贫困户发放种苗1600余株鼓励和支持贫困户通过积极发展大棚蔬菜种植业实现脱贫致富。

【创新经营模式】 年内，白朗绿色蔬菜发展有限公司为满足市场需求，从之前的装箱菜产品向零售产品、批发产品、精品包装产品的多元化发展，既满足不同市场的需求，又强化不同等次产品的综合利用；为拓宽销售渠道，公司强化市场调研，积极与白朗、江孜、日喀则市场协调，建立较为稳定的供货经营体系，实现从以往的“守株待兔”式产地零售到“走出去”主动经营的重大转变；公司积极争取上级部门支持，在白朗县新农贸市场争取商品房门面，该销售点即将投入经营，必将有力促进产品销售能力的提高和市场信息的传输。

【发展“公司＋基地”经营模式】 年内，白朗绿色蔬菜发展有限公司从部分条件成熟的乡村开始着手，积极与县、乡、村、户协调，通过对农民蔬菜种植户给予提供技术保障和种苗优惠价的方式积极引导农民蔬菜种植实施“一村一品”式生产，同时由公司牵头集中收购各基地蔬菜产品，进行统购统销，整合白朗蔬菜资源优势，使

2017年7月13日，西藏自治区质监局局长刘家杰（前排左二）带队的全区农业标准化督察组在白朗绿色蔬菜发展有限公司检查指导工作

2017年6月21日，副县长扎西次旦在白朗绿色蔬菜发展有限公司为考察组介绍蔬菜产业发展情况

蔬菜种植户大减劳力投入和经营成本以及其他机会成本，建立农户与公司的利益共同体。

【果蔬采摘节】 年内，白朗绿色蔬菜发展有限公司通过引进果蔬新品种、科学安排生产工作、改造蔬菜文化长廊展览墙、提升公司经营场所形象、放映采摘宣传片、强化微信、广播等媒体的利用，创新采摘节宣传模式等措施筹备并成功举办"白朗县第七届蔬菜采摘节"，全县接待游客达16000人次，全县采摘收入达到115万元。采摘节的成功举办扩大白朗对外开放，有力促进白朗蔬菜产业的发展，产生良好的经济、社会效益。

【引进果蔬新品种】 年内，为提升白朗县大棚蔬菜生产效率和产品质量，公司从济南引进金玉龙、旺龙、驰誉A2、网状甜瓜等25种果蔬新品种。公司把引进的新品种通过在公司示范基地生产试验，然后把产量高、品质好的品种向农牧民蔬菜种植户推广种植，已向农牧民蔬菜种植户推广西北旅旋风（辣椒）、维也纳二号（西红柿）碧玉（西葫芦）等7种优质果蔬品种。

【引进新工艺】 年内，在山东援藏的大力支持下，公司积极引进水肥一体化及沙培种植技术及设备，通过不断提升生产水平，成功试验种植西瓜、樱桃西红柿等果蔬，获得突出的科研成果。沙培技术的应用成功，使作物对土地资源的依赖性明显降低，对未来土地资源节约型农业的发展奠定良好的基础，引进的技术及设备功能发挥显著，特别是水肥一体化生产大减人力投入，有效解放和发展生产力，为农业现代化建设起到良好的示范作用。

【葡萄、油桃示范种植】 年内，白朗绿色蔬菜发展有限公司与自治区农科院强化业务联系，争取扶持政策，免费争取32座温室的葡萄和油桃种苗。在自治区农科院的大力支持下，公司充分利用园区内温室大棚资源，示范种植农科院提供的葡萄苗共1600株（9座温室）、油桃苗1875株（23座温室），引进的品种长势良好，各项工作开展顺利。

【农牧民蔬菜种植技术培训】 年内，白朗绿色蔬菜发展有限公司通过从日喀则市科技局等部门积极争取培训项目和自发组织培训等措施，以穴盘基质育苗、蔬菜无公害标准化生产等为培训内容，积极开展农牧民技能培训工作，不断为蔬菜产业的发展积累人力资源，同时也为坚决打赢扶贫攻坚战奠定基础。2017年，公司已免费举办各种蔬菜培训班10次，共计参训人数达到2600余人。

【"五彩天域"品牌】 年内，白朗绿色蔬菜发展有限公司分管领导的指导下，初步提出"天域绿""天域青""天域白""天域红""天域黄"即"五彩天域"品牌概念，将为打造"网上白朗"创造有利条件。

【示范园建设】 年内，白朗绿色蔬菜发展有限公司通过济南援藏资金投入，顺利实施示范园提升改造项目，该项目总投资311.9万元，项目主体建设内容于2017年年末完成。该项目的实施为一直闲置几年的东区140座温室配备棚膜及棉被卷帘保温设备，有力改善示范园基础设施，为公司改制工作创造有利条件，为公司

2017年6月15日，总经理旦增曲央主持召开公司工作部署会

的生产型转型和发展提供强有力的设施保障。同时，济南援藏从济南市农业局争取到30万元示范园提升建设资金，该笔资金将用于水肥一体化，沙培生产技术等领域的示范应用，将有力提升现代农业生产水平，增强科技含量；改造东区温室、提高温室资源利用率。白朗绿色蔬菜发展有限公司克服改制前期工人少、闲置大棚杂草难治、土壤难改等问题，做到紧跟棚膜、棉被设施配备的工作步伐，全面开展东区温室生产恢复工作，现已实现东区154座温室从闲置到全面利用种植的良好格局，充分解决温室资源闲置浪费问题，提高温室资源利用率，有效提高示范园生产力。另外，还为示范园配备161套压水井和水泵配套温室供水设备，有效解决示范园东区80%温室供水设施紧缺的问题。截至年底，示范园100%的温室安装配备供水设施。

【公司资产评估】 年内，在白朗县财政局的大力支持下，强化与评估公司的联系，聘请专业评估人员，对公司固定资产、流动资产及无形资产进行全面的评估，为公司改制工作提供科学依据

【实施示范园创新管理项目】 年内，在济南援藏资金投入支援下，为公司批设150万元的示范园创新管理项目，该项目在引进新品种、新机械、新工艺以及提升公司形象、宣传白朗蔬菜品牌、强化创新管理、配套物流服务设施、西区温室棉被设施更新优化工作等方面起到重要的推动发展作用，特别是组织公司管理层及白朗蔬菜产业领域相关人员在山东考察学习活动，有力促进与山东农业企业技术交流、吸收山东各农业企业先进的管理与发展经验，为公司深化改革和创新管理创造条件。示范园创新管理项目各项工作正有序开展。

【规范管理公司财务】 年内，按照公司改制及财务独立制度相关要求，白朗绿色蔬菜发展有限公司特从日喀则市会计服务公司聘请会计专业人员，对公司账户进行强化管理，并制定财务相关管理制度，使公司各项经费使用恰当，入账明，财务工作步入正轨。

【实行工人工资改制】 年内，由于受到建筑行业的影响，农业生产人工成本翻倍，工人积极性不高，对此公司为实现示范园生产经营业务的健康发展，多次召开公司大会进行研究，并对工人工资实行“基本工资＋绩效奖＋考勤奖”制度，有效提升生产力，促进对员工的科学管理。

【实行包棚、分工制】 年内，为有效解决公司生产中之前存在的“吃大锅饭”“南郭先生”现象，公司特选出生产小组组长，实行包棚、分工制，有效解决工人中存在的慵懒散现象。

【技术支持】 年内，为使白朗县蔬菜产业的各项生产要素得到最大限度的发挥，公司加大对26个蔬菜种植基地的管理力度，通过免费向群众发放果蔬种苗及大棚物资、提高“技术下乡，服务送门”、助农寻找销路等措施，强化与各乡政府建立协作关系，督促和指导农户生产。

【对外宣传】 年内，白朗绿色蔬菜发展有限公司加强注重白朗对外宣传，通过邀请专业传媒人员，制

作白朗蔬菜宣传片及展览广告，并通过微信、电视大力宣传白朗蔬菜品牌新形象，特别是充分利用白朗蔬菜采摘节绝佳时机，通过广告宣传提升和建设公司形象为广大采摘游客留下蓬勃发展的蔬菜产业新印象。

【接待考察团】 白朗县国家级蔬菜标准化生产示范区已成为白朗县现代农业生产的一个典范，良好的管理和运作模式及较为先进的种植技术创造较广的知名度，公司共接央企入藏调研组、邮储总行融资工作组、日喀则市18个县调研组、全区农业标准化现场会等大型工作组以及来自各地市、县各种工作组、参观团等共1082人，公司通过大力投入人力、物力、财力制作展板、形象墙建造、文化长廊改造提升等措施，展现白朗蔬菜产业发展新风貌，为白朗蔬菜产业的宣传和推广工作起到良好的作用，并获得社会各界的肯定。

（旺　杰）

【领导名录】

总经理

冯 文 军（2月免）

旦增曲央（藏族，3月任）

执行监事

张　　军（3月任）

财务总监

旦增杰布（藏族，3月任）

金融

【概况】 中国农业银行白朗县支行位于日喀则市洛江南路3号，成立于1995年7月1日，于2009年10月与全国农行一起成功上市，更名为中国农业银行股份有限公司白朗县支行。服务面为县城及11个乡镇111个行政村委，是唯一一家在乡镇上有网点的金融机构，支行所辖5个营业网点，其中1个县支行营业室，4个营业所（均已实现电子化）。县支行在职员工32人，其中大学本科学历17人，占员工总数的53%；大专学历5人。党员15人，占员工总数的47%。按照上级行党委要求，县支行成立农行白朗县支行党总支部和县支行本部党支部以及杜琼营业所党支部，根据业务性质设有会计、出纳、信贷、联行、代理国库业务等，主要经营存款、贷款、结算及代理人行、农发行业务。

【业务辐射范围】 中国农业银行股份有限公司是自治区业务辐射范围最广的大型现代化股份制商业银行，业务由最初的农业信贷、结算业务，发展为品种齐全、本外币结合、能够办理国际、国内通行的各类金融业务。主要包括存款服务、综合业务、外汇理财、人民币理财、代客境外理财、银行卡、汇款及外汇结算保管箱租赁缴费服务、代发薪服务、出国金融服务、电子银行服务、私人银行、融资业务、国内支付结算、国际结算、基金相关业、企业理财服务、金融机机构服务。

【业务发展】 截至年底，农行白朗县支行各项存款余额为117655万元，较年初增加10132万元，增长9.42%，其中：对公存款为93438万元，较年初增加5125万元，储蓄存款余额为24217万元，较年初增加5007万元，各项贷款余额为60694万元，较年初增加12770万元，增长26.65%，其中：涉农贷款余额为55343万元，较年初增加11141

2017年12月31日，农行西藏自治区分行副行长闫军（左一）在白朗县支行慰问员工

2017年11月24日，农行西藏自治区分行副行长次仁旺堆（右二）在白朗县支行检查指导工作

万元，完成年度计划（4400万元）的253.2%；农户小额贷款余额为15208万元，较年初增加1709万元；精准扶贫小额到户贷款余额为1589万元，较年初增加1324万元。

【服务“三农”】 年内，农行白朗县支行始终秉持“一心惠农，专注富农，志在强农”的金融服务工作理念，切实履行历史使命、政治责任和社会责任，锐意进取，攻坚克难，用足、用好、用实中央和自治区各项特殊优惠金融政策，做好服务“三农”工作，惠及广大农牧民群众。为推动解决妇女就业民生问题，帮助妇女自主创业，促进社会和谐稳定，农行白朗县支行以“银担”合作模式开办白朗县城乡妇女小额担保财政贴息贷款业务。截至年底，共向7户妇女发放城乡妇女小额担保财政贴息贷款200万元，为广大妇女创业搭建融资平台；为切实激活西藏农牧区土地经济价值，解决农牧区发展资金不足等问题，在白朗县推广开办农村土地承包经营权抵押贷款业务，填补日喀则此项金融业务空白，丰富“三农”信贷担保方式，为金融服务“三农”工作注入新的活力；开展信贷扶农、支农工作。通过“一次核定、随用随贷、余额控制、周转使用、动态管理”的信贷模式，大力推广“钻、金、银、铜”四个不同信用等级和授信额度的农牧户“四卡”小额信用贷款业务，并根据地方经济社会发展步伐。

【金融扶贫】 年内，农行白朗县支行紧紧围绕“精准扶贫、精准脱贫”的基本方略，切实加强扶贫金融服务的精准性和有效性，有条不紊开展金融产业扶贫工作。在区、市两极分行的正确领导和积极指导下累计发放放精准扶贫到户贷款1730万元，收益贫困户达到346户，发放产业项目贷款980万元，切实解决产业项目户融资需求难的问题。

【综合竞争能力】 年内，农行白朗县支行在日喀则分行各项业务综合考核当中，荣获综合考评第一名，“四好”班子奖，代理中国人寿保险业务先进单位，综合考评先进集体，荣获“西藏分行优秀职工之家”荣誉称号、巾帼标兵岗荣誉称号，荣获县政府颁发的2017年度经济发展贡献奖和民族团结模范集体奖。

（其美多吉）

【领导名录】

党支部书记、行长

仓　决（藏族，3月免）

旺　拉（藏族，3月任）

副行长

尼玛仓决（女，藏族）

农业·水利

农牧业

【概况】 2017年,白朗县农牧局共有干部职工42名,其中行政干部8名(局长1名、副局长4名、副主任科员2名、科员1名),事业管理人员2名(主任1名、副主任1名)专业技术人员27名(初级职称18名、技术人员9名),工人5名。2017年,农牧局认真贯彻落实学习习近平时代中国特色社会主义思想,深入贯彻落实中共十九大会议精神,认真贯彻落实中央和区市县重大决策部署,充分发挥部门职能作用,全力推动农牧业各项工作,较好地完成全年各项工作任务,全县农牧业保持平稳增长态势。

【农业发展】 年内,完成农作物播种面积12.74万亩,其中落实粮食作物播种面积9.3万亩(青稞8.7万亩、小麦0.6万亩);落实经济作物播种面积2.67万亩(油菜1.5万亩),蔬菜面积1.17万亩,落实饲草饲料播种面积0.77万亩,全县粮食、经济、饲草三元比例调整到73∶21∶6;2017年粮油总产达到5544.945万公斤,其中青稞产量达4982.445万公斤,小麦产量达327.5万公斤,油菜产量达235万公斤,粮油产量再创新高。

【种子、化肥调运】 年内,共完成春播备种130.5万公斤、种子精选率100%,外调“藏青2000”种子93.47万公斤;分配发放农药57.03吨、农用化肥3193吨,其中产县大县奖励化肥435吨。发放珠峰4000商品有机肥2403.2吨、控失配方肥120.25吨,完成各类农作物播种12.74万亩,全县机耕、机播、机割和机械打场分别达到92%、96.8%、99%和100%。

2017年5月4日,日喀则市副市长巴桑(前排右二)出席白朗县万亩有机青稞开播仪式

【测土配方施肥】 年内,在测土配方施肥工作中,通过“3414”田间肥效试验,建设配方施肥示范区,落实完成测土配方施肥大田示范10万亩,分别播种在白朗县嘎东镇、洛江镇、巴扎乡、强堆乡、杜琼乡、玛乡、曲奴乡、旺丹乡、嘎普乡等9个乡(镇)。统一发放施肥建议卡,实现9个乡镇测土配方施肥技术覆盖率100%、技术服务跟踪到位率100%、肥料利用率100%。肥效试验及推广效果良好,测土配方“3414”及有机肥田间肥效试验共5个,不完全试验1个、完全试验1个、控失配方肥试验1个、配方肥对照试验1个、合缘有机肥试验1个,试验品种为“藏青2000”,示范地块为巴扎乡恰仓村。

【青稞良种繁育】 年内,全县一、二级种子田建设基地总面积为9930亩,青稞一级种子田1500亩、冬小麦一级30亩;青稞二级种子田8000亩,冬小麦二级300亩。油菜二级种子田100亩共涉及4个乡镇15个行政村,种植品种为“藏青2000”“山冬7号”和“京华165”。

【标准化生产】 年内,农牧局大力推广5428座蔬菜大棚和0.16万亩露天蔬菜的标准化生产技术,重点维护建设26个标准化示范

2017年4月25日，西藏自治区农机处处长占堆（前排右三）在白朗县调研深耕深松工作

基地。2017年，仅蔬菜公司销售蔬菜达到4100万公斤，销售收入达到16432.9余万元，其中白朗县第七届蔬菜采摘节接待游客16000人次，实现旅游收入115余万元。举办蔬菜科技培训6期，培训种植蔬菜农牧民和技术人员达2600余人次；进行高效日光温室培育并向农牧民免费提供新品种果蔬基质幼苗，重点推广五个品种，主要在年河四乡镇。

【青稞增产】 年内，为保障全县青稞增产取得实效，贯彻落实区党委、政府关于青稞每亩平均增产25公斤重要指示精神，白朗县高度重视、措施得力、技术到位、群众参与度高，青稞增产行动取得实质成效，获得全区青稞增产行动先进县。2017年，获得国家农产品质量安全县。

【畜牧业】 截至年底，畜牧存栏达到275596（头、只、匹），适龄母畜达到148850头（只、匹）；成畜死亡3583头（只、匹），死亡率控制在1.3%以内；幼畜成活率达到90%以上；牲畜总增率达到34%以上；牲畜出栏率达到34%以上；全县共新生仔畜86406头（只、匹），成活77765头（只、匹），成活率为90%，完成黄牛改良任务7391头，其中冻配完成6895头、本交496头，畜产品肉产量达到2650吨，奶产量达到10101吨。

【牲畜疫病防治】 年内，狠抓畜牧业关键技术措施落实，畜牧业生产水平进一步提高。通过强化动物重大疫病免疫，推行一户一卡、建立免疫档案等方式，狠抓牲畜免疫及黄牛改良工作。2017年，共组织培训5期，参训人数达到890人次，同时组织县、乡、村畜牧专技人员签订责任书，深入基层，深入各放牧点，采取拉网式措施，开展常见病、多发病等16种疫病的防治工作，重点是W病重点疫病的防治工作，保证白朗县牲畜疫病防治密度达到100%；同样其他疫病防控工作。2017年，各级政府高度重视的包虫病防控工作，做到县不漏乡、乡不漏村、村不漏户、户不漏针的效果；2017年，白朗县境内频繁发生牲畜羊链球菌疾病，为此农牧局组织局机关和农牧综合服务中心技术员走村串户，仔细调查疫病情况，组织乡镇和村畜牧兽防员，针对此病培训治疗方法，积极争取上级业务部门技术和防疫药品的支持，同时农牧局购进大量的药品发放给疫病乡镇。

【防抗灾工作】 年内，各乡镇积极动员和组织群众搞好畜牧业防抗灾基础设施建设，尤其是做好对暖棚圈、羔宫和防抗灾饲草料储备库的维修、加固和新建情况的督促和检查，及时发现并解决问题。坚持以畜定草的储备和以人定燃料的原则，做好割草、储草和牲畜转场工作。2017年，建设防抗灾组织34个，共储备饲草107.5万公斤、饲料75万公斤，争取上级业务部门抗灾饲草料61吨。

【草原生态保护补助奖励机制】 年内，为贯彻落实《国务院关于促进牧区又好又快发展的若干意见》，切实改善白朗县草原生态环境，有效遏制草原退化，实现草原永续利用和畜牧业可持续发展，促进牧民增收，维护国家生态安全。确定享受2017年草畜平衡资金的农牧户6553户，共兑现草原生态保护补助奖励资金7347846元，其中草畜平衡奖励资金 6829446 元、草原监督员补贴资金 518400 元。

【基本草原划定】 年内，加强组织领导、广泛宣传动员，开展全县基本草原划定工作，迅速成立以政府主要领导为组长、副组长，相关部门为成员的领导小组，为确保此项工作落实到位，同时成立基本草原划定技术小组。为完成任务，进行基本草原类型判定、图件编绘、面积统计、资料汇总等技术培训。为确保划定数据按统一标准，真实准确权威，技术人员分 2 组开展走乡（镇）串村宣传动员工作，共出动车辆 253 次，开展政策宣传会 56 场（次），引导群众充分认识草原划定的重要意义，积极参与基本草原划定工作；严格按照《白朗县基本草原划定工作规程（试行）》和《白朗县基本草原划定工作实施方案》规定的操作规程和方法步骤，熟悉乡（镇）、行政村边界，现场勘验分布类型和四至界限；积极调处矛盾纠纷，通过查阅档案资料，现场勘验，做大量群众工作，现场调处 19 次，及时解决基本草原划定工作中的矛盾纠纷；积极与相关部门对接，集中审核基本草原图班，实际测量草场总面积为 373.57 万亩，可利用草场面积 331.04 万亩，占草场总面积的 88.61%，各项基本草原工作已完成，并通过市级验收，待自治区终验。

【农牧民专业合作组织】 年内，全县各类农民专业合作经济组织发展到 96 家，其中国家级示范社 2 户、自治区级合作社 4 户、地区级合作社 5 户（除 11 个各级示范社之外，其余的大部分均为家庭式作坊合作社，普遍存在不再运营或有名无实，根本达不到农民专业合作社的要求）；重点针对旺达娟姗牛养殖小区、圣雄奶牛养殖小区及恰仓腾飞肉羊养殖合作社进行专项扶持，改扩建及养殖饲草种植已全部完成。全县农牧民经济合作组织经营范围已覆盖青稞蔬菜种植、奶牛养殖、绵羊育肥、手工艺品加工、传统藏垫氆氇制作、皮毛加工等 16 个行业，合作社入社人员 1582 人、户数 1314 户，辐射带动户数 1202 户，带动人数 2000 余人。

【落实国家补贴】 年内，全县拥有农机总动力 16.32 万千瓦，动力机械拖拉机 8268 台，配套机具，10560 多台，联合收割机 26 台，植保机 5 台，种子包衣机 16 台和种子精选机 17 台。农牧局紧抓农机化建设，稳步推进农机示范县工作，2017 年完成 2016 年深耕深松作业 14660 亩，兑现补贴资金 80.6 万元；完成 2017 年深耕深松面积 7800 亩，补贴资金为 42.9 万元，均为国家补贴，高标准高质量完成既定指标，农机三项作业水平更进一步。

【项目建设】 年内，共开复工农牧业项目 12 个，总投资 8419.22 万元，其中国家投资 4059.22 万元，援藏资金 4360 万元，分三年实施。2016 年，中央财政支持现代农业青稞生产基地项目，总投资 1283.22 万元，全部为国家投资，该项目已全部完工；白朗县现代农牧业特色提升项目，总投资 4360 万元，分三年实施，2017 年共计完成投资 310 万元；白朗县草原监理站建设项目，总投资 136 万元，全部为国家投资，该项目已完成投资 27.2 万元，其余未完成部分预计 2018 年 6 月底前全部完成；白朗县绿色防控示范基地建设，总投资 200 万元，全部由国家投资，该项目已完成投资 40 万

2017年4月21日，西藏自治区农科院研究员禹代林（前排左三）在白朗县开展“藏青2000”培训会

2017年8月2日，农牧局组织致富能手在济南市参观学习

元，年底完成全部建设任务；白朗县重大病虫疫情网点建设项目，总投资100万元，全部由国家投资，该项目已完成投资20万元，年底完成全部建设任务。

白朗县重大病虫疫情防治中心建设项目。该项目总投资600万元，全部为国家投资。截至年底，该项目已完成投资160万元，物资采购部分年底完成，基建未完成部分预计2018年6月底前全部完成；白朗县重大动物疫情应急物资储备与冷链设施项目，总投资150万元，全部由国家投资，该项目已完成投资30万元，预计2018年6月底前完成全部建设任务；白朗县2016年基层农技推广体系建设项目，总投资160万元，其中国家投资120万元，自治区相关部门配套40万元，该项目已全部完工；白朗县岗巴羊规模化养殖场建设项目，总投600万元，全部由国家投资，该项目已完成投资560万元，未完成部分预计2018年4月底前全部完工；白朗县巴扎乡恰仓村萨福克肉羊养殖基地建设项目，总投资150万元，其中国家投资50万元，现代农业示范区奖补资金100万元。该项目已完成全部前期招投标工作，预计2018年6月底完成全部完工；白朗县圣雄奶牛标准化养殖场建设项目，总投资80万元，全部由国家投资，该项目已完成投资16万元，未完成部分预计2018年4月底全部完工；白朗县2016年中央财政支持第二批现代农业青稞生产基地项目，该项目总投资700万元，已全部完成。

（巴桑普赤）

【领导名录】

局　长

尼玛旺拉（藏族）

副局长

冯 文 军（山东援藏，副县级）

名　　米（藏族，正科级）

副局长、主任科员

嘎热多吉（藏族）

副局长

徐　　飞

农牧综合服务中心主任

旦增欧珠（藏族）

农牧综合服务中心副主任

旦　　增（藏族）

林业

【概况】 白朗县林业局成立于2010年。2017年，编制人数2人，实际人数10人，其中行政编制为5人，事业编制为2人，工人1人，公益性2人。2017年，白朗县林业局贯彻落实区、市、县林业工作会议精神，围绕白朗县林业工作任务目标，开展植树造林，工程造林、林业直补资金兑现、林地资源及野生动物保护等各项林业工作，为建设“醉美后藏花园”打下坚实的基础。

【拉萨周边造林项目】 年内，完成人工造林300亩，封山育林5100亩，主要采取地沟种树的方式，已全部施工完毕，主要树种为新疆杨6000株、山杏9000株、榆树5000株。截至年底，长势良好，成活率达85%以上。

【防沙治沙项目】 年内，采取就地取土、降低沙丘高度、客土压沙，乔、灌、草混植的方式治沙，完成173.1亩的防沙治沙任务和封山育林（草）9666亩。撒播沙生槐、披肩草、沙蒿种子共1560千克、种植榆树12000余株、沙棘18000余株。截至年底，所种植的苗木、草种成活率均达30%以上。

2017年7月21日，国家林业局湿地保护管理中心巡视员程良（右一）对年楚河国家湿地公园进行验收

【湿地公园建设】 7月，国家湿地验收组对年楚河国家湿地公园进行验收并通过，截至年底，在原有的基础建设上完善界碑、界桩、标识牌、宣传牌、警示牌的更新，在主要出入口设立宣传栏4个，垃圾箱11个。发放湿地宣传册100余本，设立湿地宣教走廊3处84块宣传牌，在不同的时节不同的地段，对水质、气候、植被、野生动物进行数据采集，同时为湿地管护人员配发衣服、帽子、臂章等，明确管护时间、管护任务及管护要求，对这些数据进行资料归档。

【林试场建设】 3月，由上级林业主管部门拨入专项资金14.4万元对林试场疫源疫病监测站进行维修；同时上级林业主管部门拨入专项资金10万元，配齐林试场林业科技推广站和疫源疫病监测站办公设备。4月，由县委、县政府投入资金14.9364万元，对林试场的业务用房、阳光棚、旗杆等基础设施进行维修。截至年底，所有项目已完工，林试场的办公条件及基础设施已焕然一新。

【国土绿化】 年内，为认真贯彻落实《西藏自治区人民政府关于大力开展植树造林推进国土绿化的决定》精神及上级林业主管部门有关推进国土绿化，大力消除“无树村、无树户”的要求，立即组织安排，迅速行动，经摸底调查审核，全县海拔“无树村、无树户”共涉及54个村、862户、4638人，按照人均5棵树的要求，累计发放杨树苗23190株。截至年底，已消除完毕，切实做到全面行动、全面绿化、绿色惠民。

【灾后重建及特色小城镇建设】 年内，白朗县灾后重建及特色小城镇建设共分为4个点114万元，分别是：巴扎乡冲堆村10万元、嘎东镇马义村40万元、者下乡普村10万元、洛江镇洛江村54万元，2017年上半年在县委、县政府的统一安排部署下，对国道349沿线绿化4公里，种植垂柳1000株、香花槐1000株；县城政府广场绿化8860平方米，绿化品种32种。长势良好，成活率达95%以上。

【惠民资金兑现】 年内，生态效益

2017年3月30日，日喀则市林业绿化局森防站站长晋鹏飞（右四）在巴扎乡检查指导苗木进场情况

2017年3月28日，全县干部职工在嘎东镇白雪村开展植树造林活动

补偿基金共1504000元，经请示上级林业主管单位，并向县委、县政府报告，于10月16日按照每亩4.85元的标准兑现，共137.88万元，剩余资金用于宣传、疫源疫病防治、森林防火等。

【学习贯彻中共十九大精神】 年内，中共十九大会议闭幕后，拉巴旦塔领学中共十九大报告原文及张延清报告，并结合林业部门的工作职能，重点学习“进一步完善6677总体工作思路、建设美丽日喀则”部分。拉巴旦塔指出，中共十九大是在决胜全面建成小康社会、中国特色社会主义进入新时代的关键时期召开的一次十分重要的大会，全局领导干部要坚持以习近平总书记系列重要讲话精神和治国新理念新思想新战略为指导，进一步提高政治站位，提高责任感和使命感，结合白朗林业改革发展实际，准确把握报告提出的关于“进一步完善6677总体工作思路、建设美丽日喀则”重大理论观点和重大战略思想，助力白朗林业现代化建设和提高林业改革发展的水平。

年内，全县林业系统要迅速掀起学习中共十九大报告精神的高潮。局班子成员要带头学，要认真研读习总书记中共十九大工作报告，深刻领会中共十九大报告精神；要原原本本的学，要立足十九大报告原文进行学习；要结合当前林业工作的实际，要制定好传达落实学习十九大报告的计划，精心部署、深入推进，根据当前林业发展的现状，开展一些喜闻乐见的宣传活动，正确理解习近平总书记十九大报告的内涵，树立新理念，实现新作为。

（王瑞贺）

【领导名录】

局 长

余 明

副局长

拉巴旦塔（藏族，5月任）

水利

【概况】 2017年，白朗县水利局内设科室9个，分别为局办公室、水利队、灌区管理办、农村人饮办、党员活动室、水政办、河长办、综治办和普查办。白朗县水利局共有行政编制4名，核定领导职数3名，实有3人（1名正局长、2名副局长）。所辖水利队设事业编制4人，现有编制人员11人。全局共有干部职工20名（局机关4人、技术人员10人、工人1人、公益性岗位1人、志愿者1人、企业合同工3人、临时工1人），其中藏族干部15名、汉族干部2名、回族干部1名；全局共有正式党员9人，入党积极分子3人。

【水利工程项目复工】 年内，复工项目1个，即2016年小农重点县建设项目。该项目总投资2421.7万元，实施22个项目点，新建取水口3座，引水渠道45.46千米，改扩建水塘7座，总库容11650立方米，灌溉面积17222亩，工程已全面完工，并拨付资金85%。

【新建项目】 年内，新开工水利项目共8个，其中“十三五”规划项目5个，计划外项目3个，总投资13515.11万元。

【“十三五”计划内项目完成情况】 全县水利“十三五”计划内项目共13个，总投资17329.06万元。白朗县天曲河旺丹乡防洪段防洪堤工程，总投资2002.91万元，项目

2017年12月26日，西藏自治区水利厅副厅长曲达（右二）在白朗县督导检查水利项目建设情况

于2017年3月20日进场开工，现已完工。者下乡水库建设项目，总投资2645.26万元，工程进度完成75%。东喜乡桑列草场灌溉建设项目，总投资524.95万元，该工程已完工。嘎东镇宗萨干渠建设项目，总投资1202.72万元，工程进度完成50%。白朗县玛乡玛干渠工程，总投资1357.12万元，该项目已完成概算批复。白朗县洛江镇嘎玛琼孜干渠工程，总投资2951.21万元，该项目已完成概算批复。白朗县杜琼乡村防洪堤工程，总投资1020万元，已完成招标，准备2018年开工。白朗县曲奴乡村防洪堤工程，总投资738.96万元，现已完成概算批复。白朗县水土保持清洁小流域综合治理工程，总投资498.58万元，现已完成概算批复。白朗县巴扎乡差吾村水土流失综合治理工程，总投资617.05万元，现已完成概算批复。白朗县者下乡饲草料基地灌溉工程，总投资602.94万元，现已完成概算批复。白朗县者下乡当雄草场灌溉工程，总投资496.37万元，现已完成概算批复。2017年小农重点县建设项目。该项目总投资2670.99万元，现已完成概算批复。

【“十三五”计划外项目完成情况】白朗县农村饮水安全巩固提升工程，该项目共分2批进行，其中第一批13个项目点，工程总投资为1127万元，项目已完工；第二批66个项目点，工程总投资为4213.32万元，已完成进度95%；“青稞增产行动”项目，白朗县共涉及两个项目，杜琼村二级缇灌站建设项目，项目总投资为1354.16万元，现已完成概算批复。项目实施后，可控灌耕地面积0.58万亩，其中改善面积0.44万亩，新增面积0.14万亩；巴扎干渠改扩建工程，总投资为479.09万元，现已完成概算批复。项目实施后，可有效改善1.4万亩农田灌溉问题。援藏项目1个，洛江镇彭果村渠道建设项目，总投资为329.9万元，项目已完工。

白朗县县城排洪渠工程，总投资为779.45万元，项目于2017年5月进场施工，项目已完工；白朗县洛江镇唐党村农田水渠及涵洞维修项目，总投资为296.17万元，项目已完工；白朗县强堆乡白岗防洪堤工程，总投资为178.4万元，已完成招标，项目已完工；白朗县

2017年8月9日，日喀则市水利局局长普琼（左三）带队检查组一行在白朗县督导检查迎接中央环保督查工作及水利项目建设情况

杜琼乡农田水利综合治理工程，总投资1268.64万元，项目已完成概算批复。白朗县橡胶坝工程，总投资1476.62万元，现已完成初设，等待审查。天曲河灌区建设项目，该项目建设内容包括德吉干渠改扩建，新建杜琼乡党精水库、曲奴乡彭嘎水库、曲奴乡思布水库、旺丹乡雪村水库等工程，计划投资1.8亿元，现已完成可研，等待审查。旺丹乡桑巴村防洪堤工程，总投资178.8万元，已完成设计待审查。旺丹乡秋堆村防洪堤工程，总投资112.1万元，已完成设计待审查。嘎普乡普村防洪堤工程，总投资921.1万元，已完成设计待审查。

旺丹乡夏麦防洪堤工程，总投资780万元，已完成设计待审查。杜琼乡东布防洪堤工程，总投资1025万元，已完成设计待审查。白朗县雪布防洪堤工程，总投资492.94万元，已完成设计待审查。嘎东镇马义村防洪堤工程，总投资1545.5万元，现已完成概算批复。巴扎乡金嘎水渠工程，总投资470万元，现已完成初设，等待审查。强堆乡白岗沟防洪堤工程，总投资681.7万元，已完成设计待审查。白朗县天曲沟治理工程，总投资7000万元，已完成审查待概算批复。白朗县生态治理工程，总投资2000万元，已完成审查待概算批复。白朗县强堆乡当嘎水塘改扩建工程，总投资435.71万元，已完成审查待概算批复。

【2016年小型农田水利重点县项目】 项目总投资2421.7万元，工程主要建设内容为实施22个项目点、新建取水口3座、引水渠道22条、总长度45.46、铺设输水管道3.4公里，渠系建筑物共320座（其中分水口218座、渡槽15座、农桥79座、闸阀井8座）；改扩建水塘7座、总库容11650立方米；护岸工程90米。项目于2016年10月初招标，共分12个标段，已拨付资金2058.45万元（占总资金的85%）。项目建成后可有效改善白朗县杜琼乡、曲奴乡、强堆乡3个乡共22个行政村17222亩耕地的灌溉问题，项目已全部完工。

【防汛工作】 年内，成立以政府县长为组长，分管副县长为副组长，相关县直各部门、各乡镇负责人为成员的防汛抗旱工作领导小组；按照日喀则市水利局防汛抗旱指挥部的要求，结合白朗县实际，抓紧完善《白朗县防汛抗旱应急预案》，并与乡镇层层签订目标责任书，完善应急预案，明确责任、细化任务；防汛抗旱物资储备实行"分级负担、分级储备、分级使用、分级管理、统筹调度"的原则，对物资品种、规格、数量、存放地点、管理人员等登记造册；始终坚持"先生活，后生产；先地表，后地下"的原则，不断加强水资源管理，提前科学制定全县用水调度计划；广泛发动群众，认真抓好抗旱宣传，安排专人就抗旱意识、目的、意义、预案要点等相关知识在各乡镇进行宣传。

【"河长制"工作】 年内，配合县委、县政府全面推进"河长制"工作，对年楚河、天曲河、夏布曲等河流湖泊水资源生态保护采取一些有力措施。按照"建立管理机构、明确工作目标、落实管理责任、严格管理考核"的要求，全面建立区域与流域相结合的以县、乡（镇）、村三级"河长"为主要内容的"河长制"组织体系，对全县范围内的主要河湖全部落实具体责任人。同时，要求各乡（镇）结

2017年12月23日，西藏自治区水利厅建管处巡视员皇甫大林（右四）一行在白朗县督导检查2016年水利贷款项目

2017年6月16日，水利局副局长索朗次仁率领监理单位和施工单位在者下乡热玛村进行人饮项目技术交底工作

合各自实际，制定乡（镇）、村“河长制”工作方案，实现县、乡（镇）、村三级“河长”全覆盖；督促乡（镇）“河长”负责推进河湖、库塘突出问题整治、水污染综合防治、实地巡察保洁、生态修复和河湖库塘保护管理，督导村级“河长”履行职责；持续开展砂场砖厂专项整治。继续深入推进项目建筑领域专项整治行动，积极协助县发改、水利、环保、林业、住建、公安等部门，对年楚河、天曲河等主要河道的砂场、砖厂进行全面清理整顿，关停整顿砂场18家；充分利用标语、宣传栏、公众平台等多种形式高频率、大张旗鼓的宣传“河长制”工作的重要性和必要性，切实增强群众环保意识，激发广大群众参与水环境保护的积极性和责任感，使河道采砂专项治理等工作深入人心，家喻户晓，为“河长制”工作营造良好的舆论氛围。截至年底，正积极开展县乡村“河长”公示牌树立工作，同时要求村干部、“双联户”等人员主动认领辖区内的水库、水塘，努力实现塘库管理全覆盖。

【精准扶贫】 年内，始终坚持以“三个精准”为指导，委派专人经过大量走访、实地调研等多种方式，最终确定水资源管护员和水土保持持监督员城求岗位、农业县和半农半牧村级水管员和山洪灾害防治设施看护员需求岗位总计979个，兑现岗位津贴293.7万元；力争项目两批（第一批13个点，第二批66个点）早日竣工并发挥效益，解决贫困区人畜“吃水难，用水难”问题。

（次旺普赤）

【领导名录】

局　长

　杜　　纯

副局长

　索朗次仁（藏族）

　达　　瓦（藏族，7月免）

　巴桑扎杰（藏族）

社会事业

白朗年鉴·2018

民政

【概况】 白朗县民政局属于正科级单位，核定行政编制 3 人，事业编制（白朗县五保集中供养服务中心）4 人，有领导职数 4 人。2017 年，有干部职工 18 人，其中正科级干部 3 人，副科级 1 人，科员 1 人，办事员 1 人，事业人员 5 人，公益性岗位 7 人。县民政局负责全县城乡低保、城乡医疗救助、“五保”户、老龄和孤儿管理工作，双拥优抚安置、残疾人事业、救灾救济、婚姻登记管理、基层政权建设、勘界、区域地名管理等工作。

【城乡低保】 年内，白朗县民政局在贯彻执行低保和扶贫“两线合一”的相关政策后，现有城镇低保 14 户 16 人；农村低保 426 户 646 人，占全县农牧民人口的 1%。为进一步规范白朗县城乡低保工作，县民政局坚持做到动态管理，分类复核。年内，结合全县精准扶贫工作和自治区关于规范最低生活规范最低生活保障落实工作，针对群众反映强烈的“人情保”“错保”“漏保”“轮流坐庄”“保人不保户”“关系保”等进行清退，做到“应保尽保、应退尽退”，同时，还专门派人对 11 个乡镇的城乡低保人员进行 30% 的抽查，均未发现有上述现象的发生，较好地保障弱势群体的基本权益，完善救助机制；在完成各类救助对象的复核后，进一步完善归类档案资料，根据复核工作新确定的纳保人数，及时更新保障对象基本情况，细化保障类别，推进分类施保；加强公开力度，将各类保障政策、保障程序、保障对象、保障资金及保障标准进行公开，并将发放资金表上墙公示，增强城乡社会救助的透明度。2017 年，共兑现低保金 458.07 万元。

【城乡医疗救助】 年内，白朗县民政局按照区、市医疗救助相关政策，认真落实医疗救助审批手续，确保被救助人员能及时得到救治。此外，在现有的医疗救助机制上，白朗县人民政府出台《白朗县关于建档立卡贫困人口因病致贫、因病返贫医疗救助实施细则（暂行）》，建立因病致贫救助基金，县财政每年安排 50 万元，重点加大对精准扶贫建档立卡贫困户的救助力度。2017 年，白朗县医疗救助人数达 545 人次，救助金额为 224.07 万元。

【临时救助】 年内，确保不发生因突发性困难致贫返贫现象，通过及时了解、掌握、核实白朗县辖区内群众遭遇突发事件、意外事故、重病等特殊情况，做到早发现、早救助、早干预。畅通社会兜底“最后一公里”，让困难群众“求助有门，受助及时”。2017 年，共计发放临时救助金 85 人次，32.97 万元。

【残疾人福利事业】 年内，白朗县共有残疾人员 807 人（其中视力残疾 84 人、听力残疾 61 人、言语残疾 59 人、肢体残疾 447 人、智力残疾 34 人、精神残疾 32 人、多重残疾 90 人）。5 月，白朗县共计发放残疾人两项补贴 80.05 万元。9 月，日喀则市日星加油站总经理郑秋详一行在白朗县，对白朗县 10

2017年6月8日，国家民政部减灾中心科技标准部副主任张宝军（左三）在白朗县检查2016年水毁房屋灾后重建工作

2017年5月8日，日喀则市民政局局长索朗旺堆（右二）在白朗县民政局检查指导工作

户生活比较困难的残疾人进行慰问，共计发放慰问金10000余元。

【高龄老人服务】 白朗县80岁及以上寿星老人共有349人，其中，80—89岁、90—99岁、100岁以上老人，分别每人每年落实以300元、500元和800元为标准的寿星老人健康补贴。2017年，共落实80岁以上寿星老人生活补助资金106400元。

【五保供养】 年内，白朗县“五保户”共计51人，其中集中供养39人，分散供养12人，全年共计发放五保供养补助金25.19万元。2017年，县政府列支28万元，购置县五保中心老年人活动中心相关设备，此外，发放2018年元旦、春节、藏历新年慰问金12万元；同时还广泛动员社会力量社会人士积极关心关爱老人晚年生活，西藏颇罗郎建筑工程有限公司、白朗后藏杞原农业科技开发有限公司等企业捐赠生活物资15万余元。

【社会组织】 年内，白朗县登记在册的社会组织有：蔬菜种植协会、楚松水协会、青年志愿者协会、旺丹乡纺织协会、白朗县慈善协会。根据日喀则市民政局基层政权科的指导意见，白朗县民政局于2017年4月启动对社会组织的年检工作，并对已经过期的社会团体法人登记证书及时督促更换新证。为满足社会各界热心慈善事业的爱心人士、企事业单位、慈善组织和有关团体的要求，白朗县慈善协会于2017年9月正式挂牌成立，现已发展会员1100余人，共计吸纳社会各界爱心捐助资金209万元。

【基层政权建设】 年内，白朗县民政局便将村“两委”换届工作列入全年重点工作计划中，并抽调单位骨干到县换届办工作，白朗县民政局在县委、县政府的坚强领导和各相关部门的积极配合下，认真贯彻落实《中华人民共和国村民委员会组织法》，成功开展村“两委”换届工作。

【“双拥”优抚安置】 年内，在白朗县双拥工作领导小组的精心指导下认真做好各项双拥工作，并荣获“双拥模范县”称号。在“七一”中国共产党成立日、“八一”中国人民解放军建军日期间，落实慰问资金39500元；“9·30”烈士纪念日期间，白朗县民政局邀请各位县级领导在日喀则市烈士陵园开展祭扫活动，并落实慰问资金4000元；2017年，落实“三属”资金5人次、97050元，落实伤残人员抚恤金17人次、331900元、落实60岁以上农村义务兵生活补助52人次、140400元，落实因公牺牲家属定期定量补助金6人次、3200元，落实2016年退役士兵自主就业一次性经济补助14人次、79万元，落实2016年义务兵役期满士兵家庭优待金15人次、36万元。

【防灾救灾体系】 年内，建立健全救灾应急预案，结合近几年各种灾害经验教训，全面推进县、乡、村三级救灾应急预案的修订和完善，加强救灾部门联动工作机制和抗灾救灾协调工作，落实应急响应规程，确保灾害发生后24小时转移安置和救助措施基本到位；认真开展受灾困难群众冬春生活救助工作。白朗县民政局把冬春困难群众生活安排作为最现实最紧迫的民生工作抓紧抓好，群众生活得到切实保障；按照“突出重点、分类指导、统筹安排、分步实施”的原则，进一步强化措施，严格救灾款物发放程序。坚持公开、公平、公正的原则，接受群众和社会舆论监督，确保灾民的基本生活得到保障，2017 年兑现冬春救助资金共 41 万余元；认真做好防灾减灾宣传工作，结合“防灾减灾日”，紧扣“城镇化与减灾”主题，召集宣传部、交通局、卫生局、消防支队等相关部门，精心安排和部署“防灾减灾日”各项工作，在县城主要路段发放《防灾减灾知识手册》《道路交通安全法》《食品安全知识》等宣传册共计 200 余册，同时，邀请消防大队在县中学、小学以及五保供养中心进行应急疏散演练，深受群众欢迎；及时上报灾情数据。由于暴雨、泥石流、雪灾等恶劣天气，导致白朗县 11 个乡镇不同程度受灾，发生灾情后县民政局于第一时间下乡调查核实，并及时在灾情网上上报。

【婚姻登记】 年内，严格按照《中华人民共和国婚姻法》和《婚姻登记办理变通规定》，设立专人专岗办理婚姻登记。2017 年，共计办理结婚登记 503 对，离婚登记 51 对，补办婚姻登记 34 对，补办离婚登记 2 对，未办理过一例违反《中华人民共和国婚姻法》的婚姻登记。

【勘界工作】 年内，根据日民发《关于进一步加强和规范县级行政区域界线联合检查工作的通知》精神，针对白朗县者下乡与萨迦县的草场纠纷问题、白朗县嘎东镇与桑珠孜区的边界问题，及时根据上级文件精神进行处理，把矛盾消灭在萌芽状态，在各方勘界办公室的统一组织下顺利完成任务，未出现因边界而导致的纠纷或移动、损坏界桩等不良事件。同时，在县委、县政府的领导下，在各乡（镇）党委、政府以及县直有关部门大力支持和配合下，白朗县业已经完成白朗—亚东、白朗—江孜、白朗—康马、白朗—萨迦的勘界联检工作，为白朗县乡（镇）边界地区的稳定和经济的发展做出积极的贡献。

【区划地名】 年内，根据第二次全国地名普查工作和自治区关于加强地名文化保护和清理整治不规范地名工作要求，白朗县民政局及时成立白朗县地名普查工作专家领导小组。8 月，完成对白朗县 11 个乡镇和 111 个行政村，县城各街道、路段的地名更换以及地牌制作、发放、安装等各项工作。

（孙 飞）

【领导名录】

局 长

巴桑普尺（女，藏族）

副局长

王 起 龙

格桑卓嘎（女，藏族）

主任科员

玉 珍（女，藏族）

2017年10月18日，县委书记陈昊一行慰问五保老人

人力资源与社会保障

【概况】 白朗县人力资源和社会保障局成立于 2010 年，由白朗县人事局和白朗县劳动保障局整合而成。为白朗县人民政府的职能部门。白朗县人力资源和社会保障局有行政编制 5 名，劳动仲裁院事业编制 2 名，社保中心事业编制 2 人（参照公务员管理单位）。2017 年，全局干部职工 14 人，其中正科级 3 人、副科级 3 人、科员 2 人、专技人员 3 人、合同工 1 人、

驾驶员1人、公益性岗位1人,中共党员10人。

【基本数据库动态管理】 年内,白朗县高校毕业生371人,其中应届毕业生214人,往届毕业生157人;已就业186人,未就业185人。积极组织电子商务进农村技能培训,共培训高校毕业生47名,安置就业3名高校毕业生;大力开展基层服务平台工作人员招聘会,共招聘高校毕业生7名,工资待遇为2900元/月;组织藏香生产、唐卡、民族手工业和农畜产品加工等12家企业,参加全市"双创"大赛,白朗县荣获全市优秀组织奖,4名参赛企业者获得优秀奖,其中拉顿获得全市"双创"大赛冠军。另外,白朗县积极支持高校大学生返乡创业,主要培育孵化西藏乔木朗玛众创服务有限公司,帮助白朗县广大高校大学生、社会青年、农业科技特派员等创业就业;扶持成立白朗县贡潘民族传统手工业有限公司,带动乡村手工艺人和大学生共同创业致富。

【业务知识学习】 年内,白朗县人力资源和社会保障局进一步加强业务知识的学习,并积极区、市组织的各种业务知识培训,深入开展社会保障业务知识相关法律、法规及规章制度学习,加强对就业再就业政策措施、专业技术人员管理、机关事业单位社会养老保险等业务知识的学习,加强对兄弟单位先进经验的学习,不断提高全局干部职工的业务素质;为更好地宣传《工伤保险条例》,加深白朗县干部职工对工伤的了解,白朗县人力资源和社会保障局邀请日喀则市人社局工伤保险科工作人员为白朗县各单位、各企业开展宣传讲座一次,提升干部职工对工伤保险理论水平,加强干部职工工伤保险意识;组织白朗县11个乡镇基层社保经办人员及人社专干进行全民参保业务培训一次,确保全年全民工作有序开展。

【劳务输出】 年内,通过各部门、各乡镇、各驻村工作队走村入户以及短信平台、网络平台等形式,全方位地宣传就业及再就业相关政策措施,做到家喻户晓,人尽皆知。2017年有效组织劳务输出31946人/次,同比增长16.16%。实现总收入9048.01万元,同比增长33.6%。

【精准扶贫实用技能培训】 年内,共计组织619人(其中精准扶贫建档立卡人员123名)参加转移就业培训。其中安排283名学员到日喀则市公共技能培训中心参加培训(参训工种为藏式装修2人、厨师14人,1名精准扶贫人员)、创业8人、电工16人(1名精准扶贫人员)、电焊工5人(1名精准扶贫人员)、钢筋工18人(2名精准扶贫人员)、混泥工10人(1名精准扶贫人员)、铝合金安装3人、木工2人、农机维修4人、汽车驾驶148人(33名精准扶贫人员)、唐卡绘画3人、挖掘机35人(10名精准扶贫人员)、中式面点1人、装载机14人(2名精准扶贫人员);参加县组织的培训人员有328人(参训工种为藏靴制作30人,4名精准扶贫人员)卡殿编织11人(11名精准扶贫人员)民族手工业59人(18名精准扶贫人员)木工10人(3名精准扶贫人员),氆氇编织34人(34名精准扶贫人员),唐卡绘画9人(1名精准扶贫人员),蔬菜种植、养殖专门培训

2017年12月21日,西藏自治区人社厅副厅长扎西平措(右四)在白朗县人力资源和社会保障局检查指导工作

（培训带就业）175 人（1 名精准扶贫人员）；参加内地培训的人员有 8 人，均为致富带头培训。

2017 年，已安置就业及自主择业的建档立卡人员共计 237 人，就业人员工资待遇如下：月工资 1500 以下的 2 人，1500—3000 元的有 122 人，3000—6500 元的有 109 人，6500—9000 元的有 4 人。

2017年5月19日，副县长索朗顿珠参加全区人力资源和社会保障系统宣传工作会议

【社会保险】 年内，严格贯彻落实国家社保惠民政策，全方位组织宣传，加强白朗县城乡居民社会养老保险基金管理，促进社保事业的健康发展，白朗县人力资源和社会保障局干部职工深入 111 个行政村，养老保险领取人员信息进行一对一认证，停发 57 名去世人员，养老待遇金额共计 17550 元，将资金全部退还至市人社局养老保险收入账中。此次核查后录入的数据、迁移等信息准确率达到 100%。杜绝冒领待遇金的情况发生。

2017 年，全县城乡居民养老保险参保人数 23857 人、待遇金领取人 4017 人，发放 60 岁以上城乡居民养老保险待遇金 717.21 万元，参保率达到 97%；全县职工养老保险：全年参保人数 1792 人，征缴金额 5212.72 万元；全县职工医疗保险参保人数为 1819 人，全年征缴 2107.88 万元；工伤保险：全年工伤保险参保人数达 1792 人，征缴金额达 62.97 万元；生育保险：全年生育保险参保人数达 1577 人，征缴金额 122.53 万元；失业保险：全年失业保险参保人数达 1161 人，征缴金额 127.73 万元；职业年金：职业年金参保人数 1517 人、征缴金额 2081.36 万元。

【劳动保障监察】 年内，白朗县人力资源和社会保障局 2 名专职劳动监察员，定期不定期去施工现场进行检查，并询问民工工资发放情况，对用工中出现的个别不良现象及时给予纠正，全县劳动用工市场基本和谐稳定。2017 年，共征缴农民工工资保证金 645.5 万元、涉及项目 64 个。调解处理 50 余起民工工资纠纷案件，涉及 379 人、涉及资金 755 万余元，结案率 100%。

【基金管理】 年内，为确保白朗县人力资源和社会保障局各项资金使用安全，白朗县单独设立财务机构，并严格执行社保基金监督管理的法律法规，加强内部控制制度，使社保基金核定、征缴、支付、管理和存储等各环节有法可依、有章可循；坚持每季度社保经办机构、银行、财政部门三方对账机制，及时掌握社保基金运行状况，妥善处置基金运营过程中存在的问题。管理账目需要有会计、出纳，收款收据、现金缴款单、转账支票、现金支票、入账单等相关凭证必须一致，并在单位一把手审阅同意后方能进行账目往来，不能私自一人直接接触大额资金，以达到账与账相平，各账目之间相平。

【人事人才工作】 年内，做好全县干部职务与职级并行工作，并将符合条件的人员按照职务晋升形式进行民主测评，最后将民主测评选出的 3 名干部职工信息上报到市人社局、市组织部；进一步做好干部职工工资福利工作，确保每个干部职工的基本权益。2017 年，公务员正科级正常晋升 20 人，折算工龄补贴变动 155 人，学历固定 21 人，20 年固定 5 人；副科级

2017年5月27日，县人力资源和社会保障局局长格桑吉拉参加人社厅驻差强村、玛岗村工作队开办汽车驾驶培训开班典礼

正常晋升68人，折算工龄补贴变动157人，学历固定14人，五年浮动34人，职务变动28人；科办以下正常晋升55人，折算工龄补贴变动314人，职务变动14人，五年浮动13人，20年固定2人。事业正科级正常晋升1人，折算工龄补贴变动1人；副科级正常晋升13人，折算工龄补贴变动13人，学历固定2人，五年浮动1人；科员正常晋升2人，折算工龄补贴变动2人，五年浮动2人；副高正常晋升2人，折算工龄补贴变动2人，20年固定1人；中级正常晋升8人，折算工龄补贴变动9人，20年固定2人；初级正常晋升57人，折算工龄补贴变动88人，20年固定2人，学历固定4人，农林水一线固定1人；员级正常晋升190人，折算工龄补贴变动231人，五年浮动7人，学历固定3人；机关事业工人正常晋升44人，折算工龄补贴变动44人，学历固定5人；做好政府系统公务员信息更新及维护工作，做到与个人档案一致；拟晋升2名中级专业技术干部，进行民主测评、个别谈话，并及时兑现相关待遇；做好全县干部职工工资调标工作，维护好干部职工的基本权益。

【基层社保平台建设】 年内，为能够更好地服务基层群众，及时掌握各乡镇劳动就业情况，白朗县人力资源和社会保障局在各乡镇成立乡镇劳动就业社会保障所并挂牌，并指派专人负责相关工作，对工作人员开展业务培训熟悉业务知识。

【贯彻落实工资保证金制度】 年内，加强协调、做好统计。加强与工资保证金监督管理委员会成员单位间的沟通与协调，同时做好白朗县区域内开工建设项目的统计工作，确保各建设项目都准时、足额缴存民工工资保证金；工资保证金收取、退还情况。白朗县人力资源和社会保障局根据日喀则市统一要求设立农牧民工工资保证金专户，贯彻落实工资保证金制度，在人员和制度上严格按照规定履职尽责。建立缴存、退还明细账目，保证每一笔保证金都收缴、退还都有账可查，心中有

2017年6月13日，日喀则市人力资源和社会保障局工伤生育保险科科长拉巴顿珠（右二）为组长的基层劳动就业社会保障公共服务平台建设督导检查组在白朗县人社局检查指导工作

2017年3月15日，县人力资源和社会保障局邀请日喀则市全民参保登记办公室工作人员对白朗县全民参保登记工作人员开展面对面授课

数。2017 年，共征缴 64 家工程承建企业民工工资保证金额 645.5 万元。

【督导巡察】 年内，根据中共白朗县委巡察工作办公室《关于对县交通局、人力资源和社会保障局党组织进行巡察的预通知》文件的要求和安排部署，于 5 月 2 日在人力资源和社会保障局会议室召开县委第一轮巡察二组进驻动员及白朗县人社局党支部工作汇报会。强调以十八届中央第十一轮巡视工作提出的“查找政治偏差”为准，从紧扣“六项纪律”、紧盯“三大问题”、紧抓“三个重点”三个方面对人社局党支部开展监督检查。通过为期 2 个月的督导巡察，巡察组共提出 20 项需整改的内容，人力资源和社会保障局已于 9 月 20 日完成所有问题整改，并结合工作实际，制定“六要、七严禁、八不准”，规范党员干部廉政纪律。

【窗口服务】 年内，始终坚持以“民生为本、人才优先”的工作主线，作为服务窗口的单位，承载着全县创业就业、社会保险保障、和谐劳动关系、人事人才、工资分配等方方面面，涉及群众的切身利益。通过设立征求意见等方式广泛征求群众意见，进一步提高服务质量及办事效率，简化劳动者维权投诉手续，及时化解劳动纠纷，切实地将便民承诺落到实处。

（旦　增）

【领导名录】

局　长

格桑吉拉（女，藏族）

副局长、主任科员

次旦卓嘎（女，藏族）

副局长

高　　博

主任科员

次旦卓嘎（女，藏族）

副主任科员

次　　央（女，藏族）

米玛仓决（女，藏族）

民族宗教

【概况】 2017 年，白朗县民族宗教局有局长 1 名、副局长 2 名（1 名正科），副主任科员 2 名，本科 5 人，藏族 5 人，党员 5 人，平均年龄 35 岁。2017 年，白朗县民族宗教局按照中央、自治区、市民族宗教工作会议总体要求和具体部署，紧紧围绕县委、县政府的中心工作，牢牢把握各民族共同团结奋斗、共同繁荣发展的民族工作主题，认真贯彻落实党和国家民族、宗教工作基本路线、方针和政策，努力维护民族宗教领域的和谐稳定，理清思路、找准定位、真抓实干、务求实效，认真完成各项工作任务。

【开展“三防”隐患督查】 年内，为深入贯彻落实区、市、县维稳部署会议精神，切实做好各寺庙“三防”（防火、防水、防盗）隐患排查工作。2017 年，白朗县民宗局联合县统战、民宗、公安、消防、文广、安监等部门不定期形式对白朗县所辖（寺庙、拉康、日追）进行“三防”的隐患监督检查共 10 次，确保白朗县宗教活动场所无发生任何火灾、水灾、盗窃事故。

【走访慰问】 年内，由民宗局分管副县长带队在白朗县各寺庙开展走访慰问活动，并向全县寺庙发放慰问金，让广大僧尼切身感受到党和政府的温暖。同时还认真倾听僧尼的意见，呼声和要求，了解他们的生活状况和迫切需要解

2017年3月23日，西藏自治区民宗委民族一处处长晋美（左二）一行在白朗县民族手工业园考察

决的问题，并向广大宗教界人士宣传相关法律法规和各项惠民政策，另外也督促检查节日期间的寺庙“三防”工作和各项惠民政策落实情况。

【僧尼健康体检】 年内，进一步落实在编僧尼免费健康体检政策，白朗县涉宗部门高度重视，组织专人负责，积极协调县政府办、卫生服务中心、各寺管委会（特派机构）等相关单位对僧尼进行健康体检，完善个人健康档案。

【包虫病筛查防治】 年内，民宗局协调相关部门深入开展宣传包虫病预防工作，做好僧尼体检筛查包虫病，疑似病例进行免费诊疗。各寺庙管理机构对寺庙周边环境卫生及水源安全进行大排查共计124余场次；包虫病防治宣传活动共202场次，张贴宣传海报139个，发放宣传手册1139余本，确保宗教领域内包虫病防治工作落实到位。

【寺庙维修申报项目】 年内，进一步落实到位县级财政预算安排的寺庙文物保护维修补助资金50万元，及时解决5座寺庙受损的主殿、拉康、僧舍等的维修；进一步争取落实到位2017年自治区寺庙维修补助资金共24.53万元，进一步解决旺丹乡德瓦坚寺维修南面主殿和玛乡翁美曲德寺的主殿及僧舍维修的资金困难；进一步全面完成白朗县“4·25”灾后续建宗教活动场所维修工程，并通过县委统战部部长、县政府分管副县长带队，县有关部门负责人组成验收组的自验。在“十三五”修缮宗教活动场所项目已争取2座寺庙（强归曲德寺、当钦寺），补助资金共220万元；进一步完善寺庙“九有”工程，及时协调县水利局争取玛乡翁米曲德寺的饮水建设改造工程，做到完善者下乡强归曲德寺的山坡道路建设，通过其他渠道争取资金更新改造白岗寺、色热朱德寺、强归曲德寺等的主殿、僧舍维修和改造老化电线。

【民族团结】 高度重视，健全机构。年内，根据日喀则市委、市政府关于“六城共建”工作部署和《日喀则市创建全国民族团结进步示范市活动实施方案》精神，及时动员部署，以县委书记为组长，县委副书记、政府县长为常务副组长成立创建全国民族团结进步示范县领导小组，建立健全领导体制机制，设立宣传栏，制定实施方案，明确工作目标、任务和措施，在市委统一安排部署的民族团结“七进”载体上，充分结合白朗优势创新“进产业园区”促进创建活动载体，对创建民族团结进步示范县活动精心安排部署，召开工作部署会10次，制定出台部署和指导性文件24余份，编写简报50期，为创建民族团结进步示范工作取得阶段性成效。

加大投入，经费保障。年内，根据日喀则市委下发《创建全国民族团结进步示范市活动实施方案》要求，白朗县委、县政府在创建民族团结进步示范县活动经费保障上高度重视，将民族团结创建经费66万元纳入县财政预算，其中“创建全国民族团结进步示范县”日常办公经费10万元，创建工作经费30万元，示范点配套资金15万元，民族团结表彰经费11万元。在全县范围内逐步打造“民族团结一条街”整体式宣传展，制定路灯宣传牌，创建民族团结浓厚氛围，使民族团结融入全县各族人民群众的日常生活中，通过打造“民族团结一条街”“民族团结广场”，激发全县各族人民群众的创建热情。

大力宣传，统一思想。年内，紧密结合“四讲四爱”主题教育实践活动，成立宣讲组，采取“现身说法、文艺活动、发放资料”等形式，以3月综治宣传月、民族团结进步日、民族团结宣传月等各节点为契机在各乡镇、各村组、各寺庙开展宣传教育活动，截至年底，在全县范围各种宣讲活动160余场次，召开座谈会10次，制作宣传牌20个，悬挂横幅100条，张贴宣传标语150余条，发放资料5000余册，编发手机短信6800条，受教育率达到2万余人次，有力提升白朗县人民群众熟知、参与民族团结创建的积极性。

挖掘典型，树立标杆。年内，根据自治区、日喀则市相关指示精神，制定出台《白朗县民族团结模范表彰工作的方案》，并召开白朗县民族团结模范表彰大会，对全县各条战线涌现出来的10个民族团结进步模范集体和15名模范个人进行表彰，推荐为日喀则市级民族团结模范个人1名和模范集体1个，推荐为自治区级民族团结进步模范集体1个。在全县各领域中深入开展民族团结进步示范点创建工作，2017年上半年白朗县把洛江镇打造为“创建民族团结进步示范镇”，并举办民族团结进步示范镇挂牌仪式，充分发挥示范作用，引领全县11个乡镇积极创建示范行列。在大力开展民族团结宣传教育活动，突出创建亮点，基础设施完备，各民族团结等为标准，2017年下半打造并推荐为民族团结进步示范点（示范单位、示范乡镇）共7个。

【“七进”活动】 年内，以“党群干群共建和谐家园为”主要内容推进民族团结“进机关”，把党的民族政策及各级领导讲话精神纳入理论中心组学习计划中认真学习民族政策，全力以赴创建民族团结进步示范县；以“加强民族团结、升华企业文化”为主要内容民族团结“进企业，白朗党姆拉日文化传播有限责任公司为示范点大力推进民族团结示范创建工作，打造以民族服饰、民族手工艺品等展示厅；民族团结从“娃娃抓起”民族团结“主题班会”等为主要内容推进民族团结“进学校”，将民族团结纳入学校课堂，每年组织学生参观江孜宗山堡，参观县中队官兵荣誉室等活动；以“团结一家，共创和谐”为主题，大力推进民族团结“进乡村”，牢固树立“三个离不开”思想；以“军爱民、民拥军、军民团结一家亲”为主题，推进民族团结“进军营”；以“做爱国守法僧尼，创和谐寺庙”为主题，推进民族团结“进寺庙”；白朗县创新性地增加民族团结进步创建进产业园区，特别是结合实际创新创建主题，丰富创建载体，深化创建内涵，保证规定动作不走样，自选动作有特色。白朗以建设标准化生产及高产创建示范点万亩枸杞，色唐荞麦、康桑农产品、蔬菜大棚等产业，带动农牧民实现增收致富，特色产业迅速发展，推进信息化与工业化深度融合，培育形成一批特色产业。

【走访慰问】 年内，县委书记主持召开少数民族座谈会，畅谈对未来民族工作的感想，与少数民族交心谈心，了解少数民族的心声，深入开展“走访慰问”活动，对民族通婚模范家庭和少数民族代表家进行走访慰问，并发放慰问金2000元，以“民族团结一家亲”为主题开展各民族一家亲结对帮扶

2017年6月17日，民宗局副局长玉珍在强堆乡扎西普村慰问结对帮扶户

2017年6月2日，白朗县开展“民族团结进步日”文艺会演

活动，解决实际困难。

【结对帮扶】 年内，县民宗局高度重视党员干部结对帮扶工作，充分掌握各联系点的民情、民意，民宗局共有5名党员干部，结对帮扶点分别在强堆乡扎西普村和杜琼乡差强村、来强村有10个贫困户结成帮扶对子，每年6月和9月分别开展“结对子、认亲戚”活动，各自向村里“亲戚家”走去，以送物资、送慰问金共折合人民币13000元，进行关怀、帮扶、激励，同时谈心事、提困难、了解生产生活状况，理清他们的思路，大力宣传党的优惠政策，让他们早日脱贫奔小康。

（央金卓嘎）

【领导名录】

局　长

巴桑琼达（藏族）

副局长、主任科员

玉　　珍（女，藏族）

副局长

格　　央（女，藏族，5月任）

扶贫开发

【概况】 2017年，白朗县扶贫开发办公室实有干部6人（在编6人），脱贫攻坚指挥部办公室实有干部7人（抽调5人、志愿者2人）。2017年，通过强化工作举措，加大精准施策力度，2017年新脱贫的224户660人年人均可支配收入超过脱贫标准线，巩固提升的建档立卡贫困户6113人全部稳定增收，贫困人口人均可支配收入增至5447元，同比增长18.4%，实现“两不愁、三保障”，111个行政村贫困发生率降至3%以下，全县未脱贫人口128户305人，贫困发生率降至0.66%，达到脱贫摘帽标准。

【发展扶贫产业】 年内，坚持把培育产业作为推动脱贫攻坚的根本出路，按照“就近就便、不离乡不离土、能干会干”工作要求，立足优势资源，围绕“万亩有机果蔬、万亩有机青稞、万亩有机枸杞、万亩人工饲草及规模化养殖”四个万亩基地建设，确立“三区一廊十园”产业发展格局，落实扶贫产业项目13个，总投资9.2亿元，完成土地流转15023亩，培育“五彩天域、有机白朗”地域公共品牌，通过国家无公害果蔬产品认证14个，注册特色产品商标15件；加

2017年8月10日，西藏自治区党委副书记、人大常委会主任洛桑江村（前排右一）在白朗县万亩有机枸杞基地调研

2017年10月17日，白朗县脱贫攻坚指挥部开展宣传活动

大农村电子商务示范县推进和品牌建设速度的互换力度，加快县域特色产品与外界市场无缝对接；建立《白朗县精准扶贫产业项目利益联结管理办法》，形成“基地+贫困户”“企业+贫困户”“合作社+贫困户”的产业扶贫模式，通过转移就业、土地流转、产业分红等方式，带动4071名贫困群众人均增收4500元以上，为2765名贫困人口兑现分红资金276.5万元。

【易地搬迁】 年内，坚持“立足实际、区分情况、分类施策”，严格按照“三个不允许”原则和住房面积人均不超过25平方米的标准，将易地扶贫搬迁同灾后重建、特色小城镇建设、整村推进、新农村建设有机结合起来，立足搬入地的优质资源改善搬迁群众就业、就学、就医等生产生活条件，着力解决好生产资料问题，强化配套产业项目建设，不断拓宽稳定就业和增收渠道，有效保障搬迁群众长远生计。233户1041人易地扶贫搬迁工程完成工程量的95%，同时，投入资金1367.48万元，建设7个集中安置点的附属设施，真正做到以产定搬、以岗定搬、以城定搬，确保贫困群众搬得出、稳得住、能致富，彻底解决一方水土养不活一方人的问题。

【完善基础设施】 年内，紧紧围绕优化结构、补齐短板、提升保障能力的要求，坚持基本公共服务与脱贫攻坚紧密衔接，大力推进“十项提升”工程，完成投资1.27亿元，实施大型农田水利项目6个、农村安全饮水巩固提升项目79个；投资4亿元，实施道路交通项目13个，修建通村通乡公路油路120公里；投资1.7亿元，完成25个行政村新一轮农村电网升级改造；全力推进天曲灌区、110千伏变电站等重大项目规划建设，着力突破交通、水利、能源等瓶颈制约，不断提高社会公共服务保障水平，实施民生项目151个，总投资14.02亿元，真正使发展成效更多、更直接体现在脱贫攻坚上，为补短板、增后劲、促均衡、上水平提供重要支撑。

【发展教育】 年内，始终坚持把发展教育作为精准扶贫的根本之策，落实好15年免费教育政策，大力发展学前教育，巩固提高义务教育，新建乡村藏汉“双语”幼儿园18所；围绕“五个100%”目标要求，全面实施中小学教学质量提升工程，小升初内地西藏班上线10人，中考平均成绩提高50分；加大教育精准扶贫资助与免费力度，出台《白朗县建档立卡贫困大学生精准资助实施方案》，按照区内4000元/年、区外6000元/年的标准，对102名建档立卡贫困在校大学生发放资助52.6万元，减轻贫困家庭负担，做到决不让一个贫困户子女因经济困难而失学。

【健康扶贫】 年内，健全完善农村新型合作医疗、城镇基本医疗保险、大病医保、临时救助多级医疗保障体系，加快乡（镇）卫生院、村卫生室规范化建设，配备乡村医疗卫生人员271名，对贫困户实施“家庭医生签约式”服务，大力开展贫困地区传染病、地方病、慢性病防治，全面提高农村医疗卫生公共服务能力水平；大力开展全民健康体检和重大疾病筛查，制定《白朗县关于建档立卡贫困人口因病致贫因病返贫医疗救助实施细则（暂行）办法》，按照“城镇基本医疗保险、农牧区医疗制度+大额医疗补充保险+城乡医疗救助

2017年7月12日，民政部副部长宫蒲光（中）在白朗县洛江镇调研

+重大疾病医疗救助”的模式，对385人因病致贫返贫贫困人口实施救助，报销建档立卡贫困户门诊医疗费用55.68万元、合作医疗住院费用64万元，落实医疗救助资金15.3万元，设立50万元本级财政医疗救助基金，重点对享受上述政策后医疗保障上仍有困难的贫困群众实施多层次的救助，有效防止因病致贫、因病返贫。

【社保兜底】 年内，全面落实民生保障兜底政策，低保线、扶贫线“两线合一”及“五保兜底”扎实推进，发放低保资金424.55万元，定向补助资金220.68万元，临时救助资金18.3万元，兜底线、保基本、救急难、促发展四位一体的新型社会救助体系初步形成，确保贫困群众衣食有着落、养老有保障、遇灾有补偿；成立全区首家县级慈善协会，筹集善款209万元，广泛开展形式多样的扶贫济困和救助帮扶活动，为贫困群众再织一道保障网。

【生态补偿】 年内，坚持绿水青山是金山银山，冰天雪地也是金山银山的发展理念，加大生态保护修复力度，加快推进年楚河国家湿地公园、年楚河生态长廊建设，大力发展生态产业，制定《白朗县“十三五”时期生态补偿脱贫实施方案》，将6437名贫困群众就地转成河湖管理员、护林员、湿地保护区管护员、公路养护员等，共兑现生态岗位补助资金1931.1万元，有效增加贫困群众政策性收入，让贫困群众吃上“生态饭”，推动生态要素向生产要素、生态财富向物质财富转变。

【技能培训】 年内，加大贫困家庭子女技能培训投入力度，统筹农民工职业培训、农牧民实用技能培训、科技技能培训等各类培训资源，以市场就业、参与县域产业发展为导向，积极探索企业代训、订单培训、就业奖补等模式，突出培训的针对性、适用性、有效性，完成建档立卡贫困户技能培训778人，实现稳定就业1344人；制定《白朗县关于加强农牧民劳务输出工作的实施意见（试行）》，建立县乡劳务输出协会，有序开展劳务输出25295人次，实现收入7310.78万元，促进劳务输出由自发型、零散型、短期型、体力型向组织型、规模型、长期型、技能型的转变。

【结对帮扶】 年内，坚持专项扶贫、行业扶贫、社会扶贫“三位一体”大扶贫格局，建立“单位到村、干部到户、责任到人、措施到位”帮扶机制，大力开展“4321”党员干部结对帮扶工作，全县1453名干部与1592户贫困户结成帮扶对子，帮助贫困户理清发展思路650余条，解决实际问题2300余个，落实帮扶资金202万元，做到不脱贫不脱钩；动员非公有制组织与社会组织积极投入百企帮百村活动，以签约结对、村企共建、互利合作等方式有针对性地对贫困村进行帮扶，投入帮扶资金479.21万元，进一步实现“输血”向“造血”延伸。

【合力攻坚】 年内，把改善贫困群众居住环境作为统筹城乡发展、加快脱贫攻坚的重要举措，整合棚户区改造、新农村建设、涉农项目等资金1500万元，完成危房改造600户；济南市第八批援藏工作组坚持把工作重心落实到为贫困群众解决实际问题上，紧紧围绕增进民生福祉，扭住包括就业、教育、医疗、文化、住房在内的农

2017年5月26日，县委副书记、县长赤列朗杰与乡镇签订脱贫攻坚目标责任书

村公共服务体系建设，持续加大援藏扶贫力度，投资4050万元，实施教育基础设施、卫生院标准化建设、美丽乡村建设、农牧民就业等民生领域项目14个，为合力脱贫摘帽注入强大力量；树立鲜明的资金投入导向，充分发挥政府投入的主导作用和金融资本的协同作用，按照“政府风险补偿金+银行信贷”支持产业扶贫开发政策，加大政银企对接力度，达成产业项目投融资意向8.1亿元，为443户贫困户发放小额到户贷款1616万元，较2017年初净增1351万元；加大脱贫攻坚资金整合投入力度，2016年以来，先后整合市县两级脱贫攻坚资金6493.46万元，其中市级下达3375.46万元，县级整合3118万元。2017年度安排县级专项扶贫资金668万元，占2016年度财政收入的33.3%，确保脱贫攻坚工作顺利开展。

【均衡扶贫责任】 在脱贫攻坚工作落实特别是“一户一策、一户多策”方面存在力度不均的现象；对缺乏生产资料和劳动力的深度贫困户，除纳入社保兜底、异地分红、结对帮扶外，难以从根本上解决脱贫和巩固问题；对极个别内生动力严重不足的贫困户，教育引导的效果还不够理想。

（余艳群）

【领导名录】

主　任

格桑扎西（藏族，8月免）

扎西次旦（藏族，8月任、副县级）

主任科员

贡觉次培（藏族，4月任）

副主任

元旦加措（藏族）

余 艳 群（女，4月任）

副主任科员

扎西达瓦（藏族）

教
科
文
卫

白朗年鉴·2018

教育

【概况】 白朗县教育(体育)局始终坚持党的教育方针和社会主义办学方向。白朗县辖2镇9乡,总人口4.9万人。现有各级各类学校34所,其中初级中学1所、小学11所、幼儿园22所,较2016年增加6所幼儿园。全县现有231个教学班。其中学前教育70个、小学教育127个、初中教育34个,较2016年增加19个教学班,学前教育增加13个,小学教育增加4个、初中教育增加2个。全县现有在校生7485人,较2016年增加380人。其中学前教育1515人,小学教育4279人,初中教育1691人。学前教育平均班额22人,小学教育平均班额34人,初中教育平均班额49人。全县共有正式教职工501人,其中学前教师59人、小学教师281人、初中教师152人、教育局9人。2017年新调入教师49人,调出教师7人,退休3人,离世1人。教师总量较2016年增加38人,学历合格率达100%。学前三年入园率达到59.04%,学前两年入园率达到85%以上,小学阶段入学率达到99.98%,初中阶段入学率达到98.95%,义务教育阶段巩固率均达到100%。青壮年文盲率下降到2.5%,全县劳动人口平均受教育年限为8.5年。

【办学条件】 年内,各学校总占地面积390699平方米,总建筑面积95278平方米,占地面积较上年增加7432平方米,建筑面积较上年增加12237平方米;生均占地52.2平方米,教学及辅助用房面积生均12.73平方米;小学各类办学条件:各类教学仪器设备生均1138.99元。教学计算机每百名学生拥有计算机13.95台;生均图书16.70册。初中各类办学条件:各类教学仪器设备生均737.65元。教学计算机每百名学生拥有计算机9.36台;生均图书26.52册。各项指标均超出区、市规定标准,基本能够满足各学校的日常教学需求。办学条件得到明显改善,教育事业呈现出健康发展的良好态势。

2017年8月26日,全市初中教育工作现场培训会在县中学召开,副市长李玉健(中)出席

【经费投入】 年内,新建项目共有15个,总投资4513.68万元(其中援藏投入1010万元);白朗县斗牛场建设项目投资1223.68万元(现已全面竣工并投入使用);新建幼儿园12所,总投资2280万元;新建巴扎乡小学学生宿舍,投入640万元(援藏投入);新建嘎普乡小学学生宿舍,投入370万元(援藏投入)。此外,白朗县历年来始终将教育作为争夺下一代的灵魂工程来抓,县级财政教育投入力度逐年加大,2015年教育投入620.72万元,2016年教育投入903.56万元,2017年教育投入1002.5万元。每年县政府还设立教育教学奖励资金100万元,用于激发教师工作热情,提高教师工作效率。

【教育教学】 年内,教育系统通过与各学校签订提质目标责任书、下乡蹲点调研、推门听课、奖优惩劣等方式,深入推进培优补差工作,并在全县各校间形成浓郁的提质氛围。12月,全县11所小学1—5年级统考与2016年12月相比,

2017年9月10日，县委书记陈昊在县中学慰问教师代表

总平均分从41.62分提高到50.71分，提高9.09分。各单科成绩均提高9分以上。此次考试共有5所学校跻身全市前100名，总成绩在全市排名第11名。

【队伍建设】 年内，通过出台《白朗县教师师德师风一票否决》《白朗县教师管理办法》等一系列规章制度，从依法治校、依法执教、廉洁从教、为人师表等方面敦促教师恪守师德底线。并对教师的行为提出明确要求和禁止性规定，把师德师风考核结果与教师评优奖惩、评职晋级、年度考核等进行硬性挂钩，实行“一票否决”制度。为进一步加强教师队伍管理，2017年教育系统共选派30多名教师在北京、济南、重庆等省市参观学习；选派20多名教师参加自治区组织的各类培训；选派50多名教师参加市级各类培训。在第33个教师节表彰会上，共表彰教育先进集体43个，先进个人95名。

【学前教育】 年内，白朗县新建幼儿园12所；2018年还将新建8所村级幼儿园，这些幼儿园的建成，极大地缓解白朗县适龄儿童入园难的问题，改变以往仅靠乡镇中心小学举办学前班接纳适龄儿童接受学前教育的历史。幼儿在园内学习掌握绘画、音乐、舞蹈等基础知识的同时，自理能力也得到锻炼和培养。在“幼儿园开放日”“六一”国际儿童节等活动日向学生家长展示各自的才艺，赢得家长和社会的广泛称赞。

【素质教育】 年内，白朗县教育系统以传承“优秀传统文化”为根本，以弘扬西藏民族文化为目标，以校园传统文化展示节为平台，大力促进传统文化进校园工作。5月，县教育局成功举办“白朗县教育系统深入推进‘四讲四爱’主题教育实践活动暨校园文化展示节”。活动展示传统书法、藏式绘画、藏戏、舞蹈等传统艺术形式和传统服饰、传统手工作品等富有民族文化特色的展品。日喀则市教育局主要领导及在家的县级领导、乡镇领导、各单位主要负责人出席活动，市电视台、报社等多家媒体进行报到，此次活动的举办受到各级领导和社会各界的广泛好评。

【教育扶贫】 年内，坚持精准扶贫、精准脱贫的基本方略。通过认真调研、仔细筛选，共资助贫困大学生102名，资助金额526000元（援藏投入）。其中区外贫困大学生59名，每生资助标准为6000元，共354000元；区内贫困大学生43人，每生资助标准为4000元，共172000元。

（田龙海）

【领导名录】

局　长

郑　应

支部书记、副局长、主任科员

边巴旺堆（藏族）

副局长

李　帅（女，4月任）

科学技术

【概况】 白朗县科学技术局属政府下属正科级行政管理单位，下设白朗县科学技术协会。2017年，有干部职工5人，党员4人，其中行政在编人员3人，事业在编人员2人（正科级2人、专业技术员2人）。农牧民科技特派员222名（其中农业种植技术95人，蔬菜种植技术37人，畜牧养殖90人）县、市、区三级“三区”人才有21

2017年3月28日，日喀则市人大教科文卫委员主任尼玛（右三）、市科技局局长德吉秧宗（左一）在旺达食品有限公司调研

名（其中县级有5人）。

2017年，白朗县科技工作以中共十九大精神为指导，全面落实科学发展观，深入践行“两学一做”学习教育活动，紧紧围绕县域经济、和谐社会、建设社会主义新西藏三大主题，与时俱进，开拓创新，扎扎实实工作，全县科技工作呈现出良好的发展态势。

【精准扶贫】 年内，白朗县科学技术局根据日喀则市科技精准扶贫工作实施方案的相关要求，探索建立科技扶贫长效机制，组建科技扶贫队伍，持续推进科技特派员帮扶机制，鼓励支持科技人员带项目进村入户，开展创业式扶贫服务。优先在贫困村宣传推广增收效果好的新品种、新技术和科技创新成果，解决特色产业科技支撑薄弱问题；充分发挥科技人员“传帮带”作用，加快科技成果的转化步伐，提升贫困群众养畜、种田管理水平；每个科技特派员、培育1—2名农牧业科技示范户；培育孵化1家科技型企业，增强科技示范带动能力；积极向上级科技部门申报项目，通过引进4个果蔬新品种，进行在洛江镇宗下村、扎林村种植；引进一些加工设备，完成两年内17户84人需要脱贫的目标，辐射带动周边种植户200户、500人，培育致富能手6人，积极发挥科技支撑作用；根据自治区、市、县三级相关文件精神，对科技局驻村点嘎普村进行结对帮扶认亲7户、32人，为全县的脱贫摘帽工作做出贡献。

【示范及品牌建设项目】 该项目主要依托白朗县绿色蔬菜发展有限公司完成，项目总投资100万元，项目通过引进4个果蔬新品种，进行在洛江镇宗下村、扎林村种植，完成两年内17户84人需要脱贫的目标，辐射带动周边种植户200户、500人，培育致富能手6人；建立绿色蔬菜深加工技术科技示范基地，引进净菜加工、方便面菜包烘干、红萝卜酱等技术生产线2条，进行绿色蔬菜脱水烘干加工，加工的脱水蔬菜产品作为日喀则是西部县冬季的蔬菜供给，为白朗县绿色蔬菜深加工起到示范和带动作用；构建绿色蔬菜生产、加工、销售等网络信息库，进步一步推动白

2017年5月29日，日喀则市科技局副局长包兴红（后排右一）、副局长边巴扎西（后排右二）在白朗县调研科技特派员管理使用情况

朗县绿色蔬菜走向市场化、产业化，将通过网络信息库能使消费者查询到每样蔬菜的生产过程，进一步打响白朗县设施绿色蔬菜的品牌，从而达到扩大生产，增加收入的效益。（续建项目）

【土壤处理技术应用推广项目】该项目由绿色蔬菜发展有限公司来完成，项目总投资10万元。该项目主要采用国内先进的温室大棚土壤净化技术，根据白朗县温室蔬菜种植多年土壤退化，造成蔬菜病虫害增加，影响蔬菜的品质和产量问题，对扎林、唐党、彭仓等地的200座温室内使用土壤净化剂进行净化，起到减少蔬菜病虫害、提高产量、提升品质的作用，并使试验区的200座温室的蔬菜产量达到130万公斤。该项目正在实施中。（续建项目）

【科技特派员创业项目】该项目由巴扎乡彭仓村科技特派员实施，项目总投资5万元。在巴扎乡彭仓村引进甜椒、西芹等蔬菜品种进行种植，带动当地10户贫困户增收，举办蔬菜种植培训，为当地农牧民传授先进科学的蔬菜种植技术，通过项目实施有效提高巴扎乡的4个行政村蔬菜种植能力及科学种植技术。

该项目由巴扎乡南西奶牛农民专业合作社实施，项目总投资5万元。在巴扎乡乃穷村引进高产娟姗奶牛8头，增加20户社员的收入。从而带动当地群众养殖热情，切实为农牧民增收提供科技支撑和技术保障。

2017年7月14日，县委常委、副县长鞠正江参加科技局组织生活会

【科普惠农兴村计划】科普带头人项目2个，资金主要用于育苗技术、病虫害防治等技术培训以及科普讲座等工作；基层科普行动计划奖补单位1个，洛江镇蔬菜种植分会荣获2016年基层科普行动计划奖补单位，奖补资金20万，资金主要用于科普专用资料和科普活动费（培训讲座、新技术新品种推广及展品展具）。

【科技特派员年度考核】年内，为更好地管理和发挥科技特派员的优势资源，科技局于2016年12份开展系统的科技特派员年度考核工作，科技局通过采用县、乡、村三级比例考核的方式对科技特派员履职尽责情况进行全面考核，不仅推进农牧业科技特派员工作的有效开展，也使科技特派员管理考核工作制度化、规范化，加快科技成果转化步伐，促进农牧业增产、农牧民增收。白朗县农牧民科技特派员服务覆盖到全县11个乡镇，111个行政村，科技特派员行政村覆盖率达到100%。服务涉及蔬菜生产、农业生产、畜牧养殖三个领域的科技指导、服务。根据科技特派员的考核鉴定情况，于2月7日，对222名科技特派员，及时发放科技特派员下乡补助资金1332000元。

【“三区”人才管理】年内，市、自治区选派的16名“三区”科技人才加上白朗县选派的5名“三区”科技人才，共有21名。为西藏自治区畜牧兽医研究所选派的科技人才，在白朗县巴扎乡恰仓村从事肉羊良种改良与现代养羊新技术指导和普及工作；西藏自治区农牧科学院农业研究所选派的科技人才11名，在白朗县巴扎乡从事“藏青2000”良种基地建设和藏青2000大面积示范推广技术服务及在白朗县洛江镇实施蔬菜高产栽培技术；白朗县分别从畜牧站、推广站和蔬菜园区选拔5名科技人才，在全县区从事娟姗奶牛、萨福克羊、“藏青2000”和蔬菜种植方面的科技服务。21名“三区”科技人才在白朗县服务日期为2017年1月1日至2017年12月31日，基层一线服务天数累计不少于100天。

【白朗县中学科技馆】 年内，在上级部门的大力支持和县教育的积极配合下，2015年8月中学科技馆正式开馆。县中学科技馆设立在县中学内，场馆面积75平方米，科技馆内现有共21套设备，从中学科技馆成立以来，协会制定县中学科技馆管理制度、挂立门牌、送去500份科普书籍。每月至少组织青少年学生在科技馆参观两次，每季度开展参观活动6次，参观人数达到3000余人次。自从科技馆使用以来，让学生不仅近距离感受到科技的魅力，拉近学生与科学的距离，而且认识到科学的重要性，也为学生学科学、用科学、爱科学打下坚实的基础。

【科技培训】 年内，科技局按照年初既定目标，按照“走出去”和“引进来”的方式推动科技创新，加大技能人才培训力度，有计划地进行各类农牧民科技培训39次、共计23724人次。“走出去”选派4名基层科技工作者先后2次在林芝农牧学院进行为期15天的基层一线科技工作者知识更新培训；按照自治区科技厅关于举办西藏科技特派员管理人员“农业科技创新及管理能力提升”培训要求，科技局选派1名副局长参加培训，为期10天；市科技局举办的日喀则驿站远程培训3次，科技局选派8人参加培训；选派1名工作人员在山东日照参加关于“全区科协系统干部专题培训”，为期10天；选派1名负责县中学科技馆的科技教师在江苏省青少年科技中心，参加自治区科学技术协会、江苏省科学技术协会联合举办西藏自治区2017年科技辅导员教师专题培训班；选派康萨农产品有限公司等2个企业参加中国西安国际科学技术产业博览会；选派1名工作人员在自治区参加科技特派员管理人员农业政策及法律法规解读培训，为期5天；选派15名科技特派员先后2次到日喀则气象局，参加市科技局、市气象局联合举办的日喀则市农牧民科技特派员气象灾害防御知识和为农服务能力提升培训；选派21名畜牧技术的科技特派员在日喀则市科技局参加养殖技术培训，为期1天；选派1名工作人员在内地考察学习，为期7天；选派2名科普带头人在萨迦县扯休乡进行全过程的蔬菜技术培训。

【技术引进】 年内，白朗县科学技术协会通过邀请上级相关部门、援藏技术人员、自主举办培训等方式，年均组织开展蔬菜种植技术培训5期，培训群众达到2500余人，使群众更好地掌握蔬菜种植、病虫害防治、科学用药和田间棚间管理技术；协会采取“以老带新”“邻里互助”等多种方式，发动老会员向新会员传授、讲解种植技术，为广大菜农提供无偿技术培训2期，580余人，切实提高会员的种植技术水平；关于实现青稞亩增长50斤和粮食总量翻一翻的目标，协同市科技局开展3次农业技术科技特派员培训，185人；科技局与县蔬菜公司联合举行蔬菜种植技术方面的科技培训4次，共计2915人；科技局与洛江镇等乡（镇）联合开展科学技术培训4期，共计3000余人。

2017年6月23日，科技局副局长次珍一行在嘎普乡开展科普宣传活动

【科普宣传】 年内，科技局共开展13次科普宣传活动，发放各种科普资料8种3440余份，接受群众咨询480余次、发放各类蔬菜种子80袋，展示农牧业新成果展板3块，展示宣传图片等展板4块，受益人数达6500余人。并积极参与县开展的安全生产、环境保护、医疗卫生保健、法律法规、综治宣传等各种宣传活动（内容涉及现代健康、日常生活技能、公共安全、环境保护、低碳生活等知识及生活常识）。

【乡镇科普活动站】 年内，白朗县11乡（镇）均建有乡级科普活动站（乡政府内，有独立场所）及科技特派员之家建设，均配有多媒体设备、科技书籍刊物、宣传栏等。每季度开展一次科普活动，每月更新宣传栏内容。开展每一次活动时，乡镇科技工作人员采取展览、发放资料、观看影片等形式，向广大农牧民群众宣传文明、健康、科学的生产生活方式。并当天宣传内容让群众做记录，为广大农牧民群众提供各种种养殖技术，通过努力宣传，提高农牧民群众的科技素质和科技实用知识，体现构建和谐社会以人为本的精神，丰富群众技术知识。

【科协工作】 11月23日，召开白朗县科学技术协会第二届三次代表大会。为开好本次代表大会，县委、县政府高度重视，给予人员和经费支持，同时成立以县委常委政府副县长鞠正江为组长，科技局副局长次珍为副组长，办公室相关人员为成员的大会筹备工作领导小组。会议筹备领导小组在县委、县政府的正确领导下，做大量卓有成效的工作。

会议有二项议程：科技局副局长次珍汇报科学技术协会第二届委员会工作开展情况，县委常委政府副县长鞠正江做重要讲话。

（赵高雷）

【领导名录】

局　长

旦增欧珠（藏族，6月免）

坚　　赞（藏族，6月任）

副局长

次　　珍（女，藏族）

文化

【概况】 2017年，白朗县文化新闻出版广电局共有干部职工49人，其中行政编制2人，专业技术人员44人；工勤人员3人，临时工1人。

【文物保护】 年内，为更好地保护县级文化，文广局再次深入乡镇，对县级文物进行摸底调查，对实施文物保护管理提供法律和理论依据。

【文化市场管理】 年内，秉着“高校联动，齐抓共管”有效净化县域文化市场的机制。按照白朗县“扫黄打非”行动方案，开展“扫黄打非”专项行动，禁止各类一乐场所或者网上传播非公开发行的宗教出版物，印刷品及相关推介销售信息，深化查堵境外敌对势力和分裂势力反动出版物及宣传品，非法宗教宣传品及有害信息；“净网”行动，深化打击网络涉藏违禁和淫秽色情有害信息。“秋风”专项行动，深化打击涉藏非法报汗和假媒体假记者站假记者；“护苗”专项行动，深化打击有害和非法少儿出版物及信息。

2017年，白朗县联合文化执法大队，公安，工商等部门扎实开

2017年11月3日，西藏自治区藏戏团团长班典旺久（左一）一行在白朗县完全小学组织演出《朗萨雯波》藏戏

2017年3月28日，白朗县洛江镇举行庆祝“西藏百万农奴解放纪念日”文艺演出

展文化市场“扫黄打非”专项治理整顿25次，加强辖区内文化娱乐场所的检查力度，重点查处网吧违规接纳未成年人行为，在加强对网吧日常巡查的基础上，积极开展突击检查，加大学校双休日、节假日等非正常工作时间检查力度，同时积极配合消防部门抓好对朗玛厅，歌舞厅等娱乐场所安全检查工作。检查规范娱乐场所外来演出人员资格，节目内容的合法性和演出场所的安全，并把演出人员的相关信息进行登记，确保白朗县文化市场平安健康。

【文化活动中心管理与使用】 年内，共接纳250人次，开展集体学习中共十九大精神以及精准扶贫相关政策，在上级部门的指导下，坚持中共十九大精神，着力加强领导干部作风，提高班子成员的思想水平。

【民间艺术团】 年内，白朗县民间艺术团演员积极参加上级安排的各类培训，不断提高演员们的业务水平，春节、藏历新年“两大节日”期间到全县11个乡（镇）进行慰问演出，积极“3·28”西藏百万农奴解放纪念日、“七一”中国共产党成立日等活动，开展“文化遗产日”系列宣传活动，丰富农牧民群众和广大干部职工的精神文化生活。

【发挥“农家书屋”作用】 年内，组织农牧民群众学习先进的科学基础知识，提高农牧民依靠科技增收致富的能力，同时有效利用农家书屋这一文化阵地，“3·28”西藏百万农奴解放纪念日组织农牧民群众观看学习新旧西藏对比展，使广大群众进一步深刻认识旧西藏的黑暗和西西藏的美好。

【文化建设】 年内，开展落实科学发展观，创建文明单位活动，以人为本，全面协调可持续发展，以“搞活动，促和谐”为根本，活跃机关文化生活，教育和引导机关党员干部职工树立健康向上的文化意识。2017年，共放映1575场次电影、共人次109792、文化活动形式多样。开展庆元旦、春节、“三八”国际妇女节、“五一”国际劳动节、“五四”青年节、“六一”国际儿童节等节庆文化系列活动；党建月活动内容丰富多彩。开展电影下乡，“党员培训”“立足岗位做贡献”演讲活动，“重温入党誓词”扶贫帮困结对帮扶活动，活跃政治文化生活，增强机关党组织的凝聚力和向心力。

（罗　布）

【领导名录】

副局长

德吉旺姆（女，藏族，主持工作）

卫生

【概况】 2017年，白朗县卫生行政机构共有县、乡、村医疗卫生机构113个，县级卫生服务中心1所，疾病防控中心1所，乡卫生院11所，村卫生室100所，村卫生室覆盖率为90%。2017年，白朗县卫生局现有7人，其中正式4人，从乡镇卫生院借用3人。全县卫生技术人员共计337名，其中县卫生服务中心卫生技术人员59名，县疾控中心10名，11个乡镇卫生院现有医护人员63名（其中正式干部14名、公益性49名），村医205名。技术人员职称结构为副高1名，中级10名，初级13名，无职称

2017年4月9日，县委副书记、县长赤列朗杰主持召开白朗县全民健康体检暨重大疾病筛查动员部署会

301人（含公益性岗位）。学历结构为本科生17、大专47、中专98名（含村医81名），无学历163名。

【学习贯彻中共十九大精神】 年内，卫生局按照县相关要求，卫生局及时安排成立中共十九大期间护院队，做好卫生院的安全巡逻工作，加大宣传医疗政策知识，提高基层服务能力水平，营造喜迎中共十九大医疗氛围。同时，卫生局积极参与各类宣传活动，宣传次数达5次，悬挂横幅5次，LED标语更换3次，发放宣传资料2000余份，提高农牧民群众对医疗政策的认识和进一步营造中共十九大医疗宣传氛围。另外，按照上级要求，卫生局及时制定“喜迎中共十九大巡诊活动方案”，积极组织动员卫生系统人员有效开展喜迎中共十九大巡诊活动，在全县范围进行免费巡诊活动，特别是驻村、驻寺工作队诊断，送去降压药等药品，为工作在一线的人员有医疗保障，也得到很好成绩和口碑，为中共十九大顺利开展奠定良好的基础，切实营造喜迎中共十九大宣传氛围。

【农村合作医疗】 年内，白朗县农牧民参加合作医疗集资人数达45398人，集资金额达到907960元，参保率达到99.21%。3月，卫生局实行随时报销制，2017年农牧民每人免费医疗配套资金498元，其中中央及自治区免费医疗配套经费每人470元，市级3元、县级5元、个人集资20元。报销比例上，乡（镇）卫生院住院费用在出院时均减免90%，县级医院减免85%，市级以上医院报销75%，住院分娩报销100%，未集资者降低20%的报销比例，实行农村“五保”户等特殊困难人群住院费用在封顶线内全额报销政策；继续实行农牧民孕产妇住院分娩、新生儿抢救、白内障复明手术、大骨节病治疗费用全额报销政策；继续实行20种特殊门诊费用从门诊统筹基金中报销70%的政策。实行22种重大疾病住院费用报销比例在原普通报销比例上提高10%进行报销的政策，白朗县县级以上现金报销住院人次1174人，发生总费用1458.69万元，实际报销1028.92万元，市人民医院、桑珠孜区等市内即时结算补偿人数242人，发生总费用414.06万元，实际报销305.88万元，县级医院住院即时结算补偿人数498人，发生费用97.09万元，实际报销61.14万元，巩固县乡基本药物制度，重视藏医药发展事业。截至年底，9个乡（镇）卫生院开展藏医药服务，覆盖率达到81.8%。

2017年，及时兑现乡（镇）卫生院村级一般诊疗费136164元，乡级一般诊疗费272388元，兑现农牧民健康体检费871742元，兑现国家基本药物零差率专向补助654977.6元。

【妇幼工作】 年内，为保障母婴安全，降低孕产妇和婴幼儿死亡率，进一步加强基层医疗保健机构助产技术服务和孕产妇相关信息的报送工作，加强孕产妇产前检查等系统管理。截至年底，白朗县无孕产妇死亡，5岁以下儿童死亡率控制在13‰以内，2017年白朗县出生总数为897人，住院分娩率达到99.3%，高危孕产妇住院分娩率100%，2017年兑现农牧民孕产妇住院分娩奖励补助88万元，受益人数达808人，总兑现“一孩双女”扶助资金362880元，受助378人。兑现计划生育家庭人数103人，特别扶助资金共415200

2017年11月16日，县卫生局对乡镇卫生院进行年底考核

元，办理准生证45人，免费孕检149对，出生缺陷检查204对，严格落实人口与计划生育免费技术服务，落实三项扶助政策。

【疾病防控】 年内，接种各种疫苗4835人次，接种率97.95%。做到入托入学接种证查验工作，准确率98%，乙肝疫苗接种率80%，全县甲、乙、丙类传染病报告率100%，及时率100%，“九苗”接种合格率以乡为单位达99.5%，接种率和建证、建卡率均100%，传染病网络直报率和准确率100%，及时率为100%。全县300户碘盐监测任务、对重点疾病健康教育：艾滋病、结核病、碘缺乏病等共宣传18次，发放宣传单8569张。进一步完善学校传染病防治体系建设，每季度对学校传染病防控情况进行监督检查，及时将检查结果反馈给县教育局，卫生监督覆盖率100%，学校卫生监督覆盖率100%，对县城医疗机构卫生监督检查覆盖率100%。农村饮用水监测覆盖11个乡镇，监测枯水期、丰水期水样数44份。

基本公共卫生服务覆盖11个乡镇，同时县卫生局及疾控中心联合深入11个乡（镇）及村卫生室进行全面检查乡村级基本公共卫生服务工作开展情况。截至年底，全县共完成农牧民健康物理体检和全项体检共45701人，体检完成率96.09%，僧尼体检完成率100%，并建立健康档案，兑现国家基本公共卫生服务经费883208.5元。

【健康扶贫】 年内，先后出台《关于白朗县健康扶贫实施方案》、白朗县人民政府办公室关于印发《白朗县建档立卡贫困户因病致贫医疗救助实施细则（暂行）》的通知、《白朗县关于健康扶贫工程“三个一批”行动计划实施方案》《白朗县家庭医生签约服务实施方案》切实为健康扶贫提供科学、精准的政策依据，提升白朗县扶贫工作水平，从根本上解决“因病致贫、因病返贫”问题，加快脱贫致富奔小康进程，2016年建档立卡“因病致贫，因病反贫”384户，463人，2016年退出303户、370人，2017年建档立卡“因病致贫，因病反贫”动态调整后医疗救助332户，385人。

截至年底，白朗县患有白内障、胆结石，食管癌等共34人进行大病集中救治，救治率80.9%；对患有慢性疾病的所有建档立卡贫困人口实行慢并签约服务，以县人民医院医生为技术指导、乡镇卫生院为责任医生、村医作为上门医生，组建家庭医生服务团队与贫困家庭签约。签约率达到100%；在建档立卡贫困人口报销比例上，在原有的各种政策上，县政府安排50万元，作为救助因病致贫因病反贫建档立卡贫困户专项资金，专门对家庭账户基金用完的门诊费用进行补偿，得到政策兜底保障。截至年底，白朗县对所有建档立卡贫困户住院农牧区合作医疗住院报销639995.16元，城乡医疗救助152979.34元，县政府解决38246.4元，门诊19295人次，报销556828.58元，其中对因病致贫因病反贫人口住院农牧区合作医疗住院报345970元，民政救助51747.68元，县政府解决12936.95元，门诊706人次，报销360915.19元。

【全民健康体检】 年内，根据《白朗县人民政府办公室关于印发全民健康体检暨重大疾病筛查工作实施方案的通知》精神，卫生局

2017年8月10日、卫生局副局长普珍主持召开全县慢性病家庭医生签约服务工作会

组织县卫生服务中心、疾控中心、部分乡镇卫生院业务骨干，整合人力、整合项目、整合资金，统筹推进全民健康体检和重大疾病筛查工作，从5月9日开始陆续对县中学学生进行健康体检和重大疾病筛查工作，把全民健康体检与包虫病、结核病、骨关节疾病、先心病筛查等工作整合后同步开展，统筹安排、分类登记、全面推进健康体检和重大疾病筛查救治工作。截至年底，共完成45701余人，体检率达到96.09%，发现疑似包虫病117人，阳性115人，骨关节病32人，发现结核病59列。尤其是卫生局牵头年初召开包虫病综合防治工作动员部署会，制定包虫病综合防治实施方案，专门对各乡镇卫生院、村医、驻村工作队培训234人次，各种宣传达12次，受教育达3万多人次，发放包虫病科普手册17000本，包虫病宣传海报1250套。

（次　旦）

【领导名录】

副局长、主任科员

普　珍（女，藏族，主持工作）

副局长

次　旦（5月任）

白朗县卫生服务中心

【概况】 白朗县卫生服务中心前身是县人民医院建于1959年，1997年上级业务部门评审核准为一级甲等医院，2013年12月，顺利通过复审一级甲等医院。2003年，更名为白朗县卫生服务中心，占地面积为17000平方米、业务用房面积为5830平方米(门诊综合楼1350平方米、住院综合楼2700平方米、藏医部及行政后勤楼1550平方米、急救中心230平方米)、职工周转房及附属用房4900平方米、其他6200平方米。卫生服务中心设有内科、外科、儿科、妇产科、五官科、急诊科、护理部、藏医部、网络管理科九大科室，辅助科室设有药剂、检验、CT室、DR室、B超检查、心电图等。卫生服务中心设床位43张，实际开放床位45张。职工有68名，卫生技术人员有61名，其中副主任医师1名、主治医师8名、执业医师23名、助理职业医师16名、原级11名、无职称2名、行政后勤7名。本科学历27名、大专学历27名、中专及以下学历17名。卫生服务中心正式干部有47名、合同工有3名、公益性有13名、临时工有5名。

卫生服务中心主要设备有四微彩超一台、普通彩超一台、DR数字影像诊断器一台、500AX光机一台、腹腔镜一台，麻醉机两台、全自动生化分析仪两台、血球分析仪两台、血气分析仪一台、电解质分析仪两台、眼科手术显微镜二台、眼科裂隙灯一台、眼科AB超一台、牙科综合治疗仪两台、验光设备一套、等离子电凝止血仪一台、电子产床一台、电子阴道镜两台、脉动高压灭菌仪一台、医用高压洗衣机一台、心电监护仪四台、新生儿黄疸治疗仪两台、新生儿抢救一台、多功能抢救床一台、藏医熏针等药浴设备齐全。2017年，中心领导给市卫计委多次请求申请后争取到230万元的一台CT机子，12月安装正式投入使用。

【日常业务】 年内，门诊就诊人数达24684人次，急诊人数765人次，住院人数658人，手术人数88例(包括妇产科、五官科手术)，其中藏医部门诊就诊人5469数人次，住院人数30人，藏医特色

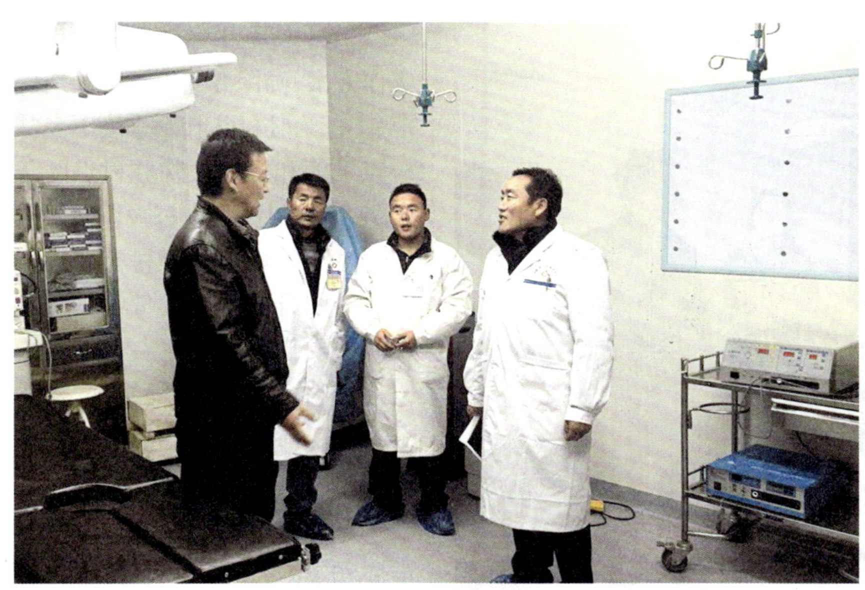

2017年2月16日，日喀则市人民医院院长米玛多吉（左一）在白朗县卫生服务中心检查指导“万名医师”下乡工作

疗法及其他1867人次。全县健康体检人数4960人次，其中在编僧尼体检192人次、包虫病筛查4960人次、结核病筛查4960人次、先心病筛查2447人次、风湿病筛查4960人次、免费孕检132人次、心血管疾病筛查2447人次、干部健康体检503人次、巡回医疗义诊人数5880人次、积极参加县委组织的各种活动及下乡工作免费义诊和免费提供价值6万元左右常用药品。

【信息化建设】 白朗县卫生服务中心2013年以来信息化运行中，每年筹集资金月25万元左右财务科及大科室增加网络站台，同时每年信息网络全面进行维护及升级，信息化建设已经平稳运行。提升卫生服务中心的整体形象；就医流程优化；医疗质量提升；病历实现电子化；决策实现科学化；办公实现自动化；卫生服务中心藏医部争取资金建设藏医信息化局部网络管理局部信息化网络。

【医疗援藏】 年内，第八批济南援藏为白朗县卫生服务中心解决74万元建立医疗远程会展中心。9月，顺利对接山东省公立医院，并解决40万元的医疗设备。

【医疗安全】 年内，提高医务人员对患者身份识别的准确性。完善关键流程的患者识别措施。在治疗活动中，严格执行查对制度，准确执行紧急情况下的口头医嘱。加强落实手术安全核查制度。强化风险管理，构建安全体系，制定全方位的应急方案和安全管理程序，并组织各种演练。

【实现“三个转变”】 年内，在管理理念上，由经验管理向信息化管理，充分利用逐步实现的数字化医院信息资源平台，提升管理的运作环境，使卫生服务中心管理人员掌握信息管理“驾驶舱”，实现信息管理系统全覆盖，实时监控增强医院管理的系统性和有效性，由过去的事后干预，提升至现在的实时干预、预测提前干预；在内部运行机制上，加强各部门协调和科间协作，充分发挥质量管理委员会和相关专业委员会职能，全面实施质量管理，完善考核制度，健全激励机制。重视基础质量，加强环节质量，保证终末质量，防范差错事故，保障医疗安全；在实际工作中，进一步完善质量安全管理组织体系和考核体系，运用统计学管理工具进行持续改进，不断提高。

【业务培训与考核】 年内，对不同职级的医务人员确定不同的培养重点。对初级职称的医务人员重点抓好“三基”“三严”训练。对新分配的人员实行严格的岗位前培训，进行岗前轮转及学科培训，岗前培训不少于一周，岗位轮转一年的全科培训，执业医师考核合格后分配岗位；对高中级职称的医务人员重点进行专业培训，重点面向科教带头人才领域培训，注重发挥他们传、帮、带作用，使年轻的医务人员迅速成才。医务科、护理部等职能部门每年都要组织集中考试、考核和不定期抽查，成绩记入个人技术档案。定期组织全体医务人员进行《中华人民共和国执业医师法》《中华人民共和国传染病防治法》《医疗机构管理条例》《医疗事故处理条例》《中华人民共和国处方管理办法》等法律法规知识培训。切实把好卫生技术人员资质准入关，针对新入职的医务人员有些无执业资质的情况，明

2017年3月2日，县委书记陈昊在县卫生服务中心检查指导工作

确其工作职责和范围。

【骨干医务人才选拔和管理】 年内，重点抓好骨干人才和中青年技术人才培养，带动整体的技术进步。对中青年骨干要严格精选，定期考核按照公开、竞争、择优的原则下每年选派6名左右骨干医务人员到地区人民医院等培训，15名左右医生和医院管理人员常规性地提供各种区内外学习、培训、交流等机会，不断夯实智力基础，为医院快速发展积蓄后劲。

【合理用药管理】 年内，根据自治区、市有关文件精神卫生服务中心2015年11月1日开始严格执行药品零差价销售工作，国家规定，制定抗生素使用规范，2017年援藏医生对临床医生抗菌药物使用方法3次授课培训，临床抗菌药物品种合理选择率提高，用药时机及频率、疗程逐渐规范。国家发放的药品零差价补助资金中256万元到位已购置药品，全中心无存在过期等药品中标药商及时调换。

【支出各项资金】 2015年和2016年、2017年中央县级公立医院综合改革补助资金预算通知精神，为支持推进公立医院改革三年年下发2790万元，卫生服务中心按照公立医院综合改革补助资金管理办法专款专用。资金主要用于医院门诊、急诊、住院部基础设施改善、医院信息化改造、设备、文化建设、购置医疗设备等，所有资金支出方案明细县人民政府县长办公会提交按照人民政府出台的会议纪要内容县发改委统一安排资金进行开展工作和支付资金。

【强基惠民】 年内，顺利开展驻村工作、县委强基办给卫生服务中心安排杜琼乡怕措村、久布2个村，卫生服务中心严格，执行和落实区、市、县强基办有关文件精神和工作方案，确保办实事资金使用规范、主任为驻村队长每季度下乡驻村点了解和慰问医院驻村点医务人员，深入村庄每家每户调研了解他们生活等情况两个村委会实际存在的困难。卫生服务中心每年收入中支出2万元左右帮助各户改造塑料大棚，防洪堤维修、村委会维修及制作党建宣传栏等，搞好党员帮扶工作。春节、“七一”中国共产党成立日组织党员慰问困难党员、卫生服务中心利用自身优势经常性尤其是农忙季节组织医务人员大型免费义诊每年价值约15000元的常用药品免费提供。截至年底，医务人员驻村点从未出现过空港缺岗等违纪违规现象。

【协调争取项目】 年内，中心领导积极配合充分利用上级的好政策，努力争取各项基建项目。“十三五”规划中卫生服务中心拟建藏医院，中心领导和相关科室负责人多次沟通和申请县人民政府领导新建的藏医院解决地皮8千多平方米同时县发改委协调新建门诊部和住院部布局和要求调整初设建筑图已完成，新建妇保站正在施工中有望2018年7月投入运行。

（多吉次仁）

【领导名录】

党支部书记、主任

多吉次仁（藏族）

党支部副书记、副主任

索　罗（藏族）

副主任

琼　达（女，藏族）

城市建设·环保

白朗年鉴·2018

住房和城乡建设局

【概况】 1999年成立白朗县建设局,2009年更名为白朗县住房和城乡建设局。2017年,共有52人,编制5人(行政编制3人,机关事业编制2人)。其中公务员9人,事业人员2人,聘用干部1人(自来水公司经理),高级工1人(司机),中级工1人(城管大队队长),工人1人,志愿者1人,企业合同工2人,公益性11人,临时工23人。内设城管综合执法大队和自来水公司,其中城管综合执法大队29人,自来水公司8人。白朗县住房和城乡建设局紧紧围绕年度工作目标,坚持以科学发展观为指导,践行创先争优,充分解放思想,密切联系群众,务实奋进,攻坚克难,较好地完成项目建设、城市管理、行政审批和行政许可等各项工作任务。

【党建工作】 年内,制定住房和城乡建设局"两学一做"学习教育实施方案,成立领导小组,召开动员大会,搞好思想发动,全面部署安排住建局学习教育活动开展。充分利用各种宣传方式,深入宣传"两学一做"学习教育活动的意义、目的、内容和要求,营造良好的舆论氛围,同时,办公室做好有关学习教育资料的准备工作,统一发放《中国共产党章程》等学习资料,并通过专题教育活动研讨会等形式,制定专题学习方案和学习计划,助推"两学一做"学习教育有序开展;对各种作风建设问题进行排查纠治,较好地维护住建部门的良好形象,切实促进机关作风的转变;干部职工的晋级晋职、推先评优、考核以及财务收支情况、大宗物资采购事项等,坚持进行党务公开,促进住建局党建工作不断提升;严格执行上下班考勤专人负责制度,做到上班有签到、请假有手续、公差明去向,有效地控制住建局干部职工的迟到、早退、缺勤现象;严格落实公务用车制度,加强住建局车辆及驾驶员规范化管理,对公务用车使用严格管控,落实车辆出入登记、车钥匙管理、驾驶员管理、用车申请审批、公务用车定点维修、公务用车使用情况公示等制度,严防公务用车失管失控;结合住建局实际制定完善《县住建局限时办结制度》《县住建局岗位责任制度》《县住建局政务公开服务承诺制度》《县住建局首问责任制》等系列规章制度,进一步规范服务窗口工作人员的行为,并使全局干部职工形象公开、姓名公开、服务公开、职工联系电话公开,切实解决百姓的实际需求,不断提高局机关的对外服务水平。

【白朗县洛江市政大桥项目】 项目主要建设内容为:规划道路及配套工程,工业路延伸段道路及配套工程、洛江大桥工程,该项目总投资为5638.96万元,其中国家4661万元,白朗县自筹资金为977.96万元。截至年底,大桥已完成初验,完成总投资85%,共计4793.116万元。

【洛江镇"棚户区"改造项目】 建设内容及规模:拟改造六条路,改造总长度为2102.578米,新建

2017年3月9日,县委书记陈昊,县委副书记、县长赤列朗杰,县委副书记、常务副县长何继文一行检查指导环境综合整治宣传工作开展情况

2017年9月6日，县委副书记、常务副县长何继文开展晨晚卫生检查

道路总长499.325米。该项目总投资为752万元，其中建筑安装工程费664.25万元，工程建设其他费用87.75万元，工程预备费用20.34万元。已完成项目进度70%，已拨付资金60%，共计451.2万元，该项目预计按照合同竣工。

【嘎东镇“棚户区”改造项目】 主要建设内容：拟新建日处理近期475立方米/日水厂一座，给水管网约18公里。总投资为848万元。资金来源为国家投资，截至年底，该项目已完成项目总进度80%，已拨付资金70%。共计593.6万元，该项目预计按照合同竣工。

【自治区“厕所革命”项目】 主要建设内容：新建18个公共厕所，该项目总投资约为673万元。截至年底，已完全开工，已完成项目40%。

【农村危房改造项目】 主要建设内容：拟对全县11个乡(镇)建档立卡贫困634户危房实施改造及重建维修等工作，总投资约1140万元。

【2018年非建档立卡贫困户危房改造项目】 主要建设内容：拟对全县11个乡镇非建档立卡贫困713户危房实施改造及重建维修等工作，总投资约685万元。

【县城污水处理及收集系统项目】 该项目总投资约为3400.44万元，资金来源为国家投资，根据县城常住人口和远期人口规模自然增长的实际，初步确定污水厂规模为近期日产量1500吨，远期2030年日产量2500吨，污水主管网长度1.3公里及相关附属设施。截至年底，住建县的工艺及生产设施建设用地远期20.6亩地，根据建设污水处理厂选址要求，与规划区外3公里以内，与公路距离15米，与居民居住区距离300米，2017年年初住建局组织相关部门，设计单位及环评公司，确定选址在县文广局东侧600米处年楚河边，并完成可研编制工作并正在办理五大前置手续，且与市发改委对接已列入重点项目库中。

【2016年公共租赁房附属工程项目】 10月9日，该项目开标，项目总投资为336万元，已完成60%，已拨付资金60%，共计201.6万元，现已投入使用，硬化、绿化预计2018年开工后一月内完成。

【2018年干部职工周转房项目】 该项目新建周转房32套，总建筑面积2240平方米，该项目总投资约为672万元，资金来源为国家投资。

【县城综合整治项目】 该项目主要建设内容：路灯广告灯箱亮化工程，具体内容包括灯箱制作、安装及线缆铺设、路灯维修。其中日江公路县城段220个灯箱，济南大街24个灯箱，洛江路46个灯箱，洛江大街36个灯箱，路灯维修12盏，铺设线缆450米。总投资95万元，资金来源为援藏投资，项目进展至招标阶段。

【雪布村小康示范村项目】 该项目主要建设内容包括外立面构造改造提升工程、牲畜集中饲养工程、道路工程、给水工程、排水工程、路灯工程。计划总投资2500万元，资金来源为援藏投资，项目进展至前置手续办理工作。

【巴扎乡巴扎村改造工程项目】该项目主要建设内容包括外立面构造改造提升工程、道路工程、排水工程、路灯工程、民房风貌改造提升工程。计划总投资935.03万元，资金来源于援藏投资，项目进展至前置手续办理工作。

【县城总规编制项目】白朗县总体规划（修编）规划范围为白朗县行政区划范围，面积2489平方公里。此次规划编制时，一并完成县城控制性详细规划、县城城市设计、县城海绵城市专项规划和县城综合管廊专项规划编制工作，规划范围为总体规划修编后确定的城区建设用地范围，面积约为6平方公里。总投资616.56万元，资金来源为援藏自筹资金工作已到招标阶段。

【旺丹乡等9个乡镇规划编制项目】主要编制住建县洛江镇、强堆乡、旺丹乡、嘎普乡、曲奴乡、玛乡、杜琼乡、者下乡、东喜乡共9个乡镇的总体规划并涵盖控制性详细规划主要内容，明确发展方向、发展目标、发展规模、政策措施等。总投资173.3万元，资金来源为援藏投资，规划初稿已出。

【行政审批和行政许可】年内，严格遵守《中华人民共和国城乡规划法》《西藏自治区城乡规划条例》《中华人民共和国建筑法》《建筑工程施工许可管理办法》以及自治区、市相关行政审批、许可规章制度，结合《县住建局限时办结制度》，依法依规核发“一书三证”和施工许可证，保障建设项目的正常实施。截至年底，审批核发乡村建设规划许可证64个，审批核发建设用地规划许可证11个，审批核发建设项目选址意见书19个，审批核发建设工程规划许可证23个，审核颁发建筑工程施工许可证45个。

【保障性住房管理】年内，住建县保障性住房建成已入住的共有857套，其中廉租房183套，公租房180套，周转房494套。廉租房租住给城镇低收入住房困难家庭135套，公租房租住给城镇低收入住房困难家庭22套，剩余廉租房34套、公租房196套按照《日喀则地区公共租赁住房管理暂行办法》和《住房城乡建设部财政部国家发展改革委关于公共租赁住房和廉租住房并轨运行的通知》文件要求并轨周转住房使用。住建县保障性住房入住审批立足“合理使用、有效周转”的工作原则，严格按照自治区住房政策规定，依规管理，公开透明。2017住建县符合发放住房租赁补贴条件的城镇低收入住房困难家庭共有80户，共计80人。根据每人每月255元的补贴标准，采取年底一次性全额发放的方式发放住房租赁补贴，共计发放住房租赁补贴资金24.48万元。

2017年11月12日，县委常委、副县长普布次仁慰问环卫工人

【建筑市场管理】年内，住房和城乡建设局以日喀则市建筑工程领域专项整治活动为契机，按照集中治理与日常监管相结合的方式，针对建筑市场弄虚作假、安全生产、未批先建等现象，突出重点，综合治理，标本兼治，惩防并举，不断规范住建县建筑领域市场行为，维护建设市场秩序。严把市场准入、施工图审查、招标投标和施工许可等各个关口，严禁违法项目开工建设；住建县建设项目均以委托招标公司招标的形式公开招标，确保招标公开、公正、透明，保证投标单位公平竞

争；对未办理施工许可擅自开工建设的工程按照《中华人民共和国建筑法》《建筑工程施工许可管理办法》及自治区有关规章制度依法进行处理；有计划、有步骤地开展建设工程监理、施工质量和安全生产、拖欠民工工资等专项检查，对检查中存在问题的工程，责令停止施工，限期整改；针对已往企业抓安全生产只为应付检查和评优的现象，住房和城乡建设局加强施工现场全过程的监管，落实建设工程监理责任，对脚手架、起重机械、施工用电等安全薄弱环节开展专项治理，对不符合《建设工程安全生产管理条例》规定的工程，限期进行整改；凡在县域内新建、扩建、改建的建设工程项目，均按照自治区、市有关规定缴纳民工工资保证金，保障民工的合法权益。

【安全生产】 年内，住房和城乡建设局加大辖区内建筑施工从业人员的法规技能、业务知识的指导力度，加大施工、监理安全技术交底及安全培训台账的检查力度，保证从业人员具备安全生产知识。通过现场办公会、设立宣传牌、发放宣传材料等多种方式加大宣传力度，极大程度地提升广大从业人员的安全意识；深入施工场地、液化气站进行巡查监督，重点就用电、用气、施工建筑内宿舍、脚手架搭设、安全网、安全带设置使用、五大员配备到场等情况进行督查，强化参建各方责任主体的履职情况，对排查出的问题及时督促相关责任单位制定可行的处理方案，限时进行整改，对拒不整改或整改不达标的，采取果断措施予以处理，确保不留下任何安全隐患。年内，住房和城乡建设局安全生产工作持续稳定良好运行，未发生任何安全生产事故。

【自来水厂（公司）】 2012年8月，白朗县自来水厂成立，2016年10月正式更名为白朗县自来水公司。主要任务是管理县城生活用水服务体系，保障县城安全饮水，改善县城居民饮水条件。县城供水主管网总长14.01公里，排水总长17.3公里。年供水量达28.86万吨，水厂日供水量800吨/日。截至2017年11月水费收缴已全部上交至县财政局11万元左右。

2017年6月9日，住房和城乡建设局开展“门前三包”签订责任书

【城管综合执法大队】 2014年3月，正式组建成立白朗县住建局城管综合执法大队。县城清扫面积近16万平方米，垃圾日产量6吨左右，清扫面积全覆盖各路段。县城共计划分为15个卫生区责任区（包括6座公厕管理员），由20名环卫工人分组负责，另外4名环卫工人负责垃圾清运工作。环卫工人每天早上8：00之前将分管责任区打扫完毕，并将所清扫垃圾全部入桶，并做到8小时随时保洁；公厕管理员实行全天8小时上岗，负责公厕的日常清洁、维护等工作；垃圾清运员每天进行两次垃圾清运，每日上午9：00之前完成县城各路段垃圾清运工作，中午时段沿日江公路、工业路等主次干道巡回收集生活垃圾。由于县城没有设立垃圾转运站，日常生活垃圾采用通过垃圾运输车将垃圾运送到垃圾填埋场的直运的工作模式，做到垃圾封闭式清运，没有出现清运路上洒落导致产生二次垃圾的现象。同时根据制度要求，垃圾清运车进入垃圾填埋场后按照管理员指定位置倾倒，及时对垃圾填埋场内的垃圾进行平整，实行分层覆盖，并做

到运行情况有记录，随时掌握动态信息，做到场容环境良好，周边村庄无污染。

2017年4月20日，白朗县自来水公司开展设备检修保养工作

【环境卫生承包责任制】 年内，住房和城乡建设局为各县直、中直、邮局、电信、移动等单位分配相应的卫生区域，并将每周一和周五定为环境卫生整治日，极大地调动党员干部的积极性，充分发挥白朗县党员干部先锋模范作用，实行班子成员分片分段包干，负责全面管理和巡查工作。切实做到“四个亲自”，即亲自带头宣传动员，亲自督查落实各项任务，亲自指挥专项治理工作，亲自下一线解决热点、难点问题。另外，住建局还利用“七一”中国共产党成立日、珠峰文化节等党员活动日，先后对县城湿地及各卫生死角进行彻底的清理。

【发挥“门前三包”作用】 年内，将环境卫生管理工作纳入乡镇、街道目标管理，通过与县机关团体、企事业单位、临街商铺共计425家签订《“门前三包”目标责任书》，层层分解，量化目标，明确责任。按照“一把手”亲自抓，分管领导具体抓，班子成员协助抓，责任科室重点抓的原则，使县城环境卫生工作做到有组织、有安排、有部署、有落实，形成上下联动、齐抓共管环境卫生的工作格局。

【治理占道经营】 年内，共清理取缔占道经营125余次，取缔流动摊贩60余人(次)，整治县城内车辆乱停乱放行为120余人(次)，处理违章建筑3起，处理乱倒污水35次，疏通下水管道11次，处理擅自倾倒建筑垃圾及工程渣土18次，处理道路运输渣土泄漏19次，处理街道两侧搭建临时设施8起，处理垃圾焚烧事件6起，公共化粪池清理和维修13次，深入建筑工地检查扬尘治理工作23次。强化市场专项整顿，使市场管理规范到位，彻底清理摊位杂乱、卫生死角等问题，使县城的环境卫生得到明显改观。通过全方位、高强度、常态化整治，辖区市容市貌得到极大改善。

【基础设施管理】 年内，县委、县政府为住建局划拨环境整治经费120万元，垃圾填埋场正常运转、

2017年6月28日，住房和城乡建设局召开安全生产工作会议

流浪狗收容基地也已投入使用，在此基础上山东省援藏干部还为住建局争取资金100万元用于购买环卫车辆、垃圾桶等必要的基础设施，解决马路边露天垃圾问题。

【开展法治教育活动】 年内，针对城管队员法制意识淡薄，执法规范不严的现象，住建局领导集中开展法治教育活动8次，领导干部深入实地检查指导工作50余次，为市民宣讲环境保护工作5次，发放宣传资料1000余份，达到教育引导的目的，从源头杜绝不文明现象的发生。

【开展卫生督查】 年内，县委、县政府、组织部、纪检委、住建局联合督察环境卫生落实情况30余次，使城乡环境卫生状况得到明显改善。

【第五届环卫工人节】 11月1日，住房和城乡建设局组织举行第五届环卫工人节庆祝活动，全体环卫工人参加此次活动。活动中县政府为每位环卫工人发放棉被、大米等慰问品，同时，为表彰先进，鼓舞士气，进一步激发广大干部职工的积极性和创造性，推动环卫事业向科学化、市场化、现代化方向发展，形成“学先进、赶先进、争先进”的浓厚氛围，住房和城乡建设局经过严格评选，报县委、县政府研究决定，2017年度授予尼玛次仁、巴桑次仁、郑都、旺堆等6人“白朗县2017年度先进环卫工作者”荣誉称号。

（李　阳）

【领导名录】

局　长

达　　次（藏族）

副局长

刘军涛（7月任，山东援藏）

王宝强

王志彪（4月任）

自来水公司经理

果　　吉（藏族，聘用干部）

城管综合执法大队队长

多吉次仁（藏族）

2017年8月23日，住房和城乡建设局开展环境卫生整治

环境保护

【概况】 白朗县环境保护局成立于2010年10月，是政府主管环境保护工作的职能部门，履行环境监管职能，主要负责全县环境保护工作。2017年，在编人员3人，现有3人。下设环境监察大队、环境监测站两个事业单位。在编干部职工4人，现有5人。

【环境监测】 年内，完成县城空气环境质量1个点位（白朗县委）、地表水环境质量3个点位（白朗县年楚河上游500米，白朗县年楚河下游1公里，白朗县楚松水库）。集中式生活饮用水3个点位（白朗县自来水厂、白朗县第二自来水厂、白朗县备用水源地）。每年监测四次，每季度一次。根据2017年四个季度监测报告，县城空气质量总体优良，县城大气监测4项指标均达到《环境空气质量标准》（GB3095-2012）一级标准；白朗县自来水厂监测指标全部达到Ⅰ类标准限值要求；地表水环境质量指标均达《地表水环境质量标准》（GB3095-2012）Ⅰ类标准。按照《主要污染物总量削减目标责任书》的要求，全县2017年化学需氧量、氨氮、二氧化硫和氮氧化物排放总量分别控制在41.8吨、4.6吨、1.4吨和20.2吨范围内，组织实施编制《白朗县大气污染防治行动实施方案》《白

2017年5月18日，西藏自治区副主席汪海洲（前排左二）在白朗县督导检查年楚河沿线环境整治工作和“河长制”工作落实情况

朗县水污染防治行动实施方案》《白朗县土壤污染防治行动实施方案》，与县直各部门签订环境保护职责目标责任书，与各乡镇签订环境保护目标责任书，与各企业签订污染物减排责任书。

【迎接中央环境督察】 年内，将环境保护工作纳入全县经济发展重要组成部分，融入中心工作同安排、同部署、同考核；并及时成立领导小组，制定实施方案，进行动员部署。与各乡镇和县直相关部门签订《环境保护目标责任书》，确定奖惩办法，并将落实情况纳入年终绩效考核。将2017年作为全县城乡环境综合整治年，先后召开动员大会、推进会和专题会30余次，集中整治城乡脏、乱、差等现象。建立和完善环保监管机制。严格落实区、市网格化环境监管体系要求，现已建成二级网格（县级）1个、三级网格（乡镇）11个、四级网格（村组）111个，全县网格化环境监管组织、监督、保障、奖惩等工作逐步完善，网格化管理运行工作逐渐规范。依托河道“河长制”和公路“段长制”，对河道排污、建筑垃圾乱到、生产生活和白色垃圾等环境问题进行有效监管，共设立目标责任公示牌430个；同时，积极构建城管执法员、公安干警、“双联户长”和乡村环境监督员“四位一体”的环境监督体系。积极衔接沟通中央环境督察期间4起举报案件，认真办理转办案件，现已全部整改到位。

【建设项目管理】 年内，把主要污染物总量控制作为新改扩建项目环评审批的前置条件。认真贯彻执行国家环境保护法律、法规，严格执行《环境影响评价法》、“环境影响评价制度”和建设项目“三同时”制度。全年新开工项目环评文件无越权审批、无未批先建情况发生；建设项目的环境影响评价文件均符合《中华人民共和国建设项目环境保护分类管理名录》的要求。2017年环保审批项目69件，总投资16.6435亿元，其中环保投资0.138亿元，无越权审批项目。新建项目环评执行率和“三同时”执行率达100%。

【执法监察】 年内，共出动执法车

2017年8月23日，县委副书记、县长赤列朗杰督导检查县城污染治理工作

2017年8月7日，日喀市环境保护局副局长罗布（右一）在白朗县洛江镇洛江村查看违规安装商砼搅拌站整改落实情况

63次、出动执法人员126余人次，按照重点污染源每周2次，一般污染源每月2次，对全县建设项目领域、养殖场、食品加工厂、垃圾填埋场、卫生服务中心、娱乐场所等重点单位开展巡查，对辖区内各排污单位或个人的环境保护法律、法规执行情况进行现场监督检查。责令县域内所有娱乐场所安装隔音减震措施，保护和改善县城声环境质量。组织开展环境大检查、环境安全隐患排查等专项执法检查，责令淘汰县域内3家企业的燃煤锅炉，严格依法打击环境违法行为，切实解决损害群众健康的突出环境问题。重点开展集中式饮用水水源地、污染物总量减排、危险废物、环境风险隐患、机动车污染防治、核与辐射环境安全、规模化畜禽养殖、建设项目生态环境等专项执法检查，要求县域内12家等大中型餐饮业安装油烟净化器。防范事故风险，确保环境安全。

【解决突出环境问题】 年内，按照“四个一批”要求，严格查处未批先建、擅自变更环境违法建设项目，关停整顿砂场砖场18家、取缔非法运输车辆19辆。对2家（哲喜混凝土有限公司和金塔建材有限公司）不符合环评要求的商砼搅拌站责令关停整改，现已整改到位。对年楚河湿地、饮用水水源地、植被保护区、城乡环境问题突出区域进行彻底整治。

【排污管理】 年内，认真做好排污费征收工作。大力宣传排污申报工作，做好排污申报登记与核定，对全县辖区内所有污染源和污染排放种类、数量等情况进行调查与登记。依法依规向排污单位分别发送《排污核定通知书》和《排污费缴纳通知书》，保证排污费征收工作的公开公正和规范化管理。2017年，共征收排污费50422元。

【生态村建设】 年内，精心筹备，整理创建自治区级生态村各方面资料，生态村建设有序开展。按照上级党委、政府和区环保部门的要求，创建工作领导小组，村“两委”班子多次召开村组干部会、党员会、村民代表会等会议，统一思想认识，使广大村民都认识到生态村建设的重要意义，阿亚村获得2017年度自治区级生态村命名。

2017年8月10日，副县长顾群艳带队检查全县范围内油烟净化器安装情况

【生态红线划定】 年内，先后召开3次政府专题会议，研讨划定生态红线工作。与县发改委、林业局、水利局等9家相关部门详细研讨，科学合理划分全县生态保护红线区，认真梳理各部门上报的详细规划，作为生态环境保护红线划定的支撑材料，确保生态保护红线划定工作科学、合理。现已将各相关单位生态保护区红线划定支撑材料、反馈意见、会议纪要等各项材料汇总上报市环保局，前期工作基本完成。

2017年5月22日，县环境保护局局长米玛在者下乡安排创建自治区级生态村相关工作

【结对帮扶】 年内，为贯彻落实白朗县脱贫攻坚、精准扶贫工作，进一步了解和掌握定点帮扶贫困户的基本情况，增强帮扶工作的针对性。截至年底，白朗县环境保护局干部职工在局领导的带领下，先后3次在白朗县巴扎乡扎西村和曲奴乡金确村贫困户的家中查看他们的生产生活情况，详细询问其家庭的收入情况、家人身体情况以及致贫原因、下一步的脱贫打算，并认真做好记录。同时，局领导带全局干部职工向贫困户带去大米、面粉、现金12000元等价值约12300元的慰问品。向贫困户宣传党和国家各项支农、强农、惠农、富农政策，增强帮扶对象脱贫致富实现小康的信心和决心，鼓励贫困户自食其力提高生活质量。

【开展党建主题活动】 年内，在党建作风建设主题活动中，按照县委的安排部署，制定活动方案，召开专门会议进行动员部署，制定学习计划，采取自学与集中学习相结合，走出去参观学习，请进来做报告、上党课、讲传统、座谈讨论、向县直各部门发放调查问卷等多种形式，积极开展党建活动。全年共书写学习笔记384篇，心得体会40篇，观看电教片12部，专题讨论12次。组建“1+1”帮扶小组，通过个别走访、召开座谈会、发放调查问卷等方式，深入了解驻村点扎西村存在的困难和问题，采取有效措施为驻村点扎西村排忧解难。

【环保宣传】 年内，加强环境宣传教育，提高全民环境意识是做好环保工作的重要基础。充分利用各种宣传载体，积极发动，不断开拓环境宣教社会化道路。以“6·5”世界环境日为契机，其间开展系列宣传活动：印发有关环保政策、法规、知识的小册子5000余份、环保购物袋2000个；现场执法行动；“绿水青山就是金山银山”活动，通过一系列环保宣传增强群众的环保意识，号召全社会动员起来，营造“人人参与，创建绿色家园”的氛围。

（张红娟）

【领导名录】

局　长

米　玛（藏族）

监测站站长

巴桑欧珠（藏族）

交通·通信

白朗年鉴·2018

交通运输

【概况】 白朗县交通运输局是负责全县交通事业的主管部门，干部职工9名，领导职数4名，其中1名援藏副职，藏族3名、汉族5名（援藏1名）、回族1名，本科学历5名、专科4名。白朗县辖11个乡（镇）、111个行政村、22座寺庙。白朗县农村公路总里程697.82公里，其中沥青路面66.7公里、水泥路面86.57公里、砂石及以下等级路面544.55公里。白朗县9乡2镇、111个行政村及22座寺庙公路已实现全部通达，9个乡（镇）、57个行政村、5座寺庙均实现通畅，其中乡（镇）通畅率82%（除嘎普乡、东喜乡）、行政村通畅率68%、寺庙通畅率23%。

【续建项目】 年内，续建项目共计4个，总里程达41.69公里，总投资11233.5829万元，2017年完成投资5502.4529万元。其中重点项目：白朗县曲奴乡至者下乡公路改建工程，项目里程27.653公里，路面类型为沥青，批复投资8576.58万元，解决玛乡、旺雪村、吉定村、索康村、厅卓村、门康村、厅卓村、普喜村、桑顿村的通畅问题，该项目于2017年年底完工。一般项目3个：洛江镇康萨及罗林村道路硬化工程、嘎东镇热旦康萨村至阿亚村公路工程、白东公路岔口至嘎普乡玛岗村公路工程，总里程14.037公里，总投资2657.0029万元。

【新建项目】 年内，白朗县成功实施12个农村公路建设项目，总里程达99.479公里，总投资28666.885万元。其中重点项目：白朗县旺丹乡至东喜乡公路工程，建设里程40.173公里，项目总投资为17641.36万元，解决东喜乡、嘎普乡、夏麦村、楚松村、普奴村、嘎普村、强日村的通畅问题。白朗县珠峰（白朗）有机产业园连接道路，建设里程5.613公里，总投资为2403.5179万元，解决嘎东镇产业园区公路通畅问题。一般项目10个：者下乡热玛村集中安置点公路工程、者下乡那堆村集中安置点公路工程、者下乡珍木则村集中安置点公路工程、嘎东镇马义村至查嘎热多村公路、嘎东镇恰杰线岔口至亚温村公路工程、嘎东镇吉雄村公路工程、玛乡白者公路岔口至汪学自然村公路工程、旺丹乡巴金村至拉乌村公路工程、嘎普乡玛岗村6组公路工程、白朗县则麦村至曲夏自然村公路工程。

【危桥改造项目】 年内，交通运输局通过与上级主管部门多次沟通协商，为白朗县成功争取实施白雪大桥、曲松中桥、强日桥、索琼桥的危桥改造项目，总投资达2119.0869万元。2017年完成投资1695.841万元。

【安全生命防护工程】 年内，白朗县第一批农村公路生命防护工程共涉及3条县道，3条乡道和9条专用道路，总投资达1877.510486万元。截至年底，完成投资1689.76万元。

【农村公路养护管理】 年内，为提升白朗县农村公路建设与养护的重要性，明确全县道路管护单位、责任人职责，与各乡镇签订《农

2017年5月27日，山东交通科学研究院郝晓慧（左二）、梁璟（中）在白朗县开展道路客运发展规划调研工作

2017年5月10日，日喀则市交通运输局党委委员、副局长强巴（右五）带领项目督察组一行督查热旦康萨村至阿亚村公路项目

村公路养护协议书》，从辖区范围、实施时间、质量标准、工作要求上把管养任务分解到各乡镇。2017 年，白朗县农村公路养护计划总里程 466.268 公里，其中县道 198.164 公里、乡道 121.815 公里，村道 146.289 公里。

【农村公路水毁现象】 年内，受强降雨天气的影响，白朗县部分农村公路路基、路面、桥涵及防护设施造成不同程度的损毁，农村公路损毁 79 公里，农村公路桥涵损毁 8 座，桥涵引道冲毁 13 座；农村公路防护设施损毁 543 米，其中农村公路桥梁导流堤 128 米、路肩墙损毁 327 米、挡土墙损毁 88 米，导致农村公路直接路产损失 71 万元。县交通运输局严格按照上级业务部门及县政府主要领导指示精神，及时对破坏的路基、路面及受损涵洞进行修复。

【抢险保通】 2017 年，白朗县交通运输局按照“安全第作一、预防为主，全力抢险”的工作方针，切实抓好防汛工的责任制，做到责任到位，人员到位、措施到位，抢险及时，确保汛期农村公路安全正常通行。入汛以来，全县陆续出现强降雨天气，致使白朗县嘎东镇、嘎普乡、杜琼乡等乡（镇）农村公路遭到不同程度水毁，其中嘎东镇查嘎热多村、帮康村及铁路沿线道路水毁较为严重。灾情出现后，县交通运输局人员第一时间赶赴现场进行抢险保通工作，及时与乡（镇）党委沟通联系、组织附近农牧民群众清理道路淤泥、边沟和泥石流等造成的塌方，在 2017 年汛期抢险保通中，交通运输局共出动巡查车辆 280 车次，机械台班总计 441 小时，累计投入抢险保通资金 40.8026 万元，切实有效的完成汛期各项抢险保通工作，保障广大农牧民群众的正常生产生活。

【安全生产】 年内，交通运输局切实履行安全生产工作，严格按照“党政同责、一岗双责”总要求，坚持安全第一、预防为主的工作方针，深入开展安全生产宣传月、百日扫雷专项整治行动、隐患排查治理等一系列专项治理活动，切实消除安全隐患。年内，县交通运输局共组织开展各类安全生产

2017年7月17日，副县长强巴顿旦一行检查旺丹乡至东喜乡公路工程环保工作开展情况

2017年6月20日，交通运输局局长普布次仁检查嘎东镇热旦康萨至阿亚村公路项目建设情况

检查48次，发出《整改通知书》2份，现场指出并处理问题20余处，全部按期整改到位。同时，将18个新（续）建交通建设项目纳入工程质量安全监督重点对象，确保交通建设领域安全可控。

（周金娥）

【领导名录】

局　长

普布次仁（藏族）

副局长

程 凤 国（山东援藏）

张 学 芹（女，5月任）

欧　　珠（藏族）

副主任科员

斯朗拉姆（女，藏族）

邮政

【概况】 中国邮政集团公司西藏自治区白朗县分公司北距日喀则市49公里，距江孜县45公里，白朗县分公司位于科技街东段1号，辖11个乡（镇）、111个行政村，平均海拔4200米，县城驻地海拔3890米，邮路共36条，邮路里程835.15公里，鉴于以上邮路共配备乡邮投递员11名及乡邮营业员1名、乡邮驾驶员1名、县城投递员1名、营业员2名、分拣员1名、负责人1名。主要业务为收寄包裹、汇兑、报刊、函件、集邮，

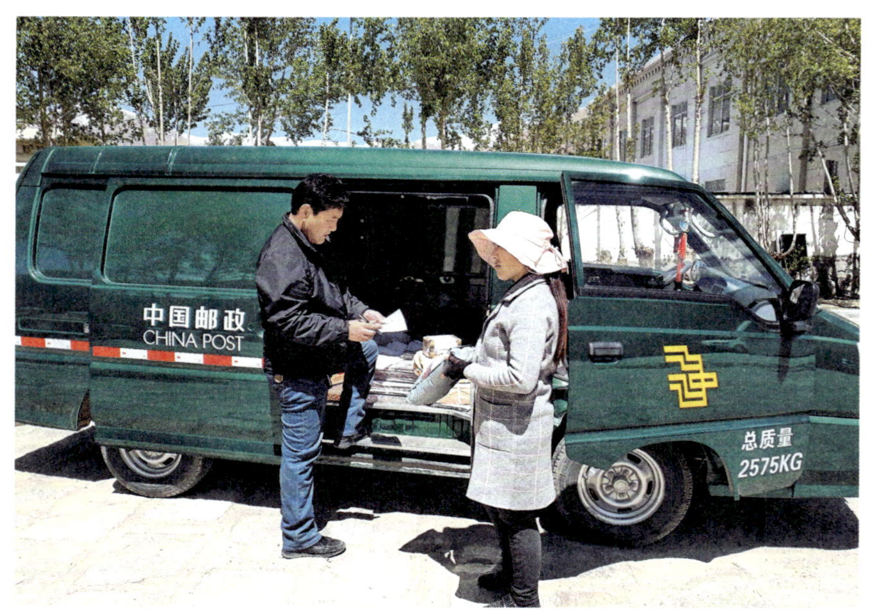

2017年4月17日，投递员投递包裹

2017年白朗县邮政分公司认真贯彻落实集团公司和区（市）分公司的各项决策部署，积极应对复杂多变的市场环境，克服各种困难和市场环境的不利因素，圆满完成各项市分公司下达的目标任务，取得一定成效。

【完成各项考核计划】 年内，白朗县邮政分公司经营指标任务为670000元，为实现任务目标，秉承“激情，实干，争先”的企业精神，深化企业改革，加速业务转型。积极开拓市场，抓住业务发展重点，努力提升服务质量，深刻落实绩效考核制度，提高员工积极性。另外公司积极推进内部机制改革，增强内控制度，加强员工队伍建设。着力提高员工服务素质，各项工作得到有利发展。

【安全工作】 年内，加强监控力度，在工作场所及员工宿舍配备消

白朗县邮政分公司营业厅

防设施。定期组织员工进行安全知识的培训,明确安全工作工作责任制度,时刻牢记:安全生产,警钟长鸣。并每月实行定期组织安全生产检查,使安全生产工作制度化、规范化。发现安全隐患,及时处理、及时沟通。确保邮政通信生产安全,维护社会稳定秩序。

【服务“三农”】 白朗县邮政分公司发展到现在是当地党委、政府和有关部门关心支持,全局将提高服务质量,本着人民邮政为人民的宗旨,紧紧围绕市邮政分公司的经营指导思想开展工作,严格落实各项经营决策,以企业发展为中心,在市邮政分公司的坚强领导下,求真务实、真抓实干、开拓创新,真诚服务,勇于开拓,克服种种困难,加大基础管理工作力度,加大宣传力度,让更多的人,信赖邮政,依赖邮政,为白朗县的经济繁荣做出应有的贡献。

(边巴顿珠)

【领导名录】

经　理

边巴玉珍(女,藏族,3月免)

边巴顿珠(藏族,3月任)

电信

【概况】 白朗县电信业务始于2000年,2001年正式开办电信业务,主要经营固定电话、移动通信、电视电话会议,互联网接入及应用等综合信息服务。2017年,有员工5人,9个乡2个镇实现实体店。截至年底,全县共建设49个基站,其中4G基站33个,9个乡2个镇及111个行政村手机信号已全部覆盖,现已全县无线网络覆盖达到98%以上。

【工作情况】 年内,移动用户发展3768部,完成全年计划的100%;来电显示渗透率100%;七彩铃音渗透率95%。全县移动份额达37.8%,截至年底,9个乡2个镇及111个行政村,光纤通达率已达84.6%,94个行政村均已完成光纤覆盖,行政村4G网络覆盖率达98.2%,累计完成固网1200部,完成全年计划。

【移动通讯】 年内,为更好提高和改善白朗县老百姓通信条件,加快农村建设小康社会步伐,白朗县电信局在白朗县政府以及通信管理局等相关上级部门的大力支持下实施“普遍服务”点亮工程,点亮白朗县94个行政村。助力乡(镇)老百姓脱贫致富,提升用户感知带来优质全面的电信服务网络。

【网络覆盖】 年内,全行政村级覆盖2G、3G信号,4G信号覆盖95%的行政村。全县共建设49个基站,其中33个4G基站,9个乡2个镇手机信号已覆盖,现已全县无线网络覆盖达到98%以上,光纤通达率达84.6%。

【客户服务】 年内,白朗县电信局以“用户至上、用心服务”为理念,以提升用户满意度为指引,以关键服务环节为切入,以感知测评为手段,强化差异化服务优势,积极参与政风行风建设,不断规范白朗市场,加强用户信息安全、网络安全和信息化建设。

【科学发展观】 年内,白朗县电信将进一步深入学习和实践科学发展观,积极实施聚焦客户的信息化创新战略,坚持“用户至上、用心服务”的服务理念和“追求企业和

2017年12月25日，局长李建主持召开2017年电信业务总结及2018年规划

客户价值共同成长”的经营理念，努力实现业务又好又快发展，做优秀企业公民，为白朗县经济发展和社会信息化建设做出更大贡献。

（郭小平）

【领导名录】

局　长

索朗平措（藏族）

移动

【概况】 白朗县移动分公司2005年8月成立，2017年，公司现有人员7名（包括直销员3名），其中本科文凭2人、大专文凭2人、初中文凭3人，本科文凭政治面貌均为党员。白朗县移动基站总共140座，其中2G基站43座、3G基站47座、4G基站50座。渠道合作厅：移动10家，乡级代理点：8家，县城：2家。

【网络覆盖】 用户规模从2005年900户发展到2017年的16703户，营运收入从2005年150元发展到1650万左右。宽带用户从0发展到1296户，移动基站从无到有。截至年底，白朗县移动分公司2G基站有43座，覆盖白朗县9个乡2个镇和101所行政村，3G基站47座，4G基站50座，覆盖219省道及各个乡镇政府所在地。

12月，白朗县移动分公司按照国家通管局要求做4G开通工作，白朗县县城4G站最先启用，很好的解决之前客户反应的3G网速慢问题，9个乡2个镇的4G站紧接着也全部开通。4G网络正式上线后区、市公司联动投资的4G基站有：嘎东镇阿亚村西、嘎东镇扎西村、洛江镇唐党村、洛江镇则嘎达村、嘎东镇杰琼村。

（扎西色杰）

【领导名录】

经　理

刘小军（10月免）

负责人

扎西色杰（藏族，10月主持工作）

集团客户经理

钱艳平（女）

渠道经理

准　吉（女，藏族）

全业务技术支撑

姜　龙

2017年4月13日，白朗县移动分公司技术人员进行光纤传输维护

乡镇概况

白朗年鉴·2018

洛江镇

【概况】 洛江原名"洛布琼孜",意为"宝凤翅尖"。1988年撤区并乡时改名为洛江镇。镇机关坐落于日江公路侧,为白朗县城所在地,距离日喀则市中心49公里,东南与江孜县热索乡毗邻,与巴扎乡、嘎东镇、强堆乡、杜琼乡接壤,以传统种植业为主,交通便利,环境优美,是干事创业的好场所。

洛江镇总面积为161.93平方公里,人口密度为41.43人/平方公里,是全县11个乡(镇)中行政村最多的镇,下辖洛江、党如、恰嘎、雪布、宗下、门措、扎林、拉贵、唐党、罗林、康萨、聂布、则嘎、彭果、帮康等15个行政村,2个自然村,平均海拔为3900米。全镇现有耕地面积1266.66公顷,草场面积11411.07公顷,荒山荒沙地造林面积:89.5公顷,农作物播种面积1269.41公顷,年末牲畜总头数28205头(只、匹)。2017年,人均可支配收入为15847.16元。

2017年,全镇共有1075户,6982人,共有97个联户单元97名户长;全镇共有23个党支部,465名党员,其中,农牧民党员434人,女性党员154人,预备党员20人,积极分子53人;全镇人大代表40人、县级代表16人、政协委员6人、党代表14人,共青团员89人;全镇在编干部职工68人,其中镇机关干部职工45人,借调14人,镇卫生院8人(包括公益性4人),镇派出所10人,驻寺干部5人;全镇建档立卡贫困户90户,313人,全镇低保户19户27人,建档立卡外0户,0人;"五保"户5户、"三老人员"49人、残疾人98人。实现经济总收入15507.66万元,同比增长18.6%;实现农牧民人均收入15847.16元,同比增长20.4%,其中现金收入达12677.73元。

【基层党建】 年内,坚持从规范权力、服务群众入手,紧紧围绕"五彩服务·魅力洛江"主题,注重指导各村党支部严格落实层级管理和指导帮建,切实抓好各项工作的末端落实;依托"五议三公开三考评"的考核平台,充分运用奖惩激励手段,压担子、定任务,有力调动村党支部书记"想干事、能干事"的工作责任感和事业心;把组织生活会基本动作逐层、逐项、逐条明确到具体单元,落实到每一名责任人、避免"挂空挡";严把党员"入口关",推行发展党员"纪实制",将信念坚定、素质过硬、能力超群、品行端正的干部、村民充实到党员的队伍中来。

2017年,前后举办党务工作培训15期,有力提升党员队伍的能力素质;坚持把维稳工作纳入到党委重要议事日程,每逢重要节点,及时召开专题会议进行研究部署,认真制定实施方案;制定《村干部坐班制度》,制作各村坐班公示牌,公布每天坐班人员名单、职务及联系电话,明确坐班职责,实行"谁坐班谁负责",确保受理的事项事事有着落、件件有回音;积极开展谈心谈话等活动,通过村党支部书记与村两委班子成员、支委会成员与党员、党员之间的谈心谈话,交流思想、沟通工作、传授经验、听取意见,实现共同进步;组织支部"1+1"结对帮扶活动3次,

2017年4月27日,县委副书记、县长赤列朗杰在洛江村考察水利项目

2017年4月10日，镇党委书记普琼主持召开党政工作例会

召开专题会议15次，明确结对目标，将结对帮扶任务落实到每名党员身上，保证帮扶到户，措施到位。

【学习教育】 年内，洛江镇党委始终高度重视学习型党组织的建设，为此专门设立镇级图书阅览室，将每周二、四列为学习日，建立科学完备、行之有效的学习制度，形成严格的考勤、考核、评学、通报制度，真正把学习的“硬任务”变成“硬约束”；有序开展“两学一做”“四讲四爱”“五五教育”等一系列教育实践活动，坚持在“学”上深化拓展，在“做”上久久为功，把握学习内容，创新学习方式，丰富学习载体，严格按照“四讲四有”标准和“四个合格”的要求，进一步增强工作的主动性与积极性；大力实施村干部素质提升工程，培养一批“忠于党、守规矩、懂政策、能力强”的村干部；认真制定《洛江镇学习宣传中共十九大精神工作方案》，明确学习宣传要求、重点、步骤和措施，采取悬挂横幅、张贴标语、设置学习专栏、制作学习教育展板等形式进行广泛宣传学习，营造学习宣传浓厚氛围。截至年底，全镇已组织党员干部学习43次，参与人数达693人；开设村干部能力提升班45次，接受培训达182人次；党委中心理论组学习12次；机关党支部组织集中学习24次。

【村“两委”换届】 11月16日，15个村依法选举出新一届村党组织、村委会班子、村务监督委员会，新一届村“两委”总数81人，全部为中共党员，平均年龄43岁，初中以上学历14人，占17.3%，女性16人，占19.8%。村党组织书记平均年龄47岁，初中以上学历3人，40岁以下3人，女性1人；村委会主任平均年龄48岁，初中以上学历1人，40岁以下2人，女性1人；村务监督委员会39人，平均年龄41岁，全部为中共党员，一大批综合素质好、群众公认度高的优秀人才被选入村级领导班子，切实优化班子结构，增强整体合力。在这次换届选举中，还顺利完成村共青团、妇代会组织选举工作，单独选择则嘎村作为2017年全县妇代会选举试点，共选举主席1名，副主席2名，委员5名。

【党风廉政建设】 年内，镇党委、政府积极组织15个行政村党支部开展缅怀先烈、重温入党誓词、观看廉政教育影片等活动，坚持教育在先、警示在先、预防在先；认真组织全体党员学习廉政准则、处分条例、问责条例等党内法规，引导党员干部自觉用党规党纪规范自己的言行，不断强化纪律意识、规矩意识；自觉接受监督，提升服务质量基础上，要求全体党员一律佩戴党徽上岗，提高履行党员义务和接受群众监督的自觉性，在便民服务大厅业务办理窗口设置党员示范岗标牌，主动接受群众监督，提高服务水平。在民主评议中，全体党员的群众测评满意率均为100%，切实做到服务零投诉零差评，构建起党性意识强、群众满意率高的良好工作格局。

【政治文明建设】 年内，镇人大结合党如村土地流转、易地扶贫搬迁等重大项目，主动扮演政策宣讲员，走村入户向广大人民群众宣传项目建设的意义、作用、土地流转及易地搬迁的相关政策及法律法规，积极主动收集、整理群众的意见建议及合理诉求，及时反馈至镇党委政府，有效提高群众对政策的知晓率，从源头上降低上访、闹访、集体访等事件发生的概率；充分运用重点监督，镇人大严格按照“精准、精准、再精准”的工作原则，组织代表们开展“脱贫攻坚——人大代表在行动”的主题活动，通过实地视察、召开专题会等形式，充分使用人大监督权，做到对贫困人口底数清、问题清、对策清、任务清，有效防止“被贫困”和“被脱贫”的出现，始终把监督扶贫工作作为人大工作的重点，督促检查在执行精准扶贫政策中不作为、乱作为现象，确保精准扶贫各个工作环节公开、透明、阳光操作；提高代表履职能力。

镇人大始终把组织代表学习、提升理论水平、有效促进业务作为人大的基础性工作来抓，全年已在“人大代表之家”开展学习4次，召开理论学习专题会议14次，组织代表们赴毗邻县乡，学习人大工作、载体创建等方面的好做法、好经验，不断提高洛江镇人大代表的素质和履职能力，增强做好工作的责任感和使命感。

2017年6月22日，镇党委副书记、镇长廖峰在门措村慰问结对帮扶户

【青稞种植业】 年内，总播种面积达18290亩，升级改造中低产农田1200亩，深耕深松1500亩；建成“百亩千斤”高产示范点2个，共200亩，“二级种子田”良种繁育基地2个共500亩；单播面积14801亩，实现单播面积达到指标数的100%，制作青稞、小麦等各品种种子样本，大力推销相关产品，积极拓宽销售渠道，实现“藏青2000”销售7.5万公斤，销售单价6.4元/公斤；主要销往定日、聂拉木等地，实现销售收入48万元。2017年，洛江镇全镇粮油总产量为950万公斤；其中，青稞总产860.5万公斤、小麦57万公斤，油菜32.5万公斤；果蔬总产743.5万公斤，同比增长61.07万公斤，增长率8.25%；饲草800万公斤。

【大棚果蔬业】 年内，切实按照“一村一品”的产业化发展思路，大力实施“蔬果兴镇、蔬果富民”工程，促进蔬菜产业快速发展，增加农民人均收入。截至年底，全镇群众自种温室大棚408座，其中连片温室大棚71座，温室蔬菜销售收入达370.83万元，同比增长17.16%，占总收入的2.39%，对全镇经济贡献率超过2.5%，切实实现稳中有进的目标。

【畜牧养殖业】 年内，科学养殖、提质增效、力求规模、使农户主动融入“公司+基地+农户”养殖模式中来，力求洛江镇养殖业现代化、集约化、规模化；全镇牲畜存栏28205头（只、匹），其中适龄母畜15212头（只、匹），幼畜成活率达67%，成畜死亡率控制在5%以内，较往年有所下降，牲畜出栏4260头（只、匹），出栏率达37%，畜产品商品率达50%；销售娟珊奶牛76头，销售收入达62.1万元；黄牛改良215头，疫苗接受率达100%，全年内无一例重大疫情发生，培育发展养殖大户95户；全年燕麦草产量达到540万斤，切实解决好畜草供给矛盾。

【特色民族手工业】 年内，聚焦优势、整合资源、大胆探索，积极破除“散”“小”“同质化”壁垒，培育产业链，重点培育以恰珠编织厂、罗林高家民族家具厂、则嘎卓翻林藏靴制造合作社等为代表的一批规模大、品牌响、效益好、潜力深的企业及个体，依托藏博会、雪顿节、珠峰文化节等平台，积极引导企业融入全县电子商务战略布局中，不断拓宽民族手工业销售市场，全年实现销售收入2679.05万元，截至年底，全镇范围内民族手工业注册企业达76家。

【交通运输业】 年内，充分利用镇驻地在县城及日江公路沿线的优势，依托农民建筑业的发展，创新运输业发展思路，积极拓宽运输渠道，促进运输业快速发展。截至年底，全镇共有各种机械、车辆3964辆，实现运输业收入3391.26万元，交通运输业收入占全镇总收入的21.86%。

【农民建筑业】 年内，以加快实现城镇化为契机，积极改善基础设施条件，创新性的开辟一站式服务平台，依法依规为镇辖区内的建筑施工队提供高效便捷的服务，做到服务态度好、办理手续便、解决纠纷快，为辖区内的建筑业快速崛起提供良好的环境。截至年底，全镇辖区内完成注册建筑施工队62家，实现收入2326.12万元。

【旅游业】 年内，借助“高原蔬菜之乡”的美名，积极同以白朗县中农圣誉科技有限公司为代表的县城蔬菜种植企业合作，本着蔬菜兴旅游、旅游促销售的原则，大力开发宣传以健康饮食、绿色保健为主题的蔬菜旅游，以实际行动完善镇辖区内的旅游线路。

【农村集体经济】 年内，成立则嘎村养牛合作社，已建成厂房初步计划投资40万元，购买50头奶牛，进一步增强村集体经济收入；康萨村生猪养殖项目产生效益1.4万元；扎林村农副产品加工厂实现增收1.2万元；彭果编织合作社实现效益0.6万元；罗林村养鸡场产生效益1.2万元；帮康村岗拉粮油加工厂实现收益1.3万元。

2017年2月20日，洛江镇开展第一期“双联户”户长培训会

【劳务输出】 年内，共实现劳务输出5739人(次)，共组织技能培训12次，提升劳动技能500余人次，劳务经济收入达590.52万元，同比增长103.69万元，增长率超过17.56%，拉动农牧民增收1209.60元。

【非公经济】 截至年底，全镇私营企业发展到76家，个体商户62户，全年实现总收入2326.12万元，实现就业人数812人，对全镇经济总收入贡献率超过15%，全镇共培养种植达人、养殖达人、建筑达人、销售达人等各类紧缺人才326人，为非公有制制经济实现快速发展提供强有力的人才智力支撑。

【生态环境】 年内，精准完成对镇境内可用草场、禁牧区、住宅区、河流、山川的详细的经纬度测量，最终确定基本草原面积为17.84万亩；落实森林生态效益补偿资金15.7243万元；草畜平衡资金25.6749万元；有效增加林业公益林建设面积；消除无树户43户；大力及时收集各村新建房屋农户宅基地申请表，精确定位、严格核实，严防破坏基本农田的行为；开展耕地保护专项整治行动6次，涉及基本农田8宗15亩；细化上报失地农民统计信息；落实占地补偿82.76万元。

【基础设施建设】 年内，洛江镇图书馆建设完成，投资10余万元；交付使用觉如村村委会新建办公楼，总投资300余万元；县城排洪渠补充项目已完工；完成6个行政村的安全饮水提升工程；完成

2017年3月13日，洛江镇开展第一季度城乡环境综合整治交叉考评活动

洛江村水塘水保项目建设；对下觉联村6个行政村进行棚户区改造项目，总投资786万元，已基本完成；完成彭果联村建设，全长2900米，项目投资341万元，正式开建投资220万元的洛江村村委会办公楼；同时向上级组织申报帮康村泥石流整治项目，预计投资300余万元，计划2018年实施；申请客土改良项目，涉及则嘎、彭国、帮康、宗下、扎林5个行政村，已完成设计，计划2018年实施；积极申报水保项目，涉及2个行政村，预计投资2000万元。

【重点项目】 年内，坚持以规划发展为引领、以招商引资为重点，完成觉如村土地流转1527亩，其中217.1亩用来建成中农圣域一期工程共17座温室大棚，兑现土地流转资金、产业分红资金共计300余万元；确保占地1310亩的日喀则珠峰现代农业科技创新博览园项目如期落地；已建成则嘎村娟珊牛养殖合作社主体工程，拟定8500元/头的价格采购娟珊奶牛，相应的采购计划正加快推进；正与白朗万亩果蔬产业承建单位协调恰嘎村土地流转工作，已与村民达成初步协议；正在协调洛江村、康萨村土地流转工作，拟定流转土地800余亩，重点发展以培养苗圃、种植花卉、旅游观光为主的净土产业。

【教育工作】 年内，进一步提升村内幼儿园办学条件，则嘎村幼儿园已建成；彭国村、下觉联村幼儿园立项完成，正处于建设当中；立足学生发展，按照“全面+特色”的育人思路和“合格+特长”的人才标准，加快推进课堂教学转型，组织开展科技节、“道德讲堂”等主题活动，积极创建各类特色学校，基本形成“一校一品，一校多特色”的发展格局。

【文化工作】 年内，着力完善文化设施服务平台，以完善基本公共文化服务体系为抓手，加快推进全民健身加快推进全民健身工程规划建设和提档升级工作，全年实现15个行政村新农村建设项目全覆盖；积极筹备建设洛江村创建文明示范村的工作；村村均有文化演出小分队，村村建有图书室，配套文化共享设施各一套，实现文化共享工程全覆盖；全年以“3·28”西藏百万农奴解放纪念日、“望果节”等活动为契机，组织超市化的文化娱乐活动和系列化的体育活动，“文化惠民月月送”“美丽洛江”、文化“三送工程”等活动10余次。

【落实惠民政策】 年内，共有6930人参加合作医疗，实现参合工作全覆盖；完成农牧民健康体检工作，15个行政村均建有卫生室，设备及医疗器械、药品等均已配齐，因地制宜对村医进行合理调整和及时补充，调整配备村医28名，实现农村医疗全覆盖；将符合规定的贫困户人口纳入低保范围，对低保户19户27人做到应保尽保；建档立卡残疾人员10人，落实困难、重度残疾人生活补助资金1.71万元；落实退伍军人慰问金3700元；2017年，组织村民技能培训38余次，有效提高广大村民的就业能力。

【社会保障】 年内，建立集保险、救济、福利和优抚安置于一体的社会保障救助机制；实现保障和救助标准与经济发展同步提高，形成“广覆盖、保基本、多层次、上水平、可持续”的社会保障体系；

2017年3月28日，洛江镇开展庆祝“3·28”西藏百万农奴解放纪念日活动

全面落实各类救助政策；开展“户户有家庭医生、人人享有签约服务”为主题的活动，与洛江镇90户建档立卡贫困户签订家庭医生协议，实现家庭医生全覆盖。

【民族团结创建】 年内，洛江镇党委严格按照市委“6677”总体发展思路，成立专项领导小组，以群众满不满意，高不高兴、答不答应作为根本出发点和落脚点，以“四讲四爱”主题教育实践活动、“深化五项教育、增近五个意识”主题感群众，广泛动员全体民众积极参与到创建民族团结示范镇的活动中，全镇通过建立健全全镇一把手亲自抓，分管领导重点抓，办公室具体抓的领导机制，为创建工作的深入开展提供有力的组织保证。通过扩大宣传，发动一切力量，为搞好创建工作奠定广泛的群众基础；通过建立和完善责任明确、奖罚分明的考核机制，确保创建各项任务的全面落实；通过建立健全督查和领导重点督查机制，有效地促进创建工作的整体推进；通过加大奖惩力度，树立先进，鞭策后进，促进洛江镇创建工作不断向前推进；截至年底，已组织“藏汉回一家亲”“手拉手心连心”“我爱中华”等为主题的活动4次；组织民族团结宣传活动48次。

【安全生产】 年内，洛江镇始终以实现零矛盾、零纠纷为目标，采取“拉网式排查、个案化攻坚、清单式销号、长效化坚持”的办法，探索创新矛盾纠纷多元化化解机制，全年排查矛盾纠纷26次，发现矛盾纠纷2起，成功调处矛盾纠纷2起，调处率达100%；洛江镇始终将安全生产工作作为以人为本、保安全、促效益的重点来抓，完善安全生产管理网络，层层签订《安全生产责任书》，逐步分解具体到人的目标。截至年底，开展安全生产大检查20次，发现安全隐患5件，整改完成5处，全年开展安全生产事故隐患大排查大整治活动53次，查找问题10件，对查出的隐患问题采取措施，认真整改，创新性地建立隐患整改闭合档案。

【法治宣传】 年内，开展“法律六进”活动，坚持法制教育与法治实践相结合，深入开展法治宣传教育，全年共开展法律宣传活动20余次，发放宣传手册800件；按照“住户相邻、邻里守望、共创平安、共建小康”的原则，充分调动辖区内的“双联户”、党员参与到辖区内的环境保护、经济建设、和谐稳定等各项事业中，真正实现管和谐、管稳定、管繁荣。

【脱贫攻坚】 在2016年年底共增加贫困户9户32人；在2017年的“再识别、再精准”工作中，严格按照上级要求，共清退建档立卡贫困户14户67人；经再审核、再识别、再精准最终确定洛江镇共有建档立卡贫困户90户313人。制定措施精准到户。2017年，兑现西藏老农民蔬菜种植有限责任公司等企业的产业分红共18.77万元；实现27户94人易地搬迁，其中县城集中搬迁11户28人，分散搬迁16户66人；全面完成农村危房改造、美化环境；完成农村危房改造18户；共兑现生态岗位资金94.8万元，涉及315人；定向补助9.7万元，涉及无劳力建档立卡贫困户13户14人；兑现贫困大学生补助资金3.8万元，直接受益大学生7人。

2017年，共开展扶贫政策宣

传和“扶贫先扶志、脱贫先立勤”为主题的活动43次；召开建档立卡贫困户家庭自主性收入过“万”表彰大会，共表彰建档立卡贫困户43户，有效转变贫困户“要我脱贫”的思想观念；建立动态管理工作台账，实现随进随出、进出有序的管理状态；明确干部职工所担负的工作职责，努力营造齐抓共管的工作氛围；明确村干部、驻村工作队对扶贫工作的负责人员和具体职责，层层传导压力；细化分解村、户、措施等，指定专人负责，倒排工期、挂图作战，确保脱贫攻坚取得实效；探索建立第三方供养协议，为孤寡老人真正实现“老有所养”提供保障；建立爱心服务队，争取资金购置农机具，增强有耕地但缺劳力的户的发展潜力；发动“双联户长”，根据贫困户致贫原因，为其解决一些力所能及的困难和问题，并将工作情况作为先进“双联户”和先进村集体的奖励依据之一；发动镇村干部，尽力争取更多的物资和资金，帮助困难群众脱贫致富，尽量防止返贫现象发生；全年发放藏汉“双语”扶贫宣传手册、宣传单800余件，制作扶贫政策宣传栏68个，共投入资金78万元。全镇所有建档立卡贫困户全部实现脱贫摘帽，57户258人于2016年脱贫。2017年，共43户105人实现脱贫，15个行政村贫困发生率均在3%以下，顺利完成脱贫摘帽任务。

2017年7月1日，洛江镇开展庆祝建党96周年系列活动

2017年3月30日，洛江镇召开“四讲四爱”主题教育实践活动动员部署会议

【“河长制”工作】 年内，严格按照上级要求，落实“河长制”工作制度，精准精细的对洛江镇辖区内的所有河道进行分段，成立镇党委书记为组长的“河长制”领导小组，并在全县内创新性的率先制作并设立河道分段示意牌，给村级河长配备望远镜、环保服等必要物品。

【环境综合整治】 年内，利用镇村干部大会逢会必讲，各村通过广播、标语、横幅、板报进行环境卫生的宣传发动，全镇共制作宣传横幅100余条，广播宣传50余次，新建宣传环境卫生广告牌12个，刷写墙体标语300多条，印刷宣传单1000余份；开展环境卫生综合大整治活动20余次，发现问题12个，整改问题12件；集中开展沙砖厂专项整治活动，严格按照上级要求与镇内10家沙砖厂签订《环境卫生目标责任书》，整理分析存在的如破坏道路环境卫生、运砂车辆严重超载等6种问题，拟定细化出5项具体工作措施。

截至年底，6种问题已得到控制，5项措施已基本落实；对于中央环保督导组交办问题1件，洛江镇始终坚持问题导向，强化责任担当，立行立改，整改问题1件，达到100%整改；全年共清理“三堆”20多个，清运垃圾45车，组织镇机关干部对日江公路两侧集中捡拾21次，组织生态岗位人员对年河湿地进行垃圾清理20余次，从根本上改变全镇的环境面貌。同时，整治工作纳入年终考评项，每季度组织一次全镇范围内的综合整治考评。截至年底，共表彰环境卫生先进示范村2个，先进个人15个。

（米玛次仁）

【领导名录】

党委书记

普　　琼（藏族）

党委副书记、镇长

廖　　峰

党委副书记、人大主席

德吉卓嘎（女，藏族）

党委副书记、组宣委员

米玛次仁（藏族）

纪委书记

普　　布（藏族）

统战委员、副镇长

普　　布（女，藏族）

政法委员、派出所所长

平措卓玛（女，藏族）

副镇长、人武部部长

如　　给（女，回族）

副镇长、主任科员

黎 芙 蓉（女）

农牧综合服务中心副主任科员

次　　平（藏族）

卫生院院长

边巴次仁（藏族）

嘎东镇

【概况】嘎东镇位于年楚河中游段白朗县境内，为白朗县年楚河流域四大镇中最大的乡镇，嘎东镇相邻日喀则市甲措雄乡，距日喀则市40公里，离县城16公里，平均海拔3880米，全年平均降雨量在300毫米左右，属于高原温带半干旱型气候，以农业为主的半农半牧乡，属典型的高原性气候，嘎东镇无霜日期在128天左右，生态植被随着群众环境意识的不断提高，得到进一步的改观，嘎东镇属于平原型土壤，土地肥沃，是后藏粮仓中不可多得一粒璀璨明珠，农田灌溉充足，国家投资修建的团结水渠，总长24公里，贯穿嘎东镇16千米，覆盖10个村的17000多亩农田及林草地，其次于20世纪70年代修建的宗萨干渠同样发挥着积极效益，经过近几年农业综合开发，使嘎东镇整体基础设施配备相对齐全，农业产业结构趋于合理。

嘎东镇下辖14个行政村和5个自然村，共分3个联村。全镇共14个村民委员会，村“两委”班子人数79人，全镇总面积413平方千米，其中耕地面积20926亩，总草场面积206345万亩。农村经济总收入达到17320.71万元，其中：第一产业收入达到11287.13万元；第二产业收入达到3312.42万元；第三产业收入达到2721.16万元。农牧民人均收入达到14083.88元，同比增长12%。现金收入9577.04元，同比增长16%。

嘎东镇共有1309户，8431人，共有141个联户单位，141名户

2017年12月7日，中央护路办考评组一行在嘎东镇检查指导工作

长，嘎东镇党委所辖党组织23个：总支1个（马义党总支），支部22个，包括15个村党支部（马义村现分2个支部）、2个非公有制企业党支部、1个学校党支部、1个退休干部党支部、2个寺管会党支部，1个机关党总支。共有党员507名，其中正式党员484名、预备党员23名，女党员105名，少数民族党员478名，农牧民党员419名。镇党委现有委员8名，男性7名，女性1名，其中本科文化程度5人，大专文化程度3人。2017年村组织换届后，村“两委”班子成员共有79名，男性65名，女性14名。

嘎东镇内设5个行政机构，即党群综合办公室、政务综合办公室、经济发展和社会事务办公室、维护稳定和综合治理办公室、财政所；3个事业机构，即农牧综合服务中心、文化服务中心及机关后勤服务中心。嘎东镇核定行政编制21名，事业编制17名，其中农牧综合服务中心12名，文化服务中心4名，机关后勤服务中心1名。嘎东镇实有人员45名。现有科级干部11名，其中正科级领导干部3名、正科级非领导干部1名，副科级领导干部5名、副科级非领导干部2名；一般干部14名；专业技术干部20名，其中员级20名。

【党建工作】 年内，嘎东镇以党建“规范化建设年”和市委“六化”党建工作要求为抓手，以推进“两学一做”学习教育常态化制度化为契机，认真贯彻、积极落实“1323”工作思路，大力实施“党建珠峰”战略，在县委的正确领导和县委组织部的具体指导下，党的建设各项工作取得一定的成绩。坚持抓组织领导，党建责任意识进一步增强；坚持抓制度建设，干部职工素质进一步提高；坚持抓队伍建设，党员发挥作用进一步明显；坚持抓规范建设，党建工作标准化进一步提升；坚持抓活动开展，党建工作水平进一步提高。

2017年12月20日，西藏自治区护路办副主任边巴次仁（左四）在嘎东镇检查指导工作

【党风廉政建设】 年内，嘎东镇通过各种会议向全镇党员干部开展党风廉政宣传、教育共20余次；按照年度宣传反腐警示教育计划，组织观看警示教育片8次；为深入贯彻落实上级纪委有关部署要求，推动中央“八项规定”精神和区党委“约法十章”“九项要求”落地生根，坚决防止“四风”问题反弹回潮，确保全镇在各大节日期间有一个风清气正的节日氛围。2017年，嘎东镇共开展节前教育5余次，通过宣传教育、观看警示片及传达学习有关典型案件和违规违纪案件的通报文件，使全镇各级党员干部对开展党风廉政建设工作的重要性、紧迫性有更深层的认识，营造全镇上下清正、廉洁的工作氛围。

【“四讲四爱”主题教育实践活动】 年内，在县委的统一领导下，在县活动办具体指导下，为进一步加强和改进新形势下群众思想教育工作，打牢嘎东镇各族群众团结奋斗的共同思想基础，2017年，在全镇范围内开展“讲党恩爱核心、讲团结爱祖国、讲贡献爱家园、讲文明爱生活”喜迎中共十九大主题教育实践活动。

【精准扶贫】 按照到2017年底现行标准下的全镇农村贫困人口全部脱贫摘帽、贫困村全部出列的目标，实现“一年脱贫攻坚，四年巩固提升”。即全镇现行标准下建档立卡的贫困户217户、贫困人口910人全部脱贫，稳定实现不愁吃、不愁穿，义务教育、基本医疗和住房安全有保障。2018年到2020年，巩固提升脱贫攻坚成果，对已经脱贫的农牧民，在一定时期内继续享受相关扶贫政策，避免出现边脱贫、边返贫现象；对已经脱贫的贫困村，原有的扶贫政策保持不变，确保脱贫农户生活水平稳步提高，已脱贫的贫困村基本公共服务水平稳步提升。全镇共有14个行政村1309户、8437人，其中建档立卡贫困户217户、910人，通过精准扶贫“九个一批”脱贫措施的实施。截至年底，全镇共脱贫201户、855人。

2017年12月9日，西藏自治区第三方验收组一行在嘎东镇检查脱贫情况，县委书记陈昊，县委副书记、县长赤列朗杰陪同

【贯彻中共十九大精神】 年内，深入贯彻党中央和自治区党委关于学习宣传、贯彻落实中共十九大精神的重要决策部署，坚持读原著、学原文、悟原理，坚持联系实际学、带着问题学、领导带头学，采取多种方式，运用多种载体，坚持在学全、学懂、弄通、做实上下功夫，做到学深悟透笃行，推动全镇迅速兴起学习宣传贯彻热潮，激励动员、教育引导全镇各族干部群众进一步增进“四个意识”、坚定“四个自信”，更加紧密地团结在以习近平总书记为核心的党中央周围，在政治立场、政治方向、政治原则、政治道路上同以习近平为核心的党中央保持高度一致，自觉维护以习近平为核心的党中央权威和集中统一领导，把各族干部群众的思想统一到中共十九大精神上来，把力量凝聚到实现中共十九大确定的各项任务上来，不忘初心、牢记使命，奋力谱写好中华民族伟大复兴的嘎东篇章。

【机关干部作风建设】 年内，加强机关干部作风建设，由嘎东镇纪委牵头严格执行考勤制度，要求干部职工严格遵守上下班制度，并将全年考核情况作为干部职工年终考评的重要依据。

【经济发展】 年内，农村经济总收入达到17320.71万元，其中：第一产业收入达到11289.13万元；第二产业收入达到3312.42万元；第三产业收入达到2721.16万元。

【农牧业】 年内，特成立领导机构，有镇党委政府主要领导牵头，以农牧综合服务中心专业技术人员为成员的领导机构，深入田间地头指导工作，积极参加青稞增产行动的有关活动。2017年，嘎东镇青稞生产，虽然遭遇洪涝灾害等不利因素的影响，但仍取得较好收成，这得益于青稞增产行动的实施，得益于众多农业科技特派人员深入田间地头的指导，得益于广大农民群众的辛勤奋斗。土地确权后，全镇农作物种植面积35856.9亩，其中青稞种植面积24675.5亩，2017年实现亩产增产25公斤后，总产量为993.19万公斤，产量增加2%。加强农技队伍建设。在实施过程中，以农业科技特派员为领头羊，并带领农民群众深入田间地头把技术送到千家万户，为青稞增产打下良好基础；签订目标责任书，使其农户充分相信增产是一定的，通过各级的努力和共同勤劳，平均亩产405公斤，较2016年相比，实现亩增产25公斤的目标。

【农业、产业发展】 年内，嘎东镇紧紧围绕农业增效、农民增收两大目标，按照推进社会主义新农村建设的新要求，大力推进农业产业化

2017年11月17日，日喀则市文化局副局长牛永旺（右二）在嘎东镇藏靴厂参观指导工作

进程，积极培育和壮大农业龙头企业，加强农产品市场体系建设，催生农业产业化经营组织，将农业的生产、加工、贮藏、销售等各个环节有机结合起来，拉长产业链条，增加农民收入，走出一条符合金塔实际的产业化经营之路。嘎东镇已涌现出一批具有辐射带动作用的龙头企业，其中：农产品加工厂3家，年产值1185万元，纯收入达355万元；民族手工业1家，年产值1500万元，纯收入达300万元；带动全镇366人从事农业产业化经营，给每户带来增收。

【环境综合整治】 年内，环境整治工作作为嘎东镇的重点工作，党委、政府就专门组织召开专题会议，并多次召开专题部署会议，成立以镇党委书记为组长的工作领导小组，制定《嘎东镇环境整治督查工作方案》，并与各单位、各村签订目标责任书，划分片区，责任落实到位。将环境卫生整治作为长效机制来抓，由各单位、各村委和驻村工作队负责定期组织群众对村居及周边环境进行打扫。乡督导组不定期对各单位、各村开展督查，整改不到位的下发整改任务通知单，限期整改。定期组织干部职工和群众学习环境保护法律法规知识，开展环保知识宣传，增强群众爱护环境、爱护家园的意识。

【卫生工作】 年内，严格建立卫生工作台账，实施村医包村和考评制度，确保村医的管理和用药指导工作，加强医疗卫生队伍建设，提高诊疗水平，不定时的组织村医务人员在乡卫生院进行培训。让广大人民群众就近就医、安心就医。巩固完善基本药物制度，排查过期药物，保证农牧民放心用药。充分利用民族医药特色优势，提升藏医药服务能力。加强妇幼卫生和优生优育工作，保证孕妇在分娩周期得到有效保障。大力开展健康教育宣传工作，提高群众健康意识。

【民政工作】 年内，嘎东镇民政工作从构建社会主义和谐社会，认真贯彻中共十九大精神以及民政工作会议精神，加快推进以改善民生为重点的社会建设，围绕以民为本，为民解困的民政工作宗旨，从解决困难群众最关心、最迫切的问题入手，认真落实社会救助法规政策，为建立以最低生活保障为基础，以医疗等专项救助为补充的社会救助体系做出积极努力。

嘎东镇辖14个行政村，有5个自然村，总户数为1309户，总人口8431人。其中，全镇社会救助低保户对象共33户，91人；“五保”户对象共5户，5人。截至年底，全镇发放的低保保障金发放标准为A、B、C类，即为A类每人一年能领到2931元，B类每人一年能领到2327元，C类每人一年能领到1613元。截至3月，嘎东镇已审批医疗救助20户、58人，解决社会救助对象的看病难、看病贵的问题。并且“三大节日”期间，对14户进行慰问，发放慰问现金4800元；大米14袋、面粉14袋、砖茶14条、清油5公斤、奶粉5袋，猪肉罐头5个、酥油1袋；冬春救济青稞1200公斤、大米10袋、面粉10袋、被子2套，外套2件。

（多吉玉加）

【领导名录】

党委书记

洛　桑（藏族）

党委副书记、镇长

张伟华

2017年1月7日，嘎东镇党委书记洛桑主持召开全体干部职工大会

党委副书记、人大主席

石　　达（藏族）

党委副书记、组宣委员

赵 云 龙

纪委书记

达娃普赤（女，藏族）

副镇长

唐曲顿珠（藏族）

统战委员、副镇长

陆 春 雨（4月任）

派出所所长

边巴西洛（藏族）

中心小学校长

达　　顿（藏族）

卫生院院长

次　　顿（藏族）

巴扎乡

【概况】 巴扎乡距白朗县城15公里、日喀则市区34公里，日江公路南北穿越，平均海拔3890米。全乡共有13个行政村（觉杰村、拉东村、玉堆村、堆村、查吾冲村、那嘎村、乃琼村、巴扎村、冲堆村、金嘎村、彭仓村、恰仓村、扎西村），831户5942人，其中劳力3463人。2017年，村组织换届选举村"两委"班子、村监督委员会、村妇代会主任、团支部书记等共105人，其中村"两委"班子成员67人。乡域面积137平方公里，其中耕地面积17325亩，可利用草场面积10765亩，实施草畜平衡奖励面积10765亩，牲畜总数17443头（只、匹），草畜平衡面积占可利用草场面积100%，人均年收入约13933.56元。全乡共有83个联户单位、83名户长，建档立卡贫困户共61户238人，其中低保贫困户4户8人，一般贫困57户230人。

2017年，乡机关共有行政编制20名，核定领导职数7名；事业编制19名（农牧综合服务中心10名，文化站5名，后勤服务中心4名）；格培林寺管会编制8名，乡派出所5名，卫生院6名，学校43名；全乡实有干部职工56人，其中藏族干部39人、汉族干部16人、彝族干部1人，党员36人；乡卫生院现共有干部职工8人，党员5人；乡小学共有教职工32人，党员22人，其中藏族教师31人、汉族教师1人；乡派出所共有干警4人，辅警1人，党员4人；格培林寺管会共有干部5人，党员4人。

【党团建设】 年内，巴扎乡共有16个党（团）支部，在83个联户单位中设立党小组57个，共有党员382名，其中农牧民党员321名、妇女党员84名、预备党员18名，另有共青团员221名。全年重点实施"百姓学校树新风，村民课堂育新人""抓党建促维稳，抓维稳促党建"和"党员的辛苦换取群众的幸福—周五奉献日活动"等三项党建举措，全面夯实党建工作基础，丰富党建工作内涵。年内，共开展各类党组织活动128次，参与党员2300人次，为群众办好事解难事120件。乡团委于5月4日举办"四讲四爱"主题教育实践活动暨中国共青团95周年文艺活动，进一步丰富全乡党团员的精神文化生活。

【人大工作】 年内，召开乡十四届人民代表大会第二次会议，选举产生一名副乡长，征求人大代表意见建议25条，督促政府落实21条。

【换届选举】 年内，严格执行换届纪律，制作宣传栏、标语横幅60余个（条），组织村干部做出换届纪律承诺50余份，13个村级组织换届

2017年11月21日，日喀则市委副书记、市长刘虎山（前右二）在巴扎乡调研

全部顺利完成，选出新任村“两委”班子和村监督委员会、妇代会主任、团支部书记等共105人。

【扶贫工作】 年内，召集扶贫专干、驻村干部、村“两委”班子成员、村监督委员会委员等共132人开展扶贫业务培训，严格按照“四议两公开”工作法开展入户调查，推进精准再识别工作规范有序进行。经动态调整，全乡建档立卡贫困户共61户238人，全年脱贫14户46人。按照“4321”结对帮扶要求，各级干部共为建档立卡户送去帮扶资金和物资共计104000元，为3户特困户分别兑现温暖基金3000元。

【“两学一做”学习教育】 年内，针对“三会一课”制度执行不到位、发展党员程序不规范、党员党性观念淡薄、不按时交纳党费、带富致富能力不强等问题，把集中整改与加强日常教育管理结合起来，做到制度引领，责任兜底，切实做到抓细抓常抓长。创新党内组织生活形式，根据党员不同的需求，开展主题党日活动、体验式教育、警示教育等活动。

【“四讲四爱”主题教育实践活动】 年内，开展集中宣讲428场次，开展各类文体活动20余场，受教育农牧民群众、青少年学生、寺庙僧尼5000余人，形成践行“四讲四爱”喜迎中共十九大的浓厚氛围。同时，悬挂红旗832面、发放领袖像843幅、立文化墙49面，发放宣讲资料300余本，制作宣传栏18个、悬挂横幅50余条，24小时滚动放映LED。严格落实“四讲四爱”主题教育实践活动19个规定动作，大力实施“五个起来”活动，发放海报1500余张、各村委会广播播放率达90%以上。

【发展壮大村集体经济】 年内，运行村级集体经济项目14个，申报中6个，实现脱贫人数198人，解决就业人数70人，受益面积4652人。积极发展壮大村级集体经济，恰仓腾飞萨福克肉羊合作社养殖基地肉羊存栏量达230只，2017年自治区农科院畜科所为养殖基地提供饲草50吨，年底基地共销售140余只萨福克羊，折合人民币256000元，受益农户47户、388人（其中贫困户6户、17人）。2017年，在上级农业部门和济南援藏的大力支持帮助下，拉东村优质娟姗牛养殖基地建设项目落户巴扎乡，项目总投资570万元（其中上级农业部门投资400万元、济南援藏投资170万元），占地面积25000平方米的，新建牛圈68个、草库68个和活动场地等基础设施，共有68户村民以基础母牛入股合作社，共计优质母牛150头。

【党风廉政建设】 年内，与乡属各单位、各村党支部层层签订《党风廉政建设责任书》17份，全年开展廉政教育23次，督查乡机关作风建设12次，督查驻村各项工作开展情况160余次。深入开展“五个一”活动，完成自治区党委巡察问题整改14项，完善各类制度36项，全面加强干部职工作风建设，狠刹干部作风“庸懒散”现象，乡机关风清气正，面貌焕然一新。

【办实事解难题】 年内，积极联系爱心企业为那嘎、巴扎两村修复和新建农用桥共2座；协调县发改委和国家电网日喀则分公司完成玉堆、堆村等7个行政村的电网改造升级，并为扎西村解决5

根10米长的电杆，彻底解决冬季群众用电难的问题；乡政府为派出所解决资金1万元用于院内硬化，方便群众办理业务；为格培林寺管委会解决解决资金1.4万元用于排水工程施工；投入资金1.2万元表彰奖励乡小学优秀师生；积极配合县易地搬迁办、拉萨城投公司做好查吾冲村生态搬迁点前期征地协调工作；为恰仓村萨福克养殖基地争取资金150万元用于新建围墙，硬化路面，为彭仓村争取温室大棚棉被援藏补贴资金31.09万元，为恰仓、彭仓、冲堆等五个水灾受灾村争取援藏资金12.5万元，为玉堆村受灾户争取到援藏民政救助金4万元，为全乡争取防汛资金3.4万元。

【经济发展】 年内，全乡农村经济总收入达到11843.94万元，比2016年增长16.67%，其中，第一产业收入4861.2万元，第二产业收入1359.7万元，第三产业收入5623.04万元。农牧民人均纯收入达到13933.56元，比2016年增长17.03%，其中现金收入达到11433.9元，占人均纯收入比例达到69%。

【农业工作】 年内，严格按照粮食作物、经济作物、饲草料比例67∶21∶12的要求，成立巴扎乡农业工作领导小组和青稞增产行动技术服务小组，全力助推青稞增产；按照每亩增产25公斤的目标，落实地块，做到种子精选、包衣100%，扎实开展深耕深松面积达5000亩，并对巴扎村1000亩土地进行刻土改良；建立一级种子田1530亩（“藏青2000”1500亩、山冬7号30亩）、二级种子田4100亩（“藏青2000”4000亩、“京华165”100亩）；为拉东村，觉杰村新建2000米左右的水渠，全面维修久美嘎萨水渠，解决堆、玉堆、那嘎等村灌溉难的问题，为实现粮食增产行动计划打下坚实的基础；派员参加由市农牧局、科技局组织的“青稞增产行动技术骨干培训班”，组织全乡科技特派员开展春耕备播技能培训，做到系统培训全覆盖；发放化肥574.5吨，有机肥184吨、争取到价值10万余元的农药，发放5500亩种子田的良种8.25万公斤，同时自治区农科院为乡粮食增产行动计划提供化肥45吨，确保增产所需的生产资料；对外销售“藏青2000”，良种1768271斤，增加群众现金收入4988067.5元，乡农业生产做到种植安排统一化、种子生产标准化、生产技术简易化、农民培训常规化、互评互谏制度化。

2017年，全乡实播面积17325亩，其中青稞种子田5500亩、大田5793亩、春小麦2517亩、冬小麦138亩、经济作物651亩、饲草2451亩、油菜275亩，青稞增产每亩达27公斤，顺利完成既定指标。

【畜牧业】 年内，实行草原生态保护补助奖励工作机制。截至年底，牲畜总数达到21940头（只、匹），全乡草原面积达107605亩，可利用草场面积107605亩，实施草畜平衡奖励面积达107605亩，草畜平衡面积占可利用草场面积100%，及时兑现2016年、2017年草奖资金共322814元。可利用草场面积107605亩，实施草畜平衡奖励面积达107605亩，草畜平衡面积占可利用草场面积100%，并兑现2017年草原生态保护补助奖励资金共计161407.5元，受益农牧户达766户。

2017年11月16日，西藏自治区妇联副巡视员、妇儿工委办主任邓小红（左三）一行在巴扎乡乃琼村调研

【农业保险】 年内，巴扎乡牛出险数145头（其中2头牛未受理），赔款金为600600元，羊出险数310只，赔款金为124000元。农房出险数4户，赔款金为28000元；种植业出险数662.78亩，其中：青稞亩数为534.38亩，赔款金为131712.56元；小麦亩数为128.4亩，赔款金为28612.5元。种植业共计赔款金为160325.06元。

【水利工作】 年内，为拉东村、觉杰村、玉堆村、堆村和那嘎村新建水渠共计2600米，打通农田水利设施"最后一公里"；全面开展水利普查，查清全乡河水和水利工程的基本情况，系统掌握全乡河水开发治理保护状况，摸清经济社会用水状况，为全乡经济社会发展提供可靠的基础水信息支撑和保障；发放防汛应急设备防洪编织袋2400余袋、铅丝笼220余个；落实援藏农业生产设施防抗灾资金125000元，防汛资金328350元。

【环境综合整治】 年内，为切实做好迎接中央环保督查工作，乡党委、政府组织开展G349和年楚河辖区环境整治工作140余次。制定"河长制"工作方案，成立领导小组，对各村辖区河道实行分段包干制，划定河道垃圾清理区域，设立"河长制"标识牌，落实乡、村两级河长职责。同时结合"周五奉献日"和主题党日活动，将每周五定为全民环境美化日，组织辖区内的乡机关、学校、卫生院、派出所干部职工以及13个村党员群众，主动清扫各自辖区、日江公路沿线、年楚河道内的卫生186次。

【劳务输出】 年内，劳务输出3369人次，实现劳务收入1343.7万元，各项指标均超额完成。

【教育工作】 年内，2名学生顺利考入内地西藏初中班，小考综合成绩位列全县前列；开展扫盲班学习，组织全乡29名20—30岁之间的农牧民群众进行藏语文、汉语文、数学等课程学习，取得良好效果。顺利完成扎西、彭仓两村幼儿园新建项目。

2017年10月4日，日喀则市副市长李玉建（中）在巴扎乡检查指导工作

【卫生事业】 年内，乡卫生院门诊8269人次，核销金额200551.77元，县级以上医院门诊报销401099.45元，县级以上住院人数256人，实报金额1779199.11元，兑现住院分娩奖励98700元。健康体检总人数5105人，其中全项体检2036人，在重大疾病筛查工作方面，共检查出包虫病疑似和阳性病人9列，结核病人8列，先心病筛查752人，风湿性关节3人，已完成245人建档立卡贫困人员家庭医生签约服务。

【妇联工作】 年内，共统计妇女"两癌"患者5名，其中乳腺癌4名，子宫癌1名；乡妇联牵头，引导各村驻村工作队利用"三八"国际妇女节给各村妇女讲解"两降一升"相关妇幼保健知识。

【人社工作】 年内，城乡居民养老保险参保人数3088人，缴费人数3088人，征缴基金310600元，参保率为100%；完成全民参保入户登记5668人，入库率100%；建立城乡居民养老保险相关制度42条、台账26本；建立全民参保相关制度10条、台账20本。

【民政工作】 年内，开展低保户核查工作，将调整后的4户8人低保

2017年8月11日，县委书记陈昊在巴扎乡组织抢险救灾

户全部纳入建档立卡贫困户中。为调整前的全乡58户214人低保户兑现2017年上半年低保金198897元，为调整后的4户8人低保户兑现2017年下半年低保金8484元；为格培林寺尼姑兑现2017年上半年低保资金34237元；兑现7名60岁以上农村籍退伍军人老年生活补助18900元；兑现2016年度38名困难残疾人生活补贴25080元和28名重度困难残疾人补助55440元，为2名老人兑现2016年度享受低保高龄老年人补助1200元；为40名老人兑现2016年度80岁以上寿星老人补助12600元。

【文化事业】 年内，成功举办以“党恩永不忘齐心创辉煌”为主题的文艺会演，通过开展演讲、歌舞、拔河等一系列文体活动，采取群众喜闻乐见的方式，激发广大群众参与文化活动的热情，弘扬民族精神，营造良好的氛围，巴扎村藏戏不断发扬光大，传统文化得到传承。

【国土工作】 年内，及时上报各村新建宅基地审批相关手续，积极配合国土开展非法搭建、占用耕地建房、地质灾害等排查工作。

（王自花）

【领导名录】

党委书记

旦增曲央（藏族）

党委副书记、乡长

滕　斌

党委副书记、人大主席

拖　玉（藏族）

党委副书记、组宣委员

索朗坚参（藏族）

人武部部长、政法委员、副乡长

顿珠朗加（藏族，4月免）

统战委员、副乡长

李　帅（女，4月免）

乡纪委书记

洪德波（5月任）

人武部部长、政法委员、副乡长

肖万山（11月任）

统战委员、副乡长

德　吉（女，藏族，4月任）

派出所所长

次仁卓玛（女，藏族，4月任）

农牧综合服务中心负责人

扎西旺拉（藏族）

卫生院院长

次旦扎西（藏族）

玛乡

【概况】 白朗县玛乡位于县城西南部，距日喀则市76公里，距县城26公里，东南为夷平面，西北为高原丘陵地带，总体群山环绕，有季节河年楚支流由东南向西北贯穿全乡，流经杜琼，汇入县年楚河。东临杜琼乡、西临者下乡。乡内地方公路西南通往旺丹乡，西通者下乡并贯穿全乡多个村落，各村皆通公路，构成网络，交通方便。

玛乡总占地面积19166公顷，耕地面积1.35万亩，草场面积23.17万亩，属半农半牧乡。平均海拔4119米，气候寒冷阴湿，7、8、9月多为雨季，冬春多大风。辖普西、测麦、果堆、索康、门康、厅卓、桑顿、吉定、旺学、土故、普能等11个行政村、27个自然村，截至年底总户数798户，总人口5075人。

2017年，全乡农村经济总收入为7804.9万元，同比2016年增长10.98%，其中第一产业收入4537.9万元，同比2016年降低13.3%；第二产业收入1109万元，同比2016年增长36.54%；第三产业收入2158万元，同比增长119.4%；劳务输出人数达1770人，务工达到2700余人次，劳务总收入达到755万元，占全乡经济收入总量的9.67%；人均纯收入达到10663.75元，同比2016年增长863.75元，增长率为9%，其中现金收入6931.44元，占人均纯收入的65%，同比2016年增长879.44元，增长率为15%，基本完成经济指标。

全乡共有基层党委1个，党支部15个，党员272名，其中农牧民党员221名，新发展党员16名、新吸收入党积极分子16名；乡人大代表41人、县级代表9人，政协委员4人，党代表11人；团总支1个，团支部12个，团员120名，其中农牧民团员有120名。全乡在编干部职工54人，其中乡机关干部职工42人，包括公益性岗位1人，临时工1人，乡卫生院6人（公益性岗位6人），乡派出所民警4人，辅警2人。1所中心小学，3所村级幼儿园，2所村级学前班，1所中心小学附属幼儿园，23个教学班，28名专职教师，17名临时工；在校学生（含幼儿园）570人，其中住校生379人。卫生院1所，村卫生室10所，医务人员26人，其中卫生院6人，村卫生室20人。

【党建工作】 年内，成立乡党建工作领导小组。明确分工，根据班子成员个人能力特点，进一步明确党建工作分工，形成党委书记总体抓，分管副书记直接抓，班子其他成员配合抓的党建工作格局；将党建目标任务进一步细化、量化。根据乡党建工作特点制定《党建目标责任书》，并专门召开会议，与辖区各支部签订责任书；坚持每月召开一次专题会议。听取各班子成员的党建工作进展情况，及时研究解决各类突出问题，真正把党建工作转化为推动科学发展的内在动力。

2017年10月8日，日喀则市副市长李玉建（左一）在玛乡检查指导工作

【“两学一做”学习教育常态化制度化】 年内，组织全乡党员深入开展“两学一做”学习教育常态化制度化工作，深化“讲学习、讲忠诚、正风纪、转作风、提效能”主题活动，并在广大党员干部队伍中开展“四讲四爱”主题教育实践活动。乡党委专门成立以党委书记为组长的领导小组及督导小组，发动全乡15个支部，采取多种形式开展活动，党员参与率达到95%以上。同时，督导小组坚持每季度到各支部督导检查一次，有力提高学习教育成效，使全乡的党员干部队伍的理论素养得到极大的提高。“两学一做”学习教育常态化制度化的正在玛乡进一步得到落实。

【党风廉政建设】 年内，玛乡党委、政府强化组织领导，成立领导小组，明确领导小组成员职责。坚持带头抓廉政。始终把党风廉政建设摆上重要议事日程，认真履行党风廉政建设“一岗双责”职责。年内，全乡共组织开展各种廉政教育15次，培训教育党员干部835人次。

【村组织换届】 年内，成立乡换届工作领导小组和办公机构，开展好换届纪律宣传教育活动，让换届纪律深入人心；多次带队，深入各行政村进行调研，切实摸清全乡村组织换届工作的底数，并对换届选举存在隐患较大的厅卓和旺学2个行政村进行多次教育整顿，为圆满完成全乡的村组织换届工作打下坚实基础。在换届选举过程中，由乡换届工作领

2017年7月21日，县委书记陈昊在玛乡果堆村慰问果堆村支部书记米玛

导小组，协同县督导小组，按照县换届工作的统一安排部署，有序推进村级组织换届工作。11月10—15日，在乡所属的11个行政村，严格按照选举工作有关规定，认真履行法定程序，做到步骤不减少，标准不降低，顺利选举出新一届玛乡村“两委”班子成员58人（含下派干部2名），村务监督委员会成员23人，顺利组建玛乡新一届村“两委”班子和村务监督委员会，并在选举过程中，做好各项安保工作，确保村组织选举工作的圆满完成。随后，各村的团委和妇代会的选举工作顺利完成。

【精准扶贫】 年内，通过贫困人口动态调整，全乡贫困人口自然增加41人、减少27人、清退80户342人、脱贫回退5户22人、新识别3户6人。截至年底，全乡建档立卡户272户1170人，其中脱贫户236户1086人、未脱贫36户84人；在2017年建档立卡贫困户中，产业扶持272户272人，转移就业13人，生态岗位1144人，发展教育18人，社保兜底15户、20人，信贷扶持272人272（已贷款39户），医疗救助57人（2017年享受医疗救助15人），异地搬迁13户53人。

【教育教学】 年内，继续深化教育体制改革，全乡现有教职工28名，其中小学专任教师23名、学历合格率100%，临时工17名，教师平均年龄34岁，教学水平明显提高；全面推行义务教育，入学率、巩固率不断提高。2017年，全乡在校生共计570人，其中学前幼儿教育适龄儿童177名，小学适龄儿童393名，小学入学率为100%，全乡享受“三包生”567名学生。同时，高度重视校园安全及周边环境的整治工作，充分利用周例会、国旗下讲话、广播站、宣传栏、专题视频等各种宣传阵地，聘请校外法治宣传员举行法制讲座，进一步增强安全工作的法治观念，切实做到学校发展与学校安全同安排、同部署，通过签订《安全工作责任书》，切实做到领导落实、岗位落实、措施落实。认真抓好师生安全教育，积极采取各种预防措施，强化教育教学设施、食品卫生、师生外出活动、危险品等的安全工作，全力确保学校平安。年内，实现校园安全零事故，为教育教学稳步提高奠定坚定基础。

【农业工作】 年内，按照县农牧局年初下达的目标任务，结合各村实际，理顺工作思路，突显产业发展，并与各村签订协议书，确保农业产业结构调整落到实处，农作物种植持续增收。2017年，在春耕时，就调整全乡粮食作物、经济作物、饲草料比例为73∶21∶6。农作物播种面积达到13459.8亩，其中粮食作物9800亩，经济作物2830亩，饲草料829.8亩。全年的粮油总产达到1016万斤，其中，粮食总产958万斤，油菜总产58万斤，蔬菜总产431万斤，饲草产量为1162万斤，基本完成年度指标任务。

【畜牧业】 年内，根据安排部署，狠抓春秋两季动物疫病预防工作，在各包村干部的协调督促下，乡村两级兽医深入11个行政村，开展动物疫苗注射工作，切实做到“五不漏”，防疫注射率达到100%，为全乡牧业工作的稳步推进打下坚实的基础；截至年底，全乡牲畜总存栏数为27074头(只、匹),同比2016年减少566头(只、匹),适龄母畜15077(只、匹),幼畜成活率达到92.67%;出栏率为35%,畜产品商品率达到25.7%。兑现2016年和2017年的草原补助奖励资金每年347535元,合计696070元。

【强农惠农】 年内,严格按照“户申请、村评议、乡审核、县审批”的程序,进行低保户核查清理调整工作。经调整后,清退33户87人。年内,玛乡现有87户124人享受低保政策(其中59户59人为寺庙僧尼)。并已足额兑现2017年低保资金318356元;完成种植技术培训1100人次,畜牧业培训495人次,就业引导性培训370人次。

【卫生事业】 年内,加大新型农村合作医疗宣传、管理力度,推动新型农村合作医疗健康运转。2017年,全乡应参加新农合的农牧民群众为4931人,实际参加4931人,农牧民群众集资金额为每人20元每年,参保率达100%。全乡的各卫生场所实行报销门诊费用的制度,全年为玛乡的农牧民群众报销的门诊费用达到46万余元;加大巡回医疗及健康教育工作力度。2017年,全乡共进行巡回医疗活动24次,为全乡的农牧民群众进行免费体检,受惠人数达到4800余人;在各行政村开展健康教育18次,受教育人员达到4500余人次,有效提升全乡农牧民群众健康意识。

【社会保障】 年内,加大农村养老保险政策的宣传力度及时足额兑现养老资金,有效提高全乡的社保水平,全乡2017年的养老保险参保人数达到2481人,占全乡应参保人数的99%,缴费金额达到249100元。截至年底,全乡60岁(含)以上领取养老金人数为530人。组织开展全民参保登记工作,入户率达到100%,登记人数为4839人,录入数据库人数为4806人,入库率为98%。兑现2017年1月至9月的城乡居民养老金,共计701700元。

2017年10月9日，日喀则市妇联副主席刘卫华（左二）在玛乡检查指导工作

【生态建设】 年内,充分发挥护林员作用,通过召开会议、发放宣传资料等方式,大力宣传森林生态保护方面的相关政策、知识,扎实开展生态环境、荒地植保护工作,严禁滥采乱挖、破坏生态环境。同时,结合扶贫工作,加强生态岗位建设,生态岗位的人员达到1144人,并兑现生态岗位人员的工资补贴,每人3000元,共计发放资金343.2万元;大力推进国土绿化工作,在农牧民群众中开展植树活动,并在县林业局的帮助下,在玛乡的“无树户”中开展植树1200余株,彻底改变玛乡存在的“无树户”问题。2017年,全乡农牧民种植树苗24770棵,存活率达到95%,进一步增加玛乡的植被面积;2017年,全乡加大环境卫生整治力度,组织党员志愿者服务队及村干部,坚持每个星期对村里的公共环境卫生打扫一次,并在各村中加大监管,对乱丢垃圾、随地大小便等行为进行通报和惩罚,保证玛乡各村干净卫生整洁。

【安全生产】 年内,乡党委、政府在年初专门召开会议,与各行政村签订《安全生产目标责任书》,并明确安全生产责任及任务,使安全责任层层落实,建立完善的安全生

2017年1月24日，党委副书记、乡长蒋春岚组织党员干部开展帮扶慰问工作

产管理网络；2017年，玛乡严格按照上级部门的相关要求，先后开展百日扫雷行动、安全生产月、安全生产西藏行等活动，开展安全生产隐患大排查等专项行动，开展好隐患排查工作。2017年，玛乡共召开专题会议10余次，出动检查25余次，查出安全生产隐患30余处，已进行整改销案，确保玛乡的安全生产工作顺利开展。

【信访工作】 年内，乡党委、政府在2016年原有基础之上，2017年专门指派乡纪检人员加强日常管理，对举报箱每周打开一次检查举报线索。同时，建立玛乡信访工作台账，对于全乡信访工作进行登记。在全乡范围内公布乡纪检委的举报电话，并专门指派乡检专干进行值班，保证信访渠道畅通。在各项重点问题上，乡全面施行公开公正的原则，对群众关心的重点、问题进行公示，积极采纳群众的意见建议。2017年，玛乡共发生一起信访事件，已成功处理。

（邱应雪）

【领导名录】

党委书记

多布杰（藏族）

党委副书记、人大主席

扎西（藏族）

党委副书记、乡长

蒋春岚（女）

党委副书记、组织委员、宣传委员

次白（女，藏族）

纪委书记

陈雪琳（女）

政法委员、人武部部长、副乡长

次旦（藏族，6月免）

统战委员、副乡长

玉珍（女，藏族，6月免）

副乡长

普布扎西（藏族）

施金松（白族，6月任）

袁俊（主任科员）

派出所所长

次旺多布杰（藏族）

旺丹乡

【概况】 旺丹乡位于白朗县西南部，东连江孜县加克西乡，西邻者下乡，北邻江孜县日星乡，南与嘎普乡毗邻，“旺丹”系藏语意为“有权势”。1961年建立旺丹区，1968年改为公社，1976年复改为区，1988年撤区并乡。政府驻地为雪村，驻地离县城35公里，距日喀则84公里，平均海拔4200米，全乡共787户，4517人，辖区面积278平方公里，下辖10个行政村（秋麦村、秋堆村、雪麦村、比尼村、思堆村、桑巴村、武日村、雪村、夏麦村、巴金村）。共10个村民委员会，村“两委”班子人数57人。全乡总面积278平方公里，湿地面积500亩，草场面积27.38万亩，耕地面积9664亩。经济结构以农牧业为主，主产青稞等作物，主要饲养牛、羊等牲畜。2017年，全乡实有干部职工40人，其中藏族干部32人、汉族干部8人，借调15名，乡机关共有党员58人；乡卫生院现共有干部职工10人（4人长期借调）。乡小学现有教职工29人，乡派出所现有干警4人，辅警1人，德瓦坚寺寺管会现有干部7人。

【基层队伍建设】 年内，全乡12个党支部，257名党员。2017年旺丹乡对党员发展十分重视，指定专人制定学习计划、收集学习资料，为加强理论学习，共开展学习40次，撰写学习笔记1200篇，心得体会168篇。结合“三个培养”工作，将有带领群众致富愿望的党员致富能手选拔到村后备干部队伍中，为基层党组织充实一批技术型人才。严格按照“两推一备案”要求和发展党员“十六字”总要求，严把入党关口，发展、吸收一批善经营、会致富、带动力强、群众广泛好评的优秀青年，2017年共发展预备党员17名，大力实施村干部文化素质提升、能读会写“两大工程”，开展各类培训200余次。顺利完成村“两委”换届筹备工作，完善工作机制，提高工作效率，同时做好桑巴村“两委”班子软弱涣散基层党组织整顿工作，基本摘掉软弱涣散基层党组织帽子。

2017年4月18日，日喀则市委书记张延清（右一）在旺丹乡检查指导党建工作

【精准扶贫】 年内，旺丹乡党委、政府多次召开精准扶贫工作专题会议，全面安排部署精准扶贫建档立卡“回头看”工作、精准识别工作、结对帮扶工作、项目扶持工作等，确保精准扶贫工作的顺利进行。同时，各村还成立由村干部、党员、村民代表等为成员的民主评议小组，确保旺丹乡精准扶贫相关工作能按时按质按量完成。通过召开会议，广泛深入宣传自治区、市、县三级党委、政府对精准扶贫工作的相关政策。同时，乡政府还启用LED电子屏对宣传标语进行滚动播放，并在10个行政村制定精准扶贫工作宣传栏10个，发放宣传标语300条，宣传横幅50条，发放宣传手册1000余份。9月，通过动态调整，清退五类人员清退65户424人、新识别1户6人、人口自然增加52人、人口自然减少16人，全乡建档立卡贫困户由2016年的290户1373人调整为现有的226户991人，其中：已脱贫207户961人，未脱贫19户30人。

【扶贫搬迁】 年内，旺丹乡已实施扶贫易地搬迁99户461人，截至年底已经全部搬迁入住。同时，2017年还实施建档立卡贫困户危房改造项目，全乡137户645人受益，其中新建17户、改扩建8户、中度9户、轻度103户。截至年底，建档立卡贫困户危房改造户中的85%已经全面开工建设。

【转移就业】 年内，通过扶贫、人社、农牧、民政等部门实施的各类就业培训，全乡对41贫困户41人开展免费职业技能培训，保证贫困户家庭至少有一名劳力掌握1—2门实用技术，确保贫困家庭实现“三有”目标。

【产业扶持】 年内，围绕以旺丹卡垫为主导的民族手工业的发展加大对民族手工产业的建设，扶持培育产业化扶贫带头人，增强其辐射和带动作用，积极引导企业与贫困农牧户建立风险共担，利益均沾的合作共赢关系，为全乡102名贫困人员提供就业岗位。特别是在市委组织部定点帮扶和济南市第八批援藏中心组无私援助下，投资37.5万元为贫困群众购买藏鸡苗3500只、娟珊牛20头，贫困群众家庭人均增收600元；投资150万元建设巴金村奶牛养殖基地项目。

【生态补偿】 旺丹乡生态岗位主要涉及国土部门、水利部门、农牧部门、林业部门、住建部门、交通部门等6个部门，通过11月初对生态岗位的动态调整，共清退不符合条件人员6名。截至年底，全乡共有生态岗位1114个，2017年累计兑现生态岗位资金334.2万元。

【社会兜底】 年内，旺丹乡对范围

内基本丧失和完全丧失劳动能力无法参与到经济发展中的人员，实施低保政策，保障其基本生活，保障他们不愁吃、不愁穿、不愁住。截至年底，被全乡列入社会兜底14户18人。

【教育脱贫】 年内，旺丹乡对因学致贫的贫困家庭进行教育扶持，特别是通过县慈善基金会，对建档立卡贫困户11名大学生进行教育帮扶，区内大学生每人补助4000元，区外大学生每人补助6000元，共计兑现扶持资金5.6万元。

【医疗救助】 年内，旺丹乡在建档立卡贫困户中大力推进医疗报销比例，通过提高门诊费用报销比例和大病统筹医疗等方式，切实为因病致贫贫困家庭解燃眉之急。截至年底，全乡享受医疗救助贫困家庭30户30人。

【信贷扶持】 年内，旺丹乡因缺资金需要信贷扶持的有154户154人，截至年底，已经有84户84人获得信贷扶持资金，总共发放贷款384万元，为家庭贫困群众因缺资金制约发展提供资金保障。

【结对帮扶】 年内，根据乡扶贫办下发的脱贫攻坚结对帮扶人员名单，2017年市、县、乡三级264名干部职工先后两次对全乡226户贫困户进行走村入户，进一步了解贫困户家庭情况及生产生活困难，填写脱贫攻坚结对帮扶明白卡，宣传相关惠民政策。同时，结对帮扶人员自掏腰包对贫困户进行慰问。2017年，全乡结对帮扶慰问资金达到10.56万余元，慰问物资折合人民币约2.6万元。

【“两学一做”学习教育】 年内，旺丹乡积极开展谈心活动，班子成员间、分管领导与部门、驻点村主要负责人、部分群众之间都要相互谈心，把握好谈心的内容和目标，坦诚相见，沟通思想、交换意见、指出问题。抓好问题整改，要对征求的意见、查找出的问题进行再次疏理，按轻重缓急、分类分项制定整改方案，完善制度机制。全乡累计撰写个人对照材料23篇、心得体会90篇、笔记49万字。

【党建工作】 年内，旺丹乡共有党员257名，其中：正式党员240名，预备党员17名；男性党员189名，女性党员68名，女性党员比例为26.5%；初中及以上党员25名，小学及以下党员232名。同时，加强对农牧民党员进行党的理论和实用技术培训，“三个培养”工作成效显著，全年乡党委把5名有一技之长的致富能手培养成中共党员，把3名农牧民党员培养成党员致富能手，3名党员致富带头人也发挥其真正的带头作用。对个别村“两委”班子出现的不团结问题，乡领导班子及时解决，保障村领导班子的正常运行。乡领导班子实行包村制，村领导班子实行包户制实现个人分工负责制。以制度建设为突破口，以健全制度促进党建建设，经过认真研究和广泛讨论，积极探索建立长效的学习机制、党员教育机制和党员管理机制，以“八个一”为载体，继续推动“党建六部曲”为基础，以实现助民、亲民、利民为最终目的。截至年底，“爱心基金会”共筹集到钱物折合人民币共计27.8万元，年内，共帮困慰问34次，受益人数达170余人，发放帮困资金6.9万元。

2017年6月27日，白朗县政协党组书记、主席普布次旦在旺丹乡检查指导“河长制”工作开展情况

【"四讲四爱"主题教育实践活动】 年内，旺丹乡深入开展"四讲四爱"主题教育实践活动，切实增强"四个意识"。根据县委统一安排部署，乡党委高度重视，迅速行动起来，成立工作专班，制定工作方案，周密部署、精心安排，分层负责、逐级落实，把开展"四讲四爱"主题教育实践活动作为一项重大政治任务，列入重要日程，纳入总体工作，一把手亲自挂帅，确保把各项工作落实落细。截至年底，全乡累计受教育人数达到4万余人次，其中：干部职工500人次、寺庙僧人400人次、农牧民群众2.7万余人次、教师学生1.2万人次。7月，投入12万元举行丰富多彩的"三龙"文化节，评选先进工作者、文明户、好媳妇、致富带头人等先进个人111个，颁发文明村、扶贫工作先进村、农业先进村等23个先进单位奖，树立标杆、争先进位。在丰富广大群众的生产生活基础上，使群众的思想道德素质，文明程度，科技意识、法律意识、生活方式等都有巨大的变化。

【换届工作】 年内，旺丹乡换届工作试点在乡小学成功举行，试点的成功选举，拉开换届工作的帷幕，在广大党员干部不懈努力下、在广大农牧民群众的参与下，历时5天，旺丹乡10个行政村圆满完成此次村居换届工作。在村党组织"两推一选"过程中，全乡共有190名农牧民党员参加推荐，占村党员总数的90%；有184名党员参加选举，参选率达到95%。在村委会"公推直选"过程中，有3220名选民参加候选人提名推荐，占总人口的71%；有2932名选民参加投票选举，占总选民的91%。新一届村"两委"班子成员实际人数为3名，其中：3名村党支部书记为上级下派，17名村党支部委员交叉兼职进入村委会班子，占总数的29.8%。新一届村"两委"班子成员平均年龄39.8岁，比换届前下降3岁，其中党支部书记平均41.1岁，比换届前下降10.4岁，村委会主任平均年龄43岁，比换届前下降1.6岁；10个村班子配备40岁以下年轻干部，占总数的100%。共有13名女干部进入村"两委"班子，确保每个村有1名女干部。圆满完成换届工作任务。

【团委工作】 6月25日，在乡政府举行乡团委第一届"饮水思源感党恩书法比赛"主题活动，通过开展此次比赛，进一步丰富全乡干部职工、团员的精神文化生活，参加活动人数共计达60余人次。截至年底，旺丹乡共有团员101人。

【党风廉政建设】 年内，旺丹乡严格落实"三重一大"制度，坚持民主集中制，能够做到集体领导、集体研究、集体决定。班子成员和干部在工作中能处处为群众着想，积极为群众排忧解难，没出现"门难进、脸难看、事难办"的现象，同时在工作中也没出现故意刁难、拖拉、推诿的现象，达到勤政的要求。坚决接受党员和群众的监督，做到"两公开、一监督"，即政务、财务公开，每年面向社会公开四次，自觉接受群众监督，同时严禁集体或个人收受村集体或个人的任何财务。从未出现过贪污、无偿收受情况。在工作中能一视同仁，公平处事，杜绝群众在背后乱说的现象，达到廉政的要求。

【机关干部作风建设】 年内，旺

2017年5月18日，乡党委书记平措央金在田间地头宣讲"四讲四爱"

丹乡加强机关干部作风建设，制定《旺丹乡干部职工考勤管理制度》，由乡纪委牵头严格执行考勤制度，要求干部职工严格遵守上下班制度，并将全年考核情况作为干部职工年终考评的重要依据。年内，组织全体干部职工谈心谈话12人次，查找出工作积极性不高、学而未用、党性缺失等意见共10条，整改完成10条。

【经济发展】 年内，旺丹乡农村经济总收入5919万元，同比增长11%。其中，第一产业2110万元、第二产业1778万元、第三产业2031万元。农牧民人均可支配收入11448.8元，同比增长1716元，增长率为17.5%，其中现金收入8117元，占总收入的71%。社会固定资产投资达到1亿元，同比增长25%。

【农业工作】 年内，旺丹乡农作物总播种面积9700亩，其中粮食种植面积7400亩（其中试种黑青稞55亩），经济作物种植面积2300亩，经济作物中，油菜籽种植面积1300亩、蔬菜700亩，饲料草300亩，粮食作物、经济作物、饲料草比例为74：23：3。粮油总产量为98.5万公斤（其中粮食产量70市万公斤，油菜28.5万公斤），饲草产量445万公斤，蔬菜产量106万公斤。草场总面积27万亩，其中可利用面积或草场承包面积27万亩。累计兑现2015年、2016年良种补贴21.4万元，累计兑现2016年、2017年草场奖励资金补贴88.2万元。

2017年5月5日，旺丹乡开展"饮水思源感党恩"主题书法比赛活动

【畜牧业】 年内，旺丹乡牲畜存栏数28057头（只、匹），其中大畜4310头（匹），小畜23747头（只）；适龄母畜达到10285头（只、匹），新生仔畜6629头（只、匹），成活6297头（只、匹），成活率95%以上；成畜死亡297头（只、匹），死亡率控制在1%以内；2017年牲畜出栏6789头（只、匹），出栏率24%。

【水利工作】 年内，旺丹乡累计投资达到5000万元以上，投资2002万元实施天曲河旺丹段治理工程、投资700万元实施农村安全饮水建设项目、投资2000万元实施青稞生产基地建设项目，农田水利设施得到前所未有的改善和提高。同时，乡党委、政府加强防洪抗洪工作力度，备石6000立方米，编织袋12000条，并成立防汛抗洪应急队，对各水塘、沟渠进行全面检查，坚持主汛期24小时值班制度，确保防汛抗洪工作得到及时的处理。大力推进"河长制"工作落实，明确政府一把手负总责、亲自抓的工作格局。设立乡级总河长1名，乡级河长10名，村级河长10名，对全乡19条河道和34座水塘进行逐一造册登记，建立河道水塘档案资料，形成"一河一档"。

【环境综合整治】 年内，旺丹乡制定一系列的工作方案，如《旺丹乡环境整治工作方案》《旺丹乡环境综合整治实施方案》《旺丹乡环境保护督查工作方案》等。在乡党委召开动员部署会议后，发动全民动员、共同参与。乡干部职工积极联合各驻村工作队对广大群众进行环保知识宣讲、环保知识教育。为环境综合整治营造良好的氛围。

【劳务输出】 2017年是"脱贫摘帽"的关键之年，旺丹乡固定资产投资力度不断加大，乡党委、政府抓住这一契机，不断加大就业培训力度，不断扩大劳务输出力度。全年集中培训6次，参训200人次。全年共输出劳动力700人次，劳务收入达200万元。

【教育工作】 年内，旺丹乡适龄儿童280人，住校生255人，入学率达到100%，巩固率100%，初中入学率100%，巩固率100%。乡党委、政府始终将尊师重教作为支持教育的首要工作来。年内，召开教育专题工作会议2次，深入学校进行食品安全检查、火灾排查、交通安全宣传等共12次。同时，在教师节和“六一”国际儿童节期间，组织慰问学校教职工学生，关心师生的工作学习和日常生活，使尊师重教深入人心。2017年，在各级教育部门的大力支持下，投资600万元实施巴金村、夏麦村、秋堆村村级幼儿园项目，进一步改善村级幼儿园的教育教学条件。同时，广泛开展捐资助学活动，全年共接收各界爱心人士捐赠物资折合人民币15余万元，其中：天鸿地产捐赠400套桌椅价值6万元；山东省招远市孙立荣女士个人捐赠17台空调价值5.2万元；济南市神笔马良画室等单位和个人捐助美术用品400套、藏式围裙400件价值4万元。2017年，全县统考中一至六年级成绩均名列前茅，有7名学生考入内地西藏班，突破历史成绩。

【卫生工作】 年内，旺丹乡累计参保4417人，参保率96%。建立农牧民健康体检档案4465本，体检率99.6%。乡卫生院与村卫生员，按照规定的时间、范围、对象，认真抓好全乡疫苗接种工作，各种疫苗接种680人，疫苗接种率达到100%。

【妇联工作】 妇联工作是全乡经济稳定发展重要的一个环节，年内，旺丹乡妇联主要在“三八”国际妇女节期间，乡党委、政府为各村拨付200元的活动经费。

2017年6月27日，旺丹乡召开第十四届人民代表大会第二次会议

【新型农村社会养老保险】 年内，旺丹乡应参保人数2061人，实际参保2061人，参保率达100%，参保总额20.6万元，其中16岁至59岁2025人，累计兑现60岁以上新农保养老金70.2万元。

【民政工作】 截至年底，全乡共有“五保”户3户，低保户17户；孤儿1人、残疾75人、退役军人35人，兑现五保户资金1.62万元；兑现农村低保金29万元。

【宣传贯彻中共十九大精神】 年内，为深入学习宣传贯彻中共十九大精神，使全体党员干部运用新时代的新精神、新思想武装头脑，开创旺丹乡工作新篇章，旺丹乡开展多种形式学习中共十九大精神的专题活动。全乡党员干部职工分两组在旺丹乡10个行政村宣传中共十九大精神，并开展“党员志愿服务队”活动。受到群众的一致好评。截至年底，共制作横幅22条。发放书籍中共十九大书籍100余本。条通过参观实物、图片等活动，使大家更加铭记党的历史，传承党的优良传统。组织全体党员干部面对党旗集体宣誓，重温入党誓词。庄严肃穆的党旗，铿锵有力的宣誓，使大家把“不忘初心，牢记使命”的十九大精神铭刻在心中。

（兰靖宇）

【领导名录】

党委书记

平措央金（女，藏族）

2017年7月19日，旺丹乡举办第二届“三龙”文化节

党委副书记、乡长

吕 华 操

党委副书记、人大主席

米玛扎西（藏族）

纪委书记

卓玛次仁（女，藏族）

人武部部长、政法委员、副乡长

米玛扎西（藏族）

派出所所长

格桑次仁（藏族）

副乡长

陈　倩（女）

农牧综合服务中心主任

巴桑普赤（女，藏族）

卫生院院长

普　石（藏族）

曲奴乡

【概况】 曲奴乡位于县政府西南，距县政府13公里。属高山河谷宽谷地貌地势，西南高，东北低；高原温带半干旱季风气候区，日照充足，太阳辐射强烈，年温差大，昼夜温差大，四季分明。全乡国土面积198平方公里，平均海拔4200米，乡政府驻地海拔4020米。2017年总户数535户，总人口3601人，农村户数532户，农村人口3527人，其中男1862人，女1665人，劳动力1911人。全乡耕地面积15800亩，人均耕地面积为4.48亩；草场面积143804亩、人工种草面积1612亩；森林生态效益补偿面积65050亩。

“曲奴”系藏语，意为“河西”。1960年定名“曲努”乡，1972年改为公社，1976年更名曲奴乡。曲奴乡下辖奴麻、达玉、金确、彭嘎、麦措、桑林、萨嘎、甲、昂嘎、如康、思布、团结新12个行政村。曲奴乡是以农业生产为主，农牧结合的乡。农作物主要有青稞、春小麦、豌豆、马铃薯、油菜等。主要饲养牦牛、犏牛、黄牛、马、驴、山羊、绵羊、猪等。

曲奴乡设中国共产党委员会，下辖15个党支部（1个机关党支部、12个村党支部、1个学校党支部、1个卫生院党支部），2017年全乡共有党员231人，其中农牧民党员185人。内设3个行政机构，即曲奴乡人民政府、曲奴乡人民代表大会、曲奴乡纪律检查委员会；4个事业机构，即曲奴乡农牧综合服务中心、曲奴乡文化站、卫生院、机关后勤；3个派出机构，即曲奴乡派出所、曲奴乡曲宗寺寺庙管理委员会、曲奴乡中心小学。班子成员9人，其中副县级1名、正科级2名、副科级6名；一般干部17名，其中9月曲奴乡分配5名专招生，借调9名，村干部转公务员3名；专业技术干部21名，其中初级职称10名，未聘人员21名；其他人员6名。全乡人大代表40人、县级代表8人、党代表39人，僧尼代表1人。全乡共有57个联户单位，57名户长，其中12个行政村56个联户单元，56名户长。

全乡共有2座寺庙，分别在金确村与桑林村，寺庙管委会1个，3名干部、1名干警，其中正科级管委主任1名、一般干部2名。乡卫生院共有医生6名，其中正式干部3名。乡派出所工作人员6名，其中干警4名。曲奴乡全面推行和实施新型农村各项医疗制度，城乡居民养老保险参保人数1770人，上缴保险金额为177000元，参保率达100%。全乡建档立卡贫困户152户688人；其中已脱贫户148户679人，未脱贫户4户9人，其中社会兜底1户1人。残疾人数70人，80岁及以上老年人数26人。

【基层党组织建设】 年内，全面开展“四讲四爱”主题教育实践活动，深入学习宣传贯彻中共十九大精神，全力实施“党建规范化建设年”活动，圆满完成村组织换届选举，不断夯实党建工作基础，在农村党员中坚持党员定期培训和“三会一课”制度，进一步加强示范点和示范基地建设，充分发挥示范带动作用。同时，严格领导干部党建联系点制度，继续落实好党建工作责任制，加强调查研究和检查指导，形成一级抓一级、一级带一级的党建工作格局，不断增强基层党组织凝聚力、战斗力和创造力。加强党员发展，壮大党员队伍，不断为党组织输送新鲜血液。完善人才队伍建设的基础体系、服务体系、制度体系和保障体系，制定全乡的人才建设规划，着力把善管理、懂经营的优秀青年发展成为党员，把善管理、懂经营的优秀党员培养成为村干部，建设一支推动经济社会发展的党政人才队伍、企业经营管理队伍和农村人才队伍。做好2018年各村标准化场所建设工作，加强村干部后备库人员推选。同时，切实关心老干部工作，充分发挥老干部在加快经济社会发展中的积极作用。

【党风廉政建设】 年内，为切实加强曲奴乡党风廉政建设工作力度，结合本乡实际制定并完善《党政班子成员廉政建设岗位职责分解》《干部职工管理制度》《党风廉政责任追究制度》《公车管理制度》等各项规章制度；同时，为明确责任，成立以乡党委书记为组长的党风廉政建设领导小组，切实加大、加强对全乡干部职工作风建设的组织领导与监督落实。加强学习型机关建设，以“学习准则、严守纪律、廉洁从政”为主题，制定周五集中学习日，组织乡广大党员干部先后学习《中国共产党党内监督条例》《关于新形势下党内政治生活的若干准则》、习近平总书记系列重要讲话精神、中共十九届二中、三中全会精神及中第六次西藏工作座谈会精神、警示教育、案例通报等政策法规和理论知识，通过学习提高党员干部廉洁自律意识，增强反腐倡廉决心，筑牢拒腐防变思想。

2017年6月30日，日喀则市委副书记、市长刘虎山（中）一行在曲奴乡团结新村慰问结对帮扶户

【“四讲四爱”主题教育实践活动】 年内，曲奴乡党委高度重视“四讲四爱”主题教育实践活动的开展，专门研究全乡工作计划、方法措施、领导分工，并及时制定曲奴乡“四讲四爱”主题教育实践活动实施方案，成立领导组及办公室、督导组等。3月30日，召开全乡“四讲四爱”主题教育实践活动动员部署大会。为确保“四讲四爱”主题教育实践活动落到实处、取得实效，促使基层党建与脱贫攻坚工作“双推进”“四讲四爱”主题教育实践活动深入广大农牧民群众、党员干部中去，曲奴乡在召开“四讲四爱”主题教育实践活动动员部署会的基础上，坚持舆论先行，积极营造开展“四讲四爱”主题教育实践活动的浓厚氛围。严格按照“四讲四爱”主题教育实践活动要求，明确时间步骤，在全乡范围内开展“四讲四爱”主题教育实践四个阶段的专题宣讲共272场次，宣讲人员36人，宣讲人员受培训次数11次，撰写宣讲稿80余篇，发放宣传资料753余份，张贴宣传横幅53条，组织村干部开展“四讲四爱”主题教育实践活动

演讲比赛3场。此外，同“两学一做”学习教育活动相结合，认真落实推进“四讲四爱”主题教育实践活动。

【村组织换届】 年内，曲奴乡严格按照村组织换届选举工作的有关规定，经过周密部署、精心组织，全乡村党支部、村委会、监督委员会、妇代会、团委等换届选举工作顺利完成。选举产生结构更加合理、思想更加解放、驾驭全局能力较强的新一届村级领导班子，为全乡各村经济社会各项事业的发展和党建提供更加坚强的组织保证。实现村“两委”班子本科学历3人、大专1人、高中2人，30岁以下13人，占现任班子的21%，带头人队伍不断优化。

【精准扶贫】 年内，曲奴乡脱贫攻坚工作始终坚持以日喀则市“十三五”时期扶贫开发规划为引领，以建档立卡贫困人口为对象，以精准扶贫、精准脱贫为抓手，坚持精准发力、精准实策，努力在“六个精准”方面狠下功夫，实现贫困对象“两不愁”“三有”“三保障”。

乡党委和政府切实承担主体责任，书记和乡长是第一责任人，成立以乡党委书记为组长的脱贫攻坚指挥部，指挥部下设办公室（含10个专项工作组），分工负责脱贫攻坚的各项任务，把精力集中放在贫困群众如期脱贫上。结合全乡实际制定脱贫攻坚实施方案、工作计划及“九个一批”脱贫措施，根据驻村轮换情况，及时调整充实工作领导小组。同时与各村、户、驻村工作队层层签订责任书，明确目标任务，确保层层分解任务、层层落实责任、层层传导压力，形成乡、村、驻村工作队三级抓扶贫、全党动员促攻坚的局面。成立专门的扶贫机构，配备专干3人，负责扶贫开发工作落实。在遇到重大紧急任务时，全乡工作力量优先向精准扶贫倾斜，为打赢脱贫攻坚战奠定坚实的人才基础。

通过多形式、多方式开展宣传。组织召开宣传动员部署会，开展各类集中宣讲80余次，入户宣传120余次；自制宣传资料《曲奴乡精准扶贫政策宣传手册》，发放400余册；发放精准扶贫政策精神解读240多册；利用LED滚动播出宣传标语70余条；制作悬挂宣传横幅43条；在12个行政村醒目位置以藏汉“双语”形式喷涂宣传标语57条；在重要路段设立大型宣传栏2个；充分发挥驻村工作队的作用，大力宣传打赢脱贫攻坚战的重大意义、目标任务、具体措施，调动群众参与扶贫脱贫的积极性、主动性和创造性；发挥基层组织政治核心作用，引导村党员干部全力投入扶贫攻坚工作，振奋广大干部群众精神，激发贫困群众奋发脱贫的热情。

2017年，全乡建档立卡贫困户203户1033人，其中脱贫户173户942人，未脱贫户30户91人；2017年中按照贫困人口动态调整工作要求，清退54户338人；重新识别3户4人，都已纳入低保户；脱贫23户65人，无返贫户；人员自然增加15人，自然减少26人。最终调整结果为全乡共计152户688人，其中已脱贫户148户679人，未脱贫户4户9人。其中，产业扶持全乡136户325个贫困人口兑现产业分红资金共325000元；易地搬迁全乡计划2018年为13户、69人完成搬迁工作，搬迁资金413万元（人均6万元）；生态补偿602人，兑现生态补偿资金每人3000元共

2017年10月8日，日喀则市副市长李玉建（中）在曲奴乡检查指导工作

2017年10月18日，曲奴乡组织辖区各界人士集中收看中共十九大开幕盛况

计180.6万元；发展教育全乡在校生305人，其中建档立卡贫困户大学生17人（区外12人、区内5人），按照区外大学人均6000元、区内大学人均4000元的标准，兑现教育帮扶资助金92000元；社会兜底全乡2017年上半年低保保障287人，兑现低保金291051.5元。动态调整后下半年低保保障20人，兑现低保金19535元。全年共计兑现低保金310586.5元。现曲奴乡社保兜底共1户1人，已纳入低保；信贷扶持全乡19户共86万元的扶贫小额贷款；转移就业全乡实现贫困人口在手工业公司就业2人，已完成贫困人口各类技术培训10人；截至9月，曲奴乡劳务输出总人次达到2569人次共2122人，总收入达到1129.36万元，净收入808.13万元，人均收入5325元。医疗救助全乡建档立卡医疗救助贫困户152户688人；医疗健康扶贫37人。截至年底，健康扶贫已完成门诊报销842.52元，县级以上报销7431.95元。全乡贫困户医疗救助受益人34人。定向补助全乡建档立卡贫困户中，无劳动能力的老人和正在上学的学生共124户278人享受此政策。以每人789元的标准兑现政策性定向补助资金219342元。干部结对帮扶全乡152户688人结对帮扶全覆盖，199名干部和152户贫困户结对，落实帮扶资金共141715元。

【贯彻中共十九大精神】 年内，曲奴乡党委高度重视“学习宣传贯彻落实中共十九大精神”专项活动的开展。专门研究全乡工作计划、方法措施、领导分工，并及时制定《曲奴乡“学习宣传贯彻落实中共十九大精神”专项活动实施方案》和中共十九大精神宣讲方案，成立宣传中共十九大领导小组及办公室、宣讲队伍等。并第一时间组织全乡各界人士就近就便集中收看十九大开幕盛况。在曲奴乡政府办公大楼前，卫生院、派出所、乡机关党员干部、昂嘎村全体党员及学校全体师生共计400余人，身着节日的盛装集中收看中共十九大开幕式。同时，辖区12个行政村驻村工作队组织群众600多人，寺管会组织全体僧尼14人集中收看开幕盛况。10月23日，曲奴乡党委在三楼会议室组织召开中共十九大报告学习会议，全乡干部职工参加会议。通过此次学习会议，全乡干部职工围绕中共十九大报告展开深入交流讨论。大家一致认为，习近平代表第十八届中央委员会所作的报告立意高远、主题鲜明、内容丰富、形式新颖，既是思想总结，也是政治宣言，更是行动纲领。大家纷纷表示，要把学习宣传贯彻中共十九大精神作为首要的政治任务，不忘初心，牢记使命，用十九大精神武装头脑、指导实践、推进工作，用实际行动学习宣传贯彻落实中共十九大精神。

【经济发展】 年内，曲奴乡经济总收入5988.11万元，同比增长5.2%。第一产业收入3166万元，同比增长2%；第二产业收入997.08万元，同比增长8.8%；第三产业收入1825.03万元，同比增长9.13%。农牧民人均纯收入达到11071.39元，同比增长20%。

【农牧业】 年内，全面推广“藏青2000”播种面积3015亩，实现良种广泛推广；实现人工种草面积1250亩；年末牲畜存栏数达16222头（只、匹），仔畜成活率95%以上，成畜死亡率控制在3.5%以下，出栏率达18.83%以上。全面落实家禽家畜的防疫工作，实现防疫率100%；青稞产量494.5445万公斤，青稞每亩增产26.336公斤，顺利达到青稞增产目标；油菜籽总产量实现8.495万公斤，饲草料总产量790.08万公斤；充分发挥各村兽医人员的作用，全面落实家禽家畜的防疫工作，实现防疫率100%；深化农村土地改革，完成基本农田划定、确权、登记等工作。

【水利工作】 年内，全面实施小农重点县项目，项目总投资784.34万元，其中：团结新村水渠1500米，投资40.5万元；昂嘎村水渠2150米、农桥2座，投资80.1万元；麦措村3200米，投资86.7万元；奴麻村水渠3600米、农桥3座，投资104.95万元；彭嘎村水渠3663米、农桥8座、水塘1座，投资164.6万元；金确村水渠1548米、水塘1座、护岸防洪堤90米，投资91.26万元；甲村水渠1300米、农桥5座、管道300米、闸阀井2座，投资49.6万；达玉村水渠2980米、农桥8座、水塘2座，投资166.63万元。此外建设彭嘎村泥石流防洪坝总投资199.55万元；达玉村比热泥石流防洪坝550.46万元。大力实施农村饮水安全巩固提升工程，完成彭嘎村饮水机井续建项目，桑林村与甲村的人畜饮水机井建设项目得到实施。完善基本农田保护措施。

【环境综合整治】 年内，为切实加强环境卫生整治力度，改善村民的生活环境，以迎接中央环境保护督察工作为契机，以整治乡村环境卫生脏、乱、差为突破口，围绕清运积存垃圾、整治乡容村貌、做好农村环境综合整治为重点，开展乡村环境卫生整治行动。曲奴乡党委政府高度重视与各村、各单位签订《曲奴乡环境卫生综合整治目标责任书》，做到任务层层落实，责任明确到位；制定《曲奴乡乡村环境综合整治实施方案》《曲奴乡迎接中央环境保护督察工作方案》《曲奴乡农村生活垃圾综合整治实施方案》《曲奴乡河道整治行动实施方案》，成立相应领导小组，同时完善考核制度，制定《农村环境整治考核评分细则》，将考核评分结果作为年底各村及村干部创先争优的考核依据，做到有章可循；组织召开相关会议12次，张贴横幅37条，制定宣传栏13个，制作环境整治区域分段示意图12个，LED滚动播放宣传标语270小时；划分区域，制定每周卫生清扫制度。按照属地管理原则，对各村分划卫生区域，实现公共卫生区责任到村，村范围的卫生区责任到户，确定每周二为卫生清扫日，制定环境卫生整治工作考核办法。利用精准扶贫生态岗位人员及村级保洁员，对洛江镇交界处至杜琼乡、玛乡交界处及道路周边、各个村的周边环境卫生多次开展整治工作，基本实现全乡可视范围内无成堆的垃圾，道路两旁无白色垃圾。

各村干部、“双联户”分片分户明确环境综合整治任务，并把此项工作纳入到年终绩效考核目标责任制中，与工资和奖金直接挂钩，充分调动各村、各部门工作人员的积极性；积极开展环境整治工作。在全乡上下的共同努力下，共开展集中环境整治活动47次，各村开展环境整治53余次。通过活动的开展，全乡城乡环境卫生面貌有明显转变；组织乡机

2017年1月1日，日喀则市委组织部、老干局、发改委一行工作组在曲奴乡团结新村检查指导精准扶贫工作

关全体干部职工及派出所民警、卫生院人员积极开展“爱绿护绿，争做绿色使者”的植树活动共种植杨树、柳树一百余棵；协调县林业局为奴麻、麦措村无树户解决树苗210棵，并已完成栽种任务。

【教育工作】 年内，曲奴乡始终把优先发展教育列入乡党委、政府工作的重要议事日程，牢牢把握教育优先发展的地位不动摇，形成重视教育工作的良好氛围，教育观念不断更新，教育环境不断优化，教师队伍整体素质不断提高，教育质量逐年上升。乡党委、政府从仅有的包干经费中列出5万元资金，作为教学成绩突出教师的奖励资金，制定《曲奴乡小学教学成绩奖励兑现方案》。认真落实“三联三进一交友”活动，完成六年级整班移交工作。

全乡1所中心小学，在校生共377名（其中男生186名，女生191名；一到三年级学生共169名，四年级学生56名，五年级学生76名，六年级学生76名）；学前教育学生共106人（其中中班学生59人，大班学生47人）。共有教职员工24名，其中党员20名，积极分子2名。全乡适龄儿童入学率、巩固率均为100%。

【医疗卫生】 年内，全乡共有3527人参加农村合作医疗，参保率为100%，卫生监督覆盖率100%，同时加大对贫困农户开展医疗救助。新农保，门诊报销总金额达24万。包虫病筛查人数3446人，其中疑似病例11人；肺结核3人。乡卫生院开展健康教育宣传11次，宣传人次2152人，发放宣传资料520余单。加强医疗卫生队伍建设，提高诊疗水平，不定时的组织村医务人员在乡卫生院进行培训。让广大人民群众就近就医、安心就医。巩固完善基本药物制度，排查过期药物，保证农牧民放心用药。加强妇幼卫生和优生优育工作，确认孕妇在分娩周期内得到有效的保障。大力开展健康教育宣传工作，提高群众健康意识。

2017年4月20日，乡党委书记石达主持召开曲奴乡委员会工作汇报会

【民政工作】 年内，发放低保资金42户119人，共发放337184.5元。为积极落实低保调整工作，曲奴乡党委政府深入各村对贫困户进行摸底，下半年确定8户20人低保户，共发放31849元。发放60岁以上养老保险金1158人次（第一季度286人，第二季度291人，第三季度293人，第四季度288人），共发放养老保险金515550元；残疾人“两项”补贴及80岁以上寿星补贴资金全部及时发放到位，共兑现困难残疾人37人、重度残疾24人、80岁以上寿星26人；同时在县民政局的支持下，为曲奴乡66户缺粮户共发放66袋面粉、66袋大米、13200斤青稞的救济粮。灾后重建6户。

【驻村工作】 年内，深入贯彻落实强基惠民工作，累计开展办实事、解难事140余件，开展感党恩教育80余次；达玉村驻村工作队将争取到的民政孤儿临时救助2000元发放到多吉次仁的监护人员姑姑手中；驻甲村工作队从10万元办实事经费列支54480万元，在村委周边修建村集体经济，村集体经济的设备有、榨油机两个、面膜机一个；驻金确村工作队从10万元办实事经费列支45600元采购37吨水泥、钢筋2吨，租赁搅拌机和发电机，雇佣电焊工新建180米多水渠，另外列支19050元经费雇佣挖掘机新建120米防洪坝及雇佣装载机维修260米防洪坝；驻萨嘎村工作队从10万元办实事经费列支56500元解决村民饮用自来水泉水储水过滤池维修。

驻思布村工作队弥补2012年养鸡项目资金15384元，用于开耕节活动经费1000元，修理村里两处机井、磨面机共投入16498元，修建地下水渠，购买塑管材料支出12800元。此外，工作队了解到次仁家有困难，自掏腰包送去1000元解决燃眉之急并通过微信平台募捐筹到5800多元，全都及时送到次仁手里，让他顺利解决妻子的后事；驻桑林村村工作队投入7万元进行犏牛收购项目，为村民购买犏牛，以缓解其耕种及经济压力。以上累计投入29余万元推动12个村开展“5+3”任务。上报简报200余份、月报150份、各类材料150余份、记录民情日记1000余份等。

（王阳阳）

【领导名录】

党委书记

石　　达（藏族）

党委副书记、乡长

张 爱 云（女）

党委副书记、人大主席

边　　次（藏族）

党委副书记、组宣委员

确　　吉（女，藏族）

纪委书记

朱 易 成

综治委员、副乡长、人武部长

边巴次仁（藏族）

统战委员、副乡长

石 惠 之（女，4月免）

副乡长

索朗白珍（女，藏族）

刘　　燕（女）

曲宗寺管委会主任

达　　普（女，藏族）

派出所所长

土登西绕（藏族）

卫生院院长

群　　培（藏族）

2017年3月17日，县委书记陈昊在曲奴乡督导检查“五五”活动开展情况

杜琼乡

【概况】 杜琼乡位于天曲河中游、白朗县城南部10公里处，平均海拔3890米，紧靠日江公路，交通便利。全乡总面积为116.49平方公里，下辖9个行政村（东普村、杜琼村、久布村、帕错村、来强村、普拉村、差强村、多旦村、党精村）。

杜琼乡以农业为主、牧业为辅，耕地总面积19200亩；草场总面积130248亩（其中可利用草场123359亩）；林地面积28725亩。2017年全乡粮油产量达到650万公斤，2017年全乡牲畜存栏17641头（只、匹）。牲畜出栏率达到35%、牲畜商品率达到25%。2017年，全乡农村经济总收入8128.94万元，其中第一产业4310.61万元，第二产业1774.75万元，第三产业2043.58万元，三次产业比例为53∶22∶25；农牧人均纯收入实现14486元，其中现金收入达到9840元，占67.9%。

全乡共有567户3698人，其中劳动力1845人，共有55个联户单位，55名户长，其中9个村54个联户单元，54名户长；全乡共有11个党支部，294名党员，其中女性党员108人，预备党员34人，积极分子51人；全乡农牧民党员257人，预备党员20人，积极分子40人；全乡人大代表40人、县级代表7人、政协委员7人、党代表11人。现有机关干部职工49名（已借调14名），其中：藏族34名，占69%；大专以上文化程度的44名，占89.8%；女性干部职工

28名，占57.1%；35岁以下的45名，占91.8%；事业干部22名，占44.8%；公益性岗位3名，占6.1%。乡纪委配有干部3名，其中，书记1名，纪检专干2名。派出所现有干部5名，其中，干警4名，辅警1名。乡卫生院现有医护人员7名，2名正式员工，5名公益性岗位。

【党建工作】 年内，重视党员发展质量，加强对入党积极分子的教育培养，坚持党员发展标准，认真履行入党手续，全乡共有11个党支部，294名党员，其中农牧民党员257人。重视村级班子队伍建设，2017年，杜琼乡依法依规全面完成9个村的换届选举工作。召开村“两委”班子专题会议，制订完善《村干部考核实施细则》，采取开会测评、约谈、走访群众等方法对村干部进行德、能、勤、绩、廉五个方面的考核。将奖惩与考核结果挂钩，有效调动村干部的工作主动性和积极性。

【精准扶贫】 年内，建档立卡贫困户95户300人，脱贫户78户261人，易地搬迁户数59户（差强村17户、党精村8户、多旦村7户、久布村2户、普拉村6户、东普村8户、来强村2户、帕措村4户、杜琼村5户）；产业分红95户128人，兑现分红资金12.8万元；定向补助65户125人，兑现定向补助资金9.9万元；生态岗位95户330人，兑现生态岗位工资99万元；有24户贫困户，24人申请扶贫贷款，贷款总额120万元；社会兜底12户20人；全乡47户乡内易地搬迁户房屋已基本完工，其中差强村14户搬迁户已入住。

2017年11月29日，县委副书记、县长赤列朗杰在杜琼乡完小慰问师生

【“两学一做”学习教育】 年内，召开“两学一做”学习教育活动动员大会，通过制定实施方案、成立工作领导小组的形式，明确活动内容、目标任务、开展形式、方式步骤、工作安排，为开展专题活动指明方向。各党支部也结合自身召开专题组织生活会，就如何开展“两学一做”学习教育活动任务节点做进一步细化。

【贯彻落实中共十九大精神】 自中国共产党第十九次全国代表大会召开以来，杜琼乡把学习宣传贯彻中共十九大精神作为当前和今后一段时期的首要任务去抓去落实，通过集中学习、个人自学、研究讨论等多种形式，借助宣传栏、宣传手册多种载体，学习宣传中共十九大精神，深刻领会和把握十九大报告的精神实质，把思想和行动统一到中共十九大报告精神上来。同时以中共十九大精神为引领，全面对照中共十九大报告在新时代下提出的新目标、新任务、新要求，按照县委、县政府的安排和部署，以中共十九大精神为指引，扎实推进全乡各项工作的开展。

【发展壮大村集体经济】 年内，以发展壮大村集体经济为突破口，促进农牧民增收。截至年底，杜琼乡辖9个行政村已有集体经济5个（杜琼村、帕措村、来强村、差强村、多旦村）。

【团委工作】 年内，杜琼乡在团建方面十分重视团员的发展和教育工作，将团委工作制度化、经常化、规范化。2017年团员40人，新增团员6人。

【党风廉政建设】 年内，在党风廉政建设和反腐败工作中，杜琼乡强化组织领导，成立领导小组，明确领导小组成员职责。分别与9个行政村签订《党风廉政目标责任书》,将各村的党风廉政目标任务细化到个人。

【干部作风建设】 年内,为加强机关干部作风建设,由乡纪委牵头严格执行考勤制度,要求干部职工严格遵守上下班制度,并将全年考核情况作为干部职工年终考评的重要依据。

【经济发展】 年内,国民经济总收入8128.9万万,与2016年同比增加42%。其中牧业总收入800.9万元,与2016年同比增加39%,农业总收入3502.1万元,与2016年同比增加70%。农牧民人均收入从2016年的11639元增长到2017年的14486.4元,与2016年同比增加24%。

【农业工作】 年内,杜琼乡大力发展特色农牧业,稳步推进农业结构调整,2016年播种良种青稞1.24万亩("藏青2000""藏青320""藏青19");油菜播种面积为2500亩;蔬菜播种面积为1500亩;饲草料种植面积2800亩。全乡青稞总产量575.14万公斤、油菜总产量达到14万公斤、蔬菜总产量达到216万公斤,饲草料总产量1143.11万公斤。

【畜牧业】 年内,新生子畜5879(头、只、匹),成活率达91%;牲畜出栏6238(头、只、匹),出栏率达35%;牲畜存栏17641(头、只、匹);兑现草原生态保护补助

2017年12月28日,县委常委、副县长胡卫波在杜琼乡开展目标绩效争先进位考核

奖励机制资金185038.5元,2017年杜琼乡林业生态补偿资金共发放139316.3万元,科技特派员补贴111000元;口蹄疫O型、亚洲I型三价灭活疫苗牲畜数为17552(头、只),实免数量为17550(头、只),接种率达99.9%。

【环境综合整治】 年内,环境整治工作作为杜琼乡的重点工作,党委、政府就专门组组织召开专题会议,并多次召开专题部署会议,成立以乡党委书记为组长的工作领导小组,制订方案,并与各单位、各村签订目标责任书,划分片区,责任落实到位。将环境卫生整治作为长效机制来抓,把环境综合整治违规处罚等相关规定纳入乡规民约,做到依规处罚、有理有据。由各单位、各村委和驻村工作队负责定期组织群众对村(居)及周边环境进行打扫,乡督导组定期不定期对各村环境卫生进行检查,发现问题及时整治,保证环境良好。定期组织干部职工和群众学习环境保护法律法规知识,开展环保知识宣传,增强群众爱护环境、爱护家园的意识。

【劳务输出】 年内,劳务输出主要是劳动力转移就业和农牧民技能培训相结合让农牧民群众增加收入,使农牧民群众过上幸福生活。年内,杜琼乡劳务输出1399人次,劳务输出实现经济收入6399800万元。

【教育工作】 年内,教育工作作为杜琼乡一把手工程,乡党委书记为主抓的配备专干工作人员,经常巡查教育教学计划,教师请销假制度,学生吃、住、学等情况,进一步完善和提高整体教育效率。

【卫生工作】 年内,发放宣传资料200余份,受教育群众达到3800余人次,覆盖面达到100%;组织3098名村民参加包虫病筛查,筛

2017年11月9日，乡党委书记杨全义安排部署换届工作会议

查率达到86%，其中，发现病例46人，确诊12人并组织治疗；年内，组织3604群众参加免费健康体检，体检率达到99.81%；组织6岁以下347名儿童免费接种乙肝、卡介苗等9种疫苗，接种率达到100%；加大入院分娩宣传力度，及时进行走访督促，适龄妇女和孕妇宣传覆盖率和入院分娩率均达到100%，孕产妇实现零死亡，婴儿死亡率控制在0.5‰以内；加强村医务室管理，建立村医不履职惩处办法，确保村医坚守岗位、发挥作用；为乡卫生院增配专业技术人员1名，提升医疗服务水平；落实好“一孩双女”政策。

年内，共兑现补助资金30户2.88万元；开展巡回医疗4次、门诊接待3679人次，落实门诊报销3.12万元、乡住院报销2.7万元，同时，采取乡政府每月集中统一代办住院报销的方式，进一步提升医疗服务水平；做好健康扶贫工作，对95户300人贫困人口进行家庭健康签约，签约率100%。

【新型农村社会养老保险】 新型农村社会养老保险是国家出台的一项惠民政策，是一项好政策，达到年龄后每月就可领取养老金至终身。2017年，农村养老保险参保人数达到1860人，征缴保险金18.6万元，参保率达到98%。

【民政工作】 年内，杜琼乡完满完成低保户调整工作，现有低保户32户，69人。困难残疾人42人，重度残疾人33人。

（屠诗韵）

【领导名录】

党委书记

杨全义

党委副书记、人大主席

次仁罗布（藏族）

党委副书记、乡长

普布次仁（藏族）

党委副书记、组织委员、宣传委员

旦增达瓦（藏族）

纪委书记

魏　　巍（女）

统战委员、副乡长、主任科员

边　　吉（女，藏族）

人武部部长、副乡长

康　　峰

副乡长

张　　玉（女，11月任）

派出所所长

拉巴旺堆（藏族）

东普村第一支部书记、第一书记、主任科员

次旦米久（藏族，11月任）

强堆乡

【概况】 强堆乡位于白朗县东南部，年楚河河谷地段，距离县城13公里，交通便利，东与江孜县接壤，西与白朗县洛江镇相连，北与桑珠孜区江当乡接壤，总面积96.6平方公里。全乡平均海拔3950米，年降雨量288毫米，年平均气温5.6℃，具有显著的高原季风、温带半干旱气候特征，干湿冷暖季节分明。

强堆乡下辖7个行政村（夏吉村、吉定村、亚龙村、当嘎村、扎西普村、洁白村、白岗村）。全乡共7个村民委员会，村“两委”班子人数37人。全乡耕地面积7588.1亩，人均耕地2.6亩，林地面积26028.2亩，草场面积121514亩，年末牲畜存栏数为18770（头、只、匹），2017年，农牧民人均年收入约13957元。

2017年，强堆乡共有369户，2832人，共有35个联户单位，35名户长，其中7个村34个联户单元,34 名户长;全乡共有 11 个党支部,225 名党员,其中女性党员 76 人、预备党员 13 人、积极分子 18 人;全乡群众党员 175 人,预备党员 9 人,积极分子 12 人;全乡人大代表 40 人、县级代表 8 人、政协委员 4 人、党代表 12 人,共青团员 219 人。全乡在编干部职工 42 人,其中乡机关干部职工 35 人,包括公益性 2 人,乡卫生所在编 8 人,包括公益性 4 人,乡派出所 4 人。驻寺干部 4 人;全乡在职教职工 23 人,其中正式教师 19 人、公益性 0 人,临时工 4 人(厨师 3 人、老师 1 人),在校学生 264 人,1 所学前班。其中扶贫建档立卡内 49 户,278 人,建档立卡外 320 户,2820 人;全乡低保户 9 户,42 人、"五保"户 5 人、"三老人员"33 人、残疾人 53 人。

2017年8月16日,县委书记陈昊在强堆乡吉定村调研

【基层队伍建设】 年内,加强对入党积极分子的教育培养,坚持党员发展标准,认真履行入党手续,全乡共有 11 个党支部,225 名党员,其中群众党员 175 人。重视村级班子队伍建设。年初乡党委就专门召开村"两委"班子专题会议,制定完善村干部考核实施细则,采取开会测评、约谈、走访群众等方法对村干部进行德、能、勤、绩、廉五个方面的考核。将奖惩与考核结果挂钩,有效调动村干部的工作主动性和积极性。

【扶贫工作】 年内,建档立卡内贫困户 49 户、278 人,脱贫户 47 户 266 人。易地搬迁户数 32 户,受益人数 160 人;产业扶持 49 户,受益人数 142 人;医疗救助 49 户,受益人数 13 人;生态就业岗位 49 户,受益人数 180 人,发放资金 540000 元;信贷扶持 48 户,受益人数 52 人;社会兜底 6 户,受益人数 35 人;结对帮扶 49 户、278 人。

【"两学一做"学习教育】 年内,强堆乡党委召开"两学一做"学习教育活动动员大会,通过"两学一做"学习教育活动实施方案和工作领导小组,明确活动内容、开展形式、方式步骤、工作安排,使"两学一做"学习教育成为常态化制度化,为开展专题活动指明方向。各党支部也结合自身召开专题组织生活会,就如何开展"两学一做"主题活动任务节点做进一步细化。

【"四讲四爱"主题教育实践活动】 年内,成立乡宣讲组 1 个、村宣讲队 7 个、"双联户"宣讲员 34 名、僧尼宣讲队 1 个、学生宣讲队 1 个,采取召开全乡大会、群众大会、走村入户、深入田间地头、深入寺庙、深入学校等形式进行宣讲。活动开展以来,宣讲组集中宣讲 14 次 1257 人次,巡回宣讲 5 次 1500 余人次,宣讲队集中宣讲 98 次 20000 余人次,入户宣讲 28 次 2000 余人次,田间地头宣讲 21 次 650 余人次,宣讲员入户宣讲 136 次 1460 余人次,农牧民全覆盖;寺庙宣讲 18 次 310 人次,僧人全覆盖;学校宣讲 48 次 6500 余人次,青少年学生全覆盖。

【贯彻中共十九大精神】 年内,强堆乡贯彻学习宣传贯彻中共十九大精神,要在学懂、弄通、做实上下功夫,乡干部每周都要进行两次的学习,并写每次学习的心得体会。各驻村工作队要求每周组织村干部群众用藏语的形式宣讲中共十九大精神。

【发展壮大村集体经济】 年内,以发展壮大村集体经济为突破口,促进农牧民增收。截至年底，强堆乡正在实施的村集体经济有：亚龙娟姗奶牛养殖场，项目资金54万元。吉定村藏鸡养殖场，项目资金25万元。吉定村藏猪养殖场，项目资金30万元。

【团委工作】 年内，强堆乡在团建方面十分重视团员的发展和教育工作，将团委工作制度化、经常化、规范化。2017年团员126人，新增团员1人，达到年龄退团的有3人。

【党风廉政建设】 年内，在党风廉政建设和反腐败工作中，强堆乡强化组织领导，成立领导小组，明确领导小组成员职责。分别与11个党支部签订《党风廉政目标责任书》，将各村的党风廉政目标任务细化到个人。

【机关干部作风建设】 年内，加强机关干部作风建设，由乡纪委牵头严格执行考勤制度，要求干部职工严格遵守上下班制度，并将全年考核情况作为干部职工年终考评的重要依据。

【为群众办实事解难题】 6月19日和9月26日，强堆乡党委班子组织开展贫困户慰问活动分别给杜琼乡15户、强堆乡26户贫困家庭进行慰问，共送去41000元慰问资金及慰问物品，约户均1000元。

【经济发展】 年内，国民经济总收入6204.85万元，与2016年同比增加10%。其中农业总收入2589.22万元，与2016年同比增加月10%。农牧民人均收入13957元，与2016年同比增加12%。

【农业工作】 年内，强堆乡大力发展特色农牧业，稳步推进农业结构调整，2017年播种良种青稞4985.86亩，其中“藏青2000”和“藏青320”分别占3835.86亩、1150亩；经济作物播种面积1964.3亩，其中油菜播种面积为639.75亩、蔬菜播种面积为855.75亩、饲草料种植面积468.8亩。全乡青稞总产量313.825万公斤，油菜总产量12.25万公斤、蔬菜总产量194.925万公斤，饲草料总产量883万公斤；化肥48吨。

2017年7月20日，乡党委书记赵俊峰组织全乡干部学习“四讲四爱”主题教育实践活动

【畜牧业】 年内，新生仔畜成活5203头，仔畜成活率96%，成畜死亡107头，死亡率控制在1.1%以内，牲畜出栏5181头，出栏率32.6%，年末存栏10712头，黄牛改良752头，牲畜防疫和禽流感防控工作得到全面加强，建立并完善防疫应急预案，落实防疫责任，做到防疫、生产“两手抓，两不误”，加强对春秋两季牲畜防疫工作的组织领导，以“W”病、禽流感为主的免疫注射密度均达到应免疫的100%。

【水利工作】 年内，开复工项目共8个，总投资738万元。洁白村水塘建设项目56万元；当嘎村水渠建设项目70万元；吉定、夏吉村人畜饮水机井建设项目各75万元；夏吉村溢流坝及水闸建设项目25万元；亚龙村农田支渠建设项目67万元；夏吉村农田斗渠建设项目309万元；吉定村农田水渠建设项目136万元；洁白村、当嘎村、扎西普村人畜饮水机井建设项目120万元。

【成立环保知识宣讲组】 年内，迎接中央环保督查考核组为良好契机，成立环保知识宣讲组深入7个行政村进行集中宣传环保知识21场次，发放宣传资料1050余份，张贴环保宣传条幅40余条，环境

2017年5月16日，阿里地区考核组一行在强堆乡进行精准扶贫交叉考核

保护人人参与的面貌逐步形成；乡纪委牵头开展环保督查42次，严密防控“年河”乱采乱挖现象，保持全乡砂厂1座砖厂5座的现状，确保砂厂砖厂零增加。

【“河长制”工作】 年内，成立“河长制”工作领导小组，召开“河长制”工作动员部署会议和推进会议7次，任命乡级总河长1名，村级“河长”7名，实现各流域各河段乡级村级“河长”全覆盖，制作“河长”分段标识牌34个，认真落实“河长”的职责，组织村“河长”、户“河长”和水生态岗位人员开展对年河流域的垃圾清理工作47余次，恢复强堆乡境内年河的原始面貌，汛期开展巡逻每天3次，先后组织群众1400余人开展抢险救灾，争取抢险物资铅丝笼23卷、编织袋3000条，资金27930元，确保年河河堤的安全度汛。

【建设生态村、文明村】 年内，以建设生态村、文明村为目标，大力开展乡村环境卫生综合整治活动，将环境卫生、生态保护工作纳入到乡（村）规民约当中进行狠抓落实，将人人讲卫生、家家护环境、村村保生态成为一种普遍共识，形成每周一集体打扫的长效机制。为此，紧密结合精准扶贫生态岗位政策全面实施有利之机，层层签订目标责任书，把责任逐级划分到乡、村、户、人，形成乡全权统领、村全程监督、户全面负责、人全力尽责的机制，有效推动和改善乡村人居环境面貌。

【生态保护】 年内，开展植树4000余株，消除2个村7户无树户，湿地保护力度进一步加强，宣传湿地保护法律法规2次，强化湿地放牧的管理。

【劳务输出】 劳务输出主要是劳动力转移就业和农牧民技能培训相结合让农牧民群众增加收入，使农牧民群众过上幸福生活。根据2016年国民经济统计数据，2017年强堆乡劳务输出人次1826人/次，劳务输出实现经济收入369万元。2016年派送113名农牧民群众到市人力资源和社会保障局下属的9家培训机构参加太阳能设备维修、创业、装载机、挖掘机、钢筋机、混泥土工、农机维修、藏餐厨

2017年7月1日，强堆乡召开“两优一先”表彰大会

2017年8月3日，强堆乡扎西普村村民欢度“望果节”

师等技能培训。

【教育工作】 年内，教育工作作为强堆乡一把手工程，乡党委书记为主抓的配备专干工作人员，经常巡查教育教学计划，教师请销假制度、学生吃、住、学等情况，进一步完善和提高整体教育效率。全乡小学在校生264人，入学率达到100%。

【卫生工作】 年内，严格建立卫生工作台账，实施村医包村和考评制度，确保村医的管理和用药指导工作，全乡农牧民参合2673人，参合率达到99%，各种疫苗接种率100%，卫生知识宣传12次，门诊人数5138人次，住院人数46人，住院分娩32人。

加强医疗卫生队伍建设，提高诊疗水平，不定时的组织村医务人员在乡卫生院进行培训。让广大人民群众就近就医、安心就医。巩固完善基本药物制度，排查过期药物，保证农牧民放心用药。充分利用民族医药特色优势，提升藏医药服务能力。加强妇幼卫生和优生优育工作，确保孕妇在分娩周期内得到有效的保障。大力开展健康教育宣传工作，提高群众健康意识。

【妇联工作】 年内，强堆乡妇联主要在“三八”国际妇女节期间乡党委、政府为各村拨付1000元的活动经费。在“3·28”西藏百万农奴解放纪念日期间强堆组织开展贫困妇女慰问活动，并送去2000元的慰问金和慰问品。

【新型农村社会养老保险】 新型农村社会养老保险是国家出台的一项惠民政策，是一项好政策，达到年龄后每月就可领取养老至终身。2017年积极做好养老保险工作，参加养老保险人数1397人，投保金额13.97万元

【民政工作】 年内，强堆乡开展低保和扶贫线“两线合一”，低保从上半年等48户、292人调整为9户、42人，累计兑现低保资金339537.5元；兑现残疾人补贴53人66073元；兑现60岁退伍军人生活补贴10800元，兑现退伍军人“八一”中国人民解放军建军节慰问资金3400元，兑现寿星老人补贴6500元。

【国土工作】 年内，在县农改办的精心组织下，强堆乡7个行政村的集体土地承包经营权确权登记工作已基本完成。

（黎新宇）

【领导名录】

党委书记

赵 俊 峰

党委副书记、乡长

扎西江白（藏族）

党委副书记、人大主席

旦 木 真（藏族）

党委副书记、组织委员

肖　　杰

副乡长

格桑玉珍（女，藏族）

江 志 龙

纪委书记

索朗普尺（女，藏族）

政法委员、派出所所长

次仁多吉（藏族）

卫生院院长

边　　巴（藏族）

乡小学校长

米玛次仁（藏族）

嘎普乡

【概况】 嘎普乡辖5个行政村（含

16个自然村)，平均海拔4300米，是一个自然资源匮乏的半农半牧乡。耕地面积5510亩，草场面积46.5万亩，林地面积1.5万亩。共有379户2240人，其中劳动力1334人。有中心小学1所，卫生院1个，全乡参加合作医疗人数达2207人，参保率达到98.5%。派出所1个，配有干警3人。寺庙1座，驻寺特派员4人。全乡共有干部职工35名。其中，正科3名、副科7名、科员2名、办事员1名、事业人员20名、合同工1名、公益性1名。共有党支部8个，党员206名。有团员53人。全乡精准扶贫户124户533人，"五保"户5人，"三老人员"45人，共配置村"两委"干部27名。

【经济发展】 年内，嘎普乡经济总收入完成3319.5471万元，比2016年增长655.0871万元，增长率达24.5861%。其中，第一产业收入达到1669.3425万元，第二产业收入为524.43万元，第三产业收入为1125.7746万元。2017年，全乡粮油总产量完成188.935万公斤，比2016年增长7.265万公斤，增长率达4%，其中，青稞176.695万公斤，油菜籽17.24万公斤。蔬菜总产135.56万公斤，饲草产量156.825万公斤，均比2016年有所增加。实现人均纯收入达10652元，同比人均增加1625元，增幅达18%。其中，实现人均现金收入7456.3元，占人均纯收入的70%。

【牲畜存栏】 年内，嘎普乡牲畜存栏总量达22513头(只、匹)，适龄母畜达到12475头(只、匹)，成畜死亡153头(只、匹)，死亡率控制在1%以内，新生仔畜9381头(只、匹)，成活9232头(只、匹)，成活率为98.41%。

【劳务输出】 年内，嘎普乡共实现劳务输出955人1930人次，收入约388.58万元，仅劳务输出全乡人均增收1734.7元。城乡居民养老保险参保率达96%，完成全民参保录入工作，系统导入率达98%。

【党建工作】 年内，嘎普乡按照年初制定的学习计划，坚持用中国特色社会主义理论体系武装党员干部头脑，深入贯彻学习中共十八大、十八届三中、四中、五中、六中全会精神及党的各项路线方针，中央第六次西藏座谈会精神。党的各项富民惠民政策，年内，组织党员干部，累计学习40次，参加学习1800余人次，有效提高党员的政治觉悟，优化党员队伍整体素质。共组织党员干部集中收看《榜样》《镜鉴》等爱国电影、纪录片等5余次，参加观看人员达80余人，提升思想素质，进一步坚定党员干部的党性修养和服务群众的思想意识。

【优化党建载体】 年内，以党员志愿服务队的建立为依托，在全乡范围内开展"流动红旗"先锋队和"志愿者服务之星"基层党组织创建活动。每季度进行一次评比，通过自评、互评的方式，在帮助群众解决实际困难、宣传党的方针政策、维护社会和谐稳定、发挥先锋模范作用、体现为民服务宗旨等方面选出优秀服务队，并给予一定奖励，以此激励鞭策后进，提升全乡党员志愿服务队整体素质，真正起到服务于民的作用。年内，党员自愿服务队共出动80人次，帮助村民45人次，解决包括道路修整、出行照明、扶危济困等各式各样关系

2017年10月7日，日喀则市副市长李玉建（右一）在嘎普乡中心小学调研

2017年3月11日，县委副书记、县长赤列朗杰在嘎普乡调研

群众切身利益的问题15余个。

【村组织换届】 4月，嘎普乡严格按照《中国共产党章程》《中国共产党农村基层组织工作条例》《中国共产党基层组织选举工作暂行条例》《中华人民共和国村民委员会组织法》及有关法律法规规定，坚持完善“两推一选”制度，认真组织实施村“两委”换届选举各项工作。在村组织换届选举前期统计、调查、摸底、选民登记、选票印制、宣传等准备工作完成后，11月10—14日，开展村组织换届工作，选举工作严格遵守换届选举程序，以人事方案安排为基础，乡党委、政府全程指导参与换届各项工作，确保换届各项工作顺利进行，在全乡的工作同努力下村组织换届选举工作未发生漏选、错选、贿选及影响社会稳定的事件，27名村“两委”班子候选人及15名村务监督委员都以高票当选，整个村组织换届工作圆满顺利完成。

【强基惠民】 年内，加强乡属各驻村工作队管理，为乡强基办配备专职人员，扎实推进强基惠民各项工作。加强宣传中共十八大、十八届三中、四中、五中、六中、七中全会；习近平总书记系列重要讲话精神；中央第六次西藏工作座谈会精神及十九大精神；充分发挥驻村工作队作用，通过两学争做合格党员，不断加强党员理想信念，坚定共产主义信仰，发挥党员先锋模范作用，为群众办实事、做好事、解难事；推进精准扶贫，寻找致富门路。通过对精准扶贫户的走访、谈心、宣传等工作的开展，以“真扶贫、扶真贫”工作精神，了解群众疾苦、致贫原因，分析原因，为贫困户出谋划策，寻找致富门路，推动精准扶贫工作。

【党风廉政建设】 年内，乡党委、政府认真贯彻落实习近平总书记系列重要讲话精神、中央“八项规定”及自治区“约法十章”“九项要求”及区、市、县级下发的相关文件要求，常抓思想教育，深入开展党风廉政建设，加强反腐败工作力度，改进工作作风。坚持全面从严治党，深入开展贯彻落实《中国共产党党员领导干部廉洁从政若干准则》和《农村基层干部廉洁履行职责若干规定（试行）》教育活动，坚持“党政同责、一岗双责、齐抓共管”的原则，加强反腐倡廉制度建设，严格要求乡全体干部职工，严格遵守各项规章制度，厉行节约，减少应酬，降低各类接待标准，规范公车使用，做好账目管理工作，及时将各项支农惠农、民政、扶贫、救灾等专项资金使用、落实情况通过乡村政务公开、村务公开、财务公开等途径及时进行公示，确保专款专用，账目清晰。提升广大干部职工廉政意识和反腐意识，打牢思想基础，提高拒腐防变能力，嘎普乡没有一起因违反规定而受到通报批评的事件。

【“四讲四爱”主题教育实践活动】 年内，嘎普乡开展“四讲四爱”主题教育活动会议、演讲赛，共计10余次；各村开展主题教育活动会议、新旧西藏对比故事会、文艺演出、升国旗仪式，共计10余次；乡政府、驻村工作队入户座谈、田间学习，共计10余次；派出所以法制教育为契机深入各村开展活动会议，共计5次；学校校内开展反分裂教育活动、红歌传唱，共计3余次。乡政府下发转发文件，共计10余件；下发宣传横幅、标语，共计10余条；下发主题教育实践活动《宣讲提纲》手册，共计15册。

【贯彻中共十九大精神】 年内，嘎普乡成立以乡党委书记任组长，政府乡长为副组长的学习宣传贯彻中共十九大精神工作领导小组，确保中共十九大精神学习宣传贯彻工作顺利实施、稳步推进。充分发挥党组织在学习活动中的战斗堡垒作用，高度重视，精心组织，以学习触动思想、提振精神、促进工作。结合工作实际，建立学习宣传贯彻中共十九大精神长效机制，把学习宣传贯彻中共十九大精神作为一项长期工作，持之以恒，抓实抓好；党员干部要率先垂范，带头学习，正确处理工作与学习的矛盾，确保学习、工作两不误，确保中共十九大精神学习宣传贯彻活动扎实有效开展。

【精准扶贫】 年内，嘎普乡动态调整后共有124户533人为贫困户，继续按照六个精准的要求，通过全面落实“九个一批”措施，全力推进精准扶贫工作，聚焦贫困户、精准实施、聚力贫困人，以农牧民增收为重点，以全面脱贫摘帽为目标，团结带领全乡广大人民群众、真抓实干、奋力拼搏，团结带领全乡贫困户脱贫致富。

【建立健全领导机制】 年内，乡党委、人大、政府高度重视，认真做实、做细各项工作。制定相应工作方案成立以乡党委书记为组长，人大主席、乡长为副组长、扶贫专干、学校、卫生院、派出所、驻村工作队队长、各行政村党支部书记、村委会主任为成员的领导小组，设立专门办公室，完善工作机制，配备专干人员开展工作。严格落实脱贫攻坚“一把手”负责制，乡村两级书记抓扶贫，形成工作合力，搭建起“一级抓一级、层层抓落实”的工作格局。

2017年2月17日，林芝市脱贫攻坚交叉考核督导组一行在嘎普乡玛岗村考核脱贫攻坚工作

【扶贫工作】 年内，为在精准扶贫工作中实现应纳尽纳、应扶尽扶，确保在扶贫的路上，不落下一个贫困家庭，不丢下一个贫困群众的原则，通过“报—查—评—审—批”五个环节，利用8天时间进行逐户走访，将符合扶贫标准的农户拟定为贫困户，符合清退条件的给予清退，再通过各户申请，民主评议、审核、公示等程序做到精准识别，精准退出，确保嘎普乡贫困人口甄别和建档立卡工作的质量和实效，经建档立卡贫困人口动态调整，嘎普乡新识别的贫困户有10户19人，清退17户109人，最终嘎普乡贫困户为124户533人。全面落实生态岗位、定向补助、产业分红、结对帮扶、易地搬迁等各项扶贫措施，2017年将实现107户499人脱贫，积极稳妥地推进脱贫攻坚各项任务的完成，嘎普乡2017年贫困发生率控制在3%以内，有望实现脱贫摘帽。

【春耕春播】 年内，召开春耕春播工作安排部署会，对全乡农牧业生产、农药化肥需求、任务指标分解、病虫害防治等工作进行全面安排部署，做到有计划、有目标。严格按照粮经饲比例做到早准备，早动手，完成播种面积5330亩，发放各种化肥共74.5吨，发放有机化肥122.52吨，分解农药169桶（箱、袋）。

【包虫病防治】 西藏是包虫病流行最严重的地区，为积极响应自治区打响的包虫病防止工作，保障嘎普乡广大群众的身体健康，嘎普乡及时召开包虫病防治工作安排部署会议，并成立以乡长为组长，各村主任、乡卫生院、乡农牧综合服务中心人员为成员的工作领导小组，为广大群众开展相关知识的宣传及思想教育工作，同时积极配合上级党委、政府部门在全乡范围内开展筛查、防治工作。

【青稞增产】 年内，在开展青稞增产行动中，乡政府积极作为，安排部署各项工作，从宣传，农药、化肥的分配、发放，指标任务的分解，科技帮扶等方面，给予全面的指导和帮助，虽然由于修路的原因，占用耕地造成嘎普乡耕地面积有所减少，但通过乡干部包村、科技特派员包户等措施，全乡青稞产量经县推广站核产后，亩产均能达到增产25公斤的目标，圆满完成青稞增产行动的各项任务，也进一步增加群众收入。

【防汛抗旱】 年内，气候异常，为确保粮油产量，确保安全度汛，嘎普乡及时完善防汛抗旱应急预案，充实组织机构，完善防汛突击队，规范工作程序，明确职责任务，为真正做好2017年防汛抗旱工作提供坚实保障。积极筹备防汛抗旱各项物资，共备石备料3246立方米，编织袋10000个，铁丝15卷，加固加高险段防洪坝总长1000余米，为落实防汛抗旱工作任务打下坚实基础。

【安全生产】 年内，为迎接国务院安委会安全生产巡查，嘎普乡以有效遏制重特大事故为重点，狠抓隐患排查、专项整治、综合治理和法规制度建设，进一步夯实监管基础，深化重点行业领域专项整治和打非治违专项行动，深化改革创新，全乡安全生产形势持续稳定。开展安全生产宣传月活动，悬挂宣传横幅10条，张贴宣传标语20多条，召开宣传大会5次，参会群众达1300余人次，通过广泛宣传，安全生产责任重于泰山、安全生产无小事等观念深入人心。在全乡安全生产工作上坚持“党政同责、一岗双责、齐抓共管、失职追责”的责任制，坚持“安全第一、预防为主、综合治理”的方针，加强建筑施工领域、食品、药品领域，交通道路领域的检查，监督8余次，有效防止和杜绝全乡安全事故的发生.2017年，嘎普乡未发生一起安全事故。

2017年3月3日，白朗县政协副主席次仁琼达在嘎普乡检查指导工作

【环境卫生】 年内，紧紧围绕嘎普乡农村环境综合整治中存在的突出问题、难点问题，以大力改善农村生态环境，提高农民生活质量为起点，结合精准扶贫生态岗位安排，发动全民参与环境大整治活动。乡政府统筹安排，各村密切配合，规定每周日为卫生大清扫日；利用党员志愿者服务队和生态岗位人员开展白色垃圾清理、垃圾池清运等工作，发挥生态岗位人员积极性；以驻村工作队为抓手，督促各村开展村内环境卫生大整治工作，确保村内道路、河道、庭院、施工场地等公共场所的环境卫生，从根本上改善全乡村内环境。

【“河长制”工作】 年内，坚持政府主导，各村协作，分级负责，构建河湖保护管理工作机制。建立覆盖乡、村两级的“河长制”，初步形成制度体系，形成“河长制”管理网络。制作河道分段负责示意图6个，明确分段河道河长及主要职责，确保及时开展河道清淤、污水防止，河塘管理等工作。自“河长制”工作实施以来，共进行河道清淤、河道卫生整治15次，加强河道、水塘、防洪坝维修10

次，有效确保基础设施的完善。

【人大工作】 年内，嘎普乡共有县级人大代表4名，其中妇女代表2名，占代表总数的50%；乡级人大代表40名，其中妇女代表8名，占20%。配备人大主席1名。设立人大代表之家1间，建立人大代表小组4个，分别制作宣传栏、制度栏、形象栏等上墙制度，完善县乡人大代表花名册，建立起“九薄两册”，规范《嘎普乡人大代表建议、意见处理办法》。通过到兄弟县（区）学习交流进一步完善各类制度，制作回音墙，规范各类资料台账。在日常工作中积极发挥人大监督作用，履行好代表权力与义务，在乡政府各类资金兑现、项目实施、食品安全、维护稳定等方面开展监督检查6次，并将监督过程中发现的问题及时向乡政府进行反应，并得到有效解决，同时，修改完善环境、卫生等乡规民约、村规民约，有效发挥人大的监督作用，增加代表主人翁意识和参政议政积极性。

【项目建设】 年内，续建项目为嘎普乡桥头岔口玛岗村公路，该项目投资1400万左右，已于9月正式竣工，该项目的竣工解决塔叶、玛岗2个行政村道路畅通问题。新建项目主要有旺东公路嘎普段修建项目，全长约20公里，投资约5000多万元，4月正式破土开工，预计于2018年10月完工，现已完成47%左右；乡卫生院综合办公楼项目，由援藏投资，于8月正式动工，已完成70%；乡小学

2017年4月20日，乡党委书记旦增在玛岗村慰问驻村工作队

学生宿舍修建，由援藏投资，于9月底动工，由于开工时间较晚，加之天气原因，项目现只做完基础，完工率约为30%；楚松村幼儿园项目建设，该项目前期工作已完成，由于天气原因该项目完全处于停工状态；各村人饮工程，修建机井9个、蓄水池2个及管道铺设，项目已全部竣工，等待通水。

（旦增塔杰）

【领导名录】

党委书记

旦　增（藏族）

党委副书记、乡长

任振西

党委副书记、人大主席

央　珍（女，藏族）

党委副书记、组宣委员

索朗卓嘎（女，藏族）

纪委书记

阿旺次仁（藏族）

副乡长

刘永才

马　宁（11月免）

德吉卓嘎（女，藏族）

罗显海（5月任）

副乡长、人武部部长

晋美朗杰（藏族）

副主任科员

边巴次仁（藏族）

者下乡

【概况】 者下乡位于白朗县西南部，距县政府驻地48公里，北纬28° 58'17.78"，东经88° 57'46.35"，东与旺丹乡、玛乡毗邻，西与萨迦县毗邻，南与嘎普乡接壤，北靠桑珠孜区曲布雄乡，平均海拔4500米左右，乡政府驻地海拔4390米。全乡总面积475817亩。现辖7个行政村22个自然村。2017年，者下乡共31名干部职工（其中副科及以上领导干部8名，普通干部22名，公益性1名），1所小学16名教职工，1座寺庙。截至年底，全乡共有332户1991人，其中男

2017年12月25日，者下乡召开村干部述职述廉报告会

性1084人，女性907人。

【经济发展】 年内，农村经济总收入达到2128.18万元，同比增长231.85万元，牧民人均纯收入达到8755.91元，同比增长1410.13元，增长率达19.2%。全乡农作物播种面积为800亩，其中粮食播种面积为300亩、经济作物100亩、饲草料400亩。粮油总产量达13.5万公斤，其中粮食产量达12.5万公斤、油料达1万公斤。年末存栏各类牲畜31008头(只、匹)，其中大畜3550头(匹)，小畜27458只，新生仔畜11299头(只、匹)，成活数11141头(只、匹)，成活率达到98.6%，适龄母畜17821只，占牲畜总头数的57.48%，各种毛类产量19.58吨，年皮张产量14763张。

【党建工作】 年内，者下乡共有9个党支部，186名党员，其中机关党员26人，群众党员160人。2017年，者下乡党委分别与9个党支部签订《党建工作目标责任书》，压实第一责任人责任；开展2次党务工作培训，培训人数达68人次，集中授课4次，各驻村工作队培训12次，参加培训835人次，加强村级干部队伍建设；入户30余次、召开座谈会3次，整理归纳建议意见10余条，制定整治帮扶措施，年底热玛村整治工作顺利通过市、县两级验收；召开组织生活会3次，涉及者下乡党委和所有党支部，归纳整理意见建议16条；对机关党支部8名无职党员进行设岗定则，明确责任；开展党员志愿服务45余次，参加党员干部820人次，解决群众实际困难12件；每季度开展支部书记互评互谏，帮助理清发展思路2条，有效解决支部书记履职不认真，职责不明确等问题；“七一”中国共产党建党日对3个先进党支部、14名优秀党员、2名优秀党务工作者进行表彰，发放奖金7200元，对“三老人员”、困难党员进行慰问，发放慰问金3000元；结合4321结对帮扶工作，认真开展结对认亲，对227贫困户进行慰问，并发放价值23.7万元的慰问金、慰问品。

【党风廉政建设】 年内，充实和完善以乡党委书记为组长的党风廉政建设工作领导小组，严格执行《领导干部有关事项报告制度》，落实“三重一大”制度和乡党委书记末位表态制度；年初，将全乡党风廉政建设和反腐败工作目标进行分解，进一步明确责任内容和任务要求，乡党委分别与各村支部书记、乡直各单位签订《党风廉政建设目标责任书》，明确党风廉政工作目标任务；以身边反面典型事例为警示题材，以强化队伍建设和服务人民为出发点，以正风肃纪为目标，以中共十八大及十八届历次全会、习近平总书记系列重要讲话精神、中央“八项规定”精神及区、市、县各级相关文件为题材，召开党风廉政建设和反腐败工作会议5次，开展警示教育学习28次，全乡干部职工参会率达97%以上，进一步强化党纪党规认识，确保者下党风廉政建设持续向好；乡纪委每季度对者下乡“三公”经费使用情况进行检查，不定期对惠民资金兑现、精准扶贫工作、公车使用、干部履职和干部职工参与赌博等情况进行监督检查，建立常态化督查机制，及时发现问题并督促整改，加大监督力度和透明度，确保权力在阳光下运行。

【"四讲四爱"主题教育实践活动】年内，开展"四讲四爱"主题教育实践活动和"两学一做"学习教育常态化制度化教育工作。切实做到学习有记录、有考勤、有心得、有研讨。每次学习党员参与率均在92%以上，分批次进行专题研讨4次，共撰写专题发言稿52余篇及心得体会220余篇。开展知识竞赛2次。

【贯彻中共十九大精神】年内，起草印发《者下乡学习宣传中共十九大精神工作方案》。明确学习宣传要求、重点、步骤和措施，确保中共十九大精神学习宣传工作有计划、有步骤开展；乡党委、政府悬挂关于十九大精神的宣传横幅70余条（上级部门配发50余条，乡党委、政府定做20余条）；乡LED电子显屏每天滚动播放十九大精神宣传标语；乡党委、政府统一制作8个十九大宣传栏，32个宣传挂图；乡理论中心组组织全乡干部职工对十九大报告全文和新修订的《中国共产党章程》进行学习，每一位干部职工在学习后均有心得、有体会；乡党政主要领导为全体干部职工、村"两委"、驻村工作队和农牧民群众集中授课4次；各村"两委"和驻村工作队集中为农牧民群众授课5次，并不定时进行入户宣讲。

【精准扶贫】年内，实现易地扶贫搬迁工程完美收官，共计修建易地扶贫搬迁民房135套，受益135户776人，除2017年新争取的2016年续建项目5户32人外，其余均于7月初竣工，9月底通过项目验收并全部入住；2017年确定边缘贫困户42户，受益42户386人，有劳动能力的全部获得生态岗位和岗位资金；不断改进广大牧民住房条件，年内，共调查统计19户危房改造对象，其中重度2户已安排项目重建，中度的1户安排改扩建；普村幼儿园建设项目顺利推进，实现下半年破土动工。截至年底，基础工程和框架基本完成，预计2018年正式投入使用；2016年以来实施曲姆等5个村脱贫经营中心项目建设顺利开展，到9月底实现全面竣工，经验收交付后2018年正常投入使用，通过运行分红，为精准扶贫对象拓宽就业渠道，增加现金收入。

【人大、政协工作】年内，充分利用村级人大代表小组活动经费，进一步完善各代表小组的办公设备，为强化人大代表履职提供可靠的办公条件；6月26—27日顺利召开者下乡第十四届人大二次会议，选举者下乡政府副乡长1名，审议修订《乡规民约》，增加乡规民约内容2项、修改内容3项；征集代表提出的意见建议26条，并移交乡政府办理；乡政协委员联络办公室正式挂牌，乡党委书记兼联络办主任，配齐委员和联络员，支持和保障委员依法履行职责。

【村组织换届】年内，乡党委严格按照上级要求，坚持"德才兼备、群众公认，注重实绩"的原则，以把好选人用人关，选出一支想干事、能干事、干成事的村干部为目标，在村组织换届过程中，严格标准、深入摸排、研判选情、严把程序，全面推进7个行政村的村组织班子换届选举工作，平稳顺利完成村组织换届选举工作，提名并顺利当选57名村组织干部（其

2017年11月14日，县委书记陈昊在者下乡检查灾后重建入住情况

中连任39名、新任18名）分别担任村“两委”、监督委员会和妇代会、团支部等职位，新任村干部均为群众威信高，致富能力强的党员，为者下社会、经济发展注入新动力。

【生态环境建设】 年内，共组织8294人次开展环境卫生清理36次，运用民用拖拉机等转运垃圾220余车，有效实现村居干净、庭院整洁的既定目标；顺利推进者下垃圾集中处理场8个，加快推进者下环境点面整治，有效提升整体生态环境水平；聚焦水资源保护，大力推进“河长制”落实，制定《者下乡全面推行河长制工作方案》，明确全面落实“河长制”的时间表、路线图，逐级逐段落实河长制。将责任逐级明确到“双联户长”一级，确保乡域内每一条河流的“河长制”工作不落空，有效实现环境更加洁净、水质更加优良。

【岗巴羊经济圈项目】 年内，建设投资600万元的者下乡岗巴羊经济圈项目建设，截至年底，主体建设已完工，预计2018年投入使用。

【农牧综合服务中心项目】 年内，投资73.46万元的农牧综合服务中心于10月竣工，内设的药房、储仓等设施功能起全，工程质量良好。

【村级组织活动场所】 年内，实施投资245.97万元的普村村级活动场所规范化建设工程，工程全面建设完成；投资190.15万元的那堆村和投资203.75万元的珍木则村村级活动场所规范化建设工程完成放线和拆迁工作。

【乡、村公路】 年内，白者公路项目建设有序推进，12月下旬实现全线贯通；聂仓、那堆等后山5个村的乡村路面硬化工程于本年度10月正式实施路基铺设作业，乡政府至普新村乡村公路硬化项目完成招标。

2017年12月27日，者下乡召开第十四届人民代表大会第三次会议党员大会

【土豆种植】 年内，普村、宗村顺利试种土豆约250亩，产量达18万余斤，除去群众自食的3万余公斤和明年的种子4万公斤，剩余的2.05万余公斤土豆，通过乡党委、政府的协调，外销至全县各中小学，增收10.25万元，为精准扶贫对象增产增收脱贫致富注入强劲动力。

【青稞草基地】 年内，青稞草基地扩大617.1亩。截至年底，者下乡青稞草基地已有3617.1亩，产量271.2785万公斤，保障牲畜冬季饲草料的正常供给，另投资2600万元的聂仓大水库建设项目已进入收尾工作。

【万亩人工种草项目】 年内，者下万亩人工种草基地项目已完成前期选址工作，2018年有望落地并投入使用，万亩人工种草项目的实施，将从根本上改变者下传统的产业结构，改变饲草靠买、靠政府救济的现状，并还有富余饲草进行出售至相邻乡镇和西部各县，增加牧民群众的现金收入。

【藏香加工厂项目】 年内，通过区邮储银行驻普村工作队争取，中国扶贫基金会转赠100万元的金果藏香加工厂项目建设，初设及立项基本完成，项目有望在2018年开工建设并投入使用。

【“斗牛”文化节】 年内，投资1268.63万元的斗牛文化场全面

2017年4月5日，乡党委书记普珠一行在普村开展精准扶贫清退户入户调研

竣工，9月举办者下乡第十二届斗牛文化节暨全民健身特色品牌活动，容纳观众6000余人。2017年，者下乡被国家体育总局评选为2013—2016年度群众体育先进单位。

【教育工作】 年内，者下乡完小接收新入学适龄学童30名，新招收学前班学生21名，全校学生突破214名大关。

【社会保障】 年内，参加合作医疗集资1991人，参加率100%；城乡居民基本养老保险参保人数达1215人，全民参保1970人；农牧区劳动力转移就业1002人次，收入突破185万元。

（邓文龙）

【领导名录】

党委书记
　　普　　珠（藏族）
党委副书记、人大主席
　　巴　　罗（藏族）
党委副书记、乡长
　　李　　勇
党委副书记
　　普布旦增（藏族，4月免）
　　张 其 征（4月任）
纪委书记
　　次　　普（女，藏族）
副乡长、主任科员
　　普　　琼（藏族）
副乡长
　　米玛拉姆（女，藏族）
　　杨 少 军（4月任）

东喜乡

【概况】 东喜乡位于白朗县南部，距县城75公里，辖8个行政村，平均海拔4800米，东连江孜县、康玛县，西临萨迦县，北靠嘎普乡，南与亚东县、岗巴县毗邻。乡常年刮风下雪，以高寒气候为主。

东喜乡下辖8个行政村（强日村、普久村、乃直村、思古龙村、曲松村、吾久、比木村、多巴村）。全乡共8个村民委员会，村“两委”班子人数39人，全乡共有草场总面积有106.9万亩，可利用草场面积为101.8万亩。全乡共有205户，1259人，共有37个联户单位，37名户长，全乡共有10个党支部，153名党员，其中女性党员39人、预备党员10人、积极分子32人；全乡群众党员126人，共青团员65人。全乡在编干部职工49人，其中乡机关干部职工25人（包括公益性1人），乡卫生院3人（包括公益性3人），乡派出所4人（包括辅警2人）。驻寺干部2人；全乡在职教职工15人，其中正式教师10人、代课教师1人、公益性4人，在校学生125人（包含30名学前）。全乡贫困户82户，贫困人口383人，其中扶贫建档立卡户80户，370人；边缘户2户，13人。全乡低保户3户、6人，五保户2户、2人，“三老人员”21人、残疾人43人。

【基层队伍建设】 年内，加强对入党积极分子的教育培养，坚持党员发展标准，认真履行入党手续，全乡共有10个党支部，153名党员，其中群众党员126人。乡党委高度重视村级班子队伍建设，年初就专门召开村“两委”班子专题会议，制定完善村干部考核实施细则，采取开会测评、约谈、走访群众等方法对村干部进行德、能、勤、绩、廉五个方面的考核。将奖惩与考核结果挂钩，有效调动村干部的工作主动性和积极性。

【精准扶贫】 年内，建档立卡内贫

困户80户、370人，脱贫户75户362人。产业扶持80户，受益人数80人；医疗救助2户，受益人数2人；生态就业岗位220人，发放资金66万元；社会兜底5户8人。

【"两学一做"学习教育活动】 3月4日，东喜乡党委召开"两学一做"活动动员大会，通过"深化五项教育、增进五个意识"主题活动实施方案和工作领导小组，明确活动内容、明确活动内容、目标认为、开展形式、方式步骤、工作安排，为开展专题活动指明方向。各党支部也结合自身召开专题组织生活会，就如何开展"两学一做"学习教育活动任务节点做进一步细化。

【发展壮大村集体经济】 年内，以发展壮大村集体经济为突破口，促进农牧民增收。截至年底，东喜乡正在实施的村集体经济有曲松村水磨糌粑加工厂、强日村集体经济养殖、普久村集体经济养殖、思古龙村集体经济养殖、吾久村集体经济养殖、乃直村集体经济养殖、比木村集体经济养殖、多巴村集体经济养殖。

【团委工作】 年内，东喜乡在团建方面十分重视团员的发展和教育工作，将团委工作制度化、经常化、规范化。2017年团员65人，达到年龄退团的有12人。

【党风廉政建设】 年内，在党风廉政建设和反腐败工作中，东喜乡强化组织领导，成立领导小组，明确领导小组成员职责，与8个行政村签订《党风廉政目标责任书》，将各村的党风廉政目标任务细化到个人，制定完善"三重一大""四议两公开"等制度，加强对三务公开的监督检查，使权力在阳光下运行。

【"四讲四爱"主题教育实践活动】 年内，东喜乡开展"讲党恩爱核心、讲团结爱祖国、讲贡献爱家园、讲文明爱生活"喜迎中共十九大主题教育实践活动。活动中东喜乡在各村主要街道喷涂宣传标语共计12条，制作宣传栏11个、主题文化墙2面，张贴宣传标语50条，切实提高"四讲四爱"主题教育实践活动的知晓率，营造浓厚的氛围，在"四讲四爱"主题教育实践活动中，东喜乡党委政府积极开展活动动员，制定实施方案，成立领导小组，组织宣讲员，走村入户、深入牧场、工地开展宣讲，切实将活动开展到实处，扩大影响力，常抓不懈，取得实效，东喜乡农牧民群众、中小学学生、寺庙僧尼在思想上政治上行动上受到良好引导，达到活动的预期效果。

【贯彻中共十九大精神】 年内，东喜乡党委、政府高度重视十九大精神的学习宣传贯彻，组织全体干部职工进行深入学习领会，安排驻村工作队走村入户进行深入宣讲，将十九大精神的贯彻融入日常驻村工作中，切实将党的各项政策宣传到群众心中，做到知晓率达到90%以上。

【机关干部作风建设】 年内，东喜乡纪委牵头组织干部职工加强对《中国共产党廉洁自律准则》《中国共产党党内监督条例》以及典型案例的学习，提高干部职工拒腐防变能力，加强对干部职工八小时以内、以外的监督检查，特别是对考勤制度、禁酒、禁赌等相关要求执行情况，并将干部职工全

2017年10月7日，日喀则市副市长李玉建（左三）在东喜乡检查驻村工作

年考勤考核情况作为年终考评的重要依据，对于有苗头性、倾向性问题进行提醒谈话，做到抓早、抓小，切实履行好乡纪委监督执纪问责工作职责。

2017年10月22日，县委副书记、人大常委会主任尼玛顿珠在东喜乡玛尼拉康寺调研

【经济发展】 年内，国民经济总收入为2302444.83元，2016年经济总收入为18795665.38元，同比增长22.5%，其中牧业总收入1262958.4元，与2016年同比增加22.5%。2017年全乡人均纯收入12952.98元，2016年全乡人均纯收入为9737.54元，同比增长33%。

【村“两委”换届】 年内，东喜乡按照县委、县政府的统一安排部署，严格按照《中华人民共和国村民委员会组织法》等文件精神，切实加强组织领导，广泛宣传动员，精心安排组织，严格法定程序，依法操作，有效确保全乡村“两委”换届工作扎实有序开展，在县村组织换届办公室的正确指导下，在广大干部职工充分的前期工作准备下，11月10—14日，东喜乡高标准、严要求稳步推进2017年村组织换届选举工作，顺利完成村级组织换届工作，选出村“两委”班子成员39人，村务监督委员会成员16人，村党委书记8人、副书记8人、委员39人，村委会主任8人、副主任8人、委员15人，村务监督委员会主任8人、委员8人。

【畜牧业】 年内，东喜乡牲畜存栏总头数达26185头(只、匹)，其中大畜2705头(只、匹)；适龄母畜达到16341头(只、匹)，占牲畜总头数的62.4%；新生仔畜12655头(只、匹)，成活总数10205头(只、匹)，幼畜成活率91.67%；牲畜出栏头数为9480头(只、匹)，牲畜出栏率达到26.6%；畜产品商品数5575头(只、匹)，畜产品商品率达到60%。兑现草原生态保护补助奖励机制资金418万元，2017年东喜乡农资综合补贴25万元，科技特派员补贴5000元/人；人工种草面积3010亩。

【环境综合整治】 年内，环境整治工作作为东喜乡的重点工作，党委、政府就专门组织召开专题会议，并多次召开专题部署会议，成立以乡党委书记为组长的工作领导小组，制定《东喜乡环境整治督查工作方案》，并与各单位、各村目标责任书，划分片区，责任落实到位。将环境卫生整治作为长效机制来抓，由各单位、各村委和驻村工作队负责定期组织群众对村居及周边环境进行打扫。乡督导组不定期对各单位、各村开展督查，整改不到位的下发整改任务通知单，限期整改。定期组织干部职工和群众学习环境保护法律法规知识，开展环保知识宣传，增强群众爱护环境、爱护家园的意识。

【劳务输出】 劳务输出主要是劳动力转移就业和农牧民技能培训相结合让农牧民群众增加收入，使农牧民群众过上幸福生活。年内，东喜乡劳务输出311人次，劳务输出实现经济收入2818851元。

【教育工作】 年内，教育工作作为东喜乡一把手工程，乡党委书记为主抓的配备专干工作人员，经常巡查教育教学计划，教师请销假制度、学生吃、住、学等情况，进一步完善和提高整体教育效率。全乡小学在校生95人、学前在校人数30人，入学率达到100%。

2017年10月7日，副县长强巴曲桑在东喜乡检查驻村工作

【卫生工作】 年内，东喜乡新型合作医疗参保户为205户，参保人数达到1240人，参保率达到100%，接生新生儿44人，0—7岁儿童健康项目管理人数为227人，城乡居民健康档案管理人数为1240人。同时，积极开展包虫病防治筛查工作。截至年底，东喜乡牧民群众医疗报销累计285800元。东喜乡卫生院加强医疗卫生队伍建设，提高诊疗水平，不定时的组织村医务人员在乡卫生院进行培训。让广大人民群众就近就医、安心就医。巩固完善基本药物制度，排查过期药物，保证农牧民放心用药。充分利用民族医药特色优势，提升藏医药服务能力。加强妇幼卫生和优生优育工作，保证孕妇在分娩周期得到有效保障。大力开展健康教育宣传工作，提高群众健康意识。

【妇联工作】 年内，东喜乡妇联主要在"三八"妇女节期间乡党委、政府为各村拨付1000元的活动经费。在"3·28"西藏百万农奴解放纪念日期间东喜乡组织开展贫困妇女慰问活动。

【新型农村社会养老保险】 年内，东喜乡推行新型农村社会养老保险政策，这是国家出台的一项惠民政策。达到年龄后每月可领取一定数额的养老金。2017年，东喜乡16—59岁参保人数777人，参保总金额达77700元。

（程云龙）

【领导名录】

党委书记
　　达瓦罗布（藏族）
党委副书记、乡长
　　李　贺
党委副书记、人大主席
　　巴　桑（藏族）
党委副书记、组织委员
　　次仁卓玛（女，藏族）
统战委员、副乡长
　　达　次（藏族）
政法委员、副乡长
　　普次仁（藏族）
纪委书记
　　卓　玛（女，藏族）
派出所所长
　　次旺罗布（藏族）
卫生院院长
　　顿　珠（藏族）
乡中心小学校长
　　达　娃（藏族）

人物

县(区)级以上表彰的先进集体

表 1

获奖单位	获奖名称	表彰时间	授予单位
中共白朗县委员会、白朗县人民政府	国家农产品质量安全县	2017 年	中华人民共和国农业部
共青团白朗县委员会	全国五四红旗团委	2018 年	共青团中央
白朗县者下乡	群众体育先进单位	2017 年	国家体育总局
中共白朗县委员会、白朗县人民政府	青稞增产先进县(区)	2018 年	中共西藏自治区委员会、西藏自治区人民政府
中共白朗县委员会、白朗县人民政府	大力支持非公经济发展先进单位	2017 年	中共西藏自治区委员会、西藏自治区人民政府
白朗县农牧局	先进驻村工作队	2017 年	中共西藏自治区委员会、西藏自治区人民政府
中共白朗县委宣传部驻查热村工作队	先进驻村工作队	2017 年	中共西藏自治区委员会、西藏自治区人民政府
白朗县洛江镇	创先争优强基础惠民生活动优秀组织单位	2017 年	中共西藏自治区委员会、西藏自治区人民政府
白朗县人民法院驻秋堆村工作队	先进驻村工作队	2017 年	西藏自治区强基础惠民生活动领导小组办公室
白朗县嘎普乡驻塔叶村工作队	先进驻村工作队	2017 年	西藏自治区强基础惠民生活动领导小组办公室
白朗县洛江镇驻洛江村工作队	先进驻村工作队	2017 年	西藏自治区强基础惠民生活动领导小组办公室
白朗县人民法院	先进集体	2018 年	西藏自治区高级人民法院
白朗县人力资源和社会保障局	2017 年度全区人社系统劳动保障监察先进单位	2017 年	西藏自治区人力资源和社会保障厅
中共白朗县委政法委	全区护路联防工作第三名	2017 年	西藏自治区综治委铁路护路联防工作领导小组
中共白朗县委政法委	自治区社会治安综合治理先进集体	2017 年	西藏自治区综治委铁路护路联防工作领导小组
武警白朗中队	基层先进单位	2017 年	武警西藏总队
农行白朗县支行	优秀职工之家	2018 年	农行西藏自治区分行工会委员会
农行白朗县支行	巾帼标兵岗	2017 年	农行西藏自治区分行工会委员会
中共白朗县委组织部	创先争优强基础惠民生活动优秀组织单位	2017 年	中共日喀则市委员会、日喀则市人民政府
中共白朗县委统战部	统战民宗工作先进单位	2018 年	中共日喀则市委员会、日喀则市人民政府
中共白朗县委政法委	先进“双联户”创建活动先进集体	2017 年	中共日喀则市委员会、日喀则市人民政府
白朗县人民法院	创先争优强基础惠民生活动优秀组织单位	2017 年	中共日喀则市委员会、日喀则市人民政府

续表1

获奖单位	获奖名称	表彰时间	授予单位
白朗县司法局	先进驻村工作队	2017 年	中共日喀则市委员会、日喀则市人民政府
白朗县农牧局	日喀则市创先争优强基础惠民生活动优秀组织单位	2017 年	中共日喀则市委员会、日喀则市人民政府
白朗县杜琼乡	日喀则市创先争优强基础惠民生活动优秀组织单位	2017 年	中共日喀则市委员会、日喀则市人民政府
白朗县杜琼乡	先进“双联户”创建评选工作先进乡(镇)	2017 年	中共日喀则市委员会、日喀则市人民政府
白朗县洛江镇	民族团结进步模范集体	2017 年	中共日喀则市委员会、日喀则市人民政府
白朗县中学	特色教研示范学校	2017 年	日喀则市人民政府
白朗县中学	推进义务教育均衡发展先进学校	2017 年	日喀则市人民政府
中国人民政治协商会议白朗县委员会	《后藏服饰》《后藏民间娱乐游戏》政协文史资料工作鼓励表扬县	2017 年	中国人民政治协商会议日喀则市委员会
白朗县中学	法治宣传教育先进集体	2017 年	中共日喀则市委宣传部、市司法局、市普法办
中共白朗县委党校	2011—2015 年全市法制宣传教育先进集体	2017 年	西藏日喀则市委宣传部、市司法局、市普法办
中共白朗县委宣传部	宣传思想工作进步奖	2018 年	中共日喀则市委宣传部
白朗县嘎普乡	平安乡镇	2017 年	中共日喀则市委政法委
白朗县妇女联合会	先进集体	2017 年	日喀则市妇女联合会
白朗县人民法院驻雪麦村工作队	文明村镇	2017 年	日喀则市精神文明建设指导委员会
白朗县幼儿园	文明校园	2017 年	日喀则市精神文明建设指导委员会
白朗县林业局	文明单位	2017 年	日喀则市精神文明建设指导委员会
白朗县发展和改革委员会	发展改革系统先进集体	2017 年	日喀则市发展和改革委员会(粮食局)
白朗县人力资源和社会保障局	综合工作三等奖	2017 年	日喀则市人力资源社会保障局党组
白朗县人力资源和社会保障局	转移就业工作先进集体	2017 年	日喀则市人力资源和社会保障局
白朗县商务局	2017 年度质监业务联系单位二等奖	2017 年	日喀则市质量技术监督管理局
白朗县国家税务局	先进单位	2018 年	日喀则市国家税务局
白朗县嘎普乡	无传销乡	2017 年	日喀则市工商行政管理局
农行白朗县支行	综合绩效考评第一名	2018 年	农行日喀则分行
农行白朗县支行	“四好”班子	2018 年	农行日喀则分行

续表1

获奖单位	获奖名称	表彰时间	授予单位
农行白朗县支行	综合考评先进集体	2018 年	农行日喀则分行
农行白朗县支行	代理中国人寿保险业务先进单位	2017 年	中国人寿日喀则分公司
白朗县旅游发展委员会	第五届珠峰奇石展(赛)组织	2017 年	第十五届珠峰文化旅游节组委会、西藏珠峰奇石协会
济南市第八批援藏干部管理组	民族团结进步模范集体	2017 年	中共白朗县委员会、白朗县人民政府
中共白朗县委办公室	白朗县目标绩效争先进位先进单位	2017 年	中共白朗县委员会、白朗县人民政府
中共白朗县委办公室	重教先进单位	2018 年	中共白朗县委员会、白朗县人民政府
白朗县人力资源和社会保障局	第二届珠峰创业创新大赛优秀组织奖	2017 年	中共白朗县委员会、白朗县人民政府
中共白朗县委组织部	目标绩效争先进位考核先进单位	2017 年	中共白朗县委员会、白朗县人民政府
中共白朗县委宣传部	目标绩效争先进位先进单位	2018 年	中共白朗县委员会、白朗县人民政府
中共白朗县委宣传部	平安单位	2018 年	中共白朗县委员会、白朗县人民政府
中共白朗县委统战部	争先进位先进集体	2018 年	中共白朗县委员会、白朗县人民政府
中共白朗县委统战部	社会治安综合治理(平安创建)工作先进单位	2018 年	中共白朗县委员会、白朗县人民政府
中共白朗县委政法委	先进驻村工作队	2017 年	中共白朗县委员会、白朗县人民政府
共青团白朗县委员会	先进驻村工作队	2017 年	中共白朗县委员会、白朗县人民政府
白朗县公安消防大队	综治工作先进集体	2017 年	中共白朗县委员会、白朗县人民政府
白朗县人民法院	目标绩效争先进位考核先进单位	2018 年	中共白朗县委员会、白朗县人民政府
白朗县人民法院驻雪麦村工作队	文明村	2017 年	中共白朗县委员会、白朗县人民政府
白朗县人民法院驻雪麦村工作队	先进“双联户”创建评选工作先进村集体	2017 年	中共白朗县委员会、白朗县人民政府
白朗县发展和改革委员会	目标绩效争先进位考核先进单位	2018 年	中共白朗县委员会、白朗县人民政府
白朗县发展和改革委员会	平安单位	2018 年	中共白朗县委员会、白朗县人民政府
白朗县财政局	目标绩效争先进位先进单位	2018 年	中共白朗县委员会、白朗县人民政府
白朗县财政局	重教先进单位	2017 年	中共白朗县委员会、白朗县人民政府

续表1

获奖单位	获奖名称	表彰时间	授予单位
白朗县财政局	党风廉政建设与反腐败工作先进集体	2018 年	中共白朗县委员会、白朗县人民政府
白朗县国家税务局	目标绩效争先进位经济发展贡献奖	2018 年	中共白朗县委员会、白朗县人民政府
白朗县工商行政管理局	争先进位先进集体、平安单位	2017 年	中共白朗县委员会、白朗县人民政府
白朗县民政局	民族团结进步模范集体	2017 年	中共白朗县委员会、白朗县人民政府
白朗县民政局	目标绩效争先进位考核先进集体	2018 年	中共白朗县委员会、白朗县人民政府
白朗县人力资源和社会保障局	强基础惠民生活动优秀组织单位	2017 年	中共白朗县委员会、白朗县人民政府
白朗县人力资源和社会保障局	目标绩效争先进位先进单位	2017 年	中共白朗县委员会、白朗县人民政府
白朗县人力资源和社会保障局	重教先进单位	2017 年	中共白朗县委员会、白朗县人民政府
白朗县人力资源和社会保障局	2011—2015 法治宣传教育先进集体	2017 年	中共白朗县委员会、白朗县人民政府
白朗县民族宗教局	法治宣传教育先进集体	2017 年	中共白朗县委员会、白朗县人民政府
白朗县民族宗教局	文明单位	2017 年	中共白朗县委员会、白朗县人民政府
白朗县农牧综合服务中心	优秀组织单位	2018 年	中共白朗县委员会、白朗县人民政府
白朗县脱贫攻坚指挥部办公室	特殊贡献奖	2018 年	中共白朗县委员会、白朗县人民政府
白朗县重点产业发展领导小组办公室	目标绩效争先进位特殊贡献奖	2018 年	中共白朗县委员会、白朗县人民政府
白朗县水利局	目标绩效争先进位考核先进单位奖	2018 年	中共白朗县委员会、白朗县人民政府
白朗县教育(体育)局	文明单位	2017 年	中共白朗县委员会、白朗县人民政府
白朗县教育(体育)局	社会治安综合治理(平安创建)工作先进集体	2018 年	中共白朗县委员会、白朗县人民政府
白朗县教育(体育)局	推进义务教育均衡发展先进县(区)	2017 年	中共白朗县委员会、白朗县人民政府
白朗县中学	教学质量进步奖	2017 年	中共白朗县委员会、白朗县人民政府
白朗县中学	输送重点高中指标奖	2017 年	中共白朗县委员会、白朗县人民政府
白朗县中学	“四讲四爱”先进学校	2017 年	中共白朗县委员会、白朗县人民政府
白朗县中学	推进素质教育先进学校	2017 年	中共白朗县委员会、白朗县人民政府

续表1

获奖单位	获奖名称	表彰时间	授予单位
白朗县小学	推进素质教育先进学校	2017年	中共白朗县委员会、白朗县人民政府
白朗县小学	统考成绩优秀学校	2017年	中共白朗县委员会、白朗县人民政府
白朗县嘎东镇小学	统考成绩优秀学校	2017年	中共白朗县委员会、白朗县人民政府
白朗县嘎东镇小学	内地西藏初中班招生考试成绩优秀学校	2017年	中共白朗县委员会、白朗县人民政府
白朗县嘎东镇小学	推进素质教育先进学校	2017年	中共白朗县委员会、白朗县人民政府
白朗县巴扎乡小学	“四讲四爱”先进学校	2017年	中共白朗县委员会、白朗县人民政府
白朗县巴扎乡小学	教学质量进步奖	2017年	中共白朗县委员会、白朗县人民政府
白朗县巴扎乡小学	内地西藏初中班招生考试成绩优秀学校	2017年	中共白朗县委员会、白朗县人民政府
白朗县杜琼乡小学	推进素质教育先进学校	2017年	中共白朗县委员会、白朗县人民政府
白朗县杜琼乡小学	内地西藏初中班招生考试成绩优秀学校	2017年	中共白朗县委员会、白朗县人民政府
白朗县杜琼乡小学	统考成绩优秀学校	2017年	中共白朗县委员会、白朗县人民政府
白朗县强堆乡小学	“四讲四爱”先进学校	2017年	中共白朗县委员会、白朗县人民政府
白朗县曲奴乡小学	教学质量进步奖	2017年	中共白朗县委员会、白朗县人民政府
白朗县曲奴乡小学	内地西藏初中班招生考试成绩优秀学校	2017年	中共白朗县委员会、白朗县人民政府
白朗县曲奴乡小学	首届民族团结进步日文艺演出二等奖	2017年	中共白朗县委员会、白朗县人民政府
白朗县旺丹乡小学	推进素质教育先进学校	2017年	中共白朗县委员会、白朗县人民政府
白朗县旺丹乡小学	内地西藏初中班招生考试成绩优秀学校	2017年	中共白朗县委员会、白朗县人民政府
白朗县旺丹乡小学	六年级市水平测试优秀学校	2017年	中共白朗县委员会、白朗县人民政府
白朗县旺丹乡小学	统考成绩优秀学校	2017年	中共白朗县委员会、白朗县人民政府
白朗县嘎普乡小学	“四讲四爱”先进学校	2017年	中共白朗县委员会、白朗县人民政府
白朗县玛乡小学	内地西藏初中班招生考试成绩优秀学校	2017年	中共白朗县委员会、白朗县人民政府
白朗县玛乡小学	县统考成绩优秀学校	2017年	中共白朗县委员会、白朗县人民政府

续表1

获奖单位	获奖名称	表彰时间	授予单位
白朗县者下乡小学	推进素质教育先进学校	2017年	中共白朗县委员会、白朗县人民政府
白朗县者下乡小学	教学质量进步奖	2017年	中共白朗县委员会、白朗县人民政府
白朗县东喜乡小学	教学质量进步奖	2017年	中共白朗县委员会、白朗县人民政府
白朗县幼儿园	“四讲四爱”先进学校	2017年	中共白朗县委员会、白朗县人民政府
白朗县洛江镇	目标绩效争先进位产业发展贡献奖	2017年	中共白朗县委员会、白朗县人民政府
白朗县洛江镇	民族团结进步模范集体	2017年	中共白朗县委员会、白朗县人民政府
白朗县嘎东镇	文明乡镇	2017年	中共白朗县委员会、白朗县人民政府
白朗县嘎东镇	产业发展贡献奖荣誉称号	2017年	中共白朗县委员会、白朗县人民政府
白朗县巴扎乡	目标绩效争先进位第三名	2017年	中共白朗县委员会、白朗县人民政府
白朗县巴扎乡	项目化推进年一等奖	2017年	中共白朗县委员会、白朗县人民政府
白朗县巴扎乡	目标绩效争先进位第三名	2017年	中共白朗县委员会、白朗县人民政府
白朗县巴扎乡	重教先进乡(镇)	2017年	中共白朗县委员会、白朗县人民政府
白朗县巴扎乡格培林寺	法治宣传教育先进集体	2017年	中共白朗县委员会、白朗县人民政府
白朗县巴扎乡格培林寺	先进寺管会	2017年	中共白朗县委员会、白朗县人民政府
白朗县巴扎乡格培林寺	下半县级和谐模范寺庙	2017年	中共白朗县委员会、白朗县人民政府
白朗县巴扎乡	目标绩效争先进位一等奖	2018年	中共白朗县委员会、白朗县人民政府
白朗县巴扎乡	项目化推进一等奖	2017年	中共白朗县委员会、白朗县人民政府
白朗县巴扎乡	综治工作先进集体	2018年	中共白朗县委员会、白朗县人民政府
白朗县巴扎乡	法制宣传教育先进集体	2017年	中共白朗县委员会、白朗县人民政府
白朗县玛乡驻吉定村工作队	先进驻村工作队	2017年	中共白朗县委员会、白朗县人民政府
白朗县旺丹乡	首届民族团结进步日文艺演出三等奖	2018年	中共白朗县委员会、白朗县人民政府
白朗县旺丹乡	重教先进乡镇	2017年	中共白朗县委员会、白朗县人民政府

续表1

获奖单位	获奖名称	表彰时间	授予单位
白朗县曲奴乡小学	教学质量进步奖	2017 年	中共白朗县委员会、白朗县人民政府
白朗县曲奴乡小学	内地西藏初中班招生考试成绩优秀学校	2017 年	中共白朗县委员会、白朗县人民政府
白朗县曲奴乡小学	首届民族团结进步日文艺演出荣获二等奖	2017 年	中共白朗县委员会、白朗县人民政府
白朗县杜琼乡	目标绩效争先进位考核三等奖	2018 年	中共白朗县委员会、白朗县人民政府
白朗县杜琼乡小学	内地西藏初中班招生考试成绩优秀学校	2017 年	中共白朗县委员会、白朗县人民政府
白朗县杜琼乡小学	推进素质教育先进学校	2017 年	中共白朗县委员会、白朗县人民政府
白朗县杜琼乡小学	统考成绩优秀学校	2017 年	中共白朗县委员会、白朗县人民政府
白朗县杜琼乡小学	平安学校	2017 年	中共白朗县委员会、白朗县人民政府
白朗县强堆乡	目标绩效争先进位第一名	2017 年	中共白朗县委员会、白朗县人民政府
白朗县强堆乡	综治先进乡镇	2017 年	中共白朗县委员会、白朗县人民政府
白朗县嘎普乡	综治(平安创建)工作乡镇	2017 年	中共白朗县委员会、白朗县人民政府
白朗县嘎普乡	基层党建述职评议考核三等奖	2017 年	中共白朗县委员会、白朗县人民政府
白朗县嘎普乡嘎普村	民族团结村	2017 年	中共白朗县委员会、白朗县人民政府
白朗县者下乡	目标绩效考核二等奖	2017	中共白朗县委员会、白朗县人民政府
白朗县者下乡	平安创建先进单位	2017	中共白朗县委员会、白朗县人民政府
白朗县者下乡	“双联户”评选先进乡	2017	中共白朗县委员会、白朗县人民政府
白朗县者下乡	重教先进乡	2017	中共白朗县委员会、白朗县人民政府
白朗县民政局	双拥模范县	2017 年	中共白朗县委员会、白朗县人民政府
白朗县人民检察院	党风廉政建设工作先进集体	2018 年	中共白朗县委员会、白朗县人民政府
白朗县司法局	基层党建述职评议考核一等奖	2017 年	中共白朗县委员会、白朗县人民政府
白朗县农牧局	先进基层党组织	2017 年	中共白朗县委员会、白朗县人民政府
白朗县教育(体育)局	党风廉政建设工作先进集体	2018 年	中共白朗县委员会、白朗县人民政府

续表1

获奖单位	获奖名称	表彰时间	授予单位
白朗县嘎普乡小学	先进基层党组织	2017年	中共白朗县委员会、白朗县人民政府
白朗县洛江镇	基层党建述职评议考核二等奖	2017年	中共白朗县委员会、白朗县人民政府
白朗县人民检察院	创先争优强基础惠民生活动优秀组织单位	2018年	中共白朗县委员会、白朗县人民政府
白朗县人民检察院	平安单位	2018年	中共白朗县委员会、白朗县人民政府
农行白朗县支行	经济发展贡献奖	2018年	中共白朗县委员会、白朗县人民政府
农行白朗县支行	模范集体	2017年	中共白朗县委员会、白朗县人民政府
白朗县林业局	文明单位	2017年	中共白朗县委员会、白朗县人民政府
白朗县司法局	平安单位	2018年	中共白朗县委员会、白朗县人民政府
白朗县人力资源和社会保障局	2017年度全县基层党建工作述职评议考核二等奖	2017年	中共白朗县委员会、白朗县人民政府
白朗县人力资源和社会保障局	平安单位	2017年	中共白朗县委员会、白朗县人民政府
白朗县洛江镇	2017年推优入党先进集体	2017年	中共白朗县委员会、白朗县人民政府
白朗县洛江镇	目标绩效争先进位第二名	2017年	中共白朗县委员会、白朗县人民政府
白朗县洛江镇驻拉贵村工作队	先进驻村工作队	2017年	中共白朗县委员会、白朗县人民政府
白朗县农牧综合服务中心	白朗县创先争优强基础惠民生活动优秀组织单位	2017年	中共白朗县委、白朗县人民政府

说明：由于各单位资料提供不全，可能有遗漏

县(区)级以上表彰的先进个人

表2

姓名	性别	民族	工作单位	获奖名称	表彰时间	授予单位
次仁曲珍	女	藏	农行白朗县支行营业室	明星大堂经理	2017年	农行总行
冯文军	男	汉	白朗县农牧局	合作的美术作品《雪域》,京西宾馆收藏	2017年	中国美术家协会
格桑多吉	男	藏	中共白朗县委宣传部	优秀驻村工作队员	2017年	中共西藏自治区委员会、西藏自治区人民政府
格桑德吉	女	藏	中共白朗县委统战部	优秀驻村工作队员	2017年	中共西藏自治区委员会、西藏自治区人民政府
旦增	男	藏	白朗县人民法院	优秀驻村工作队员	2017年	中共西藏自治区委员会、西藏自治区人民政府
次仁珍拉	女	藏	白朗县农牧综合服务中心	优秀驻村工作队员	2017年	中共西藏自治区委员会、西藏自治区人民政府
次旦央吉	女	藏	白朗县玛乡农牧综合服务中心	优秀驻村工作队员	2017年	中共西藏自治区委员会、西藏自治区人民政府
旦增曲宗	女	藏	白朗县玛乡农牧综合服务中心	优秀驻村工作队员	2017年	中共西藏自治区委员会、西藏自治区人民政府
桑文宁	女	汉	白朗县曲奴乡	第六批创先争优强基础惠民生活动市级优秀驻村工作队员	2017年	中共西藏自治区委员会、西藏自治区人民政府
加布	男	藏	白朗县曲奴乡	第六批创先争优强基础惠民生活动市级优秀驻村工作队员	2017年	中共西藏自治区委员会、西藏自治区人民政府
达瓦罗布	男	藏	白朗县曲奴乡	第六批创先争优强基础惠民生活动市级优秀驻村工作队员	2017年	中共西藏自治区委员会、西藏自治区人民政府
刘永才	男	汉	白朗县嘎普乡人民政府	第六批创先争优强基础惠民生活动自治区级先进工作者	2017年	中共西藏自治区委员会、西藏自治区人民政府
其美楠木加	男	藏	白朗县公安局	先进个人	2017年	西藏自治区人民政府
边巴索朗	男	藏	白朗县者下乡小学	优秀驻村工作队员	2017年	西藏自治区人民政府
扎央	女	藏	白朗县巴扎乡	优秀公务员记三等功	2017年	中共西藏自治区党委组织部、西藏自治区人力资源和社会保障厅
次仁玉珍	女	藏	共青团白朗县委员会	优秀驻村工作队员	2017年	西藏自治区强基础惠民生活动领导小组办公室
次仁觉登	男	藏	白朗县公安消防大队	优秀驻村工作队员	2017年	西藏自治区强基础惠民生活动领导小组办公室
琼吉	女	藏	白朗县人民检察院	优秀驻村工作队员	2018年	西藏自治区强基础惠民生活动领导小组办公室
洛桑旦增	男	藏	白朗县环境保护局	优秀驻村工作队队员	2017年	西藏自治区强基础惠民生活动领导小组办公室
尼玛	男	藏	白朗县嘎东镇	优秀驻村工作队员	2018年	西藏自治区强基础惠民生活动领导小组办公室

续表2

姓名	性别	民族	工作单位	获奖名称	表彰时间	授予单位
杨得川	男	汉	白朗县巴扎乡	优秀驻村工作队员	2017年	西藏自治区强基础惠民生活动领导小组办公室
旦增拉珍	女	藏	白朗县旺丹乡	先进驻村工作队队员	2017年	西藏自治区强基础惠民生活动领导小组办公室
巴桑石达	男	藏	白朗县旺丹乡	先进驻村工作队队员	2017年	西藏自治区强基础惠民生活动领导小组办公室
尼玛卓嘎	女	藏	白朗县者下乡	优秀驻村工作队员	2017年	西藏自治区强基础惠民生活动领导小组办公室
达娃拉姆	女	藏	白朗县者下乡	优秀驻村工作队员	2017年	西藏自治区强基础惠民生活动领导小组办公室
曲　吉	女	藏	白朗县洛江镇	先进驻村工作队员	2017年	西藏自治区强基础惠民生活动领导小组办公室
李隆武	男	汉	白朗县中学	首届基础教育成果奖三等奖	2017年	西藏自治区教育厅
李隆武	男	汉	白朗县中学	学科带头人	2017年	西藏自治区教育厅
白玛次仁	男	藏	白朗县中学	骨干教师	2017年	西藏自治区教育厅
普　布	男	藏	白朗县强堆乡小学	骨干教师称号	2017年	西藏自治区教育厅
次仁觉登	男	藏	白朗县公安消防大队	十九大消防安保优秀个人	2017年	西藏消防总队
达　琼	男	藏	中共白朗县委政法委	全区铁路护路先进个人	2017年	西藏自治区综治委铁路护路联防工作领导小组
次　旦	女	藏	农行白朗县支行营业室	巾帼标兵岗	2017年	农行西藏自治区分行
白玛措姆	女	藏	中共白朗县委统战部	上半年优秀涉宗干部	2017年	中共日喀则市委员会、日喀则市人民政府
普布普赤	女	藏	中共白朗县委统战部	上半年日喀则市优秀宗教干部	2017年	中共日喀则市委员会、日喀则市人民政府
格桑德吉	女	藏	中共白朗县委统战部	下半年优秀涉宗干部	2017年	中共日喀则市委员会、日喀则市人民政府
国　杰	男	藏	白朗县总工会	优秀驻村工作队员	2017年	中共日喀则市委员会、日喀则市人民政府
何秋蒙	女	汉	白朗县人民法院	优秀驻村工作队员	2017年	中共日喀则市委员会、日喀则市人民政府
宗　洁	女	汉	白朗县司法局	优秀驻村工作队员	2017年	中共日喀则市委员会、日喀则市人民政府
德　吉	女	藏	白朗县农牧综合服务中心	优秀驻村工作队员	2017年	中共日喀则市委员会、日喀则市人民政府
玉　珍	女	藏	白朗县民政局	优秀驻村工作队员	2017年	中共日喀则市委员会、日喀则市人民政府
次仁旺姆	女	藏	白朗县农牧综合服务中心	优秀驻村工作队员	2017年	中共日喀则市委员会、日喀则市人民政府

续表2

姓名	性别	民族	工作单位	获奖名称	表彰时间	授予单位
拉姆曲宗	女	藏	白朗县林业局	优秀驻村工作队员	2017 年	中共日喀则市委员会、日喀则市人民政府
旺　堆	男	藏	白朗县教育(体育)局	优秀驻村工作队员	2017 年	中共日喀则市委员会、日喀则市人民政府
巴桑吉巴	女	藏	白朗县巴扎乡	优秀驻村工作队员	2017 年	中共日喀则市委员会、日喀则市人民政府
益西卓嘎	女	藏	白朗县巴扎乡	优秀驻村工作队员	2017 年	中共日喀则市委员会、日喀则市人民政府
曲西拉姆	女	藏	白朗县曲奴乡	第六批创先争优强基础惠民生活动市级优秀驻村工作队员	2017 年	中共日喀则市委员会、日喀则市人民政府
边巴普尺	女	藏	白朗县杜琼乡	优秀驻村工作队员	2017 年	中共日喀则市委员会、日喀则市人民政府
边巴普赤	女	藏	白朗县杜琼乡	优秀驻村工作队员	2017 年	中共日喀则市委员会、日喀则市人民政府
扎西卓玛	女	藏	白朗县杜琼乡	优秀驻村工作队员	2017 年	中共日喀则市委员会、日喀则市人民政府
国　杰	男	藏	白朗县总工会	先进驻村工作队员	2017 年	中共日喀则市委员会、日喀则市人民政府
王　潮	男	汉	中共白朗县委办公室	党委信息考核先进个人	2017 年	中共日喀则市委员会
达　娃	男	藏	白朗县中学	优秀校长	2017 年	日喀则市人民政府
尼玛旺堆	男	藏	白朗县中学	优秀教师	2017 年	日喀则市人民政府
其美次旦	男	藏	白朗县中学	优秀教师	2017 年	日喀则市人民政府
达娃琼吉	女	藏	白朗县中学	德育先进个人工作者	2017 年	日喀则市人民政府
次　欧	男	藏	白朗县中学	名班主任	2017 年	日喀则市人民政府
次旦卓玛	女	藏	白朗县小学	乡村学校从教 15 年	2017 年	日喀则市人民政府
潘　多	女	藏	白朗县小学	乡村学校从教 15 年	2017 年	日喀则市人民政府
仓　拉	女	藏	白朗县小学	乡村学校从教 15 年	2017 年	日喀则市人民政府
普　罗	男	藏	白朗县巴扎乡小学	优秀教育工作者	2017 年	日喀则市人民政府
琼　达	男	藏	白朗县巴扎乡小学	乡村学校从教 15 年	2017 年	日喀则市人民政府
边　吉	女	藏	白朗县巴扎乡小学	乡村学校从教 15 年	2017 年	日喀则市人民政府
普　罗	男	藏	白朗县巴扎乡小学	乡村学校从教 15 年	2017 年	日喀则市人民政府
罗布次仁	女	藏	白朗县巴扎乡小学	乡村学校从教 15 年	2017 年	日喀则市人民政府
尼　潘	女	藏	白朗县巴扎乡小学	乡村学校从教 15 年	2017 年	日喀则市人民政府

续表2

姓名	性别	民族	工作单位	获奖名称	表彰时间	授予单位
彭　珠	女	藏	白朗县巴扎乡小学	乡村学校从教15年	2017年	日喀则市人民政府
次　旦	女	藏	白朗县巴扎乡小学	乡村学校从教15年	2017年	日喀则市人民政府
达　扎	女	藏	白朗县巴扎乡小学	乡村学校从教15年	2017年	日喀则市人民政府
卓　玛	女	藏	白朗县巴扎乡小学	乡村学校从教15年	2017年	日喀则市人民政府
普布次仁	男	藏	白朗县巴扎乡小学	乡村学校从教15年	2017年	日喀则市人民政府
次仁白珍	女	藏	白朗县巴扎乡小学	乡村学校从教15年	2017年	日喀则市人民政府
央　金	女	藏	白朗县巴扎乡小学	乡村学校从教15年	2017年	日喀则市人民政府
次仁白珍	女	藏	白朗县巴扎乡小学	乡村学校从教15年	2017年	日喀则市人民政府
拉巴片多	女	藏	白朗县巴扎乡小学	乡村学校从教15年	2017年	日喀则市人民政府
巴桑仓决	女	藏	白朗县巴扎乡小学	乡村学校从教15年	2017年	日喀则市人民政府
米　玛	女	藏	白朗县巴扎乡小学	乡村学校从教15年	2017年	日喀则市人民政府
拉巴片多	女	藏	白朗县巴扎乡小学	乡村学校从教15年	2017年	日喀则市人民政府
米　吉	女	藏	白朗县巴扎乡小学	乡村学校从教15年	2017年	日喀则市人民政府
巴桑多吉	男	藏	白朗县杜琼乡小学	乡村从教15年	2017年	日喀则市人民政府
罗布次仁	男	藏	白朗县杜琼乡小学	乡村从教15年	2017年	日喀则市人民政府
尼玛普赤	女	藏	白朗县杜琼乡小学	乡村从教15年	2017年	日喀则市人民政府
达　央	女	藏	白朗县杜琼乡小学	乡村从教15年	2017年	日喀则市人民政府
拉巴琼达	女	藏	白朗县杜琼乡小学	乡村从教15年	2017年	日喀则市人民政府
边巴卓玛	女	藏	白朗县杜琼乡小学	乡村从教15年	2017年	日喀则市人民政府
旦增平措	男	藏	白朗县杜琼乡小学	乡村从教15年	2017年	日喀则市人民政府
普　琼	男	藏	白朗县强堆乡小学	乡村从教15年	2017年	日喀则市人民政府
普布旺堆	男	藏	白朗县强堆乡小学	乡村从教15年	2017年	日喀则市人民政府
边　参	女	藏	白朗县强堆乡小学	乡村从教15年	2017年	日喀则市人民政府
旦　增	男	藏	白朗县曲奴乡小学	乡村从教15年	2017年	日喀则市人民政府
石　达	男	藏	白朗县曲奴乡小学	乡村从教15年	2017年	日喀则市人民政府
普　穷	男	藏	白朗县曲奴乡小学	乡村从教15年	2017年	日喀则市人民政府

续表2

姓名	性别	民族	工作单位	获奖名称	表彰时间	授予单位
拉　顿	男	藏	白朗县曲奴乡小学	乡村从教15年	2017年	日喀则市人民政府
普　琼	男	藏	白朗县曲奴乡小学	乡村从教15年	2017年	日喀则市人民政府
果　杰	男	藏	白朗县曲奴乡小学	乡村从教15年	2017年	日喀则市人民政府
次　尼	女	藏	白朗县曲奴乡小学	乡村从教15年	2017年	日喀则市人民政府
格桑次仁	男	藏	白朗县嘎普乡小学	乡村从教15年	2017年	日喀则市人民政府
欧　珠	男	藏	白朗县嘎普乡小学	乡村从教15年	2017年	日喀则市人民政府
平　措	男	藏	白朗县嘎普乡小学	乡村从教15年	2017年	日喀则市人民政府
多吉次旺	男	藏	白朗县嘎普乡小学	乡村从教15年	2017年	日喀则市人民政府
次　仁	男	藏	白朗县玛乡小学	乡村从教15年	2017年	日喀则市人民政府
多　吉	男	藏	白朗县玛乡小学	乡村从教15年	2017年	日喀则市人民政府
次　仁	男	藏	白朗县玛乡小学	乡村从教15年	2017年	日喀则市人民政府
达　顿	男	藏	白朗县玛乡小学	乡村从教15年	2017年	日喀则市人民政府
尼玛罗杰	男	藏	白朗县玛乡小学	乡村从教15年	2017年	日喀则市人民政府
格　桑	女	藏	白朗县玛乡小学	乡村从教15年	2017年	日喀则市人民政府
尼玛片多	女	藏	白朗县玛乡小学	乡村从教15年	2017年	日喀则市人民政府
索朗次仁	男	藏	白朗县玛乡小学	优秀教师	2017年	日喀则市人民政府
普琼尼玛	男	藏	白朗县者下乡小学	乡村从教15年	2017年	日喀则市人民政府
边巴索朗	男	藏	白朗县者下乡小学	乡村从教15年	2017年	日喀则市人民政府
米玛顿珠	男	藏	白朗县者下乡小学	乡村从教15年	2017年	日喀则市人民政府
索　次	男	藏	白朗县者下乡小学	乡村从教15年	2017年	日喀则市人民政府
旦　欧	男	藏	白朗县者下乡小学	乡村从教15年	2017年	日喀则市人民政府
达瓦扎西	男	藏	白朗县者下乡小学	乡村从教15年	2017年	日喀则市人民政府
达　瓦	男	藏	白朗县东喜乡小学	乡村从教15年	2017年	日喀则市人民政府
达　瓦	男	藏	白朗县东喜乡小学	优秀教育工作者	2017年	日喀则市人民政府
贡　嘎	男	藏	白朗县东喜乡小学	乡村从教15年	2017年	日喀则市人民政府
普　珠	男	藏	白朗县东喜乡小学	乡村从教15年	2017年	日喀则市人民政府

续表2

姓名	性别	民族	工作单位	获奖名称	表彰时间	授予单位
拉巴次仁	男	藏	白朗县东喜乡小学	乡村从教 15 年	2017 年	日喀则市人民政府
普布欧珠	男	藏	白朗县住房和城乡建设局	优秀驻村工作队员	2017 年	日喀则市人民政府
米玛扎西	男	藏	白朗县旺丹乡	优秀驻村工作队员	2017 年	中共日咯则市委组织部
次仁扎西	男	藏	共青团白朗县委员会	优秀驻村工作队员	2017 年	日喀则市强基础惠民生活动领导小组办公室
加央拉姆	女	藏	白朗县人民检察院	优秀驻村工作队员	2018 年	日喀则市强基础惠民生活动领导小组办公室
边巴次仁	男	藏	白朗县东喜乡	优秀驻村工作队员	2017 年	日喀则市强基础惠民生活动领导小组办公室
白玛曲珍	女	藏	白朗县东喜乡	优秀驻村工作队员	2017 年	日喀则市强基础惠民生活动领导小组办公室
罗　布	男	藏	白朗县东喜乡	优秀驻村工作队员	2017 年	日喀则市强基础惠民生活动领导小组办公室
达　仓	女	藏	白朗县东喜乡	优秀驻村工作队员	2017 年	日喀则市强基础惠民生活动领导小组办公室
巴桑普赤	女	藏	中共白朗县委党校	撰写《党的五代领袖对西藏关怀的研究》论文全市党校鼓励奖	2017 年	中共日喀则市委党校
格　桑	男	藏	白朗县人民法院	先进个人	2018 年	日喀则中级人民法院
谢励萍	女	汉	白朗县税务局	优秀团干部	2018 年	共青团日喀则市委员会
次旦央吉	女	藏	白朗县幼儿园	模范班主任	2017 年	日喀则市教育党委、日喀则市教育局
德　央	女	藏	白朗县教育(体育)局	优秀教研员	2017 年	日喀则市教育局党委、日喀则市教育局
拉　旦	男	藏	白朗县教育(体育)局	先进财务工作者	2017 年	日喀则市教育局党委、日喀则市教育局
尹海燕	女	汉	白朗县中学	优秀电教员	2017 年	日喀则市教育局
格桑德吉	女	藏	白朗县巴扎乡小学	珠峰好教师	2017 年	日喀则市教育局
尼玛普赤	女	藏	白朗县杜琼乡小学	珠峰好教师	2017 年	日喀则市教育局
旦增平措	男	藏	白朗县杜琼乡小学	模范班主任	2017 年	日喀则市教育局
次仁吉宗	女	藏	白朗县玛乡小学	内地西藏初中班招生考试阅卷工作中表现突出	2017 年	日喀则市教育局
谢励萍	女	汉	白朗县国家税务局	优秀党员	2017 年	中共日喀则市国家税务机关委员会
次仁卓嘎	女	藏	白朗县税务局	优秀公务员	2018 年	日喀则市国家税务局
桑文宁	女	汉	白朗县曲奴乡	“六城共建”演讲比赛优秀奖	2017 年	日喀则市“六城共建”领导小组办公室
阮　明	男	汉	武警白朗中队	基层优秀干部	2017 年	武警日喀则支队

续表2

姓名	性别	民族	工作单位	获奖名称	表彰时间	授予单位
次旦卓玛	女	藏	农行白朗县杜琼营业所	优秀客户经理	2017年	农行日喀则分行
欧　珠	男	藏	农行白朗县洛江营业所	优秀客户经理	2017年	农行日喀则分行
黄晓广	男	汉	中共白朗县委	优秀公务员	2017年	中共白朗县委员会、白朗县人民政府
何继文	男	汉	白朗县人民政府	优秀公务员	2017年	中共白朗县委员会、白朗县人民政府
鞠正江	男	汉	白朗县人民政府	优秀公务员	2017年	中共白朗县委员会、白朗县人民政府
黄寿友	男	汉	白朗县中学	优秀工作人员	2017年	中共白朗县委员会、白朗县人民政府
陈建新	男	汉	白朗县卫生服务中心	优秀工作人员	2017年	中共白朗县委员会、白朗县人民政府
冯文军	男	汉	白朗县农牧局	民族团结进步模范个人	2017年	中共白朗县委员会、白朗县人民政府
黄寿友	男	汉	白朗县中学	优秀教育工作者	2017年	中共白朗县委员会、白朗县人民政府
尼玛顿珠	男	藏	白朗县人民代表大会常务委员会	优秀公务员	2017年	中共白朗县委员会、白朗县人民政府
达娃普芝	女	藏	中共白朗县委办公室	优秀驻村工作队员	2017年	中共白朗县委员会、白朗县人民政府
刘　川	男	汉	中共白朗县委办公室	白朗县民族团结进步模范个人	2017年	中共白朗县委员会、白朗县人民政府
刘　川	男	汉	中共白朗县委办公室	党风廉政建设优秀纪检工作者	2017年	中共白朗县委员会、白朗县人民政府
刘　川	男	汉	中共白朗县委办公室	优秀公务员	2017年	中共白朗县委员会、白朗县人民政府
赵文明	男	汉	中共白朗县委办公室	优秀共产党员	2017年	中共白朗县委员会、白朗县人民政府
田　鹏	男	汉	中共白朗县委办公室	优秀公务员	2017年	中共白朗县委员会、白朗县人民政府
拉　仓	女	藏	中共白朗县委办公室	先进驻村队员	2017年	中共白朗县委员会、白朗县人民政府
尼玛次仁	男	藏	白朗县人民政府办公室	优秀公务员	2017年	中共白朗县委员会、白朗县人民政府
毕婷婷	女	汉	白朗县人民政府办公室	优秀公务员	2017年	中共白朗县委员会、白朗县人民政府
李　伟	男	汉	白朗县人民政府办公室	优秀党员	2017年	中共白朗县委员会、白朗县人民政府
拉巴仓决	女	藏	中共白朗县纪律检查委员会（日喀则市白朗县监察委员会）	优秀公务员	2017年	中共白朗县委员会、白朗县人民政府
尼玛次旺	男	藏	中共白朗县纪律检查委员会（日喀则市白朗县监察委员会）	优秀公务员	2017年	中共白朗县委员会、白朗县人民政府

续表2

姓名	性别	民族	工作单位	获奖名称	表彰时间	授予单位
刘世良	男	汉	中共白朗县纪律检查委员会(日喀则市白朗县监察委员会)	优秀公务员	2017年	中共白朗县委员会、白朗县人民政府
央吉	女	藏	中共白朗县纪律检查委员会(日喀则市白朗县监察委员会)	优秀共产党员	2017年	中共白朗县委员会、白朗县人民政府
白玛仓决	女	藏	中共白朗县委组织部	优秀公务员	2017年	中共白朗县委员会、白朗县人民政府
顾国靖	男	汉	中共白朗县委组织部	优秀公务员	2017年	中共白朗县委员会、白朗县人民政府
都轲	男	汉	中共白朗县委组织部	优秀公务员	2017年	中共白朗县委员会、白朗县人民政府
次仁曲宗	女	藏	中共白朗县委组织部	优秀共产党员	2017年	中共白朗县委员会、白朗县人民政府
石惠之	女	藏	中共白朗县委宣传部	优秀公务员	2017年	中共白朗县委员会、白朗县人民政府
格桑次仁	男	藏	中共白朗县委统战部	优秀公务员	2017年	中共白朗县委员会、白朗县人民政府
格桑次仁	男	藏	中共白朗县委统战部	“六五”普法先进工作者	2017年	中共白朗县委员会、白朗县人民政府
次仁卓嘎	女	藏	中共白朗县委统战部	优秀共产党员	2017年	中共白朗县委员会、白朗县人民政府
白玛措姆	女	藏	中共白朗县委统战部	优秀公务员	2017年	中共白朗县委员会、白朗县人民政府
边巴拉姆	女	藏	中共白朗县委政法委	优秀公务员	2017年	中共白朗县委员会、白朗县人民政府
巴桑次仁	男	藏	中共白朗县委政法委	优秀公务员	2017年	中共白朗县委员会、白朗县人民政府
达琼	男	藏	中共白朗县委政法委	优秀公务员	2017年	中共白朗县委员会、白朗县人民政府
国杰	男	藏	白朗县总工会	优秀公务员	2017年	中共白朗县委员会、白朗县人民政府
西洛	男	藏	白朗县总工会	优秀驻村工作队员	2017年	中共白朗县委员会、白朗县人民政府
西洛	男	藏	白朗县总工会	优秀党员	2017年	中共白朗县委员会、白朗县人民政府
次仁玉珍	女	藏	共青团白朗县委员会	优秀公务员	2017年	中共白朗县委员会、白朗县人民政府
普布顿珠	男	藏	白朗县者下乡派出所	优秀公务员	2017年	中共白朗县委员会、白朗县人民政府
扎西	男	藏	白朗县公安局国保大队	优秀公务员	2017年	中共白朗县委员会、白朗县人民政府

续表2

姓名	性别	民族	工作单位	获奖名称	表彰时间	授予单位
吴　彬	男	汉	白朗县公安局国保大队	优秀公务员	2017年	中共白朗县委员会、白朗县人民政府
米明果加	男	藏	白朗县公安局执法监督大队	优秀公务员	2017年	中共白朗县委员会、白朗县人民政府
顿珠玉杰	男	藏	白朗县公安局	优秀公务员	2017年	中共白朗县委员会、白朗县人民政府
藏艳林	男	汉	白朗县公安局办公室	优秀公务员	2017年	中共白朗县委员会、白朗县人民政府
杨　丹	男	汉	白朗县公安局办公室	优秀公务员	2017年	中共白朗县委员会、白朗县人民政府
次仁多吉	男	藏	白朗县强堆乡派出所	优秀公务员	2017年	中共白朗县委员会、白朗县人民政府
于　成	女	汉	白朗县公安局指挥中心	优秀公务员	2017年	中共白朗县委员会、白朗县人民政府
尼玛次仁	男	藏	白朗县公安局	优秀驻寺干部	2017年	中共白朗县委员会、白朗县人民政府
次旦平措	男	藏	白朗县洛江镇警务站	优秀公务员	2017年	中共白朗县委员会、白朗县人民政府
次仁旺堆	男	藏	白朗县洛江镇警务站	优秀公务员	2017年	中共白朗县委员会、白朗县人民政府
周李晶	男	汉	白朗县嘎东镇派出所	优秀驻村工作队员	2017年	中共白朗县委员会、白朗县人民政府
米玛次仁	男	藏	白朗县洛江镇派出所	优秀驻村工作队员	2018年	中共白朗县委员会、白朗县人民政府
平措卓玛	女	藏	白朗县洛江镇派出所	优秀公务员	2017年	中共白朗县委员会、白朗县人民政府
扎　西	男	藏	白朗县公安局执法监督大队	优秀公务员	2017年	中共白朗县委员会、白朗县人民政府
罗布次仁	男	藏	白朗县公安局交警大队	优秀公务员	2017年	中共白朗县委员会、白朗县人民政府
扎西央拉	女	藏	白朗县人民法院	社会治安综合治理工作先进个人	2018年	中共白朗县委员会、白朗县人民政府
白玛卓嘎	女	藏	白朗县司法局	优秀党务工作者	2017年	中共白朗县委员会、白朗县人民政府
白玛卓嘎	女	藏	白朗县司法局	优秀公务员	2017年	中共白朗县委员会、白朗县人民政府
宗　洁	女	汉	白朗县司法局	优秀公务员	2017年	中共白朗县委员会、白朗县人民政府
高婷婷	女	汉	白朗县司法局	民族团结进步模范个人	2017年	中共白朗县委员会、白朗县人民政府
平措次仁	男	藏	白朗县司法局	社会治安综合治理工作先进个人	2018年	中共白朗县委员会、白朗县人民政府
顿珠平措	男	藏	白朗县发展和改革委员会	优秀公务员	2017年	中共白朗县委员会、白朗县人民政府

续表2

姓名	性别	民族	工作单位	获奖名称	表彰时间	授予单位
晋美多吉	男	藏	白朗县发展和改革委员会	优秀公务员	2017年	中共白朗县委员会、白朗县人民政府
平措扎西	男	藏	白朗县发展和改革委员会	优秀党员	2017年	中共白朗县委员会、白朗县人民政府
德　吉	女	藏	白朗县发展和改革委员会	优秀工作者	2017年	中共白朗县委员会、白朗县人民政府
松　姆	女	藏	白朗县财政局	优秀公务员	2017年	中共白朗县委员会、白朗县人民政府
次仁多布杰	男	藏	白朗县财政局	优秀公务员	2017年	中共白朗县委员会、白朗县人民政府
旺　久	男	藏	白朗县财政局	优秀公务员	2017年	中共白朗县委员会、白朗县人民政府
刘亚妮	女	汉	白朗县财政局	优秀共产党员	2017年	中共白朗县委员会、白朗县人民政府
次仁卓玛	女	藏	白朗县财政局	优秀共产党员	2017年	中共白朗县委员会、白朗县人民政府
央金卓嘎	女	藏	白朗县财政局	优秀驻村工作队员	2018年	中共白朗县委员会、白朗县人民政府
扎西曲珍	女	藏	白朗县财政局	优秀驻村工作队员	2018年	中共白朗县委员会、白朗县人民政府
次仁帕珠	男	藏	白朗县国家税务局	“六五”普法工作先进个人	2017年	中共白朗县委员会、白朗县人民政府
米玛普尺	女	藏	白朗县旅游发展委员会	优秀公务员	2017年	中共白朗县委员会、白朗县人民政府
贾文瑞	男	汉	白朗县旅游发展委员会	民族团结进步模范个人	2017年	中共白朗县委员会、白朗县人民政府
贾文瑞	男	汉	白朗县旅游发展委员会	优秀工人	2017年	中共白朗县委员会、白朗县人民政府
江　涛	男	汉	白朗县年雄实业开发有限责任公司	优秀公务员	2017年	中共白朗县委员会、白朗县人民政府
孙　飞	男	汉	白朗县民政局	优秀党员	2017年	中共白朗县委员会、白朗县人民政府
王起龙	男	汉	白朗县民政局	优秀公务员	2017年	中共白朗县委员会、白朗县人民政府
普　赤	女	藏	白朗县民政局	优秀公务员	2017年	中共白朗县委员会、白朗县人民政府
格桑吉拉	女	藏	白朗县人力资源和社会保障局	2016—2017年度优秀党务工作者	2017年	中共白朗县委员会、白朗县人民政府
小次旦卓嘎	女	藏	白朗县人力资源和社会保障局	优秀公务员	2017年	中共白朗县委员会、白朗县人民政府
尼玛普赤	女	藏	白朗县人力资源和社会保障局	优秀公务员	2017年	中共白朗县委员会、白朗县人民政府
索朗塔杰	男	藏	白朗县人力资源和社会保障局	优秀工作者	2017年	中共白朗县委员会、白朗县人民政府

续表2

姓名	性别	民族	工作单位	获奖名称	表彰时间	授予单位
德　　吉	女	藏	白朗县人力资源和社会保障局	优秀工作者	2017年	中共白朗县委员会、白朗县人民政府
玉　　珍	女	藏	白朗县民族宗教局	下半年市级优秀涉宗干部	2017年	中共白朗县委员会、白朗县人民政府
米玛普尺	女	藏	白朗县民族宗教局	下半年县级优秀涉宗干部	2017年	中共白朗县委员会、白朗县人民政府
央　　金	女	藏	白朗县民族宗教局	优秀公务员	2017年	中共白朗县委员会、白朗县人民政府
德吉旺姆	女	藏	白朗县文化新闻出版广电局	优秀公务员	2017年	中共白朗县委员会、白朗县人民政府
罗　　布	男	藏	白朗县文化新闻出版广电局	优秀驻村队员	2017年	中共白朗县委员会、白朗县人民政府
巴桑普赤	女	藏	白朗县农牧局	优秀公务员	2017年	中共白朗县委员会、白朗县人民政府
洛桑仁增	男	藏	白朗县农牧局	优秀驻村工作队员	2018年	中共白朗县委员会、白朗县人民政府
何 昌 龙	男	汉	白朗县农牧局	优秀驻村工作队员	2018年	中共白朗县委员会、白朗县人民政府
次旺热旦	男	藏	白朗县农牧综合服务中心	优秀公务员	2017年	中共白朗县委员会、白朗县人民政府
旦增欧珠	男	藏	白朗县农牧综合服务中心	法治宣传教育先进个人	2017年	中共白朗县委员会、白朗县人民政府
旦增欧珠	男	藏	白朗县农牧综合服务中心	优秀公务员	2017年	中共白朗县委员会、白朗县人民政府
格顿加措	男	藏	白朗县农牧综合服务中心	优秀驻村工作队员	2018年	中共白朗县委员会、白朗县人民政府
王 瑞 贺	男	汉	白朗县林业局	优秀公务员	2017年	中共白朗县委员会、白朗县人民政府
覃　　迢	男	土家	白朗县林业局	优秀党员	2017年	中共白朗县委员会、白朗县人民政府
徐　　洁	女	汉	白朗县重点产业发展领导小组办公室	优秀公务员	2017年	中共白朗县委员会、白朗县人民政府
李　　明	男	汉	白朗县重点产业发展领导小组办公室	优秀共产党员	2017年	中共白朗县委员会、白朗县人民政府
巴桑扎杰	男	藏	白朗县水利局	优秀公务员	2017年	中共白朗县委员会、白朗县人民政府
桑珠次仁	男	藏	白朗县水利队	优秀事业干部	2017年	中共白朗县委员会、白朗县人民政府
扎西南加	男	藏	白朗县水利队	优秀事业干部	2017年	中共白朗县委员会、白朗县人民政府
米　　央	女	藏	白朗县教育(体育)局	优秀教育工作者	2017年	中共白朗县委员会、白朗县人民政府
田 龙 海	男	汉	白朗县教育(体育)局	优秀教育工作者	2017年	中共白朗县委员会、白朗县人民政府

续表2

姓名	性别	民族	工作单位	获奖名称	表彰时间	授予单位
李隆武	男	汉	白朗县中学	优秀教育工作者	2017年	中共白朗县委员会、白朗县人民政府
李绍轩	男	汉	白朗县中学	优秀教师	2017年	中共白朗县委员会、白朗县人民政府
顿珠卓玛	女	藏	白朗县中学	演讲比赛优秀奖	2017年	中共白朗县委员会、白朗县人民政府
旦珍	女	藏	白朗县中学	教育教学突出贡献	2017年	中共白朗县委员会、白朗县人民政府
格桑旺姆	女	藏	白朗县中学	教育教学突出贡献	2017年	中共白朗县委员会、白朗县人民政府
边巴央拉	女	藏	白朗县中学	教育教学突出贡献	2017年	中共白朗县委员会、白朗县人民政府
廖锴	男	汉	白朗县中学	教育教学突出贡献	2017年	中共白朗县委员会、白朗县人民政府
边巴拉姆	女	藏	白朗县中学	教育教学突出贡献	2017年	中共白朗县委员会、白朗县人民政府
白央	女	藏	白朗县中学	教育教学突出贡献	2017年	中共白朗县委员会、白朗县人民政府
普片	女	藏	白朗县中学	教育教学突出贡献	2017年	中共白朗县委员会、白朗县人民政府
罗爱英	女	汉	白朗县中学	优秀教师	2017年	中共白朗县委员会、白朗县人民政府
旦巴	男	藏	白朗县中学	教育教学突出贡献	2017年	中共白朗县委员会、白朗县人民政府
巴桑顿珠	男	藏	白朗县中学	优秀班主任	2017年	中共白朗县委员会、白朗县人民政府
参木拉	女	藏	白朗县小学	优秀教师	2017年	中共白朗县委员会、白朗县人民政府
拥珍	女	藏	白朗县小学	优秀班主任	2017年	中共白朗县委员会、白朗县人民政府
边确	女	藏	白朗县小学	优秀班主任	2017年	中共白朗县委员会、白朗县人民政府
土登尼玛	男	藏	白朗县嘎东镇小学	优秀教育工作者	2017年	中共白朗县委员会、白朗县人民政府
次仁央拉	女	藏	白朗县嘎东镇小学	教学成绩突出者	2017年	中共白朗县委员会、白朗县人民政府
尼玛	女	藏	白朗县嘎东镇小学	优秀教师	2017年	中共白朗县委员会、白朗县人民政府
边巴琼啦	女	藏	白朗县嘎东镇小学	优秀班主任	2017年	中共白朗县委员会、白朗县人民政府
边巴普赤	女	藏	白朗县嘎东镇小学	优秀班主任	2017年	中共白朗县委员会、白朗县人民政府
尼玛潘多	女	藏	白朗县嘎东镇小学	教育教学突出贡献奖	2017年	中共白朗县委员会、白朗县人民政府

续表2

姓名	性别	民族	工作单位	获奖名称	表彰时间	授予单位
南木加	女	藏	白朗县巴扎乡小学	优秀班主任	2017 年	中共白朗县委员会、白朗县人民政府
巴桑仓决	女	藏	白朗县巴扎乡小学	教育教学突出贡献奖	2017 年	中共白朗县委员会、白朗县人民政府
次仁白珍	女	藏	白朗县巴扎乡小学	教育教学突出贡献奖	2017 年	中共白朗县委员会、白朗县人民政府
白玛普尺	女	藏	白朗县巴扎乡小学	优秀班主任	2017 年	中共白朗县委员会、白朗县人民政府
拉　珍	女	藏	白朗县巴扎乡小学	教育教学突出贡献奖	2017 年	中共白朗县委员会、白朗县人民政府
贺　庆	男	汉	白朗县巴扎乡小学	优秀教师	2017 年	中共白朗县委员会、白朗县人民政府
央　金	女	藏	白朗县巴扎乡小学	教育教学突出贡献奖	2017 年	中共白朗县委员会、白朗县人民政府
尼　潘	女	藏	白朗县巴扎乡小学	教育教学突出贡献奖	2017 年	中共白朗县委员会、白朗县人民政府
尼　潘	女	藏	白朗县巴扎乡小学	优秀教师	2017 年	中共白朗县委员会、白朗县人民政府
巴桑多吉	男	藏	白朗县杜琼乡小学	法治宣传教育先进个人	2017 年	中共白朗县委员会、白朗县人民政府
次旺加布	男	藏	白朗县杜琼乡小学	教学成绩突出贡献奖	2017 年	中共白朗县委员会、白朗县人民政府
尼玛平措	男	藏	白朗县杜琼乡小学	优秀教师	2017 年	中共白朗县委员会、白朗县人民政府
达娃普尺	女	藏	白朗县杜琼乡小学	教育教学突出贡献奖	2017 年	中共白朗县委员会、白朗县人民政府
尼玛普赤	女	藏	白朗县杜琼乡小学	优秀教师	2017 年	中共白朗县委员会、白朗县人民政府
扎西次仁	男	藏	白朗县杜琼乡小学	教学成绩突出贡献奖	2017 年	中共白朗县委员会、白朗县人民政府
达　拉	女	藏	白朗县曲奴乡小学	优秀班主任	2017 年	中共白朗县委员会、白朗县人民政府
拉　顿	男	藏	白朗县曲奴乡小学	优秀教师	2017 年	中共白朗县委员会、白朗县人民政府
罗　布	男	藏	白朗县旺丹乡小学	优秀教师	2017 年	中共白朗县委员会、白朗县人民政府
琼　达	男	藏	白朗县旺丹乡小学	优秀教师	2017 年	中共白朗县委员会、白朗县人民政府
达　欧	男	藏	白朗县旺丹乡小学	优秀班主任	2017 年	中共白朗县委员会、白朗县人民政府
白　央	女	藏	白朗县旺丹乡小学	优秀班主任	2017 年	中共白朗县委员会、白朗县人民政府
小罗杰	男	藏	白朗县旺丹乡小学	优秀教育工作者	2017 年	中共白朗县委员会、白朗县人民政府

续表2

姓名	性别	民族	工作单位	获奖名称	表彰时间	授予单位
达　罗	男	藏	白朗县旺丹乡小学	教育教学突出贡献奖	2017年	中共白朗县委员会、白朗县人民政府
达　欧	男	藏	白朗县旺丹乡小学	教育教学突出贡献奖	2017年	中共白朗县委员会、白朗县人民政府
大罗杰	男	藏	白朗县旺丹乡小学	教育教学突出贡献奖	2017年	中共白朗县委员会、白朗县人民政府
扎西达瓦	男	藏	白朗县旺丹乡小学	教育教学突出贡献奖	2017年	中共白朗县委员会、白朗县人民政府
琼　达	女	藏	白朗县旺丹乡小学	教育教学突出贡献奖	2017年	中共白朗县委员会、白朗县人民政府
巴旦欧珠	男	藏	白朗县旺丹乡小学	教育教学突出贡献奖	2017年	中共白朗县委员会、白朗县人民政府
欧　珠	男	藏	白朗县嘎普乡小学	优秀教育工作者	2017年	中共白朗县委员会、白朗县人民政府
旦　多	男	藏	白朗县嘎普乡小学	优秀班主任	2017年	中共白朗县委员会、白朗县人民政府
卓　玛	男	藏	白朗县嘎普乡小学	优秀教师	2017年	中共白朗县委员会、白朗县人民政府
格　桑	女	藏	白朗县玛乡小学	优秀教师	2017年	中共白朗县委员会、白朗县人民政府
格　桑	女	藏	白朗县玛乡小学	教育教学突出贡献奖	2017年	中共白朗县委员会、白朗县人民政府
琼　拉	女	藏	白朗县玛乡小学	优秀教育工作者	2017年	中共白朗县委员会、白朗县人民政府
次仁吉宗	女	藏	白朗县玛乡小学	优秀班主任	2017年	中共白朗县委员会、白朗县人民政府
索朗次仁	女	藏	白朗县玛乡小学	优秀教师	2017年	中共白朗县委员会、白朗县人民政府
扎西平措	男	藏	白朗县者下乡小学	优秀教师	2017年	中共白朗县委员会、白朗县人民政府
达娃桑珠	男	藏	白朗县者下乡小学	优秀班主任	2017年	中共白朗县委员会、白朗县人民政府
旦增罗杰	男	藏族	白朗县东喜乡小学	优秀教师	2017年	中共白朗县委员会、白朗县人民政府
普　片	女	藏	白朗县幼儿园	优秀班主任	2017年	中共白朗县委员会、白朗县人民政府
普　片	女	藏	白朗县幼儿园	教育教学突出贡献奖	2017年	中共白朗县委员会、白朗县人民政府
巴桑珍嘎	女	藏	白朗县幼儿园	优秀班主任	2017年	中共白朗县委员会、白朗县人民政府
孙海艳	女	汉	白朗县住房和城乡建设局	优秀公务员	2017年	中共白朗县委员会、白朗县人民政府
王志彪	男	汉	白朗县住房和城乡建设局	优秀公务员	2017年	中共白朗县委员会、白朗县人民政府

续表2

姓名	性别	民族	工作单位	获奖名称	表彰时间	授予单位
米　　玛	男	藏	白朗县环境保护局	优秀党员	2017年	中共白朗县委员会、白朗县人民政府
张红娟	女	汉	白朗县环境保护局	优秀公务员	2017年	中共白朗县委员会、白朗县人民政府
扎　　珍	女	藏	白朗县环境保护局	优秀工作人员	2017年	中共白朗县委员会、白朗县人民政府
赵云龙	男	汉	白朗县嘎东镇	优秀公务员	2017年	中共白朗县委员会、白朗县人民政府
白玛卓玛	女	藏	白朗县嘎东镇	优秀公务员	2017年	中共白朗县委员会、白朗县人民政府
牛现博	男	汉	白朗县嘎东镇	优秀公务员	2017年	中共白朗县委员会、白朗县人民政府
扎西次仁	男	藏	白朗县嘎东镇	优秀公务员	2017年	中共白朗县委员会、白朗县人民政府
扎西多吉	男	藏	白朗县嘎东镇	优秀公务员	2017年	中共白朗县委员会、白朗县人民政府
次旦玉珍	女	藏	白朗县嘎东镇	优秀公务员	2017年	中共白朗县委员会、白朗县人民政府
多吉玉加	男	藏	白朗县嘎东镇	优秀公务员	2017年	中共白朗县委员会、白朗县人民政府
杨廷东	男	汉	白朗县嘎东镇	优秀公务员	2017年	中共白朗县委员会、白朗县人民政府
达娃普赤	女	藏	白朗县嘎东镇	优秀党员	2017年	中共白朗县委员会、白朗县人民政府
白玛卓玛	女	藏	白朗县嘎东镇	优秀党务工作者	2017年	中共白朗县委员会、白朗县人民政府
旦增曲珍	女	藏	白朗县嘎东镇	优秀驻村工作队员	2018年	中共白朗县委员会、白朗县人民政府
李　　旋	男	汉	白朗县嘎东镇	优秀驻村工作队员	2018年	中共白朗县委员会、白朗县人民政府
次仁拉姆	女	藏	白朗县嘎东镇	优秀驻村工作队员	2018年	中共白朗县委员会、白朗县人民政府
旦增曲央	男	藏	白朗县巴扎乡	综治工作先进个人	2017年	中共白朗县委员会、白朗县人民政府
拖　　玉	男	藏	白朗县巴扎乡	优秀公务员	2017年	中共白朗县委员会、白朗县人民政府
次旦扎西	男	藏	白朗县巴扎乡	优秀事业干部	2017年	中共白朗县委员会、白朗县人民政府
杨得川	男	汉	白朗县巴扎乡	优秀公务员	2017年	中共白朗县委员会、白朗县人民政府
扎西旦真	男	藏	白朗县巴扎乡	上半年党务优秀工作者	2017年	中共白朗县委员会、白朗县人民政府
扎西旦真	男	藏	白朗县巴扎乡	优秀公务员	2017年	中共白朗县委员会、白朗县人民政府

续表2

姓名	性别	民族	工作单位	获奖名称	表彰时间	授予单位
扎　央	女	藏	白朗县巴扎乡	优秀公务员	2017 年	中共白朗县委员会、白朗县人民政府
次旦卓玛	女	藏	白朗县巴扎乡	优秀公务员	2017 年	中共白朗县委员会、白朗县人民政府
次旦卓嘎	女	藏	白朗县巴扎乡	优秀事业干部	2017 年	中共白朗县委员会、白朗县人民政府
达娃卓玛	女	藏	白朗县巴扎乡	优秀事业干部	2017 年	中共白朗县委员会、白朗县人民政府
琼　达	女	藏	白朗县巴扎乡	优秀事业干部	2017 年	中共白朗县委员会、白朗县人民政府
严　波	男	汉	白朗县巴扎乡	优秀党员	2017 年	中共白朗县委员会、白朗县人民政府
西　洛	女	藏	白朗县巴扎乡	上半年优秀党员	2017 年	中共白朗县委员会、白朗县人民政府
西　洛	女	汉	白朗县巴扎乡	优秀驻村队员	2017 年	中共白朗县委员会、白朗县人民政府
刘世良	男	汉	白朗县巴扎乡	优秀公务员	2017 年	中共白朗县委员会、白朗县人民政府
赵高雷	男	汉	白朗县巴扎乡	优秀公务员	2017 年	中共白朗县委员会、白朗县人民政府
施艳仙	女	彝	白朗县巴扎乡	优秀公务员	2017 年	中共白朗县委员会、白朗县人民政府
多吉次旦	男	藏	白朗县巴扎乡	优秀党员	2017 年	中共白朗县委员会、白朗县人民政府
孙　飞	男	汉	白朗县巴扎乡	优秀党员	2017 年	中共白朗县委员会、白朗县人民政府
平措朗加	男	藏	白朗县玛乡农牧综合服务中心	先进个人	2018 年	中共白朗县委员会、白朗县人民政府
白玛洛追	男	藏	白朗县玛乡	先进个人	2018 年	中共白朗县委员会、白朗县人民政府
落桑旺姆	女	藏	白朗县玛乡文化站	优秀驻村工作队员	2017 年	中共白朗县委员会、白朗县人民政府
白　玛	男	藏	白朗县玛乡农牧综合服务中心	优秀驻村工作队员	2017 年	中共白朗县委员会、白朗县人民政府
卓　玛	女	藏	白朗县玛乡后勤服务中心	优秀公务员	2017 年	中共白朗县委员会、白朗县人民政府
次卓嘎	女	藏	白朗县玛乡	优秀公务员	2017 年	中共白朗县委员会、白朗县人民政府
次仁卓嘎	女	藏	白朗县玛乡文化站	优秀公务员	2017 年	中共白朗县委员会、白朗县人民政府
余恨恨	男	汉	白朗县玛乡	优秀公务员	2017 年	中共白朗县委员会、白朗县人民政府
普布扎西	男	藏	白朗县玛乡	优秀公务员	2017 年	中共白朗县委员会、白朗县人民政府

续表2

姓名	性别	民族	工作单位	获奖名称	表彰时间	授予单位
旦增曲珍	女	藏	白朗县玛乡农牧综合服务中心	优秀公务员	2017年	中共白朗县委员会、白朗县人民政府
米玛扎西	男	藏	白朗县旺丹乡	社会治安综合治理工作先进个人	2018年	中共白朗县委员会、白朗县人民政府
米玛扎西	男	藏	白朗县旺丹乡	优秀公务员	2017年	中共白朗县委员会、白朗县人民政府
扎西德吉	女	藏	白朗县旺丹乡	优秀党务工作者	2017年	中共白朗县委员会、白朗县人民政府
康　　鹏	男	汉	白朗县旺丹乡	优秀公务员	2017年	中共白朗县委员会、白朗县人民政府
央　　宗	女	藏	白朗县旺丹乡	优秀驻村工作队员	2017年	中共白朗县委员会、白朗县人民政府
米玛普尺	女	藏	白朗县旺丹乡	优秀驻村工作队员	2017年	中共白朗县委员会、白朗县人民政府
旦增拉珍	女	藏	白朗县旺丹乡	先进工作者	2017年	中共白朗县委员会、白朗县人民政府
扎西顿珠	男	藏	白朗县旺丹乡	先进工作者	2017年	中共白朗县委员会、白朗县人民政府
达瓦罗布	男	藏	白朗县曲奴乡	“四讲四爱”演讲比赛 优秀奖	2017年	中共白朗县委员会、白朗县人民政府
达瓦罗布	男	藏	白朗县曲奴乡	“四讲四爱”主题实践教育活动优秀宣讲员	2017年	中共白朗县委员会、白朗县人民政府
次珠多布杰	男	藏	白朗县曲奴乡	2017年度社会治安综合治理工作先进个人	2018年	中共白朗县委员会、白朗县人民政府
拉　　顿	男	藏	白朗县曲奴乡中心小学	优秀教师	2017年	中共白朗县委员会、白朗县人民政府
达　　拉	女	藏	白朗县曲奴乡中心小学	优秀班主任	2017年	中共白朗县委员会、白朗县人民政府
阿旺索朗	男	藏	白朗县杜琼乡	优秀驻村工作队员	2017年	中共白朗县委员会、白朗县人民政府
阿旺索朗	男	藏	白朗县杜琼乡	爱党敬业勇于奉献主题演讲优秀奖	2017年	中共白朗县委员会、白朗县人民政府
格桑穷达	女	藏	白朗县杜琼乡	优秀驻村工作队员	2017年	中共白朗县委员会、白朗县人民政府
普布国杰	男	藏	白朗县杜琼乡	优秀驻村工作队员	2017年	中共白朗县委员会、白朗县人民政府
普　　片	女	藏	白朗县杜琼乡	优秀驻村工作队员	2017年	中共白朗县委员会、白朗县人民政府
拉姆次仁	女	藏	白朗县强堆乡	优秀党员	2017年	中共白朗县委员会、白朗县人民政府
武　　恒	男	汉	白朗县强堆乡	优秀党务工作者	2017年	中共白朗县委员会、白朗县人民政府
格桑旦增	男	藏	白朗县强堆乡	优秀公务员	2017年	中共白朗县委员会、白朗县人民政府

续表2

姓名	性别	民族	工作单位	获奖名称	表彰时间	授予单位
赵俊峰	男	汉	白朗县强堆乡	优秀公务员	2017年	中共白朗县委员会、白朗县人民政府
强巴次旦	男	藏	白朗县强堆乡	优秀公务员	2017年	中共白朗县委员会、白朗县人民政府
索朗普尺	女	藏	白朗县强堆乡	优秀巡察员	2017年	中共白朗县委员会、白朗县人民政府
索朗旦增	男	藏	白朗县嘎普乡	优秀公务员	2017年	中共白朗县委员会、白朗县人民政府
张其征	男	汉	白朗县嘎普乡	优秀共产党员	2017年	中共白朗县委员会、白朗县人民政府
央拉	女	藏	白朗县嘎普乡	优秀工作者	2017年	中共白朗县委员会、白朗县人民政府
任振西	男	汉	白朗县嘎普乡	优秀公务员	2017年	中共白朗县委员会、白朗县人民政府
嘎玛央金	女	藏	白朗县嘎普乡	优秀党务工作者	2017年	中共白朗县委员会、白朗县人民政府
巴桑	女	藏	白朗县嘎普乡	优秀共产党员	2017年	中共白朗县委员会、白朗县人民政府
索朗旦增	男	藏	白朗县嘎普乡	优秀驻村工作队员	2017年	中共白朗县委员会、白朗县人民政府
王建平	男	汉	白朗县者下乡	优秀党务工作者	2017年	中共白朗县委员会、白朗县人民政府
巴罗	男	藏	白朗县者下乡	优秀党员	2017年	中共白朗县委员会、白朗县人民政府
李发坤	男	汉	白朗县者下乡	优秀驻村工作队员	2017年	中共白朗县委员会、白朗县人民政府
王阳阳	男	汉	白朗县曲奴乡	白朗县“学习宣传贯彻中共十九大精神”主题演讲比赛第三名	2018年	中共白朗县委员会、白朗县人民政府
格桑	男	藏	白朗县人民法院	优秀巡查工作者	2018年	中共白朗县委员会、白朗县人民政府
邱应雪	男	汉	白朗县玛乡	优秀共产党员	2017年	中共白朗县委员会、白朗县人民政府
仓决	女	藏	白朗县者下乡	优秀党员	2017年	中共白朗县委员会、白朗县人民政府
普珠	男	藏	白朗县者下乡	优秀公务员	2017年	中共白朗县委员会、白朗县人民政府
尼玛卓嘎	女	藏	白朗县者下乡	优秀公务员	2017年	中共白朗县委员会、白朗县人民政府
米玛拉姆	女	藏	白朗县者下乡	优秀公务员	2017年	中共白朗县委员会、白朗县人民政府
王建平	男	汉	白朗县者下乡	优秀巡查工作者	2017年	中共白朗县委员会、白朗县人民政府
李均业	男	汉	白朗县者下乡	综治先进个人	2017年	中共白朗县委员会、白朗县人民政府

续表2

姓名	性别	民族	工作单位	获奖名称	表彰时间	授予单位
欧　珠	男	藏	白朗县人民检察院	综治工作先进个人	2018年	中共白朗县委员会、白朗县人民政府
扎西次旦	男	藏	白朗县人民政府	优秀公务员	2017年	中共白朗县委员会、白朗县人民政府
巴桑次仁	男	藏	中共白朗县委党校	2011—2015年全县法制宣传教育先进个人	2017年	中共白朗县委员会、白朗县人民政府
次仁卓嘎	女	藏	中国人民政治协商会议白朗县委员会	优秀公务员	2017年	中共白朗县委员会、白朗县人民政府
李均业	男	汉	白朗县者下乡	优秀公务员	2017年	中共白朗县委员会、白朗县人民政府
潘　多	女	藏	白朗县者下乡	优秀公务员	2017年	中共白朗县委员会、白朗县人民政府
刘进勇	男	汉	白朗县人大常委会办公室	优秀公务员	2017年	中共白朗县委员会、白朗县人民政府
普　赤	女	藏	白朗县人大常委会办公室	优秀工人	2017年	中共白朗县委员会、白朗县人民政府
斯郎拉姆	女	藏	白朗县交通运输局	优秀公务员	2017年	中共白朗县委员会、白朗县人民政府
周金娥	女	汉	白朗县交通运输局	优秀公务员	2017年	中共白朗县委员会、白朗县人民政府
刘杨军	男	汉	白朗县洛江镇	先进驻村工作队员	2017年	中共白朗县委员会、白朗县人民政府
次　平	男	藏	白朗县洛江镇	优秀党员	2017年	中共白朗县委员会、白朗县人民政府
次　平	男	藏	白朗县洛江镇	先进驻村工作队员	2017年	中共白朗县委员会、白朗县人民政府
次　央	女	藏	白朗县洛江镇	优秀党务工作者	2017年	中共白朗县委员会、白朗县人民政府
廖　峰	男	汉	白朗县洛江镇	优秀党员	2017年	中共白朗县委员会、白朗县人民政府
白玛央吉	女	藏	白朗县洛江镇	优秀党务工作者	2017年	中共白朗县委员会、白朗县人民政府
平　措	男	藏	白朗县洛江镇	先进驻村工作队员	2017年	中共白朗县委员会、白朗县人民政府
余艳群	女	汉	白朗县扶贫办	优秀公务员	2017年	中共白朗县委员会、白朗县人民政府
施金松	男	白	白朗县脱贫攻坚指挥部	优秀公务员	2017年	中共白朗县委员会、白朗县人民政府
多布杰	男	藏	中共白朗县玛乡委员会	自治区级先进工作者优秀党务工作者	2017年	中共白朗县委员会、白朗县人民政府

说明：由于各单位资料提供不全，可能有遗漏

附录

白朗年鉴·2018

白朗县人民代表大会常务委员会工作报告

——白朗县第十三届人民代表大会第三次会议

县委副书记、人大常委会主任　尼玛顿珠

（2017年12月21日）

过去一年的主要工作

过去一年，在县委的坚强领导下，在市人大的精心指导下，县人大常委会以马克思列宁主义、毛泽东思想、邓小平理论、“三个代表”重要思想、科学发展观、习近平新时代中国特色社会主义思想为指导，始终高举中国特色社会主义伟大旗帜，全面贯彻落实中共十八大、十八届三中、四中、五中、六中全会、中央第六次西藏工作座谈会精神以及自治区第九次党代会，深入学习贯彻中共十九大精神，坚持党的领导、人民当家做主、依法治国有机统一，以“五位一体”总体布局和“四个全面”战略布局为统领，紧紧围绕“十三五”规划的全面实施和县委“1234”发展战略的有效落实，认真行使宪法法律赋予的职权，积极开展工作，为建设和谐文明幸福美丽白朗做出了积极贡献。

一年来，常委会组织召开人民代表大会2次，人大常委会会议8次，人大常委会党组会议9次，人大常委会主任会议9次，听取审议县人民政府、县人民法院、县人民检察院工作报告12个，通过决议12个，决定和批准任免国家机关工作人员14人次；组织代表参加区、市人大培训15人次，开展代表及人大专干履职培训50人次，指导督查乡镇人民代表大会22人次，联系指导乡镇人大工作61人次；配合区市人大常委会开展执法检查5次，立法调研4次，自主开展2项专题调研，完成调研报告2篇。县十三届人大二次会议确定的常委会各项任务已经完成，常委会各方面工作都取得了新进展、新成效。

一、依法履职，在增强监督实效上取得新进展

常委会认真履行宪法法律赋予的监督权，围绕中心、服务大局，坚持问题导向，加大监督力度，创新监督方式，增强监督实效。

（一）促进经济社会平稳健康发展。常委会紧紧围绕县委关于经济工作的决策部署，加强对经济工作监督、预算决算审查监督、重点项目建设的监督。听取审议县人民政府上半年国民经济和社会发展计划执行情况及下半年工作安排的报告、2016年度财政决算（草案）和2017年上半年财政预算执行情况的报告、审查白朗县2017年国民经济和社会发展与固定资产投资完成计划报告、易地搬迁项目建设情况的报告、白朗县“脱贫摘帽”情况的报告、嘎东小城镇建设情况的报告、县人民政府关于“十三五”规划开局之年实施情况的报告。

（二）加强对依法行政的监督，为经济社会发展营造良好法制环境。常委会组织开展对妇女儿童权益保障法、中华人民共和国消费者权益保护法、环境保护法、安全生产法、日喀则市市容和环境卫生管理条例、消防法及实施办法、教师法及实施办法贯彻执行情况的检查，针对法律法规实施中的薄弱环节，提出加大宣传力度、完善监管体制、健全责任体系、落实普遍服务等意见建议；常委会还配合自治区人大和市人大开展了修订《西藏自治区实施〈中华人民共和国妇女权益保障法〉办法（修订草

案)》《西藏自治区实施〈中华人民共和国消费者权益保护法〉办法(修订草案)》《西藏自治区环境保护条例(修订草案)》《日喀则市城镇供水用水条例》立法调研。

(三)加强对民生工作的监督,维护群众根本利益。常委会把听取审议精准扶贫精准脱贫专项报告并开展专题询问作为年度重要工作,深入全县11个乡镇开展调研,形成调研报告1份,提出一些有针对性的工作建议;常委会对优种资金兑现、土地征用补偿、草原补贴、低收入困难家庭租赁补贴、林业生态补偿精准扶贫资金等惠农资金的发放都进行了监督,确保党和国家的各项惠民政策不折不扣的送到农牧民手中;常委会连续三年参与了学生食品的竞标、采购、验收全过程,不定期地抽查使用情况,保障让学生吃上安全健康放心的食品。

(四)加强对司法工作的监督,维护和促进司法公正。听取和审议公安机关执法规范化建设情况的报告、听取和审议县人民法院、人民检察院上半年工作情况报告并进行满意度测评。听取“六五”普法工作情况的报告,对开展第七个五年法制宣传工作开展专题调研并作出决议。要求深入学习宣传习近平总书记全面依法治国的重要论述,抓住领导干部这个“关键少数”,促进国家工作人员和全社会遵法学法守法用法,树立宪法法律权威。

(五)加强对重大工程的监督。组织部分区、市、县、乡四级人大代表对白朗县境内快速通道、玛乡公路、特色小城镇、新农村建设、珠峰白朗万亩有机蔬菜基地暨日喀则“菜篮子”工程(巴扎核心区)等近两年实施的项目集中视察。了解我县“十三五”时期重点项目进展情况,并提出整合资源,平稳市场,带动扶贫等意见和建议。

二、依法做好决定和任免,实现党的主张与人民意志的有机统一

常委会坚持从政治上把握、在大局上行动,认真行使重大事项决定权和人事任免权,确保县委的重大决策部署通过法定程序转化为全县人民的共同意志。

(一)依法行使重大事项决定权。2017年,常委会共听取和审议“一府两院”工作报告12个,作出决议决定12个,对促进我县经济社会稳定协调发展起到了应有作用;认真贯彻监督法、预算法有关规定,根据县人民政府的提请,批准了2016年财政决算,依法调整了2017年财政预算。

(二)认真规范人事任免程序。常委会始终坚持将党管干部原则和人大依法行使选举任免权相统一,确保党组织推荐的人选通过法定程序成为国家政权机关的领导人员。全年共依法任免国家机关工作人员12人次,严格落实任前审查工作,认真听取县委人事安排的意见和对拟任干部德、能、勤、绩、廉考察情况的说明,并在常委会上进行任免表决。常委会始终坚持恪守宪法原则,所有新任职人员均进行了宪法宣誓,增强了任命干部的宪法意识和公仆意识;依法审查3名县人大代表的代表资格,补选1名市一届人大代表,保证了代表的结构平衡。

三、支持和保障人大代表发挥主体作用

常委会把充分发挥代表作用作为增强人大工作活力的重要抓手,不断深化和拓展代表工作。

(一)密切常委会同代表、代表同人民群众的联系。为丰富闭会期间代表活动,进一步贯彻落实常委会委员联系代表工作意见,加强常委会同代表的联系。已经初步实现代表列席常委会会议,参加执法检查和专题调研活动常态化。一年来共邀请区、市、县三级人大代表42人次列席常委会会议、组织代表参加执法检查和专题调研等活动51人次。

(二)增强代表议案审议和建议办理时效。对县十三届人大二次会议期间代表提出的28件意见建议,常委会及时梳理分类,转交县人民政府、发改、农牧、水利、交通等相关部门办理,并通过跟踪督办、重点项目视察等方式,督促办理答复。经过各承办单位的共同努力,全部建议均在规定期限内,办理完毕,并答复代表,办理答复率达100%。

(三)充分发挥“人大代表之家”的平台作用。常委会把“人大代表之家”作为探索代表工作的基础平台,积极拓展代表工作内涵,创新代表工作方法,代表的主体作用得到进一步的发挥,基本实现了闭会期间代表活动有组织、有制度、有经费。常委会利用“家”积极组织人大代表深入乡村,开展十九大精神宣传60余场次、法制宣传300余人次、

植树造林、绿化环境200余人次。常委会筹备建立“常委会主任接待代表工作室”并与“人大代表之家”形成组合拳，组织代表投身脱贫攻坚、易地扶贫搬迁等重点民生工程，人大的民主渠道作用得到进一步的发挥。

（四）加强代表思想作风和素质能力建设。精心制定代表学习培训计划并认真组织实施，举办了，以加强党对人大工作的领导切实增强自身业务水平为主题的白朗县2017年乡镇人大代表和人大干部培训班。组织十一乡镇人大主席和人大专干共60余人进行了集中培训；常委会共选派常委会主任、基层人大干部和人大代表参加全国、区、市人大相关培训7人次，不断提升人大代表、基层人大干部的履职能力和水平。

四、大力加强自身建设

常委会始终坚持党对人大工作的绝对领导，以理论武装和思想建设需要“永远在路上”的标准严格要求自己，努力增强“四个意识”、坚定“四个自信”，贯彻落实好县委的决策部署，不断提高人大工作质量和水平。

（一）旗帜鲜明讲政治。牢固树立政治意识、大局意识、核心意识、看齐意识，坚定坚持党的领导，牢牢把握正确的政治方向，自觉在思想上行动上同以习近平同志为核心的党中央保持高度一致。常委会认真履行政治领导责任，坚决贯彻县委决策部署，扎实做好敏感节点维稳督导，积极履行“河长”职责，确保县委决策部署落地见效；常委会严格执行请示报告制度，人大无论是开展监督、决定、任免、选举、代表等各方面工作，还是加强自身建设，都能够做到及时向县委请示报告，使人大工作始终与党委工作同心同向。

（二）强化理论武装。常委会党组和办公室党支部扎实开展“两学一做”学习教育、“讲学习、讲忠诚、正风纪、转作风、提效能”主题教育活动、“四讲四爱”主题教育活动等为抓手，依托理论中心组学习、“三会一课”学习制度，深入贯彻十八大、十八届历次全会精神，教育引导党员干部，教育引导党员干部牢固树立“四个意识”、增强“四个自信”；深入学习贯彻中共十九大精神，教育引导党员干部以习近平新时代中国特色社会主义思想武装头脑，引领方向、指导实践；积极选派常委会副主任赴北京、拉萨等地参加全国人大、自治区人大组织的学习培训活动，学习借鉴好的做法和先进经验，不断提高自身能力和水平。

（三）强化思想作风建设。积极履行党风廉政建设主体责任和监督责任，认真学习贯彻廉洁自律准则、纪律处分条例，严格贯彻执行中央“八项规定”精神、区党委“约法十章”“九项要求”和市委关于作风建设的各项规定，人大常委会党组成员自觉如实报告有关个人情况事项，主动接受组织监督，作风和能力建设不断增强；高度重视自治区党委巡视组巡视反馈意见整改落实工作，组织人大常委会党组和办公室党支部召开巡视整改专题民主生活会和组织生活会，针对党的领导弱化、党的建设缺失、全面从严治党不利等方面的问题，认真对照检查、深入剖析根源、狠抓整改落实，全面推进常委会和办公室思想建设、组织建设、作风建设和能力建设。

（四）联系指导乡镇人大工作。常委会加大了联系指导乡镇人大工作力度，进一步规范了人大会议召开程序，并严格按照上级人大工作要求，督促11乡镇人大主席团做好年中和年末两次人代会资料的收集和整理工作，为扎实开展乡镇人大工作奠定了坚实基础；人大常委会深入全县12个“人大代表之家”和43个“人大代表活动小组”进行了全面自查，针对发现的问题提出整改建议，努力探索代表工作新思路、新方法，使“人大代表之家”真正成为人大代表学习的园地、宣传政策法规的阵地、反映社情民意的平台。

各位代表，2017年以来，县人大常委会工作取得了一些成绩，这是在县委正确领导下，县政府、县法院、县检察院及各乡镇、各部门协同配合、密切合作的结果，是全体县人大代表、常委会组成人员和人大机关工作人员辛勤工作、共同努力的结果，也是广大人民群众、社会各界积极参与、大力支持的结果。在此，我代表县人大常委会，向大家表示衷心的感谢！

各位代表，我们深知，常委会工作与宪法和法律赋予的职责，与人民群众、人大代表的期望和要求相比仍有一定差距，主要是：监督工作还需要进一步改进方法、增强实效；代表意见建议督办机制需要继续强化；自身的思想、作风、制度等建设和对乡镇人大工作的联系指导也需要进一步加强等。这些差距和不足，都将在今后的工作中努力加以改进。

2018 年主要工作

各位代表，2018 年是全面贯彻落实中共十九大战略部署的开启之年，是我县深入落实市委“6677”工作思路，决胜全面建成小康社会的关键一年。县人大常委会工作的总体思路是：高举中国特色社会主义伟大旗帜，以马克思列宁主义、毛泽东思想、邓小平理论、“三个代表”重要思想、科学发展观、习近平新时代中国特色社会主义思想为指导，全面贯彻落实中共十九大和中央第六次西藏工作座谈会精神，贯彻落实习近平总书记“治国必治边、治边先稳藏”的重要战略思想和“加强民族团结、建设美丽西藏”的重要指示，按照区党委第九次党代会和自治区党委九届三次全委会精神要求，结合市委“6677”和县委“1234”总体工作思路，认真依法行使宪法和法律赋予的职权，着力实行正确监督、有效监督，支持和保障代表依法履职，不断加强自身建设，圆满完成县人大和常委会各项任务，为加快建设和谐文明幸福美丽白朗做出积极贡献。

一、毫不动摇坚持党的领导，认真把握中共十九大总要求，切实贯彻中共十九大总体部署

中共十九大是在全面建成小康社会决胜阶段、中国特色社会主义进入新时代的关键时期召开的一次十分重要的大会。新的一年我们要把学习好宣传好贯彻好中共十九大精神作为首要政治任务，结合人大工作实际，认真学习好、深入贯彻好、积极落实好中共十九大精神。

（一）武装头脑、凝聚人心。学习贯彻中共十九大精神，要深刻领会习近平新时代中国特色社会主义思想的重大意义，深刻领会新时代我国社会主要矛盾变化的新特点，深刻领会分两步走全面建设社会主义现代化国家的新目标，深刻认识推进全面从严治党的历史和现实意义，深刻认识到中共十八大以来取得的历史性成就、发生的历史性变革，全面把握新时代中国特色社会主义事业的一系列重大战略部署，继续统筹推进“五位一体”总体布局、协调推进“四个全面”战略布局，自觉以习近平新时代中国特色社会主义思想武装头脑、引领方向、指导实践。

（二）明责定位、找准方向。始终坚持党的领导，旗帜鲜明讲政治，自觉在思想上政治上行动上同习近平同志为核心的党中央保持高度一致；始终坚持中国特色社会主义制度自信，增强政治定力，用好法定职权，把人民代表大会制度坚持好，完善好，发展好；始终坚持人民主体地位，时刻把发挥代表作用作为做好人大工作的重要抓手，在密切联系群众上下功夫，在畅通民意反映渠道上做文章，在使人大工作接地气、得民心上求实效。

（三）知行合一、开拓实践。把不断增强“四个意识”，落实到具体行动中，绝对忠诚核心、自觉维护核心，贯彻落实好中共十九大战略部署；把全面从严治党体现到学习工作的方方面面，坚持学习党章、坚决落实党章，不断加强人大系统党的建设；把人民对美好生活的向往作为做好人大工作、体现代表价值的出发点和落脚点，坚持依靠人民、服务人民，发展成果人民共享。

二、贯彻县委决策，做好重大事项决定、人事任免工作

人大是人民意志的代表机关。人大工作要围绕县委中心，服务全县大局，正确处理县委决策和人大决定的关系，始终把贯彻落实县委重大决策部署和人事安排意图融入人大各项工作中。一是依法研究决定重大事项，及时作出决议决定；二是坚持党管干部与人大依法任免干部相统一，坚持和完善任前法律考试、任职承诺、宪法宣誓等制度，同时加强和改进任后监督、完善考核评议制度，促进干部依法行政、公正司法。

三、把宪法赋予的监督权用起来，实行正确监督、有效监督

实行正确监督，要始终坚持党的领导，严格按照法定职权和法定程序进行监督，做到敢于监督又善于监督，正确处理监督与支持的关系，促进“一府两院”依法行政、公正司法，形成加强和改进工作的

合力。实行有效监督，紧紧围绕县委工作大局，坚持问题导向，找准加强监督工作的着力点，完善监督工作方式方法，跟踪问效、一抓到底，推动解决人大代表、人民群众普遍关心的热点难点问题，让人民群众有更多获得感。

围绕财经工作，听取和审议县政府2017年财政预算和国民经济发展报告及审计工作报告，审查2018年财政预算执行情况及预算外资金管理使用报告，规范政府收支行为，强化预算约束，加强对预算的监督，保障经济社会健康发展。

围绕重点工程建设，听取易地搬迁项目建设情况的报告，白朗县"脱贫摘帽"情况的报告，嘎东小城镇建设情况的报告，督促支持政府加快发展特色产业，转变经济发展方式，提高经济发展质量。

围绕法律法规的实施，配合区、市人大常委会做好对《婚姻法》贯彻落实情况的执法检查。组织开展对《西藏自治区实施婚姻法变通条例》《中华人民共和国森林法》《西藏自治区实施〈中华人民共和国森林法〉办法》等法律法规贯彻实施情况进行执法检查，维护法律权威。

围绕司法工作，听取和审议法院审判工作和案件执行情况的报告、检察院侦察监督和审判监督工作情况的报告，深入推进阳光执法廉洁司法，保障司法公正。

四、搞好服务保障，提高代表履职积极性

一是切实搞好闭会期间的代表活动。要围绕稳定发展、社会管理和民生领域的重大问题，组织代表开展工作视察、执法检查、专题调研等活动，积极提出意见建议。依托"人大代表之家"和"人大代表活动小组"大力开展代表活动、代表向选民述职活动，增强代表活动实效。二是认真做好代表意见建议的办理工作。认真办理县十三届人大三次会议期间和闭会后代表提出的意见建议，加强对意见建议所反映问题的综合分析，对代表集中反映、事关全局的建议要重点跟踪督办，确保反映问题得到有效解决。三是扎实开展乡镇人大联系指导工作。加强对乡镇人大工作的指导，搞好乡镇人大干部学习培训，指导完善人大工作制度，促进依法行使职权。四是严肃落实信访工作。加强人大信访工作，认真受理群众来信来访和控告申诉，提高信访办理实效，切实维护人民群众的合法权益，维护社会和谐稳定。

各位代表，站在新的历史起点上，我们要按照中共十九大做出的战略部署，深入学习贯彻习近平新时代中国特色社会主义思想，紧密地团结在以习近平同志为核心的党中央周围，在白朗县委的坚强领导下，以更加饱满的政治热情和强烈的责任担当，团结和凝聚全县广大人民群众的力量，不忘初心、牢记使命、依法履职、扎实工作，为加快建设和谐文明幸福美丽新白朗做出新贡献！以永不懈怠的精神状态和一往无前的奋斗姿态，继续朝着实现中华民族伟大复兴的宏伟目标奋勇前进。

中国人民政治协商会议
第二届白朗县委员会常务委员会工作报告

——政协第二届白朗县委员会第三次会议

政协党组书记、主席　普布次旦

（2017 年 12 月 21 日）

2017 年工作回顾

一年来，在白朗县委的坚强领导下，在市政协的大力支持下，政协白朗县委员会始终高举爱国主义和中国特色社会主义伟大旗帜，以马克思列宁主义、毛泽东思想、邓小平平理论、“三个代表”重要思想、科学发展观、习近平新时代中国特色社会主义思想为指导，把学习宣传中共十九大精神作为我县首要政治任务，全面准确深入地学习宣传中共十九大精神，学习宣传新修订的《中国共产党章程》，组织动员广大政协委员，深入学习贯彻中共十八大、十八届三中、四中、五中、六中全会和中央第六次西藏工作座谈会、自治区第九次党代会精神，贯彻落实习近平总书记系列重要讲话精神，特别是“治国必治边、治边先稳藏”的重要战略思想和“加强民族团结，建设美丽西藏”的重要指示，学习贯彻落实区党委、市委、县委重大决策部署，履职担当、发挥作用，为进一步推进我县长足发展和长治久安做出了积极贡献。

（一）加强学习，不断夯实思想政治基础

政协党组深入学习贯彻中共十八大、十八届三中、四中、五中、六中全会和中央第六次西藏工作座谈会、贯彻落实习近平总书记系列重要讲话精神，特别是治国必治边、治边先稳藏的重要战略思想和“加强民族团结，建设美丽西藏”的重要指示，学习贯彻“依法治藏、富民兴藏、长期建藏、凝聚人心、夯实基础”的重要原则、第九次党代会议精神以及市委、县委一系列重要会议精神，牢固树立“四个意识”，高举爱国主义和中国特色社会主义旗帜，统一思想，凝聚共识，坚决维护祖国统一、民族团结和社会稳定，始终在思想上政治上行动上与习近平同志为核心的党中央保持高度一致，自觉维护中央、区党委、市委、县委的权威，始终与党同心同向同步同力，进一步增强了做好新形势下政协工作的信心和决心，不断巩固了团结合作的思想政治基础。

（二）深入开展“四讲四爱”宣讲活动

按照自治区第九次党代会部署要求，进一步加强和改进新形势下群众思想教育工作，打牢全县各族群众团结奋斗的共同思想基础，县政协以“讲党恩爱核心、讲团结爱祖国、讲贡献爱家园、讲文明爱生活”为主题，召开了动员部署会议，成立了领导小组，制定了活动方案，制作了活动宣传栏。在县政协机关，普布次旦主席向所有党员讲了题为“缅怀先烈、惦记历史”的党课，在联系乡镇进行了“四讲四爱”主题宣讲活动，受教育群众达 300 余人次，与市政协联合在县党校对农牧民、僧尼、政协委员等 80 余人进行深入讲解了“四讲四爱”第三主题“讲团结、爱祖国”主题的内涵。通过宣讲，教育引导农牧民群众和僧尼争做遵纪守法、爱国爱党、文明向上的好公民。

（三）开展“手拉手、富帮穷”结对帮扶活动及“三联三进一交友”活动

按县委要求，政协积极组织领导干部在贫困户开展了走访慰问活动 19 次，深入基层，了解困难群

众的生产、生活情况及身体状况，并向困难群众共发放慰问金26000元和价值5530元慰问品及物资，在开展“三联三进一交友”活动中，对旺丹乡小学，县完小、杜琼乡小学进行了联系老师，联系家长、联系学生，并进入教室听课，了解和掌握任课教师的岗位职责和课堂组织，进宿舍指导学生做好宿舍卫生、纪律、安全、行为养成等工作，进食堂对食堂卫生、食品安全、食品质量等方面存在的问题，要求及时整改，确保学生吃得放心、吃的营养、吃的卫生。并对旺丹乡小学2名孤儿和县完小4名孤儿送去了慰问金3000元。在开展结对寺庙和宗教界人士活动中，倾听寺庙僧尼声音，了解他们的所思所想所盼，并发放慰问金1300元。县政协积极倡议党员领导干部踊跃参加慈善协会，共提交会费8500元。

（四）开展党建工作及党风廉政建设。

一是加强基础党建工作。政协机关支部建立健全了党建各项制度，制定了党组织活动计划、党建工作计划、党员学习计划，并按计划实施，坚持党费收缴制度，每月15日收取党费，严格党费收缴标准，实行专人管理，并做好相关台账，并按时向总支缴纳党费，扎实推进党建工作。二是深入开展“两学一做”制度化常态化工作。根据党中央、区党委、市委、县委统一部署，县政协党组认真开展“两学一做”专题教育，组织党员集中专题学习会25次，心得体会24篇，认真落实“三会一课”制度，每月召开一次支部委员会、一次党小组会议、讲一次党课，每季度召开一次党员大会，按时召开民主生活会、组织生活会。三是强化党风廉政建设。严格遵守廉政纪律和“一岗双责”制，认真贯彻执行中央八项规定、区党委“约法十章”“九项要求”，两会期间，严格按照会议经费标准，安排政协委员集中住宿、统一活动，不参加任何娱乐活动，坚决反对和抵制奢侈浪费等不良风气。

（五）积极履行政协职能，发挥政协服务大局作用

一是积极开展协商民主，进一步提高民主监督实效。上半年县政协成功地召开了二届二次全体会议，认真听取并审议通过了县政协常委会工作报告和提案工作报告，列席了县人大会议，听取并讨论了政府工作报告和其他报告，会议期间，委员们认真参会、踊跃发言、积极建言献策。二是开展学习考察、视察调研，协助上级政协领导完成调研任务。按照本年度政协视察调研工作安排和市政协的要求，县政协组织部分委员到江孜学习、考察精准扶贫工作，蔬菜大棚、爱国主义教育基地等学习考察，通过学习考察、开阔了我县政协委员的视野，增长了见识，解放了思想，明确了方向，增强了与兄弟县之间的友谊、情感，达成了共识。增强了委员履行三大职能的责任感和使命感，激发了做好政协工作的激情和活力，达到了相互交流，相互借鉴，相互促进和相互学习的目的。组织委员深入基层，及时倾听群众利益诉求，了解社情民意，掌握真实情况，上半年组织委员视察调研旺丹乡“河长制”工作开展情况，并形成了《“河长制”工作开展情况》调研报告，此外按市里政协要求，对我县产业发展情况、精准扶贫工作、城镇居民生活情况、食品药品监管职能履行情况等进行调研，并形成相关调研报告，积极为我县经济社会发展建良言，献好策。三是加大督办力度，推进提案办理。县政协按照“围绕中心、服务大局，提高质量、讲求实效”的要求，政协二届二次全体会议期间收到委员提案34件，经审查立案33件，建议1件，提案内容涉及改善民生、宗教、环境卫生、社会事业等方面。现已全部办理，答复率100%。四是加强文史资料收集工作。要充分发挥政协委员的主体作用。政协委员是人民政协履行职能的主体，也是开展文史资料工作的主体。做好文史资料工作，既是委员的权利，更是委员的责任和义务。政协委员本身具有广泛的代表性，通过政协委员及其联系的社会各界人士，积极组织和鼓励撰写和提供“三亲”史料，通过实地考察，征集、存史、编辑，进一步扩大了文史工作的影响力。2017年政协白朗县委员会用双语收集白朗民间游戏、传统服饰等，仅供参考。五是积极撰写政协志、政协年鉴、白朗志等工作。在《政协志》志稿撰写形式上，更接近于传统志书体例，而且有所创新与发展，横向编目有序、大事记、概述、机构、政协委员、例会、政治协商、民主监督、参政议政、参与事项、调查研究、提案工作、自身建设、人物等；竖向编纂，以时间为顺序，基本做到事项按科学分类，反

映了政协工作情况,受到了市政协领导的好评价。

(六)设立了乡镇政协委员联络办

为贯彻落实中共日喀则市委办公厅印发《关于贯彻落实〈中共西藏自治区委员会办公厅关于加强西藏人民政协协商民主建设的实施意见〉的通知》要求,经县委第十七次常委会议通过,县政协及时制定成立乡镇政协委员联络办公室的实施方案,成立了领导小组。目前全县11个乡镇的独立政协委员联络办公室均已挂牌成立,并配齐联络办主任1名、副主任1名、工作人员3名,统一发放了办公设备、宣传栏及《委员管理暂行办法》《提案工作条例》《文史资料汇编》等学习资料。此外,县政协还与各乡镇政协委员联络办签订了目标责任书,目前,联络办各项工作正在有序开展。

(七)切实加强自身建设,推进政协工作创新发展

政协白朗县委员会始终坚持解放思想、实事求是、与时俱进,主动适应新形势新任务的要求,不断强化理论武装,强化队伍建设,强化制度创新,注重团结合作,积极探索政协工作思路,建立健全各项规章制度,强化机关建设,调动委员参政议政的积极性、主动性,切实推进了政协工作制度化、规范化和程序化建设。

2018年工作安排

(一)认真学习贯彻落实中共十九大精神。

(二)全面推进“三大职能”和“两大主题”职责。

(三)加强收集文史资料工作力度。

(四)加强乡镇联络办的发挥作用。

(五)全力配合县委、县府的中心工

一、加强理论学习,努力提高履职能力和水平

白朗政协认真学习中共十八大和十八届三中全会、四中、五中、六中全会精神,深刻领会习总书记的系列重要讲话精神及俞正声主席“依法治藏、长期建藏、争取人心、夯实基础”的重要原则。通过学习,使全体政协委员、各界人士的思想和行动统一到中共中央和自治区、市委、县委的各项决策部署上来,把智慧和力量汇聚到转型跨越发展的伟大实践中来,坚持和发展中国特色社会主义、实现中华民族伟大复兴中国梦的自觉性、主动性和创造性,推动政协工作创新与发展。

二、加大委员培训力度,提高委员的整体素质

通过邀请上级政协领导,组织委员学习人民政协基本理论、政协章程、提案专题培训及定期举办政协委员交流学习考察活动、实地取经等,力争做到学有所思,学有所悟,学有所获,为更好地履行政协委员的职责,更好地懂政协、会协商、善议政打下基础,努力提高委员的整体素质。

三、抓好协调,推动提案办理实效

一是突出重点,以点带面。通过座谈会、专题调研、走访承办单位等形式,全面促进提案办理。二是领导督办,发挥示范作用。坚持党政领导阅批提案制度和县政协领导督办提案制度。三是加强联动,督促检查,与县政府办联动,召开提案交办会,适时催办、督办,确保提案办理的实效。

四、充分发挥政协委员在政协史料编写工作中的主体作用

政协委员是政协履行职能的主体,也是开展政协史料编写工作的主力军。政协委员及其所联系的社会各界人士丰富的工作经验和人生阅历,特别是参加中国特色社会主义建设和中华民族伟大复兴的实践,是史料工作取之不尽、用之不竭的源泉。作为政协委员,应该尽义务地把这些情况记录下来,积极负责地履行好政协委员撰写“三亲”史料的职责。

五、协助上级政协,做好调研工作

协助和配合上级政协做好相关调研工作,同时立足我县的实际,将上级统筹研究解决的意见建议及时反映上去,争取纳入决策,提升议政建言的层次和实效。

六、加强政协机关建设,积极推进政协工作新发展

深入学习贯彻中共十八大和十八届三中、四中、五中、六中全会精神,学习中央第六次西藏工作座谈会精神及习近平总书记系列重要讲话精神,开展“两学一做”学习教育及“讲学习、讲忠诚、正风气、转作风、提效能”专题活动,深入推进政协机关思想建设、组织建设、效能建设、制度建设、信息化建设、作风建设和反腐倡廉建设,努力建设“学习型,服务型、创新型、效能型、和谐型”政协机关。

迈进新时代 开启新征程 实现新作为
奋力续写全面从严治党白朗新篇章

——在中国共产党白朗县第九届纪律检查委员会第二次全体会议上的工作报告

县委副书记、纪委书记、监委主任 拉巴仓决

（2018 年 5 月 10 日）

2017 年工作回顾

（一）坚持挺纪在前，政治纪律和政治规矩意识得到新加强

深化纪律教育。采取纪委书记“带头讲”、委局领导班子成员“轮流讲”等方式，狠抓党章党纪党规学习，引导党员干部进一步树牢思想防线；采取“转发文件学、原文传达学、以会代训学”的方式，狠抓警示教育，以案施教、以案示警、以案肃纪。2017 年，共组织党纪党规考试 2 次，参加考试 96 人，纪委书记带头讲廉政党课 2 次，委局领导班子成员轮流讲党课 6 次。严格监督检查。把讲政治贯穿于全面从严治党全过程，开展严禁党员干部信仰宗教专项检查 21 次、开展“十九大”“三月敏感期”维稳专项督导 180 余次，严肃查处在维护稳定中失职失责问题线索 5 件，对 5 家单位进行通报，诫勉谈话 2 人，约谈 1 人。严明换届纪律。开展村“两委”换届财务专项检查 1 次，换届风气巡回督导 12 次，发现财务管理不规范等问题 15 个，提出整改意见 7 条，营造了风清气正换届环境。严把选人用人政治关廉洁关，回复党风廉政意见 37 次 2451 人，有效防止“带病提拔”“带病上岗”。

（二）层层传导压力，全面从严治党开创新局面

坚持清单化定责。制定“两个责任”清单，明确党委（党支部）领导班子的主体责任 9 项，“一把手”主体责任 6 项，班子其他成员主体责任 4 项；明确县乡两级纪委的监督责任 5 项，切实做到责任覆盖无盲区、压力传导无衰减。坚持科学化考责。细化完善考核细则，把主体责任量化为 10 个内容 41 项指标，把监督责任逐项分解为 10 个内容 30 项指标，通过考核层层压紧压实“两个责任”，助推全面从严治党责任落地生根。坚持常态化督责。探索建立“季度检查督导、年中自查考评、年底争先进位”的常态化督查机制，2017 年，开展落实“两个责任”专项检查 4 次，自查考评 1 次，争先进位 1 次，共发现并督促整改问题 72 项。

（三）持续正风肃纪，作风建设呈现新气象

持之以恒抓日常监督。紧盯传统节日等重要时间节点，采取“节前教育提醒、节中明察暗访、节后问责通报”的方式，深挖严查违反中央八项规定精神和隐形变异“四风”等问题，集中整治党员干部参与赌博问题。2017 年，共发送节前廉政短信 1300 余条，开展监督检查 35 组次，发现并整改问题 12 个，下发检查通报 5 期，有效促进干部作风不断改善，党风政风持续好转。剑指问题抓专项整治。先后开展“三公经费”、扶贫领域、惠民资金及党员干部参与赌博等专项检查 27 次，发现并整改问题 135 个；从严从快查处环境保护领域慢作为、不作为、乱作为问题线索 3 起，追责问责单位 2 家，约谈干部 3 人，通报批评 3 人，以监督问责促履职尽责。

常长结合抓制度建设。先后出台《规范党员领导干部操办婚丧喜庆等事宜暂行规定》《公车定点封存》等制度6项，不断扎牢作风建设制度笼子，切实形成用制度管人、用制度管事的长效机制。

（四）紧盯扶贫"奶酪"，全面从严治党向基层延伸实现新突破

问题线索不积压。搭建来电、来信、来访"三位一体"信访举报平台，建立与县信访部门联系制度，持续关注扶贫领域信访问题，着力畅通信访举报渠道；建立扶贫领域违纪违法问题线索登记管理专项台账，坚持"三专三必"（专项登记、专办负责、专人管理，有诉必理、有访必核、有案必查），突出"三快"（即快查、快办、快结），确保问题线索"三不"（即不积压、不拖延、不流失）。监督检查全覆盖。建立"社会群众广泛监督、纪检监察机关精准监督、巡察机构专项监督、相关职能部门定向监督"的多维式、立体式常态化监督检查机制，聚焦扶贫政策落实、扶贫资金管理使用、扶贫项目审批实施、干部履职尽责等情况开展"多轮次、滚动式"监督检查。2017年共开展扶贫领域专项检查15次，发现整改问题37个，其中挂牌督办12个，下发纪检监察建议5期。追责问责零容忍。始终保持惩治腐败的高压态势，对扶贫领域的腐败问题紧盯不放、严惩不贷，做到发现一起，查处一起。2017年以来，全县共查处扶贫领域违纪问题2件，给予党纪政纪处分3人；结合区党委巡视反馈意见，对扶贫领域工作中涉及不作为、慢作为、乱作为的34人严肃追责问责，其中诫勉谈话10人，约谈9人，组织调整11人，通报批评并责令作出书面检查4人。同时，对查处的扶贫领域违纪问题点名道姓通报曝光3次37人，有效发挥了警示震慑教育作用，达到了"通报一起、问责一个、警醒一片"效果。

（五）强化执纪审查，反腐败压倒性态势得到新巩固

凝聚执纪审查合力。全面整合县乡纪委精干力量，将全县划分为4个协作片区，以"1名纪委常委+1名办案人员+2个乡镇纪委"的模式，相互监督、交叉执纪、联合办案，打破了乡镇纪委以往"单打独斗、力量不足"的被动局面，补齐了"不敢办案、不能办案、不想办案"的短板。2017年以来，全县协作办案2件，了结1件，立案1件2人，给予党内警告2人。加大执纪审查力度。坚持有案必查、有贪必肃、有腐必惩，2017年以来共受理问题线索71件，立案审查9件10人，审理结案6件7人，给予党政纪处分5件6人，移送司法机关1件1人，其中副科级党员干部1名、一般党员干部3名、村级党员干部3名，共追缴违纪资金118.24万元。提升执纪审查效能。制定问题线索管理暂行办法等3项制度，对问题线索实施台账化管理，确保问题线索处置规范化、制度化；着力加强执纪审查安全工作，按照"依纪依法、安全文明、注重防范、规范有序"原则和"三个必须"要求，新建谈话室1间、监听室1间；积极拓宽谈话室的功能发挥，将领导干部约谈、诫勉谈话等事项的谈话取证工作，一并纳入到谈话室进行，不断提高执纪办案的效率。

（六）聚焦问题靶向，巡察利剑彰显新锋芒

坚持制度先行。按照巡察"全覆盖"要求，制定出台《中共白朗县委巡察工作五年规划》，确定了194个巡察对象；制定《中共白朗县委巡察工作实施办法（试行）》等规章制度14项，确保巡察工作有章可循、有据可依。坚持问题导向。以"发现问题、形成震慑"为主要任务，聚焦"从严治党"核心，紧扣"六项纪律"标尺，紧盯"三大问题"精准发力，打出巡察监督"组合拳"。先后开展常规巡察2轮、扶贫领域专项巡察1轮，发现被巡察的3个乡镇、3家县直单位、2个寺管会存在问题247个，边巡边改问题130个，纳入反馈意见限期整改117个，移交问题线索13件、42人。坚持标本兼治。把整改贯穿巡察全过程，建立问题清单，实施整改销号制，先后开展整改"回头看"16次，提出督办意见11条，有力引导和推动各级党组织照单认领、全面整改，从严从实杜绝虎头蛇尾式整改、文字台账式整改，有力确保整改和提高效应同步产生，震慑和改进作用同时达到。

（七）扭住关键环节，纪法衔接开辟新路径

精细施工，下好"一盘棋"。县委担当主责、纪委履行专责、相关部门各负其责，科学制定转隶组建工作方案，在4个推进组的基础上内设财务审核等7个职能小组，倒排工期，挂图作战，确保编制划转到位、人员转隶到位、干部配备到位、资产交接到位，队伍融合到位，监察委员会如期挂牌。融合思想，成为"一家人"。把思想政治工作贯穿改革全过程，专门制定转隶人员谈心谈话工作方案，综合采取"摸清底数逐

个谈、消除顾虑集体谈、增进共识交流谈”等方式，做深、做实、做细转隶人员思想工作，组织开展转隶人员谈心谈话6次，确保转隶人员“转得过来、融得进去”。凝聚合力，干好“一家事”。坚持干部交叉配备、人员混合编成的原则，科学制定人员调整配备工作方案，把3名转隶人员分别分配各科室，通过“以老带新”促“纪法衔接”，让转隶人员和原纪委同志在团结互帮互学互补中相互补短板，实现身份转换、思路转变、工作方法转型，有效形成反腐败工作合力。纪委、监察委合署办公以来，受理问题线索34件，其中立案2件2人，问责21件34人，了结2件2人，正在初核9件。

（八）立足严管厚爱，自身建设展现新形象

强化警示教育。深刻剖析白斌案件发生的原因、产生的思想根源，“扬家丑”“揭伤疤”，利用身边的“活教材”现场施教，触动干部思想上的“弦”，敲响行为上的“钟”，教育引导广大党员干部坚定理想信念，严于律己，警钟长鸣，自觉抵制歪风邪气，筑牢拒腐防变思想道德防线。延伸监督触角。探索“单位+家庭+个人”三位一体管理模式，建立“家长助廉微信互动群”和家访机制，教育引导纪检监察干部家属当好家庭“哨兵”，严把干部“八小时外”关，确保干部监督“全覆盖”“零死角”。扎紧制度笼子。坚持“立规矩”、“扎篱笆”，修订完善纪检监察系统干部管理规定15章147条，建立健全“跟班学习人员管理办法”等制度25项，划定纪检监察干部“八条红线”，严禁“22种饭局”，出台“五禁”措施（即：禁烟、禁酒、禁教、禁赌、禁商），给纪检监察干部行为设立“高压线”、划定“警戒线”，让制度成为规范每个纪检监察干部行为的“硬约束”“铁戒尺”。

成绩倍受鼓舞，问题更需重视。我县纪检监察工作虽然取得了一定的成效，但是仍然面临许多新情况新问题，反腐败斗争形势依然严峻，任务依然艰巨。主要表现为：一是个别党员干部理想信念“总开关”拧得不紧，纪律规矩意识淡薄，存在“问责板子不打身上不知道疼”的麻痹思想和侥幸心理；二是管党治党责任压力传导不够到位，存在“上热、中温、下冷”现象，部分党组织领导核心作用发挥不明显、履行主体责任不到位；三是“四风”问题在高压态势下出现新动向新表现，改头换面、隐形变异，增加了查处难度；四是纪检监察工作仍然存在不少薄弱环节，监督执纪问责、监督调查处置的理念、思路、方法与全面从严治党的新形势、新任务、新要求还有差距，特别是纪委监委迅速生成战斗力、执法力，实现纪法贯通、法法衔接的压力较大。五是个别纪检监察干部能力素质不适应新形势新要求，运用法治思维法治方式能力、群众工作能力、把握运用政策能力亟待提升。这些问题，我们都要从政治高度来看待，从思想深处找根源，用扎实举措来解决。

二、2018年工作部署

2018年是全面贯彻落实党的十九大精神的开局之年，是改革开放40周年，是决胜全面建成小康社会、实施“十三五”规划承上启下的关键一年，也是县监察委员会组建履新的起步之年，新时代开启新征程，新使命呼唤新作为。我们要坚持以习近平新时代中国特色社会主义思想为指导，认真贯彻落实党的十九大和十九届中央纪委二次全会、区纪委九届三次全会、市纪委一届六次全会精神，不忘初心，牢记使命，牢固树立“四个意识”，忠诚履行党章和宪法赋予的职责，带头维护以习近平同志为核心的党中央权威和集中统一领导，把党的政治建设摆在首位，深化国家监察体制改革，持之以恒正风肃纪，保持惩治腐败高压态势，坚决惩治群众身边腐败问题，建设忠诚干净担当的纪检监察干部队伍，为全县经济社会持续健康发展提供坚强的政治保证。

（一）全面贯彻党的十九大精神，营造风清气正的政治生态

把党的政治建设摆在首位，认真学习贯彻党的十九大精神，把学习宣传和贯彻落实党的十九大精神、习近平新时代中国特色社会主义思想与贯彻落实十九届中央纪委二次全会、自治区纪委九届三次全会精神结合起来，原原本本学、联系实际学、深入思考学，切实学懂弄通做实；紧紧围绕对党忠诚、履行管党治党责任、遵守党的纪律，加强对贯彻党章、十九大精神和执行准则、条例情况的监督检查，确保党的路线方针政策和党中央的决策部署不折不扣地贯彻落实。严明政治纪律和政治规矩，加强对执行新形势下党内政治生活若干准则情况的监督检查，防止党内政治生活搞形式走过场；始终保持对“七

个有之”的高度警觉，严肃查处对党不忠诚不老实、阳奉阴违的两面人、两面派，以及破坏民主集中制和党内政治生态等问题；建立健全党员干部廉政档案信息库，坚持“3 个 100%”（摸底排查 100%、建档 100%、核查 100%），绘制监察对象“全息图”；严把选人用人政治关、廉洁关、形象关，严防“带病提拔”“带病上岗”。压实管党治党政治责任，健全完善履职约谈、述责述廉，定期报告、检查考核、问责追究等机制，一级抓一级、层层抓落实，压紧压实从严治党责任；牢牢抓住主体责任这个“牛鼻子”，盯住党委（党支部）书记这个关键，加强对“两个责任”落实情况的监督检查，坚持有责必问、问责必严，推动全面从严治党不断从宽松软走向严紧硬。

（二）纪法衔接聚合力，不断深化国家监察体制改革

做好深化文章，建立轮岗交流机制，优化人员岗位配置，规范内部管理，把学习贯彻监察法摆在突出位置，分层分批加强政治和业务培训，建立“周学习、月交流、季度考试、年终评比”工作机制，着力提高新形势下纪检监察干部履职能力，推动思想理念、人员机构、方法业务全面融合，形成“1+1>2”效应。健全衔接机制，坚持纪严于法、纪在法前，加强监察机关与审判机关、检察机关和执法部门的工作衔接，推动执纪审查与依法调查顺畅对接，严把事实关、程序关、法律适用关，不断提高反腐败工作法治化水平。提升监察质效，严格执行宪法和国家监察法，聚焦“监督、调查、处置”三大职责，全面试用谈话、讯问、询问、查询、冻结、调取、查封、扣押、搜查、勘验检查、鉴定、留置等 12 项调查措施，实现对所有行使公权力的公职人员监察全覆盖。

（三）正风肃纪不停步，持续巩固拓展作风建设成果

深入落实中央八项规定精神，把监督检查中央八项规定及实施细则精神和区党委“约法十章”“九项要求”执行情况作为常态化重点任务，一个节点一个节点坚守，一个问题一个问题突破，扭住不放、寸步不让，严防“四风”问题反弹回潮；深化开展公车治理行动，对全县公车进行全面清查，统一办理“公车使用证”，统一喷绘“公车标识”，密切关注享乐主义和奢靡之风新表现、新动向，严查严处超标公务接待、违规使用公车等问题，让变相违纪者无法遁形、无处藏身。深入整治形式主义和官僚主义，以深入开展不作为慢作为、文山会海等形式主义、官僚主义突出问题集中整治行动为抓手，对照形式主义官僚主义十种表现和集中整治三项重点内容，坚决查处在工作落实中做表面文章、摆花架子、搞劳民伤财的“形象工程”和“政绩工程”的行为，尤其是脱贫攻坚中弄虚作假行为、不作为慢作为现象，以强有力的问责引导广大党员干部务实重行、担当作为。健全作风建设长效机制，结合即将开展的“不忘初心，牢记使命”主题教育活动和作风建设中暴露出的普遍性问题，深入查找制度性漏洞和薄弱环节，努力补齐短板，扎紧制度笼子，实现以制度规范行为，以制度管权管事管人，推动作风建设常态化、长效化。

（四）惩治腐败不松劲，巩固发展反腐败斗争压倒性态势

始终保持惩治腐败高压态势，坚持无禁区、全覆盖、零容忍，紧盯重点领域和关键环节，严肃查处选人用人、扶贫开发、工程招投标等方面的腐败问题；建立执纪监督和审查调查定期“通报 + 预警”制度，统筹推进执纪与执法、严内与严外，巩固“不敢腐”；抓住执纪审查和巡视巡察发现的突出问题，举一反三、以案促改，强化权力运行监督制约，遏制和防止类似违纪违规问题发生，促进“不能腐”；以学习习近平新时代中国特色社会主义思想为重点，督促各级党组织抓好“两学一做”学习教育常态化制度化和“不忘初心、牢记使命”主题教育，发挥理想信念和道德情操的引领作用，强化“不想腐”。扎实开展扶贫领域腐败和作风问题专项治理，全面落实自治区党委“将今年作为脱贫攻坚作风建设年”的决策部署，对 2016 年以来受理的扶贫领域线索处置情况开展“回头看”，多措并举持续开展明察暗访，精准捕捉问题线索；坚持执纪零容忍，对扶贫领域“病树”绝不姑息，对“烂树”绝不手软，对向扶贫项目资金伸黑手、动奶酪的腐败问题和弄虚作假等作风问题，一律严查快办，严惩不贷；坚持问责无例外，扶贫领域发生严重腐败案件或系统性区域性问题的，严肃追究党委主体责任、行业部门监管责任、纪委监督责任。把惩治基层“微腐败”同扫黑除恶结合起来，紧盯群众反映强烈的突出问题，坚决查

处发生在民生资金、“三资”管理、教育医疗、生态文明建设等领域的违纪违法行为，基层干部吃拿卡要、盘剥克扣、优亲厚友等问题，以维护群众切身利益的实际成效取信于民；坚决查处涉黑腐败，严厉打击“村霸”、宗族恶势力，对滥用职权、徇私舞弊、贪赃枉法、收钱捞人、充当黑恶势力和黄赌毒“保护伞”等问题，发现一起、查处一起，绝不姑息、绝不手软，把全面从严治党覆盖到“最后一公里”。

（五）挺纪在前强监督，全面加强党的纪律建设

精准运用“四种形态”，准确把握“树木”与“森林”的关系，科学分类处置问题线索，坚持“惩前毖后、治病救人”方针，综合运用提醒谈话、批评教育、诫勉谈话等措施，抓早抓小、防微杜渐，使红脸出汗成为常态，切实让党员、干部知敬畏、存戒惧、守底线。强化日常监督执纪，坚持把纪律挺在前面，管在日常，严在经常，切实把“六项纪律”转化为党员干部的日常习惯和自觉遵循，着力加强对全县各级党组织、党员领导干部和公职人员的日常监督，一发现苗头性问题就“拉警报”，一碰纪律红线就“踩刹车”；压紧压实各级党组织干部管理监督责任，确保“管好自己的人，看好自己的门”，做到敢管敢严、真管真严、长管长严。推动纪律教育常态化，把党章党规党纪作为各级党委（党组）理论学习中心组必修课和党支部“三会一课”必学内容，使纪律和规矩内化于心、外化于行，铸牢全面从严治党的思想基础；坚持用身边事教育身边人，定期通报曝光典型案例，定期召开警示教育大会，针对典型案件组织党员干部开展“大讨论、大剖析、大反思”活动，警钟长鸣，使更多党员干部真正从中汲取教训，防患于未然，不断提高自身免疫力。

（六）巡察利剑频出鞘，强化震慑遏制治本作用

深化政治巡察，以政治建设为统领，在党的全面领导上聚神、加强党的建设上聚力，紧盯“三大问题”，紧扣“六项纪律”，重点检查贯彻党章和党的十九大精神情况，检查党的领导是否坚强、政治生活是否严肃、党的组织是否健全等情况，查找政治偏差，着力发现“四风”表现特别是形式主义、官僚主义现象，解决弱化、虚化、边缘化问题，推动各级党组织管党治党政治责任全面落实。创新巡察方式，在巡察方向和标准上与区党委巡视对标对表，在巡察重点和内容上与市委巡察上下联动、同步发力，按照县委巡察到乡镇、延伸到行政村的工作思路，综合运用函询、谈话、核查、问卷、暗访及“下沉一级”等多种手段，积极实践常规巡察、专项巡察、系统巡察、巡察“回头看”和“机动式”“点穴式”巡察等多种方式的有机结合，不断提升巡察工作的针对性、实效性，使巡察工作节奏更快，效率更高、聚焦更准、触角更广、震慑更大。强化标本兼治，把整改贯穿巡察全过程，坚持边巡边改、立行立改、即知即改、全面整改，确保件件有着落、事事有回音；建立巡视巡察反馈意见整改落实督办制度，经常“回头看”，常杀“回马枪”，对整改不力、敷衍整改的，抓住典型、严肃问责；坚持问题导向与靶向施策相结合，加强对巡察发现问题的剖析，督促被巡察党组织举一反三、找出病灶，对症下药，通过抓好反馈、整改、督办、公开、处置等各个环节，将巡察成果固化为长期成效，不断推动全面从严治党向纵深发展。

（七）严管厚爱“筑铁军”，着力打造忠诚干净担当的纪检监察队伍

加强思想政治建设，持续深化“两学一做”学习教育常态化制度化，认真开展“不忘初心、牢记使命”主题教育，教育引导纪检监察干部自觉把讲政治贯穿于监督执纪问责全过程，从思想到行动上全面践行“四个意识”，在政治上站得稳、靠得住；坚持以上率下，带头在思想认识、责任担当、方法措施上跟上中央的部署要求，带头维护党章党规党纪权威，带头落实全面从严治党责任，带头严守纪律和规矩底线，切实当好表率。加强能力素质提升，不断加大干部培训力度，通过跟班学习、以案代训等方式，开展党纪党规与法律法规培训，定期组织业务知识测试，检验学习成效，不断提升学习能力、专业能力、执行能力、改革创新能力，把每一名纪检干部打造成为“纪法兼通”的监察“尖兵”。加强内部监督管理，注重发挥干部家访、微信助廉管理群的作用，健全完善“八小时内外”动态报告制度，突出对重要岗位和关键环节的监督，建好“防火墙”和“隔离带”，切实用制度管人、管事、管权；以刮骨疗毒、壮士断腕的勇气不断强化自我监督，对“零办案”的乡镇纪委书记进行约谈，对不愿为、不敢为、不会为的及时作出调整，对执纪违纪、失职失责、以案谋私、有案不立、查大放小的严肃查处问责，坚决清理门户，严防“灯下黑”，用铁的纪律锻造纪检监察铁军。

白朗县人民法院工作报告

——白朗县第十三届人民代表大会第三次会议

白朗县人民法院代理院长　许东升

（2017 年 12 月 21 日）

2017 年工作回顾

2017 年，县法院在县委领导、人大及其常委会监督、上级法院指导、政府政协支持和社会各界关心下，以马列主义、毛泽东思想、邓小平理论、“三个代表”重要思想、科学发展观和习近平新时代中国特色社会主义思想为指导，始终坚持服务大局、服务人民的工作主题，紧紧围绕党委政府的中心工作，依法行使职权、积极完成各项工作，为法治白朗建设提供了有力的司法保障。

一、立足职能发挥，全力维护社会和谐稳定

加大刑事审判工作力度，维护社会稳定。始终坚持惩罚犯罪与教育改造相结合的审判工作理念，坚持罪刑法定和罪刑相适应原则，充分发挥刑事审判职能作用，依法严厉打击各类刑事犯罪。全年共受理交通肇事罪、故意伤害罪、盗窃罪等刑事案件 12 件 14 人，已审结 11 件 13 人，结案率 91%，无超期羁押和超审限案件。

加大民商审工作力度，促进社会和谐。坚持“调解优先、调判结合”的原则，以案结事了为目的，切实加大调解力度，努力减少不稳定、不和谐因素，避免矛盾激化，产生不稳定因素；增强矛盾纠纷的排查、化解工作的主动性，尽可能地做到早准备、早发现、早处理，切实将矛盾化解在萌芽状态。全年共受理各类民（商）事案件 56 件，审结 49 件，结案率为 87.5%。审结案件中判决 6 件，调解 36 件，撤诉 7 件，调撤率达 87.7%。

强化执行工作措施，维护司法权威。认真组织开展了“雪域飓风”行动，建立健全执行联动工作机制，成立以县委领导挂帅，以政法、行政执法和金融等 11 家部门为成员的执行联动领导小组，解决了“执行难”案件的组织领导。强化执行措施，采取强制执行、公布曝光失信被执行人名单等方式，增强执行威慑力。全年共受理执行案件 15 件，执结 11 件，执结率为 73.3%。

二、围绕中心工作，积极参与社会综合治理

多措并举，不断推进多元化解决纠纷机制。继续深入推行“五心三联动”的“白朗诉讼调解模式”，大力开展诉前、诉外调解工作，积极参与社会综合治理。2017 年组织法官送法进乡村、进校园等活动 36 场次，受教育干部群众达 7600 人次，增强了广大干部群众的法律意识。同时，主动与相关部门进行对接，对涉及劳资纠纷案件提前谋划，共同研究，全力维护农民工等弱势群体的合法权益。

立足实际，着力构建高效司法为民新机制。做好家事审判及工作机制改革试点工作，及时组建少年审判法庭，加强对未成年人犯罪的预防及教育转化工作；探索推行“1+2+2+1”调解模式，最大限度避免家庭成员之间“对簿公堂”，努力消除家庭成员之间隔阂。深入开展巡回立案、巡回审判，加强人民法庭工作，“车载流动法庭”行驶里程达 2.4 万余公里。

积极参与，打牢强基础惠民生根基，助推精准脱贫。选派 8 名干警积极参与开展强基础惠民生活动，紧紧围绕保障民生、改善民生、服务“三农”的工作主旋律，采取自筹资金、干警捐款等方式，筹集爱心物资和落实项目资金累计达 9 万余元。组织全体干警积极开展结对帮扶活动，为结对帮扶贫困群众解决资金、物资 2.4 万元。同时对涉及“三农”

案件，均采取“绿色通道”方式，实行快立、快审、快结、快执。因工作成绩突出，我院两名驻村干警分别被评为自治区级和市级优秀驻村工作队员。

三、狠抓党建工作，深入落实司法为民

持之以恒，加强司法作风建设。紧紧围绕“两学一做”“四讲四爱”和“讲学习、讲忠诚、正风纪、转作风、提效能”主题教育实践活动，紧扣主题，突出司法特色，重点解决“冷硬横推”“慵懒散拖”等司法不正之风，以“零容忍”的态度查处不正之风。始终坚持司法为民宗旨，积极推进司法公开工作，主动接受监督，最大限度保护群众的切身利益。

阳光司法，全面提升审判质效。充分发挥司法公开网络平台作用，公开立案程序、庭审流程、执行过程，2017年在司法公开平台上公开案件流程78件、裁判文书35份、开庭公告11条，利用科技法庭平台审理案件11件；实行结案审批制度，全部案件由审管办统一进行结案把关，并不断健全审判流程管理机制、案件质量评查机制，完善错案防范、问责机制，全面提高了审判质效，评查案件质量率达98%以上，一审服判息诉率达97%。

便民服务，不断延伸司法触角。畅通人民群众司法诉求通道，以诉讼服务大厅、12368诉讼服务热线、诉讼服务网、车载流动法庭“四位一体”为诉讼服务平台，实现了我院零距离为民服务的宗旨。诉讼服务大厅共接待当事人180余人次，12368诉讼服务热线提供咨询查询等服务25人次。

四、围绕队伍建设，不断提升司法公信

推进改革，实现办案责任制新突破。以建设高效权威司法制度，实现审判体系和能力的现代化为目标，紧紧围绕上级法院有关司法体制改革的相关文件要求做好司法人员分类管理，确定了7名入额法官、3名司法行政人员，各2名的助理审判员、司法辅助人员、执行员和书记员，为下一步落实司法责任制奠定了基础。

教育引导，树立法官良好形象。深入开展社会主义核心价值观和社会主义法治理念教育活动，不断提升干警的政治素质和理论水平。认真落实党风廉政建设主体责任和监督责任，坚持对干警从严教育、从严管理、从严监督，结合本院工作实际，在继续坚持党风廉政建设目标管理、工作报告、诫勉谈话、案件评查、审务公开制度的基础上，制定和完善了我院“三重一大”实施方案、案件评查制度、车辆管理暂行条例、审务督查工作细则等制度，使各项工作有章可循、规范运行。

强化培训，提升理论业务水平。为全面推进法官队伍正规化、专业化和职业化建设，我院注重实践锻炼与教育培训相结合，加大法官培训力度，班子成员坚持带头授课，积极组织全院干警集中学习业务知识；大力支持和鼓励干警参加各种学历进修和司法考试，不断提升法官公正司法的能力和水平。全年选派干警参加各种业务培训共23人次。

夯实基础，不断强化办案保障。认真落实最高法院通知要求，强化各项安全保卫工作，真正实现了办公区和审判区分离，使当事人的生命、财产安全得到有效保障；进一步完善警用装备补充更换机制，强化法警队伍管理，保障审务安全；进一步加强科技投入力度，争取资金31万元，建设了嘎东镇科技法庭，实现了开庭审判网络化。

畅通渠道，主动接受各界监督。自觉主动将法院各项工作置于人大、政协及社会各界的监督之下，坚持重大工作主动向县委、人大报告，及时办理人大代表、政协委员建议、提案。2017年采取“走出去”与“请进来”相结合的办法共走访人大代表、政协委员及社会各界人士26人次，邀请座谈、旁听庭审10人次，向人大常务会汇报法院重点工作3次，向有关部门及县人大代表寄发征求意见函37余份。以司法公开为手段，多途径传递了法院的声音，多层面征询了意见和建议，有效促进了法院各项工作更好地开展。

各位代表，县法院工作取得的成绩和进步，离不开县委的正确领导，离不开县人大及其常委会的有力监督，离不开县政府、政协的关心与支持，更离不开各位代表、委员和广大人民群众的关心帮助。在此，我代表白朗县人民法院，向关心支持法院工作的各级领导和各位代表、委员致以崇高的敬意和衷心的感谢！

在看到成绩的同时，我们也清醒地认识到，县法院工作还存在许多问题和不足：一是案多人少的矛盾依然突出；二是干警的综合素质有待提高，特别是司法能力、司法理念还不能完全适应司法体制改革的需要；三是在聚焦大局、服务大局、保障大局中工作创新能力不高，创新举措不强。

2018 年工作安排

2018 年是贯彻落实中共十九大精神的重要之年。县法院工作的总体思路是：高举中国特色社会主义伟大旗帜，以马列主义、毛泽东思想、邓小平理论、“三个代表”重要思想、科学发展观和习近平新时代中国特色社会主义思想为指导，认真学习宣传贯彻中共十九大精神，按照全国、全区政法工作会议精神，紧紧围绕“努力让人民群众在每一个司法案件上感受到公平正义”的工作目标，将“司法关注民生、审判服务百姓”的理念落到实处，维护稳定，保障发展，促进和谐，不断提高审判质量和效率，促进审判执行工作的进一步发展，为统筹推进“五位一体”总体布局和协调推进“四个全面”战略部署做出积极贡献，为白朗县社会局势持续和谐稳定贡献力量。为此，我们将主要做好以下工作：

一是在坚持公正司法上有新举措。继续做好人员分类管理和法官单独职务序列改革工作，切实保障法官集中时间、精力依法高效行使审判权，推进审判权力运行机制改革及相关改革措施的落实工作。

二是在服务全县改革发展稳定上有新作为。紧紧围绕县委、县府的中心工作，对全县改革发展中可能遇到的新情况、新问题进行分析，并提出工作建议。妥善审理涉及经济结构调整、自主创新、产业发展等方面的案件，立足办案提出司法建议，积极为全县精准扶贫、精准脱贫保驾护航。

三是在保障民生上有新突破。进一步加强立案登记制改革，抓好全国家事审判改革试点及经验总结、推广工作。完善诉讼服务中心建设，妥善审理涉民生案件，切实保障群众安居乐业。完善司法救助制度，加强人权保障。着力改进“车载流动法庭”办案方式，贴近群众司法，促进“三农”工作协调健康发展。

四是在加强队伍建设上有新成效。以建设正规化、专业化、职业化法官为重点，以建设忠诚干净担当的法院队伍为目标，以保障公正廉洁司法为抓手，认真组织开展十九大精神宣传和“不忘初心，牢记使命”主题教育，全力加强队伍建设和教育管理工作。落实全面从严治党主体责任和党风廉政建设“两个责任”，教育干警始终做到心中有党、心中有民、心中有责、心中有戒。

五是在接受人大监督上有新进展。自觉接受人大监督，认真做好年度报告、专项工作报告和代表建议办理等工作。进一步完善代表、委员联络工作机制，畅通联络和监督渠道，主动上门走访、邀请座谈，及时通报法院工作信息，听取代表、委员意见建议，推进监督联络工作常态化。

各位代表，面对新形势、新任务、新征程，我们倍感责任重大、使命光荣。我们决心在县委坚强领导、在上级法院的精心指导下，在人大的有力监督和县政府、政协及社会各界的关心支持下，认真贯彻落实本次大会决议，忠实履行宪法和法律赋予的职责，不忘初心、牢记使命，以昂扬向上的精神、求真务实的作风，努力为建设和谐文明幸福美丽白朗营造良好的法治环境。

名词解释

1. 反分裂斗争“二十字方针”：旗帜鲜明、针锋相对、掌握主动、争取人心、强基固本。

2. 交通肇事罪：指违反道路交通管理法规，发生重大交通事故，致人重伤、死亡或使公私财产遭受重大损失，依法被追究刑事责任的犯罪行为。

3. 故意伤害罪：指故意非法伤害他人身体并达到一定的严重程度，应受刑法处罚的犯罪行为。

4. 民商事案件：指以民商事法律所调整的社会关系为内容的案件或纠纷，如婚姻家庭纠纷、合同纠纷、侵权纠纷等。

5. 调解：指当事人用于协商解决纠纷、结束诉讼、维护自己的合法权益，审结民事、经济纠纷案件的制度。

6. “五心三联动”：“五心”即从细心、诚心、公心、关心、耐心的工作理念入手有效发挥人民法院协调沟通作用，促进双方及时沟通，消除不稳定隐患。“三联动”即联动当地群众、联动人民陪审员、联动办案法官的调节机制，切实加大调解力度，能力减少不稳定因素、不和谐因素。

7. “1+2+2+1”调解模式：即成立一个中心，推进家事审判“规范化＋亲情化”；组建两个团队，推进家事审判“专业化＋社会化”；构建两项机制，推进家事审判“精细化＋长效化”；围绕最终的调解目标开展各项活动。

8. 雪域飓风行动：指全区法院系统开展的执行专项行动。

白朗县人民检察院2017年度工作报告

——白朗县第十三届人民代表大会第三次会议

白朗县人民检察院党组书记、检察长 扎西次仁

（2017年12月21日）

主要工作回顾

2017年，县人民检察院在县委和上级检察院的正确领导下、在县人大及其常委会的有力监督下、在县政府和兄弟单位的大力支持下、在济南市检察院和第八批援藏干部的无私援助下，全面贯彻落实中共十九大精神，特别是习近平新时代中国特色社会主义思想，紧紧围绕跨越式发展和长治久安这个中心，以全面深化检察改革为动力，以提高法律监督能力为目标，以提升检察官综合素质为抓手，积极探索司法体制改革和监察体制改革后的法律监督职能，各项检察工作取得了新实效，实现了新进展，为推进白朗经济社会和谐发展提供了坚实的法治保障。

一、立足大局，着力提升服务中心工作能力

（一）积极服务中心工作。紧紧围绕县委县府中心工作，充分发挥检察职能作用，积极服务县域经济转型跨越发展。以服务“美丽家园”工程为重点，认真开展“保护生态环境，促进绿色发展”专项法律监督活动，积极主动向党委作专题报告，切实为下一步工作开展打下了坚实基础；继续坚持把执法办案作为服务大局最基本最直接的手段，深入贯彻落实依法坚决查办、坚持惩防并举、把握政策界限、掌握分寸节奏、注意方式方法等办案原则，不断提高服务水平，努力实现执法办案效果、政治效果和社会效果的有机统一。

（二）扎实开展精准扶贫。严格按照县委统一安排，要求全院16名包保干警每月深入走访不少于1次，实时全面了解贫困户家庭收入、贫困情况、在生活生产中存在的具体问题困难，并逐项登记建档；与26名建档立卡贫困户结对认亲，通过下乡调研、交心谈心、物资帮扶等方式帮助贫困户实现物质和精神双脱贫，全年共捐助帮扶资金25000余元，开展入户慰问16次216人次。

（三）稳妥推进基层党建。以“两学一做”主题教育为抓手，进一步规范完善党建各项制度；以县委“十项措施、百日行动”为契机，深化“四讲四爱”主题教育实践活动，开展宣讲活动6场次；充分发挥党员先锋模范作用，多次深入敬老院、扶贫点、扶持户开展献爱心服务活动；全年召开支部学习研讨会议22次，院领导带头讲党课5次。

（四）有效落实强基惠民。先后选派5名驻村队员和2名村党支部第一书记，为驻村扶持户解决资金3万元并对其无偿提供作业场所，减免附加费用，深入92户进行了精准扶贫和环境保护政策宣传，2名第一支部书记分别为本村党员上藏语党课4次，为群众发放价值1.5万元的慰问物资和1600余元的常用药品，开展普法宣传活动7场，调解高速公路和邻里、征地等各类纠纷23起，开办村级学前班，受教育儿童达16人，得到了镇党委和村民的一致好评。

二、发挥本职，着力营造公平正义法治环境

（一）依法严厉打击刑事犯罪。全年，共受理提捕案件7件8人，批捕6件7人，同比增长20%，不

捕1件1人，受理审查起诉14件16人，同比增长100%，提起公诉14件16人，同比增长75%，不起诉0件0人，法院均做出有罪判决；强制医疗案件1件1人，所办的强制医疗案属建院以来的首例，甚至在全市乃至全区属于首例，得到了上级领导的关注和肯定，深入各中小学校开展了主题法治宣讲活动，受教学生达1500余人；审查人民法院民事判决、裁定、调解53件116人，未发现违法裁判、违法执行的情况，以实际行动维护了当事人的合法权益。

（二）积极构建法治宣传体系。认真落实“谁执法谁普法”责任制，积极开展法律“七进”“五下乡”“3·10”“3·14”“3·28”等重要节点的法治宣传活动，促进形成了“遇事想法、有事找法、解决问题靠法、化解矛盾用法”的良好法治氛围，共开展法治宣传教育25次，同比增长127%，发放宣传材料25080余份，同比增长67%；与11个乡镇、24个相关单位签订了预防职务犯罪工作联系机制；投入资金8万元，充实了乡镇预防职务犯罪宣传点，再次填补了我县基层反腐败警示教育的空白。

三、致力公开，着力打造“阳光检察”文化环境

（一）更新理念，加强规范管理。通过学习教育，进一步引导干警树立理性、平和、文明、规范的执法理念，主动接受群众监督，切实消除不愿公开的顾虑，实现从“要我公开”到“我要公开”的根本性转变；出台关于深化检务公开的制度，明确规定公开的主体、客体、内容和范围，确定检务公开的形式及其采取的公开措施，规定违反检务公开的法律责任及其考核、奖惩制度等。

（二）丰富载体，拓宽公开渠道。为使基层群众更加了解检察机关，积极加强与各基层乡镇、村的联系沟通，逐步探索在部分乡村建立“检务公开墙（栏）”，方便基层群众了解检察工作；坚持开展“检察官进校园、进企业、进社区、进农村”活动，在宣传检察工作、化解社会矛盾、帮助解决困难的同时，广泛征求社会各界对检察工作的意见建议；积极开展“检察开放日”“举报宣传周”等活动，依法向社会公开与检察职权相关的活动和事项，创新形式，丰富内容，形成检民良性互动，为广大群众参与、监督检察工作提供便利。

（三）创建品牌，创新检察文化。按照自治区第九次党代会“四个坚定不移”的部署要求和市委“6677”工作思路，特别是“法治珠峰”战略，结合实际推出了“从传统监督转为服务监督，还群众一个安全食药”的生态检察品牌，联合公安、食药、工商、卫生等部门组成食品安全常态化领导小组，开展一院一品专项检查活动、深入8个乡镇和学校、各大超市进行食品安全大检查，出动检查人员26人次、检查商户66家，查扣伪劣过期食品2316件，查扣违禁塑料袋4麻袋，对1家商户进行停业整顿的处罚。

四、把握方向，积极稳妥落实司法改革任务

（一）稳步推进人员分类管理。按照“大部制”将人员摆布到位，检察官工资套改工作、入额检察官绩效考评和绩效奖金测算等工作均已按要求全部落实；检察官单独职务序列等级确定及按期晋升工作顺利推进，目前按照职数确定1名“四高”、2名“一级”人选，并按要求上报审批；按照区检院部署，第二批检察官入额工作已全面启动。

（二）积极落实司法责任制。从提升可操作性、最大限度符合司法实践的角度出发，科学划分检察官办案责任；按照“谁办案谁负责、谁决定谁负责”的要求，将部分办案事项决定权授予检察官，突出检察官主体地位；健全领导干部直接参与办案制度，促进检察长及其他院领导在办案中依法行使指挥、审核和决定权，并根据实际情况积极承担侦查、询问、出庭等具体办案工作。

（三）积极推进其他重大改革。配合做好监察体制改革，转隶3名优秀干警到监委会，提前做好机构、编制、人员、资产四转工作；积极适应以审判为中心的诉讼制度改革，提前介入重大案件，引导侦查部门取证；加强对案件事实、证据的审查把关，坚决排除非法证据，严防冤假错案。

五、结合实际，着力规范从严治检保障管理

（一）严格落实从严治党要求。积极推动“两学一做”学习教育常态化、制度化；抓实“三会一课”、主题党日、民主生活会等规定动作，积极开展党的知识竞赛、红色教育等活动；坚决执行《党内政治生活准则》，用好批评和自我批评武器。大力支持

纪检监察部门执纪问责，推动“四种形态”落地生根。年内共废改立规6项，集中学习50余次，组织干警学习各类违纪通报文件30余次，召开节前廉洁教育会议5次，干部廉政谈心谈话20余次；签订了检察干警禁毒禁酒禁赌承诺书。

（二）切实加强党组自身建设。坚持中心组学习制度，班子成员带头作辅导、讲党课。带头学习贯彻党章、准则、条例和高检院“关于加强党组建设的指导意见”，发挥好把方向、管大局、保落实作用。严格执行党组、检委会议事规则，重大事项、人事任免、案件处理、大额支出、项目建设等，院党组、检委会充分酝酿，集体研究决定。院领导亲自办案、带头贯彻执行中央八项规定，坚决反对“四风”，带头改进作风。严格执行述职述廉、诫勉谈话、重大事项报告、外出备案等制度。

（三）扎实推进人才队伍建设。深入开展正规化、分层分类岗位培训，结合司法办案实践，大力开展岗位练赛活动，自主培养“靠得住、用得了、留得住”的实用型人才。年内对检委会和院党组进行了调整充实；3名干警提任正科级领导岗位，1名干警提任为侦监科科长；组织干警参加各类培训、学习16人次，其中2名干警到长春、林芝参加司法考试考前培训；选派1名干警到山东参加“双百计划”交流培训，1名干警到自治区检察院岗位锻炼。

（四）持续加强纪律作风建设。持之以恒抓好“八项规定”，严格车辆调度使用，杜绝公车私用。规范公务接待，严控接待费用。按标准配备办公用房，从领导做起，不超面积、不搞特殊。严格落实“禁酒令”“禁赌令”“八小时外行为禁令”，拒绝吃请，抵制高消费，禁止公款宴请、公款旅游、带彩娱乐和出入娱乐场所。

（五）努力提升检务保障水平。坚持靠上受援，按照高检院关于检察业务、人才、教育、文化、信息科技和项目资金等“六位一体”援藏工作总思路，积极加强与济南市院对接衔接工作，争取资金30万元；区检院和山东省院开展对口支援“双百计划”实施后，先后选派2名优秀干警到山东省学习取经；8月份山东省检察机关赴藏考察团一行到县院进行考察交流，进一步深化县院与对口院的感情交流、文化交流、经验交流，为今后检察受援工作奠定了良好的基础。强化基础建设，投入资金7万余元新建规范化党建办公室，投入7万元安装了LED显示器和投影幕，投入5万余元维修了干警活动室；从县政府争取67万元、区检院争取50万元，在院内进行绿硬化和排水工程建设，使我院的整体面貌有了新的变化。

各位代表：一年来，白朗县院各项工作均取得了长足发展，先后获评为“全市检察机关先进基层单位”、白朗县“六五”普法先进集体、白朗县基层党建述职评议考核二等奖。这些成绩的取得，是全体干警团结奋斗的结果，更离不开县委和上级院的正确领导及各位代表的大力支持。在此，我谨代表白朗县人民检察院向大家表示衷心的感谢，向所有关心白朗检察事业发展的各界人士表示崇高敬意！

面对新形势、新任务和新要求，我们也清醒地认识到，检察工作与社会发展要求和人民群众的期盼还存在一定的差距：一是法律监督工作方面仍存在不敢监督、不会监督、不善监督的现象；二是打击和惩治食药领域、环保领域犯罪仍存在力度不够、缺乏有效手段的现象；三是信息化建设相对滞后，办案办公无纸化进程缓慢，信息化资源利用不充分；四是干警的业务水平和理论素养还有待提高，复合型人才严重缺失；五是服务全县经济发展领域的能力还有待加强，检察职能发挥不明显。

2018年工作要点

2018年，白朗县院的工作思路是：高举中国特色社会主义伟大旗帜，以邓小平理论、“三个代表”重要思想、科学发展观、习近平新时代中国特色社会主义思想为指导，深入学习贯彻十九大会议精神、自治区第九次党代会精神和习近平总书记系列重要讲话精神，以主题教育实践活动为引领，以维护社会和谐稳定为己任，以保障和改善民生为抓手，以加强班子建设和队伍建设为动力，以推进司法体制改革为目标，充分发挥法律监督职能，为建设和谐文明幸福美丽白朗提供更有力的法治保障，努力开创我县检察工作新局面。

2018年，白朗县院的主要工作任务：继续加大人才培养力度，打造一支素质高、能力强的复合型队伍；严把案件质量关，突出立案监督和审判监督两项主业，实现案件全过程审核准确率达到100%；关注和保障民生，突出生态安全和食药安全领域犯罪查办力度，着力开展公益诉讼。

为确保既定工作目标能如期实现，我院决心做好以下五个方面工作：

（一）把握政治方向，加强党的领导。把深入贯彻落实中共十九大精神作为当前和今后一段时期检察工作的重中之重，认真学习习近平新时代中国特色社会主义思想，牢固树立“四个意识”，增强“四个自信”，进一步强化党组、党支部建设，切实加强党对基层检察工作的领导。

（二）深化改革融合，加强队伍建设。狠抓复合型人才培养工程，深化司法体制改革，有效推进检察官入额工作；配合做好监委会转隶人员的思想教育和业务培训工作，确保转隶人员尽快进入工作状态，积极开展各项工作，形成团结同事、友爱互助的和谐氛围。

（三）关注民生事业，加大办案力度。严厉打击精准扶贫和产业发展两项重大民生领域内的犯罪分子，为实现产业强县提供阳光司法保障；注重打击生态环境保护和弱势群体等损害公共利益的违法犯罪案件，大胆尝试公益诉讼。

（四）准确把握重点，强化法律监督。凸显检察机关的法律监督机关定位，2018年，把主要精力放在审判监督和立案监督两项主业上，全力提升检察机关民事行政和立案监督工作；主动加强与纪检、组织人事、公安、民政等部门协调配合，充分发挥惩治、教育、预防、治理、服务等多元检察职能，坚决铲除“村霸”和宗教黑恶势力，依法惩治危害农村和谐稳定的违法犯罪。

（五）拓宽监督范围，延伸监督职能。检察机关作为法律监督机关，在推进全面依法治国中肩负着重要职责。我们将再接再厉，继续围绕维护群众合法权益，促进社会和谐稳定这一主题，不断提高法律监督的创新性、主动性和积极性，进一步打造生态检察品牌，将其在现有的基础上做大做强。

各位代表：回顾过去，成绩来之不易；展望未来，我们任重道远。在新的一年里，白朗县院将继续在县委和上级院的正确领导下，认真贯彻落实十九大会议精神，依法履职，真抓实干，为白朗县跨越式发展和长治久安提供更坚实的司法保障。

白朗县2017年国民经济和社会发展计划执行情况与2018年国民经济和社会发展计划报告

——白朗县第十三届人民代表大会第三次会议

白朗县发展和改革委员会

（2017年12月20日）

一、2017年国民经济和社会发展计划执行情况

2017年是推进“十三五”规划的关键之年，县委、县政府团结带领全县各族人民，深入贯彻落实中共十八大、十八届三中、四中、五中、六中全会精神以及中共十九大、中央第六次西藏工作座谈会、区党委九届三次全会精神，深入贯彻落实习近平总书记系列重要讲话精神，以科学发展观统筹工作全局，认真落实市委“6677”总体工作思路，按照县委“1234”发展思路，紧紧围绕全县的工作核心，创新工作方式方法，提高工作效率和水平，全力推进全县经济发展方式的转变和产业结构的调整，全县经济社会呈现“稳中有进、稳中向好”的发展态势，较好地完成了县十三届人大二次会议确定的国民经济和社会发展计划的目标任务。

（一）经济发展稳步增长。全县国民生产总值达10.43亿元，同比增长21%；工业生产总值达10668万元，同比增长21%；全社会固定资产投资累计完成13.02亿元，同比增长28.66%；社会消费品零售总额达1.72亿元，同比增长22.86%。

（二）农牧业发展势头较好。全县农牧业总产值实现3.82亿元，同比增长13%。一是农业发展方面，粮经饲比例进一步调整为76:15:9，全县农作物播种面积12.81万亩，粮播种面积达到9.73万亩，粮油总产量1.2亿斤，蔬菜总产量8200万斤；二是牧业发展方面，开展牲畜免疫2次，免疫率达100%，全县2017年末牲畜存栏27.17万头（只、匹），牲畜出栏7.6万头（只、匹），出栏率达27.94%，肉产量1399.72吨，牛奶产量10101吨。三是农牧民增收方面。全县农村经济总收入达到87251.5万元，同比增长14.84%，其中，第一产业45007.5万元，同比增长4.15%；第二产业16613.5万元，同比增长30.9%；第三产业25630.5万元，同比增长27.68%；农村居民人均可支配收入达到13948.28元，同比增长31.89%，其中现金收入9624.31元，占人均可支配收入的69%。

（三）项目建设有新突破。2017年，市政府向我县下达基础建设项目73个，计划投资8.25亿元，实际全年实施各类项目146个，其中，新建项目108个，续建项目38个，完成总投资13.02亿元。2017年项目建设涉及农村基础设施、水利、交通、教育、城市基础设施、环境保护、社会事业等方面，有力促进了我县经济社会持续快速发展。一是基础设施逐步完善。便捷畅通的交通网格初步形成，机场公路快速道路建成即将投入通车，进一步缩短了白朗县至市区的里程，县城至曲奴乡、县城至旺丹公路陆续建成通车，曲奴至者下公路正在建设中，预计明年年初实现通车。旺丹至东喜公路正在建设中，预计明年年底实现通车，建成后全县11个乡镇将会实现乡乡通柏油路；水利基础设施明显改善，今年以来，我县完成共1.61亿元的农田水利设施项目，涉及11个乡镇111个行政村，包括农村安全饮水提升工程、河道治

理、灌溉设施修缮等方面。电力能源有了长足发展，2017年，实施了农村电网改造提升工程，总投资1.7亿元，涉及全县11乡镇25个行政村，在很大程度上缓解了我县农电网网架薄弱等问题。市政基础设施不断完善，完成G349县城段公路拓宽，加强了县城绿化、亮化、美化“三化”工程，县城总体面貌得到根本性改变。二是产业项目推进有序。制定产业发展“3410”工作思路，“四个万亩”产业推进良好，万亩有机蔬菜完成县城核心区建设，巴扎、曲奴核心区正在建设中，新建高效温室4200亩；万亩有机枸杞完成一期3900亩的种植，种植成效良好；万亩青稞实施有机转换400亩，有机控施肥3000亩，良种田9930亩，千亩千斤百亩千斤3200亩；万亩饲草及规模化养殖，者下、东喜人工饲草种植面积达到1.7万亩。三是扎实开展灾后重建。灾后恢复重建工作推进扎实有效，现已基本完成目标任务，新建续建项目16个，总投资17258.02万元，完成总目标任务的100%；四是全面推进招商引资。全年招商引资项目落地6个，总投资5.38亿元，已完成投资2.58亿元，实现了招商引资工作新突破。

（四）财税金融稳步发展。2017年我县财政收入持续增长，全年完成地方财政预算收入达2909万元，同比增长45%；完成税收达2550万元。金融业持续平稳运行，全县各类存款余额达11.6亿元，同比增长11.54%，其中城乡居民储蓄存款达2.3亿元，同比增长27.78%；各项贷款余额达6.2亿元，同比增长29.17%；电信全年业务收入达1500万元，同比增长88.68%，完成年度目标任务的188.68%；移动全年业务收入达1850万元，同比增长25.85%，完成年度目标任务的110.78%；联通全年业务收入达158万元，同比增长8%，完成年度目标任务的116.18%；邮政全年业务收入达58万元，同比增长9.43%。

（五）社会事业协调发展。完成11个乡镇劳动就业社会保障服务平台建设，各乡镇和村“两委”分别指定一名副职专门负责劳务输出工作，全年转移农牧区富余劳动力25295人次，实现劳务收入7378万元；社会保障体系不断完善，五大保险覆盖面逐年提高，城乡居民养老保险参保率达98%；社会救助水平不断提升，发放城乡低保438.55万元和各类社会救助资金251.98万元；完成“五保”集中供养中心供暖工程，有意愿的“五保”老人集中供养率达100%；教育事业优先发展，投资3290万元新建者下乡普村幼儿园等12个村级幼儿园和巴扎乡、嘎普乡小学学生宿舍；投资930.69万元新建嘎普乡卫生院、县妇幼保健站、县卫生服务中心电教楼，维修改造县卫生服务中心；投资1223.68万元新建者下乡斗牛场。

（六）精准扶贫稳步推进。对照区、市“九个一批”的脱贫措施，精准发力，实现6775人精准脱贫，脱贫人口人均纯收入达到3840元以上，111个贫困村全部退出贫困行列，全县贫困发生率控制在0.64%，达到脱贫摘帽标准，脱贫攻坚取得阶段性胜利；2016年易地搬迁244户1079人全部实现了搬迁入住，2017年实施了总投资6246万元，涉及贫困人口233户1041人的易地扶贫搬迁项目。截至目前，累计完成投资5621.4万元，工程完工率达90%，入住率达65%；多方筹措资金，对634户建档立卡贫困户实施危房改造工程，保障了贫困群众住房安全。全面实施“水电路讯网、教科文卫保”十项提升工程，加大统筹协调、全面组织落实。全年共实施“十项提升”项目76个，总投资8.94亿元，已完成投资5.36亿元。实施嘎东镇马义村等7个行政村村级活动场所标准化公共服务设施建设项目，总投资1771万元。

（七）专项整治完成圆满。为迎接中央环保督察工作，结合我县地材紧缺的现状，联合水利、国土和环保等部门，开展了年楚河河道清淤工作，共清淤38公里；出动清淤车辆28080车次，装载机械12台，共清理淤砂31万立方，有效改善了年楚河防汛能力，保障了全县85%的群众生活生产用水和80%的耕地灌溉，并有效解决了今年全县项目建设地材的需求；积极对接市政府和市发改委关于解决项目建材紧缺问题的政策，有效解决了县域内重点项目和扶贫攻坚项目建设所需的水泥3380吨，确保了易地搬迁项目建设的顺利推进。

二、2018年国民经济和社会发展计划主要目标及措施

2018年是全面贯彻落实中共十九大精神的开局之年，是改革开放四十周年，是巩固脱贫攻坚成效，实施“十三五”规划承上启下的关键一年，我们将认真贯彻县委、县政府决策部署，紧紧扭住发展目标不放松，加强对国家调控政策的对接，努力破解项目建设

的制约瓶颈，以高强度、快节奏做好各项工作，推进重大项目建设上台阶，支撑县域经济持续快速发展。

（一）抓运行，强监测，确保经济持续增长。在总结2017年国民经济和社会发展计划执行情况的基础上，全面贯彻落实中共十九大精神和新时期发展理念，紧紧围绕我县“1234”工作思路，力争2018年县级生产总值达到11.95亿元，同比增长15%以上；全社会固定资产投资达到16.93亿元，同比增长30%以上；地方财政预算收入达到3277.5万元，同比增长25%以上；农村居民人均可支配达到16319.49元，收入同比增长17%以上；社会消费品零售总额达到2.06亿元，同比增长20%以上；城镇登记失业率控制在2.5%以内；居民消费价格增长控制在全区平均水平范围之内。

（二）抓发展，重实效，提升发展质量。按照产业发展“一年有势头、两年有看头、三年大突破”的发展计划，深入推进产业发展战略，到2018年底，做大做强优势产业，实现管理标准化、生产规模化、销售品牌化、经营产业化，达到“有特色、有优势、有规模、有产品、有品牌、有效益”的目标要求。一是聚焦重点产业、重点园区，抓紧落实产业园区项目建设，以园区为依托，优化产业布局，构筑发展优势，助推产业规模化、集约化发展，大力实施“万亩有机青稞”“万亩有机果蔬”“万亩有机枸杞”“万亩饲草及规模化养殖”建设。二是推动制度体系创新，坚持为投资者提供全方位、全过程优质服务，减轻企业社会负担，激发企业自身动力，不断促进产业发展，实现开发一片、建设一片、收效一片、滚动发展。三是巩固脱贫攻坚成果，拓宽群众增收渠道，持续改善脱贫群众生产生活条件。加快实施万亩枸杞二期工程，早日建成枸杞加工厂区，逐步延伸产业链，发挥辐射带动作用，增加当地群众收入。大力发展人工种草产业，加快建设者下10000亩人工饲草项目；依托岗巴羊养殖基地，大力实施岗巴羊、萨福克羊繁育项目，充分挖掘畜牧养殖产业潜力，努力拓展群众增收新渠道。深入推进电子商务进农村，重点构建农产品上行销售体系，打通网络增收新渠道。

（三）抓项目，增投资，夯实发展基础。明年全县重点建设项目盘子已经基本确定，涵盖了工业产业、农业产业、基础设施、社会事业、生态环保等五大类项目127个。一是全力跑上争取，破解基础设施建设不平衡问题。协调相关部门，加大跑上力度，积极与市发改委对接，主动争取基础设施建设资金，解决好我县南北区域乡村、公共性和民生性基础设施建设不平衡的问题，着力完善科技教育、医疗卫生、精神文化等乡村公共性服务设施，逐步改善脱贫群众生产生活条件。二是强化充实调整，掌握项目建设主动。充实和调整全县规划内外项目库，在保证项目数量的前提下，更加注重项目的质量和转化生成能力，形成“生成一批、储备一批、推介一批、开工一批、投产一批”的良性发展格局，为全面完成全年任务指标奠定良好基础。三是加强城市规范化管理，逐步完善市政设施，加快实施年楚河湿地保护、县城大型停车场、公厕改扩建等重点项目建设，着力打造更加干净、整洁、美丽的生活环境。

（四）拓渠道，破瓶颈，确保投融资工作。一是主动与银行、保险、基金等机构开展政银企社合作对接，为资金找项目、为项目找资金。主动对接银行业、保险业等行业部门，发挥金融机构支持重大工程建设的积极作用，着力打通金融资金支持项目建设的渠道。二是完善落实招商引资优惠政策，全面贯彻落实自治区、日喀则市优惠政策的同时，对已制定的各项优惠政策及时修改完善，充分发挥西藏政策的“特殊优势”，以落地企业为“活招牌”，打响白朗招商品牌，“栽起梧桐树，吸引凤凰来”。三是加大力度推广PPP等项目模式，吸引社会资本参与基础设施项目建设，缓解本级财政支出压力。

（五）突重点，聚优势，夯实“三农”基础。积极引导特色产业发展，尤其是青稞产业、蔬菜产业和短期育肥产业。一是加快实施“一核一心一轴六片区”蔬菜产业布局，继续大力建设日喀则市“菜篮子工程”基地，不断做大做强“四个万亩”产业。二是深入了解全县“三农”现状，紧紧咬住市场需求，做大做优特色产业，瞄准县、市、区内外市场，扩规模、上水平、深加工、创精品，走生态、绿色、有机的路子。

各位代表，我们在此提出了符合白朗县情的发展目标。我们将在县人大、政协的监督和支持下，主动听取各位代表、委员的意见和建议，紧密团结和依靠全县人民，按照县委、县政府的战略部署，攻坚克难，开拓创新，奋勇前进，扎实工作，为白朗县的跨越式发展和长治久安做出新的更大的贡献。

白朗县2017年财政预算执行情况及2018年财政预算的报告

——白朗县第十三届人民代表大会第三次会议

白朗县财政局

（2017年12月20日）

一、2017年财政预算执行情况

根据县委、县政府对财政经济工作的总体部署，2017年我县财政预算安排的总体要求是：贯彻落实中共十九大精神，坚持稳中求进、进中向好、补齐短板的工作总基调，紧密结合市委“6677”工作思路及我县“十三五”总体规划，围绕县委“1234”的工作思路，积极发挥财政职能作用，遵循“统筹兼顾、突出重点、有保有压”的原则，优化财政支出结构，坚持依法理财、增收节支、量力而行、精打细算的方针，深入推进财政预算管理改革，加强财政科学化精细化管理，提高财政资金使用效益，为白朗经济社会全面、健康、可持续发展提供坚实的财力保障。

县十三届人大二次会议审议通过的白朗县2017年财政预算为：我县可供财力47921.53万元。其中：一般性转移支付收入24809.29万元；财政预算收入2090.4万元；专项转移支付收入20228.84万元；税收返还793万元；教育单列财力12441.11万元。在年度预算执行过程中，根据预算内专项资金的增加，一般公共财政预算财力调整为76298.71万元。

预算执行结果，2017年我县总财力为76732.43万元，其中：一般公共财政预算财力76298.71万元（稳定调节基金819万元，教育单列财力15553.11万元），政府性基金专项财力433.72万元。一般公共财政预算收入完成了2909万元，比去年增加903万元，增长45%。完成我县目标任务2909万元的100%，完成打入预算盘子2090万元的139.19%。税收完成1476万元，占一般公共财政预算收入总额的50.74%，非税收入完成1433万元，占一般公共财政预算收入总额的49.26%，财政总支出完成76732.43万元。其中：一般公共财政预算支出76298.71万元，政府性基金支出433.72万元，为最后调整预算的100%。支出执行情况比较正常，在应保尽保的前提下，实现了收支平衡。

（一）大力支持脱贫攻坚，扎实推进社会主义新农村建设

“三农”工作始终是财政支持的重中之重。2017年，全县财政预算内涉农支出达到28149.42万元，同比去年增加2324.42万元，增长9%。本级财政安排支农资金967.2万元，同比增长46%。

今年我们紧紧围绕精准扶贫这项重点工作，加大资金投入力度，本级投入精准扶贫产业发展资金500万元，安排脱贫攻坚工作经费118万元，统筹整合资金1500万元用于改善贫困群众住房条件改善，以一卡通形式兑现生态补偿脱贫岗位补助资金1931万元及建档立卡贫困大学生资助资金52.4万元，安排贫困群众医疗救助基金50万元，为我县2017年顺利实现脱贫摘牌提供了资金保障。还有易地搬迁、蔬菜大棚、农村人饮、农田水利基本建设、农村公路等项目的实施，使农牧民群众生产生活条件明显改善。

2017年共兑现农牧民群众粮食直接补贴、农

资综合补贴、农村公共服务资金、草原生态奖励补助资金、现代农业示范资金、科技转化与推广、农机具补贴、农村税费改革、森林生态效益补偿金、防纱治沙、野生动物肇事补偿金和农作物畜牧良种补贴等补贴资金4962.3万元，进一步做优青稞产业，大力推进农业机械化，稳定粮食生产，增加农民收入。

（二）加大对教育、文化卫生、科技等各项社会事业发展的投入力度

在改善农牧民生产生活条件的同时，大力促进农村各项社会事业的发展。2017年全县教育支出达到16734.76万元，同口径比上年增加3302.76万元，增长24.52%。本级财政对教育配套达到1002万元，达到上年财政收入的49.95%，县政府单独安排100万元的教学质量提升激励资金，全县办学条件明显改善，教育质量有所提高。

坚持公共医疗卫生的公益性质，继续加大对医疗卫生事业发展的投入。全县医疗卫生支出达到5627.53万元，同口径比上年增长0.04%。本级财政对卫生事业投入达到205万元，同比增长4.28%，本级对农牧民医疗补助由人均2元提高到人均5元。

科学技术支出达到512万元，比上年增加345万元，增长2.06%。本级科技投入及科协事业经费9.7万元，科技特派员生活补助133.2万元；坚持社会主义先进文化的前进方向，继续加大对城市环境事业发展的投入，今年本级财政落实城市主体运行维护经费150万元；落实环境保护、环境综合整治等经费367万元，有效推动了我县环境卫生事业进一步美化、绿化、亮化，改善了我县环境面貌。

（三）加大对社会稳定投入

为维护我县社会秩序、保障公共安全，保护公民人身、财产安全，促进经济社会和谐发展，落实本级公共安全资金8118.96万元，同比增长42.33%，本级财政对社会稳定投入达到810.92万元，同比增加217.95万元，增长36.7%。为保障社会局势稳定提供了资金支持。

（四）社会保障与就业支出得到有效保障

2017年全县社会保障和就业支出达到18833.89万元，同口径比去年增长8.07%；本级财政配套835.7万元，同比增长57%。一是加大城乡救助力度。配套城镇、农村低保、“五保”户、城乡医疗救助等民生资金153.29万元；二是进一步提高各项社会保险的保障水平。全力推进了新型农村养老保险工作，本级安排新型农村养老保险配套、公益性岗位等682.41万元，有效保障了各项社会保障事业的发展。全年职工养老保险、医疗保险、工伤保险、失业保险、生育保险等五大保险资金按时足额配套。

全县住房公积金按月缴纳，财政配套部分及时足额上缴，本级财政配套资金1450万元，个人缴纳1450万元。

按照机关事业单位养老保险改革相关要求，安排干部职工养老保险及职业年金单位配套资金3444万元。

（五）坚持改革创新，依法和科学理财水平不断提高

在全力支持经济社会加快发展的同时，不断加快自身改革，努力提高工作效率。严格执行《会计法》《预算法》等法律法规，深入推进部门预算、国库集中支付、预算绩效管理、预决算公开管理等改革，进一步规范会计电算化，全面启用“大平台”软件和财政系统办公自动化、工资统发系统、直接支付系统。强化基本支出和项目支出管理，建立了国库集中支付体系，进一步强化预算约束，提高资金的使用效益，进一步重视落实民生资金，补贴资金全面推行一卡通，得到农牧民群众的好评，并进行了支农惠农宣传，及时把党的好政策、新政策传达到农牧民群众中。同时加大财务人员的在职培训力度，大力开展财经法律法规的普法教育，财政干部依法理财、科学理财的水平显著提高。

2017年，我县财政工作取得了可喜的成绩，这些成绩的取得，是县委县府的正确领导和县人大的监督指导，济南市的无私援助，上级财政部门的大力支持以及各乡镇、各部门理解支持的结果。同时我们也清醒地认识到，我县经济社会事业快速发展对财力的需求与财政保障能力的矛盾将会长期存在，财政增收难度越来越大，各项财政改革重任摆在眼前，我们将认真总结经验，创新工作方法，采取切实有效措施，认真加以解决。

二、2018 年财政预算(草案)

根据自治区财政厅关于编制 2018 年地方财政预算的通知精神,结合我县实际,编制完成了 2018 年财政预算草案。

(一)预算编制的指导思想

2018 年是实施"十三五"规划实施的关键一年我们要以习近平新时代中国特色社会主义思想为指导,全面贯彻落实中共十九大、自治区第九次党代会及九届三次全会、市委一届八次全会和县委九届四次全会精神,紧密结合我县"十三五"总体规划,围绕县委"1234"的发展思路及县政府"强基础、兴产业、惠民生、抓脱贫、奔小康"的工作主线,充分发挥财政职能,根据发展的阶段性特征和改善民生的新要求,遵循"统筹兼顾、突出重点、有保有压"的原则,优化财政支出结构,在资金安排上更加突出稳定优先,更加突出民生优先,更加注重产业发展。坚持依法理财、增收节支、量力而行、精打细算的方针,深入推进财政预算管理改革,加强财政科学化、精细化管理,提高财政资金使用效益。为白朗经济社会全面、健康、可持续发展提供坚实的财力保障。

(二)2018 年财政预算安排

根据我县的总体规划以及上述指导思想,2018 年我县打入预算盘子的收入为 2643 万元。其中:一般公共预算收入为 2613 万元;政府性基金收入 30 万元。全年一般公共预算收入较上年增长 25% 以上。

按现行财政体制,2018 年我县一般公共预算财力 55507 万元。其中:一般性转移支付收入 46175 万元;地方一般公共预算收入 2613 万元;专项转移支付收入 5912 万元;税收返还 912 万元。

2018 年财政总支出安排 54952 万元,比 2017 年年初预算增加 7679.18 万元,增长 16.24%,安排预备费 555 万元。

(三)2017 年财政预算支出安排保障的重点(略)

三、依法理财,科学管理,确保 2018 年财政预算任务圆满完成

2018 年,我们将以科学发展观为指导,按照上级要求和县委、县政府的决策部署,狠抓增收节支,加强财政科学化精细化管理,满怀信心,奋发进取,圆满完成 2018 年的预算收支任务。

(一)狠抓收入征管,力争超额完成预算任务

一是强化目标责任制,及早将全年收入任务落实到各征收部门,进一步完善收入目标考核体系,建立健全科学的财政收入增长的考核机制,在正常税收征管的基础上继续加大税收征管力度,加强与税务及项目主管部门的密切配合,加强税收协调,深入分析收入征管中存在的问题,及时提出应对措施,做到应收尽收;二是根据相关规定,将加大非税收入监管力度,健全非税收入管理体制,严格执行收支两条线管理;三是积极培植财源,加大财政对全县产业发展、招商引资、政府投融资平台的支持和投入力度,以培养我县的支柱财源,增加财政收入。

(二)深化财政改革,不断优化支出结构

贯彻实施积极财政政策,整体推进国库集中支付改革工作,全面推行部门预算改革,强化绩效预算意识,严格预算编制程序,改革预算编制方法,细化预算编制,健全支出定额体系,进一步公平、公开预算分配。进一步扩大政府采购范围,健全政府采购机制,积极实行财政业务网上大平台办公,加大存量资金的盘活力度。进一步完善乡镇财政所的建设,认真贯彻落实党政机关厉行节约有关规定,严格控制一般性支出增长,继续压缩"三公经费"开支,切实降低政府行政成本,努力将有限的财力更多的投向社会民生领域,确保维护稳定、社会保障、教科文卫等重点支出的需要。

(三)全面推进财政科学化精细化管理

加强财政各项基础性工作,不断提高财政管理水平。全面加强国有资产清理清查和会计核算工作,建立健全国有资产登记和台账制度,防止国有资产流失。继续深入推进部门预算、国库集中支付、预算绩效管理、预决算公开管理等各项财政改革,建立预算编制与预算执行、预算监督有机衔接的运行机制。全面推进财政科学化精细化管理,不断提高财政管理质量和水平。

2018 年财政收支预算和各项财政工作,任务艰巨,使命光荣。我们一定要在县委县府的正确领导下,在县人大的监督指导下按照上级要求和县委、县政府的决策部署,狠抓增收节支,加强财政科学化精细化管理,满怀信心,奋发进取,圆满完成 2018 年的各项工作任务,为开创白朗经济社会又好又快发展做出新的更大的贡献。

索引

白朗年鉴·2018

说 明

一、本索引采用主题分析法编制。索引范围包括篇目、类目、部(门)目、条目等。

二、本索引按主题词首字汉语拼音音序(同音按音调)排列,若首字拼音相同则按第二字音序排列,以此类推。

三、索引款目后的数字表示内容所在的页码,数字后的拉丁字母(a、b、c)表示栏别(从左至右)。

四、篇目、类目、部(门)目用黑体字。

A

B

C

D

E

H

J

K

L

M

N

P

Q

R

S

T

W

Z